大学美育

主　编　陈希萌　王莹瑶　王海权

副主编　邹晓红　刘倩宏　李秀峰　李　楠

　　　　吕海升　李亚东

编　委　常　宏　赵　园　刘梦瑶　张景怡

中国商业出版社

图书在版编目（CIP）数据

大学美育 / 陈希萌，王莹瑶，王海权主编. -- 北京 : 中国商业出版社，2025. 7. -- ISBN 978-7-5208-3529-9

Ⅰ. G40-014

中国国家版本馆 CIP 数据核字第2025BM8224号

责任编辑：黄世嘉

中国商业出版社出版发行
（www.zgsycb.com　100053　北京广安门内报国寺 1 号）
总编室：010-63180647　编辑室：010-63033100
发行部：010-83120835/8286
新华书店经销
三河市众誉天成印务有限公司印刷
*
889 毫米×1194 毫米　16 开　15 印张　398 千字
2025 年 7 月第 1 版　2025 年 7 月第 1 次印刷
定价：49.80 元
*　　*　　*　　*
（如有印装质量问题可更换）

前言

PREFACE

美育，即审美教育或美感教育，作为全面发展教育的重要组成部分，旨在通过一系列审美活动和艺术实践，培养学生的审美情趣、创新能力和人文素养。随着社会的快速发展和科技的进步，美育的价值与意义越发凸显，它不仅是个人成长不可或缺的一环，更是社会文明进步和文化繁荣的重要推动力。

进入新时代，我国更加重视学校美育教育工作，相继出台了一系列重要的政策文件。2015 年，国务院办公厅颁发了《关于全面加强和改进学校美育工作的意见》（国办发〔2015〕71 号）；2019 年，教育部办公厅发布《关于开展体育美育浸润行动计划的通知》（教体艺厅函〔2019〕41 号）；2020 年，中共中央办公厅、国务院办公厅颁发了《关于全面加强和改进新时代学校美育工作的意见》；2023 年 12 月 20 日，教育部颁发了《关于全面实施学校美育浸润行动的通知》（教体艺〔2023〕5 号），要求进一步加强学校美育工作，强化美育的育人功能。美育具有陶冶情操、温润心灵、激发创新创造活力的价值功能，是提升国家文化软实力、提高国家核心竞争力的重要内容。

本书设计了十三章内容，旨在引导学生以心灵去感知美的细腻，以眼睛去发现美的瞬间，以双手去创造美的未来。美，是自然界与人类社会的共同追求，它蕴含在万物之中，等待着我们去发现、去欣赏、去创造。审美教育是培养学生认识美、爱好美和创造美的能力的教育。它不仅关乎艺术领域，更渗透于自然风景、社会生活、艺术形式及形式美的方方面面。自然风景之美，让人心旷神怡，感受到大自然的鬼斧神工；社会生活之美，则体现在人与人之间的和谐共处与文化的传承创新之中；艺术之美，更是人类智慧与情感的结晶，它通过音乐、舞蹈、戏剧、影视等多种形式，展现着人类文明的璀璨与辉煌；形式之美，则强调美的规律性、秩序性及和谐性，是构成一切美好事物的基础；品鉴服饰之美，不仅是对个人品位的展现，更是对时尚文化的理解与传承；品鉴交流话语之美，则体现在语言的准确、生动与富有感染力上，它是人际交往的重要桥梁；品鉴戏剧之美，让我们在虚拟与现实之间穿梭，感受人性的光辉与社会的变迁；品鉴书画之美，则以其独特的笔触与色彩，诉说着作者的情感与思想；品鉴影视之美，通过镜头语言讲述故事，传递情感，成为现代社会不可或缺的文化娱乐方式；品鉴音乐之美，以其独特的旋律与节奏，触动人心，激发共鸣；品鉴舞蹈之美，则是身体与灵魂的完美融合，展现着生命的活力与激情；品鉴建筑之美，更是人类智慧的结晶，它不仅满足居住需求，更承载着文化、历史与艺术的厚重。

本书将各章节整合为理论篇和实践篇进行学习和体验，既对审美的过程进行分析，又通过各种艺术实践将审美活动具体化，努力提升学生的审美素养，陶冶情操，激发创新创造活力。

本书编写过程中，我们借鉴并参考了大量文献资料，在此谨向所有相关作者表示衷心的感谢。由于编者水平有限，书中难免存在不足之处，恳请广大读者在使用过程中批评指正，并提出宝贵的意见和建议。

编　者

2025 年 6 月

目录 CONTENTS

第一章

美、审美和美育

学习目标

知识目标

- 认识美的本质和特征，体悟审美的过程。
- 掌握审美标准，学会运用审美标准鉴赏美。

思政目标

- 具备发现美的眼睛，从美的视角看待事物，提高审美能力。

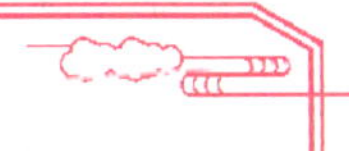

第一节　什么是美

“爱美之心，人皆有之”出自《孟子·告子上》，这话道出了人类对美的普遍追求。法国雕塑家奥古斯特·罗丹也曾说：“世界上并不缺少美，而是缺少发现美的眼睛。”美，似乎无处不在，但关于其本质的探讨却始终是美学领域的核心命题。从古至今，哲学家、美学家、艺术家和设计师们从形而上学、艺术创作和个人体验等多重视角出发，对美的本质展开了深入探讨，形成了丰富的美学理论体系。在当代语境下，我们应当秉持批判继承的态度：一方面汲取传统美学思想的精华，另一方面立足新时代的生活实践和艺术创作，对美的内涵进行创造性转化和创新性发展，构建符合时代特征的美学认知体系。

一、什么是美

美学史上关于“什么是美”的探求，从基本路径来看，主要从精神世界、客观现实与物质属性、社会生活、情感表现与形式以及人的实践活动等多个角度出发。其中，影响较大的主要有以下几种。

（一）唯心主义美学体系

唯心主义美学的基本特征，是从精神世界出发探讨美的本质，其主要代表人物有柏拉图、普罗丁、圣·奥古斯丁、大卫·休谟、康德、黑格尔、亚瑟·叔本华等。

1. 柏拉图

古希腊唯心主义哲学家柏拉图（公元前427—公元前347）在其对话录《大希庇阿斯篇》中，借苏格拉底之口探讨了“什么是美的东西”和“什么是美”两个概念，成为最早提出“美的理念”的哲学家。在他看来，我们所处的客观世界并非真实的本源，唯有理念（理式）才是真实的，因此，理念世界的美才是本质的美，而艺术作为理念“摹本的摹本”，与真实隔着多重距离，真正的美只能到精神性的理念世界中去发现和追寻。

柏拉图将世界划分为最真实、现实、艺术三个层次。第一层世界或者说是最高层世界是理念世界，它是最真实、最本质的存在，是不依赖个人的意识而独立存在的，例如“椅子的理式”，是所有具体椅子的永恒原型；第二层世界是现实世界，它是对理念世界的模仿与复制，比如木匠依据“椅子的理式”制作出的、我们生活中使用的具体椅子；第三层世界是艺术世界，它是对现实世界的模仿，是对理念世界“模仿的模仿”，与真实隔了三层，例如画家根据具体椅子描绘出的画像。

在柏拉图的理论中，美源于一种超越具体事物、不依赖主观意识的“美的理念”，这是一切美的终极来源。这种本源之美具有永恒性、绝对性和恒定性，能够派生出世间所有美的事物。柏拉图曾断言：“这美本身，加到任何一件事物上面，就使那件事物成为美，不管它是一块石头，一块木头，一个人，一个神，一个动作，还是一门学问。”① 也就是说，当“美的理念”与具体事物结合时，事物便获得了美的属性。

值得肯定的是，柏拉图严格区分了“美的东西”（具体可感的美的事物）与“美”（抽象永恒的美的理念），并首次提出了美的普遍性与规律性问题，对后世美学影响深远。但同时，他否定了客观现实世界的真实性，进而将美的普遍性与规律性完全归为超验的理念世界——这种对美的客观现实基础的否定，使得其理论陷入了神秘主义的困境，也让他对美的阐释显得扑朔迷离。

2. 普罗丁

普罗丁（204—270），作为新柏拉图主义的奠基人，是连接古代与中世纪的重要思想家。他坚信理想世界的真实存在，并据此构建了一套充满神秘色彩的哲学体系。普罗丁将理想世界划分为太一、心智和灵魂三个层级。其中，太一是最高层级，它超越了所有存在，是万物原始的根源，无法用语言命名或描述。有时，普罗丁也将太一称为善或神。第二层级的心智是太一的映像，人们通过心智才能感知和理解太一。第三层级的灵魂则联系着现实世界，它是心智的映像。在普罗丁看来，物质世界的美并不在于物质本身，而是源自“神明的理式”。他认为神是美的根源，美自身存在于物质世界之外，这一观点导致他否定了现实世界的客观性。

3. 圣·奥古斯丁

圣·奥古斯丁（354—430）是欧洲中世纪的重要思想家，其主要贡献集中在基督教哲学领域。在美学方面，他在《忏悔录》中阐述了美的来源与层级划分。奥古斯丁认为，一切美都源自天主（上帝），并

① 柏拉图. 柏拉图文艺对话集［M］. 北京：人民文学出版社，1963.

将美划分为三个层级：最低层级是形体美；中间层级是道德美；最高层级则是上帝自身，即绝对美的体现。在他看来，低级美（如形体美）只是通向高级美（如道德美和上帝之美）的阶梯，因此，并不具备独立的价值。此外，奥古斯丁还受到毕达哥拉斯学派的影响，认为美的基础要素是数，数通过统一性、整体性与和谐性展现美的形式本质，这一观点揭示了美在数学与形式层面的内在规律。在进一步探讨美的本质时，奥古斯丁还提出了丑与美的相对性与绝对性。他认为，丑是相对的，它本质上是美的缺失或偏离；而美则是绝对的，代表着天主（上帝）的完美与和谐。这一看法既承认了美的绝对性根源，又揭示了丑与美在现实中的相对关系，体现了深刻的辩证思维。

4. 大卫·休谟

大卫·休谟（1711—1776）是18世纪英国唯心主义经验论的代表人物之一。他在文章《论审美趣味的标准》中，提出"美"存在于欣赏者或鉴赏者内心，正所谓"一千个读者眼中有一千个哈姆雷特"，不同的个体对同一客体会有不同的对美的感知，因此，美不简简单单地存在于事物内部。从另一个角度来讲，他又在一定意义上肯定了美与事物之间存在一定属性的关系。他说："美只是产生快乐的一个形相，正如丑是传来痛苦的物体中部分的结构一样。"因此可见，休谟对美的认识具有辩证性，他既否认美与事物"内在属性"的关系，又承认美与事物之间"形象"的关系。

5. 康德

康德（1724—1804），德国古典美学的创始人。他的美学著作《判断力批判》首次建立了完整的主观唯心主义美学体系，对后世美学，特别是对近代资产阶级唯心主义美学产生了深远影响。从哲学基础来看，康德的美学思想是其主观主义哲学观点在美学领域的具体表现。他对美的分析始终以人的主观条件为出发点，认为一件事物唯有在特定的主观条件下才能被判定为美。

他说："至于审美的规定根据，我们认为它只能是主观的，不可能是别的。"① 由此可见，在康德看来，美的问题本质上是主观鉴赏的问题。他认为美源于人的意识，或者是意识作用于物质的结果，这种观点从根本上颠倒了物质与精神、存在与意识的关系。

6. 黑格尔

黑格尔（1770—1831）是19世纪德国唯心主义哲学与德国古典哲学的重要代表人物。在美学领域，他提出"美是理念的感性显现"这一核心命题，强调美本质上是多重辩证统一的实现：既包含理性内容与感性形式的统一，又体现普遍真理与个别表现的一致，同时达成主观精神与客观存在的调和。黑格尔特别指出，美的感性外观始终受到内在理性精神的统摄，在这种辩证关系中，理性要素具有决定性作用。

关于美的生成机制，黑格尔的论述呈现出双重维度：一方面承认"自然的人化"过程中主观精神的能动显现，另一方面也重视客观物质实践的基础性作用。其美学体系中最具启示性的，当属"普遍性与特殊性统一"的辩证原则，这一原则为处理审美创造中共性与个性、规范与创新的关系提供了方法论指导。在具体审美实践中，这意味着既要把握艺术创作的普遍规律，又须充分尊重每件艺术作品的独特创造性，最终在辩证综合中实现美学原则与艺术个性的有机统一。

7. 亚瑟·叔本华

亚瑟·叔本华（1788—1860），德国著名哲学家。作为西方哲学史上第一个系统批判理性主义的哲学家，他开创了非理性主义哲学传统，并建立起以"生命意志"为核心的唯意志论体系，主张世界的本质

---

① ［德］康德. 判断力批判（上卷）［M］. 北京：商务印书馆，1964.

是盲目的生命意志冲动。

叔本华不仅在形而上学领域成就卓著，其艺术哲学同样影响深远。他对音乐、绘画、诗歌和戏剧等艺术形式均有独到见解，认为艺术具有暂时解脱意志束缚的功能，能够在一定程度上缓解人类生存的痛苦。这一观点在其代表作《作为意志和表象的世界》中得到系统阐述。在该著作中，叔本华提出了独特的美学理论。他反对将美简单地归为主观感受，而主张美具有某种客观的、先验的自然属性。值得注意的是，叔本华对自然美持保留态度，认为人体美才是最高层次的审美对象。这一观点源于其哲学体系的核心要义：人体美最直接地体现了生命意志的自我显现，是意志客体化的最高形式。在他看来，美的本质不在于形式本身，而在于其与生命意志的内在关联。

（二）唯物主义美学体系

在唯物主义美学的世界中，以客观本体作为出发点探索世界的美，其代表有毕达哥拉斯学派、亚里士多德、达·芬奇、狄德罗和车尔尼雪夫斯基等。

1. 毕达哥拉斯学派

毕达哥拉斯学派又称南意大利学派，是由公元前6世纪的古希腊哲学家毕达哥拉斯（约公元前580—约公元前500）及其追随者组成的学派。该学派成员多为自然科学家，他们提出自然科学与美学具有内在统一性，认为数不仅是宇宙构成的基本原理，更是构成科学世界之美的核心要素。毕达哥拉斯学派的核心美学观点主张“美是和谐”，这种和谐既体现在数量比例的对称上，也体现在差异的对立之中，其本质是宇宙秩序与和谐的一种体现。以音乐为例，毕达哥拉斯学派发现，不同长短、高低的音阶通过特定的数值比例组合，可以将原本复杂多变、不统一、不协调的关系转化为和谐统一的整体，这一发现成为其美学理论的重要实证。其“数本原”的客观唯心主义思想，深刻揭示了数与宇宙秩序的内在关联，不仅对柏拉图和新柏拉图主义产生深远影响，更为文艺复兴时期的艺术创作提供了关键的美学范式。

2. 亚里士多德

亚里士多德（公元前384—公元前322）是古希腊美学思想的集大成者，也是欧洲美学思想的奠基人。他批判并否定了柏拉图将美视为理念世界产物的唯心主义观点，主张美是一种感性的事物。亚里士多德认为，美的对象具有完整而统一的特质，同时美的事物必然蕴含一定的秩序，这种秩序具体体现为对称的比例与明确的结构关系。他对美在客观事物中所呈现的特定感性形式的界定，对后世的艺术实践（如造型艺术的构图、戏剧的情节结构等）产生了深远影响。

3. 达·芬奇

达·芬奇（1452—1519）是意大利文艺复兴时期的画家、工程师、自然科学家，与拉斐尔、米开朗基罗并称为“文艺复兴三杰”（又称“美术三杰”）。他深受古希腊唯物主义美学的影响，主张从客观世界中探寻美的本质，并将这一理念贯彻于艺术实践，尤其注重比例关系的研究——这种比例被文艺复兴学者尊称为“神圣比例”。在他看来，比例不仅是艺术形式协调的基础，更是宇宙和谐秩序的视觉呈现。他将这一理念广泛应用于绘画、雕塑和建筑艺术中，并开创性地通过解剖学研究完善了人体表现技法，将精确的比例分析纳入绘画训练体系，使艺术创作兼具科学严谨性与美学感染力。

在达·芬奇的美学观念中，知觉经验的价值高于抽象知识，他对自然持有极高的敬畏与推崇，认为绘画的本质是对自然的模仿。自文艺复兴早期以来，取法自然逐渐回归为绘画艺术的核心准则，而达·芬奇将这一传统推向了新的高峰。达·芬奇美学的突破性在于：一方面将人作为宇宙的微观体现，另一方面揭示了人体结构与自然法则的同构性。这种人文主义与科学精神相结合的观念，不仅奠定了文艺复兴盛期的艺术范式，更对近代实证主义美学产生了深远影响。

4. 狄德罗

狄德罗（1713—1784）是法国唯物主义哲学家、启蒙思想家、作家，也是百科全书派的代表人物。在美学思想方面，狄德罗强调个体应注重审美鉴赏力的培养，认为艺术欣赏不仅依赖感性体验，还需理性认知的参与。他提出“美在关系”的观点，将美的本质归结为事物之间的客观关系，而非先验理念或主观臆断，从而在美学领域确立了唯物主义的认识论基础。狄德罗认为，美的“关系”会受到不同时代、地域以及个人心境的影响，因此他将这种关系划分为内在关系与外在关系。这一理论不仅批判了当时占主导的唯心主义美学，也为后来的社会学美学和接受美学提供了思想资源。他的观点在 18 世纪美学转向中具有里程碑意义，深刻影响了黑格尔、马克思等人的美学思考。

（三）从社会生活出发探求什么是美

从社会生活出发探求什么是美的主要代表人物是车尔尼雪夫斯基。

车尔尼雪夫斯基（1828—1889）是俄罗斯唯物主义哲学家、革命民主主义者、文学评论家和作家，他提出“美是生活”的美学思想。车尔尼雪夫斯基认为，美好的事物源自人们内心的感受，这种感受类似于我们面对亲人时油然而生的愉悦感，是一种纯粹无私、无拘无束的情感体验。因此，他主张美来源于社会、来源于生活、来源于人们内心的感知以及对事物的理解。然而，这一观点与他同时坚持的美具有客观性的观点之间存在一定的理论张力。也就是说，尽管他充分肯定了美与个人主观感受的紧密联系，但并未否定美的客观性维度，这种看似矛盾的理论构造，在一定程度上既展现了其思想的复杂性，也暴露出其理论体系存在的局限性。

（四）从情感表现和形式探求什么是美

从情感表现和形式探求什么是美的主要代表人物有克罗齐、乔治·桑塔耶纳、克莱夫·贝尔、苏珊·朗格等。

1. 克罗齐

克罗齐（1866—1952）是意大利美学家和唯心主义哲学家，其主要著作有《美学原理》《作为表现的科学和一般语言学的美学的理论》《美学的历史》以及《精神哲学》等。他提出“直觉即表现”的核心美学观点。克罗齐认为直觉是一种能产生特定意象的心理活动，属于感性认知的最基础形式。这种意向源自人们的主观情感，而非客观现实，而艺术正是这种主观情感的表现。克罗齐在《美学原理》中通过“五正”和“五反”的辩证框架，系统构建了他的直觉主义美学理论。

“五正”通常指的是：①直觉即抒情的表现。克罗齐不承认世界上有独立的“物质”存在，只承认“材料”（即情感、欲念、快感、痛感等）的存在。这些“材料”是心灵的产物，一旦经过直觉，就可以获得“形式”，转化为意象（万事万物）。直觉活动既以情感为对象，又表现情感，一切直觉都是情感的反应，即“抒情的表现”。②直觉即艺术。人人都具备直觉能力，每个人对事物的直观感受就是艺术，对于是否利用工具、技艺来表达，则与艺术本质无关。③直觉即欣赏。审美欣赏的本质是通过直觉对艺术作品的再创造。欣赏者需以直觉能力重构艺术家创造的意象，从而获得与创作者相近的情感体验。④直觉表达的最优解则是美。美的功能在于向无形式的内容中赋予形式，使对象因情感而意象化。⑤语言是一门艺术。克罗齐继承维柯的形象思维论，认为语言就是一种形象思维，在本质上与艺术一致；同时他指出，纯粹的思想并非直觉活动，抽象思维与艺术无关。

“五反”则从否定性角度进一步明确艺术作为纯粹直觉的属性，包含以下几点：①艺术不是功利活动；②艺术不是消息活动；③艺术不是概念的或逻辑的活动；④艺术不能分类；⑤艺术不是物理的事实。

克罗齐的“五正”“五反”理论架构不仅确立了直觉在美学中的核心地位，更将黑格尔以理念为核心的理性美学转向以直觉为中心的非理性主义，这一转变对科林伍德、开瑞特等后世学者产生了深远影响，甚至为20世纪西方美学开辟了新的发展方向。

2. 乔治·桑塔耶纳

乔治·桑塔耶纳（1863—1952）是美国著名的哲学家和美学家，被誉为“快乐派”美学的代表人物。其美学理论以自然主义哲学为基础，他的重要理论著作《美感》成书于1896年，书中对美感经验及其生成条件进行了深入系统的研究。桑塔耶纳提出“美是客观化的快感”这一核心观点，认为美具有积极性、固有性和客观化等特点。

具体而言，桑塔耶纳对美的理解包含多重层次：首先，美是情感的再现；其次，美是积极价值的体现，是人们对善恶美丑最直观、最纯粹的感知。他进一步指出，若丑或恶转化为一种“积极形态”，便会丧失其原有的审美属性，不再属于审美意义上的丑与恶。在他看来，审美的快感是一种最高的善，它源于对事物的直觉，能够满足人们心灵的基本需求与能力。桑塔耶纳特别强调官能快感与审美知觉的本质区别：审美知觉是客观化的快感，正如艺术作品中描绘的风景——人们之所以认为它美，是因为风景的意象已被客观化；而现实中的风景若未经过这种客观化过程，带给人的就只是单纯的官能快感，无法与审美快感相提并论。这种将美定义为“快乐的对象化”的理论，体现了他以人的自然情感（愉悦）为基础解决美学问题的思路。他始终聚焦情感维度，明确“快乐”在此处特指审美的愉悦感，而非单纯的生理满足。此外，他主张区分审美的情感判断与道德判断、理智判断的不同，其在美感经验的研究方面较前人更为深入。桑塔耶纳将美学研究从形而上学思辨转向经验性探讨，为20世纪美学研究开辟了新路径，对后来的符号学美学（如苏珊·朗格）和心理学美学都产生了深远影响。

3. 克莱夫·贝尔

克莱夫·贝尔（1881—1964），当代西方形式主义艺术的理论翘楚，英国形式主义美学家。他提出“艺术是有意味的形式”的美学命题，对现代艺术理论和实践产生了深远影响。贝尔的形式主义理论认为，真正的艺术价值不在于对现实的模仿或再现，而在于作品本身的形式构成。他指出，当线条、色彩等视觉元素以特定方式组合时，能够唤起观者独特的审美情感，这种特殊的组合关系就是“有意味的形式”。这种形式既不同于传统的形式美概念，也区别于具象艺术对物象的再现，它具有独立自足的审美价值。贝尔强调，真正的艺术作品应当是一个自足的整体，其价值完全来自于形式本身所蕴含的审美意味。

4. 苏珊·朗格

苏珊·朗格（1895—1982）是美国著名哲学家，也是符号论美学的代表人物之一。她的主要著作有《艺术问题》《哲学新解》和《情感与形式》等。她提出“一切艺术都是创造出来表现人类情感的知觉形式”的美学主张。在她看来，美和艺术是人类情感创造的符号，这些符号应用于艺术中，能够将情感转化为人的知觉感受，形成一种难以言表的意象。在区分艺术与非艺术时，苏珊·朗格认为关键在于是否运用符号完成了情感转化。艺术的外在表现是符号形式，而内在核心则是充满生命力的情感。她进一步指出，艺术并非直接宣泄情感，而是通过独特的符号系统来呈现情感的深层内涵及其特殊逻辑，并且在这一过程中实现了对情感的抽象化表达。

苏珊·朗格将符号学系统引入美学研究，为艺术本体论提供了新的理论框架。她的符号论美学不仅影响了 20 世纪艺术哲学的发展，还对心理学美学、艺术批评等领域产生了深远影响。

（五）从人的实践活动角度探求什么是美

马克思在《1844 年经济学哲学手稿》（收录于《马克思恩格斯全集》第 42 卷）中写道："假定我们作为人进行生产。在这种情况下，我们每个人在自己的生产过程中就双重地肯定了自己和另一个人：'我在我的生产中物化了我的个性和我的个性的特点，因此我既在活动时享受了个人的生命表现，又在对产品的直观中由于认识到我的个性是物质的、可以直观地感知的，因而是毫无疑问的权力而感受到个人的乐趣。'"这段话充分揭示了美的来源和本质：一是美感要以对象性的存在为前提，这种对象性的存在不仅是人的本质力量的物化形态，也是可以直观感知的感性形态；二是美感具有认知作用，是一种通过感性直观意识到自身本质力量的心理现象；三是美是一种精神愉悦，是个体因意识到自我本质力量而获得的满足感。

马克思在批判继承前人美学思想成果的基础上，运用唯物主义辩证法对"美是什么"这一核心命题展开深入研究，创造性地提出了实践美学理论。他认为：美根源于人的感性实践活动，是人通过劳动改造世界的产物；审美感觉本质上是一种实践感觉，是人类在长期历史发展中形成的高级感受能力；美的本质在于对人的本质力量的肯定，这种肯定通过对象化的实践活动得以实现。

马克思主义美学观的革命性在于，它既超越了将美归结为纯粹主观感受的经验论美学，又突破了把美理解为绝对理念显现的唯心主义美学，而是将美学问题置于人类社会实践的历史进程中加以考察。这种实践转向为美学研究提供了科学的方法论基础，对 20 世纪美学发展产生了深远影响。

二、美的特征

美作为人类精神活动与文化实践的核心范畴，其本质特征体现为形象性、感染性、客观社会性及创新性的有机统一。这四重特征既相互独立，又彼此渗透，共同构成了美的动态生成机制与历史演进逻辑。

（一）形象性

形象性是指当我们对事物产生某种主观感受时，该事物以其生动的形式与内容在我们心中留下深刻印象。事物以多样的方式存在，通过声、光、色、线、形、质等要素展现，这些要素共同构成了自然美、社会美、艺术美等多种美的形态。无论何种美的表现形式，只要为人们感官所感知并触动心灵，即可视为形象的美。形象的外在表现必须是对其内在内容的体现，否则将沦为空洞无物的表面化展示。

自然美通过具体而生动的形象得以表现。人们欣赏自然美时，往往依据其色、香、形、质等外在特征。例如，黄山的迎客松以其拟人化的姿态展现出好客之情，成为黄山的标志性景观。黄山的奇秀也与其山姿、云状、松态等紧密相关，从而形成了怪石、云海、奇松、温泉、冬雪"五绝"，以及百丈泉、人字瀑、九龙瀑"三瀑"。

社会美则通过人物、场景、事件等在实践活动中展现出人们的道德情操与精神力量。尽管这些内在品质难以直接触摸，但它们能通过人的言行举止等外在表现得以体现。例如，革命斗争岁月中形成的红岩精神，彰显了革命烈士对共产主义信念的坚定与热爱，无数先辈的事迹铸就的刚强意志成为当代的精神支柱。老一辈无产阶级革命家，用自己的言行展示了奋斗、奉献、爱国、团结的精神风貌。

艺术美则是人们通过艺术手段加工创造的形象之美。音乐、书法、舞蹈、戏剧、绘画等艺术形式都有其具体的形象表现。优秀的艺术作品因其具体、鲜明、生动的形象而备受赞誉。例如，王羲之的书法以提按为主，偶尔运用绞转笔法，手法干脆利落，展现出其非凡的运笔技巧。而《义勇军进行曲》则通过紧密的节奏旋律与歌词相结合，突出了音乐语言的形象性与生动性，使歌曲坚强有力，充满革命激情。

（二）感染性

感染性是指美好事物自身所散发出的一种特质，能够引发观赏者情感波动或思绪发散，具有吸引性和易感染等特点。在表现形态上，感染性主要分为移情、共鸣和升华三种类型。

移情是指在欣赏观察事物时，我们将个人的感知情绪、思维状态、意识形态与物体本身相结合，共同传达给大脑，从而获得一种物象具有的主观色彩。例如，松竹梅被誉为“岁寒三友”，梅兰竹菊则被称为花中“四君子”，它们都是品德高洁的象征，这种情感投射即为移情。

共鸣则是指审美主体与客体之间产生的某种协调连接。当审美客体表现出的特性与主体本身的生活经验与认知方式存在相同或相似之处时，便会形成共鸣，使主体情绪思维异常活跃。例如，在诵读孟郊的《游子吟》时，初读“慈母手中线，游子身上衣”的诗句时可能并未立即产生强烈情感，但在思念母亲时，这首诗便成为表达思念之情的桥梁。

升华则是指审美主体在鉴赏过程中，对客体本身增加个人感知情绪，进行扩充和增补，从而形成更高级、更愉悦的精神体验。例如，看到蜜蜂采蜜，我们不仅将其视为生物适者生存的技能，还会升华到劳动人民的勤劳刻苦与高尚品质；看到蚂蚁团结存粮，我们会联想到团队协作的重要性；看到燕子筑巢，则会将其视为自然生态的最佳居住状态。

在日常审美活动中，移情、共鸣和升华这三种方式既可能独立存在，也可能互相交融、相辅相成。只是在特定环境中，它们的使用方式和侧重会有所不同。

（三）客观社会性

任何审美活动都发生在特定的社会历史语境中，因此，美的标准必然受到时代精神、民族传统、阶级意识等多重因素影响。例如，文艺复兴时期对人体美的推崇，既源于古希腊艺术的复兴，也体现了新兴资产阶级的人文主义思想；中国传统艺术追求“意境”的审美趣味，则与道家“天人合一”的哲学观念密不可分。值得注意的是，这种社会性并非被动接受，而是通过艺术家的创造性劳动，将时代精神转化为个性化的艺术表达。

（四）创新性

创新性是美的发展动力。艺术创作的本质在于对既有规范的创造性突破与超越。这种创新可能体现在形式语言的革新上，如印象派对传统绘画技法的颠覆；也可能表现在对题材内容的拓展上，如现代艺术对日常生活物品的艺术化呈现。必须强调的是，有价值的创新绝非为变而变，而是建立在对艺术本质深刻理解基础上的创造性突破。毕加索的立体主义虽打破了传统透视法则，却从未背离对形式美感的追求；杜尚的现成品艺术看似彻底背离了传统艺术范式，实则拓展了艺术的观念边界。这种继承与创新的辩证关系，正是艺术发展的重要规律。

第二节　审美活动

日常生活中，审美成为潜意识存在的状态，作为最基本的、最普通却又富含高级意义的活动之一，我们每个人会产生不同的审美感受及体验。

一、审美活动的价值内涵

审美活动具有其独特性，它既不追求物质上的直接利益，也不寻求精神上的强烈获得感，更不同于娱乐活动的欢愉与刺激。然而，它却是大千世界中人们持续追求的目标与动力。

（一）审美活动是一种价值活动

审美活动以人为主体，正因为有了人的参与，审美活动才得以存在。当对象进入审美领域后，它们会转化为“人的对象化”或“对象化的人”，这一过程体现了对主体（人）的认可与肯定。因此，只有通过人的参与，审美对象才能展现出其独特的价值性。

（二）审美活动与一般价值活动存在共性

审美活动与一般价值活动一样，都建立在主客体关系的基础之上。主体根据自身的需求、目的和情感倾向来对待客体，而客体则通过其属性或形式辅助主体实现其价值对象化。同时，主体也需要通过客体的价值来确证自身的存在与意义，两者之间形成一种互为关联、相互依存的关系。在审美活动中，客体受到主体审美意识的影响，而主体也在与客体的互动中不断被塑造和改变。这种主客体的互动并非孤立存在，而是受到社会实践活动的深刻制约，并随着时代的发展而不断演变。

（三）审美活动作为价值活动的特殊性

审美活动作为一种特殊的价值活动，其独特性体现在两个方面。一方面，审美活动能够通过主体的感官直接把握客体的形式与特质，从而获得情感上的愉悦或心灵上的满足。这种精神价值的实现，不仅依赖于客体的外在形式，还取决于主体内在的情感体验与审美能力。另一方面，在审美活动中，主体能够超越日常生活的局限，进入一个深邃且富有意义的境界。这一境界不仅能够启发主体对自我、对人生真谛的深刻领悟，还能够为主体提供一种超越现实的精神自由。这种独特性使审美活动在人类精神生活中占据重要地位。

（四）审美活动是最本质的存在方式

审美活动作为人的一种本质存在方式，具有三个方面的特征。首先，审美活动中的存在方式与日常生活中的存在方式截然不同。它超越了日常生活的功利性和实用性，为主体提供了一种纯粹的精神体验。其次，审美活动的性质与其他活动存在本质差异。它不以实用价值为目标，而是以审美价值为核心，体现了人类对美的追求与创造。最后，审美活动的存在空间具有独特性。它不仅是一种实然的存在，更是一种应然的存在方式，象征着人类对美好生活的向往与追求。这种应然性使得审美活动成为人类精神生活中不可或缺的一部分，体现了人类对自由、超越与意义的永恒追寻。

二、审美的基本范畴

审美范畴是对无数审美意象的凝结与抽象，是反思的产物，它不能脱离意象与体验而单独存在，因此也被称为“审美形态”。审美范畴中包含了诸如悲剧、喜剧、荒诞、崇高、优美、丑陋等富有特定含义和价值的形态。

根据审美对象的不同属性，审美形态可以划分为不同的类型。其中，常见的审美形态包括喜剧、悲剧、优美和崇高。这些形态各自具有独特的审美特征和价值，能够引发人们不同的情感体验和审美判断。

（一）喜剧

喜剧作为一种独特的艺术表现形式，在人类审美体验中具有特殊的价值和意义。首先，喜剧通过幽默、讽刺、夸张等艺术手法，创造出一种特殊的审美愉悦。这种愉悦不仅能够缓解生活中的负面情绪，更重要的是通过对社会现实的夸张再现，引发观众对生活本质的思考。正如哲学家伯格森所言，喜剧是“镶嵌在活的东西上的机械的东西”，揭示了生活中那些僵化、不合时宜的现象。其次，喜剧艺术具有深刻的社会认知功能。优秀的喜剧作品往往通过荒诞的情节设置和人物塑造，折射出社会现实中的种种矛盾。从莫里哀的讽刺喜剧到卓别林的默片，喜剧艺术家们用笑声作为武器，既批判了社会弊端，又肯定了生活中的美好价值。

喜剧艺术的深层价值在于，它通过表面的滑稽可笑，引导观众思考生活的本质。在笑声背后，是对人性弱点的宽容理解，对社会现象的深刻洞察，以及对生命本质的哲学思考。这正是喜剧艺术能够超越单纯娱乐，成为重要审美形式的原因所在。

（二）悲剧

悲剧作为喜剧的对立面，通常通过展现人物的苦难与挣扎，引发观众的同情与共鸣。悲剧可以分为两种类型：一种是悲情戏剧，通过直观的情感渲染让观众感到悲伤，但这种悲伤往往是短暂的、易于平复的；另一种是悲剧性戏剧，它强调主人公在困境中展现出的精神力量与生命价值，能够带给观众心灵的净化与精神的升华。例如，红军长征中的艰苦卓绝、飞夺泸定桥的英勇壮举，以及抗日战争、抗美援朝的伟大事迹，都展现了人类在逆境中的崇高精神，激发人们的自豪感与崇高感。

（三）优美

优美是一种展现人与自然的和谐、心灵的真善美的审美属性。它可以用秀美、典雅、艳丽等词语来形容，其本质在于和谐——人与自然、人与人、自然物与自然之间的和谐。优美与崇高不同，崇高强调冲突与斗争，而优美则是一种柔和的、统一的美。它的表现形式通常是舒适、轻柔、如沐春风，体现为均衡对称、比例协调，达到多者交融、浑然一体的状态。例如，古典音乐中的优雅旋律、山水画中的宁静意境，都是优美的典型体现。

（四）崇高

崇高是一种通过冲突、斗争或压迫展现出来的美，具有强烈的感性形式和精神力量。它通常表现为粗犷、强势的外观，如巍峨的高山、奔腾的江河，同时也蕴含着内在的自我优越感与精神鼓舞。崇高能够激发人们的斗志与勇气，常见于艺术、社会和自然领域。例如，贝多芬的《第九交响曲》以其宏大的气势和深刻的情感，展现了人类对自由与欢乐的追求，给人以强烈的精神震撼。可见，崇高不仅是一种审美体验，更是一种精神的激励，让人感受到生命的伟大与无限可能。

三、审美意识

审美意识是人类在审美活动中对客体产生的反应状态，涵盖感知、趣味、理想、标准等多个方面。它产生于人类的物质生活与社会实践，是通过心理活动升华为思维层面后形成的意识形态。具体而言，审美意识表现为审美标准、审美感受、审美体验、审美趣味、审美理想和审美观念六种形式。

（一）审美标准

审美标准是评价美的尺度，兼具相对性与客观性的辩证统一。不同时代、文化背景、社会阶层以及个体认知都会形成差异化的审美取向，但这些具体标准的变化始终以美的客观规律为基础。审美标准的发展受到三重维度的动态影响：一是历时性的时代变迁，二是共时性的文化差异，三是主体性的个体体验。这种动态性既保持了审美活动的共同基础，又确保了其多元发展的可能。以形式美为例，从古典艺术对“对称性”的推崇，到现代艺术对“不对称张力”的追求，恰恰证明了审美标准始终在与时俱进地反映着人类实践的发展水平。正是这种稳定性与可变性的辩证运动，使审美标准能够不断突破固有范式，保持与生活实践的鲜活联系。

（二）审美感受

审美感受是主体在审美活动中产生的直接感知，具有直觉性、愉快性和功利二重性的特点。

直觉性：审美感受是瞬间的、直接的，不需要经过复杂的思考。例如，看到幽静的山林或听到激昂的《义勇军进行曲》，人们会立刻感受到美的冲击。

愉快性：无论审美对象的形式如何变化，都能引发主体的愉悦之情。例如，仰望高耸入云的山峰或凝视波涛汹涌的大海，既能带来感官刺激，也能激发情感上的愉悦。

功利二重性：审美感受不仅带来精神上的愉悦，还可能引发人们对社会、文化、道德等方面的深层思考。例如，孔子认为艺术作品应具有“兴观群怨”的功能，只有符合“礼”的规范并实现“仁”的理想，才能达到美的标准。

由此可见，审美感受本质上是超越物质需求与利害关系的精神满足。例如，欣赏一幅画时，如果只是为了出售获利，这种愉快便不具审美意义；只有纯粹欣赏时产生的愉悦才属于审美感受。

（三）审美体验

审美体验是主体在审美活动中，结合自身经验、情感、想象等主观因素与特定环境，对客体形成的深刻认知与理解。它包括三个阶段：

积累阶段：主体通过生活经验和素材储备为审美体验奠定基础。

发现阶段：主体在艺术体验和审美感知中发现美的内涵。

创作阶段：主体在审美体验中萌发创作欲望，转化为艺术动机。

审美体验具有原始创作性、历史建构性和超越架构性。它不仅是感官上的愉悦，更是精神层面的共鸣与升华。例如，艺术家在体验生活时，会通过感受与思考积累素材，最终创作出富有深意的作品。

（四）审美趣味

审美趣味是主体在审美活动中表现出的主观情绪倾向与偏好，具有个性化与多样性。它既受主体心境、思想、性格、成长背景等个体因素影响，也受到时代背景、社会阶层和文化环境等外部因素制约。审美趣味是个性与共性的统一。例如，某一时代可能流行某种审美倾向，但个体仍可以保持独特的审美趣味。通过实践与学习，主体可以塑造更符合时代精神的审美趣味，但不应以共性抹杀个性化表达。

（五）审美理想

审美理想是主体对美的最高追求与向往，是其审美经验的升华。它不仅是个人趣味的体现，更是社会阶级审美关系的实践。审美理想具有历史继承性和可变性，随着社会的发展而变化。例如，古代以“天人合一”为审美理想，现代则可能更注重个性表达与自我实现。审美理想在理想与现实的统一中，为人类实践活动提供精神动力，激励人们克服困难、追求更美好的生活。

（六）审美观念

审美观念是主体在审美实践中总结形成的对美的基本看法，具有指导性和个性化特征。它不同于世界观，更依赖于具体形象和情感体验。例如，主体通过反复接触美的事物，逐渐形成某种审美观念。审美观念可以指导审美实践，提高审美修养，但需要注意它与审美能力不同：前者是认知层面的总结，后者则需要通过长期实践与学习来培养。

四、审美心理

审美心理是指审美活动中形成的心理结构、机能和表现形式，包括审美感知、审美理解、审美想象和审美情感等要素。

（一）审美感知

审美感知是主体通过感官对客体外在形象的观察与感受，是审美心理的初级阶段。在审美活动中，视觉和听觉被视为高级感官，因为它们能与对象保持一定距离，提供更多思考空间；而触觉、味觉和嗅觉因为直接与对象接触，容易引发生理性反应，被归为低级感官。审美感知具有三个显著特征：一是敏锐的选择性，能从复杂对象中捕捉核心审美信息；二是浓厚的感情色彩，感知过程始终伴随情感倾向；三是整体性，倾向于对对象形成完整的直观印象，而非孤立元素的拼凑。

（二）审美理解

审美理解是审美活动中产生的认识性心理因素，具有非肯定性、非概念性和含义无限性的特点。

第一，非肯定性。审美理解往往通过模糊的语言或形象来表达，而非明确的界定。例如，诗歌中的意境描写，泰山的“巍峨高耸入云”并未给出具体高度，而是以模糊的语言营造宏大的意象。马致远的《天净沙·秋思》中，以“枯藤老树昏鸦”等意象组合，勾勒出一幅秋日萧瑟的图景，含蓄地传达出游子的思乡愁绪。诗人并未直抒胸臆，而是借助景物描写引发读者的情感共鸣，这种含蓄的表达方式正是审美理解非肯定性的体现。

第二，非概念性。审美理解不依赖明确的概念界定，而是通过象征或隐喻传递意义。例如，艺术家徐冰的《何处惹尘埃》，以“9·11”事件废墟中的尘埃为材料，在展厅中呈现“本来无一物，何处惹尘埃”的禅语。作品通过尘埃的易逝性与禅宗的空观思想，引发人们对战争、文化冲突等问题的思考。这种借助物象隐喻思想的表达方式，体现了审美理解的非概念性特征。

第三，含义无限性。审美理解具有开放性的意义空间，常表现为“言有尽而意无穷”的审美体验。例如，面对震撼人心的艺术作品，人们常以“太好了”这类模糊表述传递感受，这里的“好”并无具体标准或量化指标，却蕴含着丰富的审美感受。这种“说不清、道不尽”的张力，正是审美理解的魅力所在，也是其含义无限性的生动体现。

（三）审美想象

审美想象是指主体基于已有经验与判断，对审美客体进行创造性加工的心理过程。当现实中的对象无法用既有经验直接理解时，主体会通过想象构建超越现实的再造形象。在审美活动中，人们不会仅满足于对客体的简单认知，而是主动调动记忆中的表象，对其进行重组、修饰与创新，从而使审美对象更加丰富、更具意义。

审美想象主要包括创造想象、再造想象和知觉想象等形式。这些想象将过去的审美经验融入当下的知觉过程，既为审美情感提供了表达载体，也让审美体验更加清晰、深刻和饱满。

（四）审美情感

审美情感是指主体在审美活动中对客体产生的体验感受与思维态度，它贯穿审美全过程，为审美活动提供内在动力，属于人类特有的高级情感形态。审美情感源于日常情感的提炼与升华，是主体对情绪体验和生命经验的深刻沉淀，最终呈现为精神性的情感状态。当主体的认知、情感和意志达到和谐统一时，审美活动便能实现自由而超越的愉悦境界；即便主体未能达到这种理想状态，审美过程仍能起到陶冶性情、净化心灵的作用，并通过情感共鸣与价值内化，深刻影响主体的认知方式、情感模式和意志品质。

以绘画欣赏为例，面对同一幅作品，不同主体可能产生愉悦、忧郁或震撼等不同的情感体验。审美情感绝非简单的感官反应，而是主体心灵与艺术形象之间的深度对话。需要特别指出的是，审美情感的产生必须依托具体可感的艺术形象，无法脱离审美对象独立存在。同时，审美情感具有显著的复合性特征：一方面体现为主体间的个体差异，另一方面又呈现出丰富多元的表现形态，这种复杂性正是审美活动的魅力所在。

第三节 何谓美育

一、美育的内涵

何谓美育？学界对此众说纷纭，但许多观点颇具启发意义。曾繁仁教授提出："美育，即通过自然美、艺术美与社会美的途径，在潜移默化中对广大人民，特别是青年一代进行情感的陶冶、健康审美力的培养与健全人格的塑造。"[①] 仇春霖教授则从更宏观的视角指出：教育的根本任务在于"育人"，其核心是培养人的文化素质，即塑造完善的人格。他强调，美育的意义不仅在于培养人的审美能力，更在于美化人类自身，推动世界文明进程的发展。可以说，美育是一门关于人类自身美化与塑造完美人格的科学。显然，美育不能简单地等同于艺术教育，更不能局限于音乐、美术等具体学科的技能传授；但这些教育形式在"以美育美"的过程中扮演着重要角色，它们通过美的对象培育人的审美感知与能力，是美育实践的重要载体。

要厘清"美育"的内涵，离不开对"美"的本质的探讨。自古以来，"美是什么"始终是一个复杂命题。柏拉图曾感叹"美是难的"，道出了这一问题的复杂性与深刻性。马克思提出的"人也按照美的规律来建造"这一论断，为我们提供了重要启示：人类不仅在物质生产中遵循美的规律，更在塑造自身的过程中践行美的原则。"建造人自身"的过程本质上是"育"的过程，而美育正是以"美"为内核的塑造活动。美以感性的形式存在，表现为可见的外在符号，这一点已得到广泛认同。当这些美的对象触动我们的情感，使我们感到愉悦或自由时，美感便随之产生。我们通过外在符号感知到内在的理念、思想或人的本质力量，从而提升审美能力、完善心智、塑造人格，并最终实现人类自身的美化。因此，一个具有高度审美能力的人，往往能够以更积极、合理的方式投入生活与工作，其本身也具备更强的生存竞争力。

早在18世纪，英国美学家博克在《论崇高与美两种观念的根源》一文中就指出："美"与"社交性情欲"带来的"竞争心"密切相关。"竞争心"是人类在公认有价值的事物上追求优越感的表现，这种追求能够带来快乐或生存的优势。基于此，我们可以将"美"的内涵理解为：美是一种看得见的竞争力。"看得见"强调美以符号形式呈现，与注意力的吸引密切相关；而"竞争力"则指向以情感为核心的审美力，即在审美体验中渗透着审美情感判断的能力。正如曾繁仁教授所言，"审美力是一种特殊的情感判断力"，它彰显了鲜明的人本化特征，体现了人的主体性与创造力。

对于当代大学生而言，美育的意义首先在于助力他们构建"美丽大学"生活——涵养大德与大情怀、培育阳光心态与温情品格、锻造竞争力与担当作为，进而实现全面发展，最终走向"美丽人生"。这正是"立德树人"教育目标的生动实践。通过美育，大学生不仅能系统提升审美感知与鉴赏能力，更能在情感

---

① 曾繁仁. 美育十五讲［M］. 北京：北京大学出版社，2012.

世界中学会共情与表达，在人格塑造中趋向健全与成熟，在价值选择中明晰方向与坚守。这种由内而外的滋养，让他们既能更好地适应复杂多变的社会需求，也能在个人成长与社会发展之间找到和谐共振的支点。从更深远的维度看，美育绝非单纯培养审美能力的途径，它更是塑造完整人格的基石，是推动人类文明赓续向前的重要力量。

二、新时代我国美育政策

现阶段，我国美育工作的推进与国家“育人”政策的顶层设计紧密相关。党的十八大报告明确提出将“立德树人”列为教育的根本任务，并提升到教育方针的高度，这是对党的十七大“坚持教育为本、德育为先”教育理念的具体化，也为新时代教育改革指明了方向。

“立德树人”中的“立德”源自《左传·襄公二十四年》：“太上有立德，其次有立功，其次有立言，虽久不废，此之谓不朽”，即中国传统文化中著名的“三不朽”说。唐代孔颖达在《春秋左传正义》中进一步阐释，“立德”即“创制垂法，博施济众”，强调圣贤树立道德典范、惠泽百姓的至高境界。后世对“立德”的理解逐渐聚焦于个人道德修养，其核心在于明确“成为什么样的人”以及“培养什么样的人”。由此可见，“德”的树立本质上是一个教化培育的过程，而美育正是这一过程中不可或缺的重要力量，它通过审美体验与艺术熏陶，潜移默化地塑造人的品格、陶冶人的情操，从而实现以美育德、以美润心的教育目标。

为全面落实美育育人的价值，党和国家颁布了一系列重要的政策文件。2015 年 9 月，国务院办公厅印发《关于全面加强和改进学校美育工作的意见》（以下简称《意见》）从构建科学的美育课程体系、大力改进美育教育教学、统筹整合学校与社会美育资源、保障学校美育健康发展等方面，对实施美育相关工作进行了全面部署，并针对高校美育提出了针对性的指导意见。该《意见》明确指出：“美育是审美教育，也是情操教育和心灵教育，不仅能提升人的审美素养，还能潜移默化地影响人的情感、趣味、气质、胸襟，激励人的精神，温润人的心灵。”至此，高校美育的内涵及实施路径得以明确，美育工程势在必行。

党的十九大报告提出，要全面贯彻党的教育方针，落实立德树人根本任务。

2018 年 5 月 2 日，习近平总书记在视察北京大学时强调，要把立德树人的成效作为检验学校一切工作的根本标准。

2018 年 9 月 10 日，习近平总书记在全国教育大会上，围绕“培养什么人、怎样培养人、为谁培养人”这一根本问题，强调要全面加强党对教育工作的领导。他明确指出，培养什么人是教育的首要问题，并特别指出“要全面加强和改进学校美育，坚持以美育人、以文化人，提高学生审美和人文素养”。

2019 年 1 月，中共中央、国务院印发了《关于深化教育教学改革全面提高义务教育质量的意见》，提出实施学校美育提升行动。2019 年 4 月 11 日，教育部下发了《关于切实加强新时代高等学校美育工作的意见》，要求普通高校强化面向全体学生的普及艺术教育。

2020 年 10 月，中共中央办公厅、国务院办公厅印发了《关于全面加强和改进新时代学校美育工作的意见》，对新时代学校美育工作进行全面规划和部署，旨在推动学校美育工作的全面发展，提高学生审美和人文素养，培养德智体美劳全面发展的社会主义建设者和接班人。

2023 年 12 月，教育部进一步发布了《关于全面实施学校美育浸润行动的通知》，强调美育的渗透性与全方位育人作用。

党的二十大报告指出，育人的根本在于立德，全面贯彻党的教育方针，落实立德树人根本任务，培养德智体美劳全面发展的社会主义建设者和接班人。

这些政策旨在加强和改进新时代学校美育工作，其核心目标在于提高学生审美和人文素养，弘扬中华美育精神。政策内容涵盖了加强美育课程建设、优化美育教学、完善美育评价体系、加强美育教师队伍建设等多个方面，形成了从顶层设计到具体实施的完整闭环，为新时代美育事业发展提供了坚实的制度保障。

以毕加索的《亚威农少女》(1907) 与《格尔尼卡》(1937) 为例，结合“美的创新性”特征，分析其创作如何突破传统艺术范式，并论述这种创新如何体现“美的本质”中的主客体辩证关系。

第二章

自然风景之美

学习目标

知识目标

- ❖ 了解自然美的特征和类型。
- ❖ 掌握自然美的要素。

思政目标

- ❖ 培养对祖国大好河山的热爱之情。

自然美是相对人而言的。在人类诞生之前，自然无所谓美。人类出现之后，大自然逐渐被纳入社会关系中，成为人类实践与认识的对象。在长期的劳动实践中，大自然或被利用，或被改造，久而久之，人类就逐渐形成了对自然的审美意识，这种审美意识觉醒后就有了对自然进行审美的活动。自然美是指原本存在的自然事物本身所呈现出来的美，具有自然性和社会性双重属性。自然性是自然美形成的必要条件，体现为自然事物固有的外在形态与物质特征；社会性则揭示了自然美的深层根源，它源于人类的劳动实践，因为劳动创造了美。自然美的范畴极为广阔，包括日月星辰、江河湖海、山水草木、花鸟虫鱼等，包罗了世间万象。作为一种可感知的经验现象，自然美始终在人类的审美活动中焕发生机，既能被直观欣赏，也能引发人们深层的情感共鸣与精神体悟。

第一节　自然美的特征

关于自然美的本质，美学界存在分歧。一些美学家认为，自然美独立于人类社会生活而存在，是自然界万事万物本身固有属性的客观显现。然而，也有美学家持不同观点，他们认为自然事物本身并无美丑之分，自然美只是人们意识活动的产物。例如，黑格尔认为自然美是心灵美的反映，是一种不完全、不完善的形态；车尔尼雪夫斯基则认为自然美体现了自然事物对人生的意义或暗示。

马克思主义美学则提出了另一种观点，认为人类通过以生产劳动为核心的社会实践改造了自然，不仅满足了自身的物质需求和精神需求，也使自然成为“人化的自然界”。因此，自然美的产生是“自然人化”的结果。在社会实践中，人类不断认识和掌握自然规律，实现自然的社会化、人化，从而形成了具有极高审美价值的自然美。随着人类社会实践的不断推进，自然美的涵盖范畴也在不断扩大。

总的来说，自然美的形成与发展的基本途径主要有两个：一是人类的生产劳动，它改变了自然事物的原始面貌，如沙漠变绿洲、南水北调等工程；二是人类掌握了客观自然规律后，获得了支配自然的欲望和自由，如在江河湖海上航行、挖掘地窖储藏生活物资等。自然美的特点在于它侧重于自然物的固有形态，以自然的外在感性形式直接唤起人的美感，其特征主要包括以下几点。

一、自然美拥有独特的自然本真

“清水出芙蓉，天然去雕饰”常被用来形容文章的清新脱俗和浑然天成的自然风格，被视为艺术美的至高境界。著名山水诗人谢灵运的“池塘生春草，园柳变鸣禽”，因其浑然天成的意趣而广为传颂；谢朓的名句“大江流日夜，客心悲未央”，也凭借其自然真挚的情感成为千古绝唱。艺术美所追求的境界，在自然万物的美中随处可见，它是一种普遍的存在。正是自然美的本真与纯粹，才使其独具魅力，并与艺术美形成鲜明对比。自然美离不开自然物本身的的物质属性，并始终遵循自然规律客观地发展变化。脱离了自然物本身的天然属性，自然美便无从谈起。

自然美是自然万物相互作用、相映成趣的杰作，是天地造化的奇迹。北宋画家郭熙在《林泉高致》中精辟阐释了这种共生关系：“山以水为血脉，以草木为毛发，以烟云为神采。故山得水而活，得草木而华，得烟云而秀媚。水以山为面，以亭榭为眉目，以渔钓为精神，故水得山而媚，得亭榭而明快，得渔钓而旷落，此山水之布置也……山无烟云，如春无花草。山无云则不秀，无水则不媚，无道路则不活，无林木则不生，无深远则浅，无平远则近，无高远则下。”从浩瀚宇宙到一草一木，自然是万物千姿百态的设计者与成就者。自然美的构成要素——天气与气候、水文与水域、地质地貌、动植物、山体河床、高原草甸、岩石土壤等，在地球各处自由分布，组合各异，因而造就了自然美的千差万别与绚丽多姿。自然美是自在本真的直观呈现，是自由的化身，它所彰显的正是万物按其本性自在生长、不受人为束缚的自由意味。仅从这一点来看，自然的审美价值是任何艺术作品都无法企及的。

我国古代美学一贯崇尚自然，以自然为美。这种自然审美观可追溯至《庄子》。庄子美学思想的核心之一便是“自然”。庄子说：“夫天地者，古之所大也，而黄帝尧舜之所共美也。”“天地有大美而不言”，“圣人者，原天地之美，而达万物之理”。在此，庄子明确指出美存在于大自然之中。他还认为，自然有其自由生命的世界，人为的干预会破坏自然生命的自由。他借海神之口说：“牛马四足，是谓天；落马首，穿牛鼻，是谓人。故曰无以人灭天，无以故灭命，无以得殉名。谨守而勿失，是谓反其真。”牛马生来四足，可以自由行走，这是其自然本性；而用马络套住马头，用鼻环牵制牛鼻，限制牛马的活动，则是人为对天性的桎梏。这种“人为”会摧毁自然本真，从而破坏美。庄子的这一思想深刻揭示了自然美的本质——自由与本真，并为后世确立了“人与自然和谐共生”的审美准则。

二、自然美表现为变幻多姿的不确定形式

自然所存在的形式是千姿百态、气象万千的。自然万物可大到一望无涯、天地悠悠、无边无际，也可以小到微乎其微，“一花一世界，一叶一菩提”。人们赞叹自然，既源于其本真纯粹的天性，更因其变幻无穷的形态。自然的声音、色彩、形状和气味等能给人带来非同凡响的审美享受。不仅如此，自然美种类繁多，形态各异。大到宇宙天体，小到沙尘花草无所不包。冰雪霞露、风云雨雾、日月星辰、花草树木、溪瀑泉潭、名山胜水等一切自然的存在都有各自独特的形状。即便是同一个自然物，也可表现为万千不同的形状。

《林泉高致·画诀》言：“松有双松、三松、五松、六松、古木、老木、怪木、垂崖古木、垂岸怪木、乔松至一望松，皆视寿用青松、长松。石有怪石、松石、坡石、兼云松者也。林石兼之林木，秋江怪石，怪石之在秋江也，江上蓼花，兼葭之致，可以映带远近作一二也。云有云横谷口、白云出岫、云出岩间、轻云下岭。烟有烟横谷口、暮霭平林、烟出溪上、春山烟岚、轻烟引素、秋山烟霭。水有回溪溅瀑、云岭飞泉、松石溅瀑、雪中瀑布、远水鸣榔、烟溪瀑布、雨中瀑布、云溪钓艇。”自然以其形状、色彩、声音、气味、质料等多元元素，构筑起令人沉醉的审美世界。比如西湖（图 2-2），一日四时，一年四季，阴、雨、晴、雪、雾都使西湖美景让人应接不暇，无可名状。所以古人说西湖是“四百八十可游处，三万六千堪醉时”。

图 2-1 张家界石柱山

图 2-2 西湖

第二节 自然风光美的要素

自然之美无处不在，关键在于我们是否具备发现美的眼睛。我国幅员辽阔，自然景观资源丰富多样，这些景观不仅具有独特的自然风貌，更承载着深厚的历史文化内涵。从古至今，无数文人墨客、艺术创

作者、旅行爱好者以及当地居民，都曾为这些自然景观的魅力所折服，留下了大量脍炙人口的赞美诗文。

基于古今中外游客对我国名山大川的评价，以及现代地质考察的研究成果，我们可以总结出自然风光美的六大特征要素："雄""奇""险""秀""幽""旷"。这些特征要素的形成与不同的地质构造环境密切相关。因此，在评判自然风光时，我们应从分析这些美的要素入手，抓住其本质特点，并结合具体的自然环境与历史文化背景进行深入分析与评价。

一、雄伟

雄伟多用以形容山体所展现的崇高气象，尤其凸显其高大巍峨的视觉张力与磅礴厚重的精神气场。山体的"高"，有相对高度和绝对高度之分。

以"五岳之尊"泰山为例，其绝对海拔虽不及西岳华山，却因坐落于华北平原东部边缘，以拔地通天之势凌驾于齐鲁丘陵之上，形成了极具冲击力的相对高度，故而"雄伟"之名为世人所公认。此外，泰山之"雄"还蕴含着深厚的文化积淀。

它被古人视为"直通帝座"的天堂，成为百姓崇拜、帝王祭告的神山，自古以来就有"泰山安，四海皆安"的说法。自秦至清朝，先后有 13 位帝王亲自登泰山封禅或祭祀，另外还有 24 位帝王遣官祭祀并 72 次登上岱顶。这种自然景观与人文内涵的完美融合，使得泰山的雄伟之美超越了单纯的地貌特征，升华为兼具地理威严与文化厚重的复合型审美意象。

二、奇特

奇特是自然景观中极具辨识度的审美特质，它以形态的非常规性、组合的意外感与视觉的冲击力，打破人们对自然的固有认知。在这一特质的呈现上，安徽黄山堪称典范。"黄山天下奇"，奇在松、云海、山石、水泉。黄山之"奇"，首先在于"以奇胜奇，以多显奇"的丰富性，单是造型各异的岩石便有 120 余处被单独命名，堪称世界地质奇观。黄山的奇特之美具体表现为：奇峰——叠嶂连云，劈地摩天，千米以上的有七十二峰之多，群峰竞秀，气象万千；奇石——从"飞来石"到"猴子观海"，嶙峋怪石或孤峙峰顶，或临渊而立，与苍松为伴，随光影变幻而姿态各异；奇松——或盘根虬干悬于危岩之上，或破壁穿石立于绝境之中；云海——雨后山岚弥漫四合，漫山云雾似汪洋翻涌，峰石、古松在其中时隐时现，恍若仙境。至于水泉之奇，黄山不仅湖、溪、潭尽有，而且有温泉终年喷涌，不涸不溢，在奇险之中添了几分温润，为这方奇境更增灵动之气。黄山的奇幻之景，恰是自然创造力的极致展现。而放眼天下，各大名山大川皆有其独特之"奇"——或奇在地貌，或奇在气候，或奇在生态——正是这些不拘一格的存在，让自然之美始终保持着令人惊喜的生命力。

三、险峻

险峻是自然景观中以强烈视觉冲击与心理张力为核心的审美特质，其形成多源于山体陡峭的坡度、高耸狭窄的山脊，以及与周边环境形成的悬殊落差，往往带给人"危若累卵"的震撼与敬畏。在五岳之中，西岳华山（图 2-3）将这种险峻之美演绎得淋漓尽致，素有“华山天下险”“奇险天下第一山”的美誉。

华山之险首先体现在其独特的地质构造上。这座由花岗岩构成的断块山体，经亿万年地质运动，形成了四壁如削的绝险地貌。从高空俯瞰，华山犹如一柄利剑直插云霄，在秦岭群峰中傲然独立，其相对高差达 1700 余米，令人望而生畏。历代文人对此险境多有咏叹。唐代诗人王维在《华岳》中写道：“西岳出浮云，积雪在太清。连天凝黛色，百里遥青冥。”明代旅行家徐霞客登临后感叹：“惟华山之高，五千仞，削成而四方，一攀一陟，可扪星辰。”这种惊心动魄的险峻之美，使华山成为探险者心中的圣地，也成就了其无可替代的审美价值。

四、秀丽

秀丽是自然景观中以柔美和谐为核心的审美特质，其精髓在于山水相依的和谐之美。这种美通常表现为：植被葱郁，山形柔美，水色澄澈，整体景观呈现出精巧雅致的韵味。水，是秀美景观的灵魂所在，正如“山清水秀”这一经典表述所揭示的，秀丽的景致必然离不开水体的滋养。我国南方地区以其丰沛的雨量和茂密的植被，孕育了众多秀美的自然景观。峨眉山之雄秀、富春江之锦秀、西湖之娇秀、桂林之奇秀、武夷山之青秀，各具特色却又共同诠释着“秀”的审美意蕴。这些景观无不体现着山、水、林木的完美融合，构成了一幅幅动人的天然画卷。

以“天下之秀”著称的峨眉山（图 2-4），其秀美特质主要体现在三个方面：

生物多样性之秀：作为亚热带地区的“植物王国”，峨眉山在垂直高差 3000 多米的范围内，完整保存了从热带到寒带的植被带谱。这种在水平距离需要数千公里才能观察到的植被变化，在这里只需几十公里的登山路程就能尽收眼底。

山水相映之秀：充沛的降水造就了峨眉山丰富的水系，溪流、瀑布与苍翠的山林相得益彰，形成了“一山有四季，十里不同天”的独特景致。

线条韵律之秀：峨眉山脉轮廓柔和婉约，其“如螓首峨眉，细而长，美而艳”的独特山形，在中国名山中独树一帜。

图 2-3　华山

图 2-4　峨眉山

五、幽深

幽深作为中国自然美学的重要意境，其精髓在于“藏而不露”的含蓄之美。这种景观通常形成于群山环抱的深谷或山麓地带，以茂密的原始森林为基调，呈现出多层次的空间韵律。幽景具有四大典型特征：视野含蓄而不张扬，光线朦胧而柔和，空气澄澈而沁人，景深曲折而富有层次。这种“犹抱琵琶半遮面”的审美特质，与东方美学追求的“含蓄蕴藉”不谋而合。

我国诸多自然风景区中，都有堪称“幽”之典范的景致。四川青城山便是以“幽”闻名天下的代表，素有“青城天下幽”的美誉：山中古木参天，溪流潺潺，曲径蜿蜒，置身其中，仿佛进入与世隔绝的秘境，而山间错落的道观与自然景观浑然一体，更添几分“结庐在人境，而无车马喧”的幽深与禅意。张家界国家森林公园的幽谷亦是“幽”的生动注脚：溪流两侧峰峦如屏，林木密集得几乎不透风，阳光艰难地穿过枝叶缝隙，在地面织就斑驳的光影；空气中弥漫着湿润的草木气息与泥土芬芳，耳畔只有偶尔的鸟鸣与水声。行走其间，如同在立体的山水长卷中穿行。

这些幽深景观不仅是自然的杰作，更是心灵的栖息地。明代旅行家徐霞客曾感叹：“青城之幽，使人忘返。”这种融合了空间层次、光影变化、生态纯净的幽深之美，让人们在探索中感悟“天人合一”的哲学境界，在静谧中体会“万物静观皆自得”的生命真谛。

六、畅旷

畅旷是自然景观中以开阔舒展为核心的审美特质，多以辽阔的水面或开阔的地形为主体。其特点是视野开阔、水面坦荡、极目天际，身临其境时令人心旷神怡。在我国，“旷”景的分布与地貌特征密切相关，我国广袤的冲积平原与起伏和缓的丘陵地貌，孕育了众多江河湖泊，使得“旷”景资源异常丰富：从“孤帆远影碧空尽”的长江下游，到“天苍苍，野茫茫”的内蒙古草原；从“八百里洞庭”的烟波浩渺，到“大漠孤烟直”的戈壁旷野，皆是“旷”的生动呈现。这些景致不仅与人们的生产生活紧密相连（如灌溉、航运、畜牧等），更以其开阔之美成为历代文人抒怀的对象，为大众所熟知与喜爱。

值得注意的是，“旷”景并非单一的开阔，其审美内涵往往更为丰富：有的兼具“雄”的气势（如黄河壶口的“旷”中带壮），有的融合“秀”的灵动（如江南水乡的“旷”中含柔），有的暗藏“奇”的变幻（如草原日出时“旷”与光影的交织）。这种多元特征的叠加，让“旷”景在舒展之外更添层次。

需要说明的是，自然风光美的不同特征要素，是大自然在成千上万年的地质演变中，由不同的地质和地理条件塑造而成的结果。例如，具有雄伟、险峻形象的山岳，往往位于地壳运动强烈、断层发育的地区。泰山、峨眉山、庐山、华山、黄山等名山，均是由成组断层分割并隆起的断块山。这些山体陡峭如斧削，断层崖壁立千仞，气势恢宏。特别是由花岗岩构成的山体，因其富含节理，岩体被分割成许多长方形或接近正方形的岩块。在风化过程中，岩体沿节理面崩塌，棱角剥蚀形成球状风化，使得山体表面呈现出巨大的球状岩块，这些岩块又成为局部的构景要素。例如，黄山的仙桃石构成了莲花峰的“花瓣”，莲蕊峰的形态也带有明显的球状风化特征。

总之，旷景以其开阔的视野和坦荡的气势，展现了自然的壮丽与恢宏。它不仅是一种自然美的表现形式，更是地质演化与自然力量的生动体现。通过对旷景的欣赏与研究，我们不仅能感受到自然的辽阔与自由，还能深入了解地球的历史与奥秘。

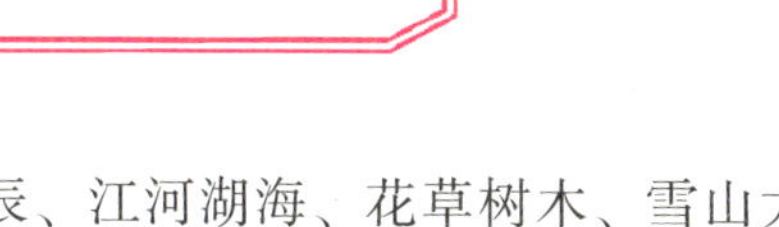

第三节 自然风光美的类型

自然风光的形态是多种多样的，如山川湖泊、烟岚云霞、日月星辰、江河湖海、花草树木、雪山大漠及深山古寺等。但自然风光的美，关键在于其载体和形式，其类型主要有形象美、色彩美、朦胧美、音响美、动态美等。

一、形象美

自然风光之美，总是以一定的形式或形象表现出来，形象也是自然风光最为显著的特征。无论是桑塔耶纳的“美是客观化了的快感”，还是叶朗的“美在意象”，都强调了自然形象与人之间的关系。唯有当自然风光以其形象显现出来时，审美主体才能感受和体验到它的美。自然风光形象美有的表现为宏大的形状、巨大的体积、深邃的层次、辽阔的面积、磅礴的气势；有的则表现为惊涛巨浪、排山倒海、汹涌澎湃、雷霆万钧、声如金鼓；还有的则如杨柳依依、婀娜身姿等，这些极具个性的特点往往都被观赏者深深铭记，成为他们心中难以忘怀的美景。

二、色彩美

自然风光的色彩，源于江河湖海的波光、草木花卉的绚烂、烟岚云霞的变幻以及日月辉光的映照。这些色彩不仅令人赏心悦目，更能唤起人们内心深处的欢乐、振奋与幸福感。

自然界中的色彩极为丰富，红、橙、黄、绿、青、蓝、紫交织成绚丽的画卷。其中，植物的色彩最为多样——春日的山茶、夏日的杜鹃、秋日的红叶、冬日的雪松，无不展现着大自然的鬼斧神工。例如，云南苍山的山茶花、峨眉山的杜鹃、八达岭的杏花，皆是闻名遐迩的自然奇观。而在四季更迭中，深秋的色彩尤为壮丽。红、橙、黄三色交织，层林尽染，构成一幅富丽堂皇的秋景图。北京香山的红叶、三峡巫峡的漫山红韵，皆是难得一见的自然胜景。相比之下，绿色是自然界最普遍、最令人舒适的色彩，岩石与土壤则色调沉稳，而云霞则变幻莫测——泰山观日峰的朝霞、黄山排云亭的晚照，乃至峨眉山金顶的“佛光”，无不令人叹为观止。

水，则是自然色彩的魔法师。它如明镜般映照天光云影，使色彩更加灵动。碧海与白浪的碰撞、雪山与晴空的辉映，无不令人心驰神往。而银装素裹的雪景，更是诗人与画家的永恒题材——东北雪乡的静谧、西藏雪山的圣洁，皆以纯净的白色诠释着自然的极致之美。

总之，自然风光的色彩美不仅体现在局部的花草树木上，更体现在宏观的季节变化、水体反射以及光影变幻中。这些色彩交织在一起，构成了大自然的绚丽画卷，为人们带来了无尽的视觉享受与心灵震撼。通过对自然色彩的观察与欣赏，我们不仅能感受到自然的美丽与神奇，还能深刻体会到人与自然和谐共生的意义。

三、朦胧美

朦胧美并非简单的模糊或不确定，而是一种微妙、含蓄的美感，它难以被精确捕捉，却能激发深邃、玄妙的情感体验。这种美，更多依赖于心灵的感悟而非言语的传达，其蕴含着诗意与禅宗的深远意境，它的魅力恰在于那份模糊与朦胧之中。正如“犹抱琵琶半遮面”或“欲语还休”的意境，让人思绪万千，浮想联翩。

欣赏者在面对朦胧美时，往往需要借助猜测、联想、想象与内心的体悟，方能领略到其中独特的审美愉悦。例如，当淡云薄雾轻轻笼罩大地，为自然景观披上一层柔和的浅白色调，使得山川湖海的色彩变得更为温婉、淡雅；又如晨雾晓烟，仿佛轻盈的白色薄纱，轻轻遮掩了那些琐碎复杂的山石与枝叶，强化了峰峦与树木的整体轮廓，营造出一种令人心旷神怡、流连忘返的朦胧之美。

四、音响美

大自然中蕴藏着丰富多样、独具特色的声响，它们共同编织出一首首动人的自然乐章。瀑布坠入深潭的轰鸣、山谷间鸟儿的啼鸣、幽林深处蝉的欢歌、寂静夜晚虫儿的低吟、惊涛拍岸的壮阔、风起时松涛的呼啸、清泉泻入清池的潺潺、雨打芭蕉的清脆以及溪流在山涧中欢快地跳跃……这些自然的音响不仅丰富了自然美的层次，更为整个世界平添了几分独特的韵味与风情。

在峨眉山的万年寺旁，有一处蛙池，那里栖息着一种特有的“弹琴蛙”。每当夕阳西下，这些山蛙便开始了它们的音乐盛宴，音调各异，和鸣如琴瑟，为留宿万年寺的游客们“演奏”出一曲曲饶有趣味的自然乐章。而在大连的老虎滩老虎洞中，清晰洪亮的海浪咆哮声，以及敦煌鸣沙山那仿佛管弦乐队合奏般的沙鸣声，更是各自创造出别具一格的意境，让人仿佛置身于大自然的音乐厅中。

对于久居喧嚣都市、长期饱受噪声侵扰的游客而言，能够欣赏到这些天然的交响乐，感受到如此纯净、美妙的自然之美，无疑是一种难以言喻的享受，更是人生中一段不可多得的珍贵体验。

五、动态美

自然风光的动态美体现在飘动、流动、飞动、游动、波动、浮动、滑动等不断变化的形式中，这些动态元素激发了游客的情致，展现了自然美的易变性。动态美的主要载体是流水、飞瀑和浮云飘烟。风虽无形，却是动态美的核心动力。它能掀起波涛、驱散浮云、摇拂垂柳，还能产生松涛、送来花香……流水和瀑布是人们较为熟悉的动态景观，它们是自然风光中相对固定的组成部分。如果没有长江的汹涌奔腾，三峡风光便不会产生激荡人心的效果；雁荡山的大小龙湫、贵州的黄果树瀑布、庐山的三叠泉等，都是自然风光动态美的杰出代表。流云飘烟从深谷中缓缓升起，峰峦在轻纱中时隐时现，营造出“山在虚无缥缈间”的意境。风吹云动，仿佛山峦也随之移动，形成了奥妙无穷、目不暇接的动态景观。

此外，山川景物随着季节、时令及天气的变化，会呈现出不同的形态美。同一座山在不同季节有不同的状貌，给人以不同的感受。正如郭熙所言：“春山烟云连绵人欣欣，夏山嘉木繁阴人坦坦，秋山明净摇落人肃肃，冬山昏霾翳塞人寂寂。”同样在岳阳楼上观洞庭湖，有时“阴风怒号，浊浪排空”，有时却“春和景明，波澜不惊”。山山水水本身就是动态的，加上流水、飞瀑和浮云飘烟不断奔涌、变化，为大自然增添了一份生机与活力。

一般而言，观赏自然风光主要有动态和静态两种体验方式。动态观赏即“走马观花”，是在步行、骑行或乘车、乘船时观景。这种观赏方式带来立体的感受，具有强烈的视觉和情感冲击力。例如，李白乘船游览长江三峡时，写下了“朝辞白帝彩云间，千里江陵一日还。两岸猿声啼不住，轻舟已过万重山”的千古名句。静态观赏则是“下马看花”，即在固定位置仔细玩味自然风光的玄妙之处。“明月松间照，清泉石上流”正是这种观赏方式的生动写照。这种观赏方式带来的美是深刻而细致的。当然，动态观赏与静态观赏相辅相成，静中求动、动静结合才是最佳的观赏方法。

此外，观赏自然风光还需选择好距离、角度、高度和时间。首先，要善于选择距离。观赏全景需远眺，观赏局部则需近观。例如，观赏庐山瀑布需远眺，而欣赏洛阳牡丹则需近观。恰当的距离能增强审美的魅力。其次，要选择合适的角度。角度不对，便难以看到美。例如，黄山的“猴子观海”（图 2-5）景观，若无适当的角度和距离，便无法领略其妙处。在颐和园东岸的知春亭观赏万寿山，景色极美；而在玉泉山上眺望万寿山，则逊色许多。苏轼的诗句“横看成岭侧成峰，远近高低各不同”正是从不同角度观赏自然风光的生动写照。再次，要学会选择高度。平视、仰视和俯视的观赏效果各不相同。“登高观景”能实现极目远望，细心感悟。例如，在北京景山万春亭上俯瞰故宫，宏伟的宫殿建筑群一览无余，呈现出宏大壮丽之美。最后，要选择恰当的时间。“良辰”与“美景”相辅相成。春去秋来、昼夜交替、寒来暑往、阴晴雨雪，共同谱写了自然风光的交响曲。观赏日出、晚霞、红叶或雪景，都有严格的时间要求。不同的时空条件下观赏，会使人产生不同的审美感受。因此，欣赏自然之美，也是一门深奥的学问。

图 2–5　黄山“猴子观海”

总之，自然风光的动态美与静态美相辅相成，动静结合才能全面领略自然的魅力。通过对自然美的深入观察与感悟，我们不仅能感受到自然的奇妙与壮丽，还能体会到人与自然和谐共生的深刻含义。

美育实践

冰岛南部的“羽毛峡谷”由冰川融水切割玄武岩形成，峭壁垂直高度达100米，呈现锯齿状褶皱与蜿蜒曲线交织的视觉冲击。这种“刚柔并济”的形态呼应了自然美中“雄伟”与“奇幻”的二元对立。玄武岩的冷峻黑色与地衣苔藓的鲜绿色形成强烈对比，类似中国水墨画的“墨分五色”，同时雨季时峡谷底部河流的蓝绿色调进一步丰富了色彩层次。峡谷内的羽毛河终年奔流，瀑布飞泻的声响与雾气弥漫的视觉动态，构成“移情”与“升华”的审美体验。

结合羽毛峡谷的自然景观特征与地质成因，阐述其自然美要素的独特性。

第三章

社会生活之美

学习目标

知识目标

❖ 掌握社会美的核心，了解社会生活之美和环境之美的特点。

思政目标

❖ 人与人之间和谐平等之爱。

第一节　社会美的内涵及产生

马克思说，“人的木质是一切社会关系的总和”，也就是说，人是 种社会存在，人的实践活动推动人类前行，而人类社会实践活动木身就体现出丰富的社会美。人的社会实践范围极其广泛，存在于社会生活的各个方面，学习工作、娱乐游玩、日常起居等都可以是社会美的对象。同时，社会美不仅表现在艺术作品中，也直接存在于社会实践形式之中，存在于诸多实用的社会生活器物之上，正所谓“实用器具的审美化实际上反映出人的生活世界的审美化以及人自身的审美化”,[①] 当今社会普遍存在的审美化也深刻体现了审美与社会之间广泛而深刻的内在关联。

一、社会美的内涵

社会美，顾名思义，是一种存在于社会中的美；概括地说，社会美就是人类社群规范的美，主要指包含着社会发展规律、体现人的理想愿望、给人以精神愉悦的社会事物或社会现象。社会，从根本上讲

① 尤西林. 美学原理［M］. 北京：高等教育出版社，2015.

是人的汇聚，人是社会的核心。社会中的一切事物皆围绕着人展开，社会中的一切活动都是人的活动或与人有关的活动。为此，社会美自然存在于以人为核心的社会生活中。作为美最直接、最普遍的存在形态，社会美是现实美中最主要、最核心的部分，具有极为丰富的内涵。

马克思在《资本论》中曾说道："人天生是社会动物。"与宇宙万事万物一样，人拥有自然物质的躯体以及自然属性，然而，人不同于宇宙万事万物最重要的一点，便是人还有社会属性。个体并非孤立存在，而是生活在社会之中，和外界有着密切的联系。人和社会不同的联系方式对其生存价值会产生不同的影响。入选"感动中国 2016 年度人物"的王锋三次勇闯火海，救出被困的六人，并及时呼叫楼上十多名住户脱离危险，而自己却全身烧伤面积达 98%，最终因感染不幸去世。王锋虽然只生活了短短 38 个春秋，但他舍己救人的精神却永存于世。他的壮举与世上一些浑浑噩噩、不思进取的苟活者形成了鲜明对比。从对社会价值的角度看，一个人生命的意义不在于存活时间的长短，而在于生命的质量和厚度。毫无疑问，王锋的言行与精神在中国社会及国人的审美认知中被认为是美的、是崇高的。

图 3-1　梵 · 高《农鞋》

社会事物或社会现象的美也可以通过艺术形式进行彰显。海德格尔在解读梵 · 高的名画《农鞋》（图 3-1）时阐释道："从农鞋磨损的内部那黑洞洞的敞口中，劳动者艰辛的步履显现出来。那硬邦邦、沉甸甸的破旧农鞋里，聚集着她在寒风料峭中，迈动在一望无际、永远单调的田垄上的步履的坚韧和滞缓。鞋皮上粘着湿润而肥沃的泥土。夜幕降临，这双鞋底在田野小径上踽踽而行。在这农鞋里，回响着大地无声的召唤，成熟谷物宁静的馈赠，以及其在冬野的休闲荒漠中无法阐释的冬冥。这器具聚集着对面包稳固性无怨无艾的焦虑，以及那再次战胜了贫困的无言的喜悦，隐含着分娩时阵痛的哆嗦和死亡临近的战栗。……"在海德格尔看来，《农鞋》创造了另外一个人才拥有的"世界"：一位挣扎在贫瘠大地上的农妇艰辛、苦难的生活和命运，她对大地的无限眷恋，她内心的焦虑、辛酸、喜悦、希冀和憧憬……而这个"世界"在画家梵 · 高的艺术笔下是美的。同样聚焦于农民题材的还有中国画家罗中立 1980 年创作的油画《父亲》，这幅作品采用了超写实画法，尽管专业批评家认为其构图与写实风格并没有展现独特的艺术创新，但不可否认"《父亲》确实表现了在艰苦的劳动和生活条件下，老一代农民勤劳、朴素和任劳任怨的优秀品质"。[①]

作为现实美的一种形态，相较于自然美，社会美在内容和形式的关系上更偏重于内容。具体而言，社会美始终与那些反映人类历史发展方向、体现进步的道德观以及美好的政治和人生理想紧密相连。在马克思主义美学视角下，人类所有的社会生活本质上都是实践的产物。社会实践活动不仅影响着人们的审美活动，其自身更是审美活动的重要组成部分。因此，社会实践活动领域自然成为社会美孕育和发展的重要场域。

然而，值得注意的是，虽然社会实践活动是社会美的基础与前提，但并非所有的社会实践活动都天然具备审美价值。在现实社会实践中，人们往往受到功利性考量的影响，难以对日常生活进行纯粹的审美观照。因此，要真正把握社会美的本质，就需要以全新的审美视角重新审视社会生活，深刻体察其中蕴含的价值与意义。唯有如此，那些既体现人类正向价值追求，又符合马克思"美的规律"的社会实践，

① 邵大箴. 也谈《父亲》这幅画的评价［J］. 美术，1981（11）：14-18.

才能成为审美活动的对象。

社会美的范围极其广泛，与社群求真、求善的价值活动密切相关。它往往与善紧密相连，尽管社会美并不等同于善，也不具有直接的功利性，但它常常将善转化为社会个体高度自觉的言行，从而达到社会个体的审美愉悦。

社会美有哪些形式？纵观“社会美”概念在我国美学界的历史沿革，有四位代表性人物在其著作中对这一概念范畴进行了深入探讨，它们分别是蔡仪的《新美学》、李泽厚的《美学四讲》、邹华的《流变之美》和叶朗的《美学原理》。其中，李泽厚在《美学四讲》中提出“社会美”三分法——实践主体美、实践成果美和实践活动美，在当今美学界获得较为广泛的认同。

一是社会实践主体美。社会实践主体，是指历史进程中从事社会活动的人。人类在征服与改造客观世界、变革社会的实践中，人的本质力量和潜力不断得到发挥与彰显，人的智慧、品德、意志、性格、创造力等主体力量在实践中得到充分展现。同时，人类在认识并肯定自身实践力量的崇高性时，会产生一种精神愉悦，使得人与社会、自然的互动本身具备了审美价值。李泽厚提出“实践活动美的本质，恰恰在于它的合规律的内容，即成了善的内容”，社会美就是以“善”为形式，以“真”为内容，从而达成人类实践主体的合目的性。

二是社会实践成果美。社会实践成果，是指社会实践主体人所创造的成果。社会美还存在和表现于静态的人类实践产品上。劳动实践产品是指人类社会生产、生活活动所产生的物态化形式。当然，严格地说，人本身也是社会产品，即通过社会实践活动由自然的人提升为社会的人，或者说人是劳动的产物；但这里的“劳动实践产品”主要是指物态化产品，即物质产品。人类在生产物质产品的过程中，遵循“按照美的规律来塑造”的原则，渗入了审美因素。譬如，世界上海拔最高的青藏铁路，全长 1956 公里，历时 7 年修成。青藏铁路是中国新世纪四大工程之一，被誉为世界铁路建设史上的一座丰碑，并于 2013 年入选“全球百年工程”。作为唯一一条的进藏铁路，青藏铁路大大缩短了与内地的时空距离，推动了青藏线一带的经济发展，为此被人们称作发展路、幸福路。又如，闻名全国的红旗渠工程，该工程是 20 世纪 60 年代河南林县人民在极其困难的境况下修建的水利工程，被人们称为“人工天河”；2016 年，红旗渠工程获批国家 5A 级旅游景区，2017 年入选《全国红色旅游经典景区名录》。

三是社会实践活动美。社会实践活动，是指人类征服与改造自然或变革社会时所进行的活动，它是人类为了自身的生存和发展而必然采取的行动。在社会活动中，人的本质力量得以充分展示并得以发展，人性美也在实践中得以培养塑造并全面展现包括社会生产活动和社会生活活动在内的社会实践活动。社会生产实践是指人类为了自身的生存和发展，利用自然而进行的创造活动，即运用各种自然或人造工具从自然界获取物质财富以满足自己物质生活需要的生产劳动。生产劳动作为人类活动的基本形式，其也成为一种美，从根本上讲，是它较为充分地体现了人的“自由自觉”的创造性。这里的“自由”是指人类对自然界的客观规律的掌握，“自觉”是指人在劳动之前和劳动之中积极主动参与并有明确的目的性。“自由自觉”状态下的劳动能够使人感受到一种自由创造的喜悦，从而“把劳动当作体力和智力的活动来享受”。因此，这种劳动也就具有了审美性质，即社会生产实践美。

二、社会美的产生

人类的社会实践活动是社会美产生的根源，或者说，社会美本身就是社会实践的最直接体现。

（一）社会生产实践创造社会美

社会美最早萌发于原始人类的集体物质生产活动。为维持生存与种族延续，原始人类通过协作劳动实现物质资料的生产。在劳动过程中，因生产活动的客观需要，逐渐形成了原始的社会组织关系和劳动分工体系。当人类从亲手打造工具、建造居所及改造自然环境的过程中，直观感受到自身本质力量的物化显现时，便产生了最初的审美愉悦，这标志着社会美的诞生。

社会美的产生具有双重必然性：其一，群体协作是原始人类生存发展的必要前提；其二，作为类存在物的人类始终遵循“美的规律”进行对象化实践，这种实践本质蕴含着审美创造的内在要求。

（二）社会变革实践拓展社会美

“美的规律”不仅作用于物质生产领域，更贯穿人类改造社会的历史进程。为实现社会理想而展开的阶级斗争、制度革新等社会实践，本质上都是按照美的规律改造世界的具体呈现。

从美学维度审视，社会变革实践在三个层面创造着社会美：首先，进步阶级打破陈腐社会形态的斗争过程，往往涌现出崇高、悲壮等审美形态，如中国历代农民起义展现的“敢教日月换新天”的壮美气概；其次，推动文明转型的重大变革（如法国大革命对自由平等的追求、美国独立战争对新型政体的构建），其历史合理性本身构成了社会美的价值内核；最后，社会变革中主体力量的觉醒与成长（如明治维新推动的全民启蒙），彰显了人类追求自由解放的创造性本质。这些实践成果共同构成了社会美的历史演进图景。

第二节　社会美的特征

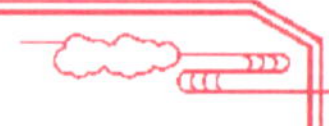

社会美是美的重要表现形态，指人类社会创造的事物所呈现的美，以及人类自身精神或行为的美，是人类对自身主观能动性的一种积极肯定。它不仅涵盖个体的行为、活动与成就，更指向人类整体发展的历史进程、内在动力及其文明成果。

“社会美”作为正式的美学范畴进入美学学科的话语体系，始于20世纪40年代，美学家蔡仪在《新美学》“美的种类论”中，将美分为自然美、社会美与艺术美三类进行系统论述。

相较于自然美，社会美与人类历史条件具有更直接的依存关系：其审美内涵本质上是特定历史语境下社会生活的审美呈现，这种根本属性使社会美形成了区别于自然美的独特审美特征。

一、社会美的进步性

社会美的进步性，与人类社会的进步性具有内在一致性。人类社会始终遵循从低级到高级的演进规律，而这一进程又与人类在实践中不断提升自我、完善自身密不可分，进步性正是人类社会赖以存续与发展的核心动力。对于社会实践而言，一旦丧失进步性，便会失去健康的“善”的内核，其美学价值也必然随之消解。

社会美的进步性既源于社会发展的必然要求，也受其自身本质的规定性制约。正因如此，任何阻碍社会进步、损害人类健康发展的行为，都会受到世界各国人民的共同谴责。例如，现代社会对走私贩毒、恐怖活动、种族歧视、霸权主义、侵略战争等行为的严厉打击，对环境污染、生态破坏等问题的坚决治理，本质上都是人类对健康、进步的社会环境的共同追求。判断社会美是否具有进步性，关键在于其是否有利于公众利益、是否有利于历史的发展。只有当社会美的实践与人类文明的进步方向相一致，才能真正体现其审美价值与社会意义。

二、社会美的时代性

社会美始终随着人类社会实践的深入而不断拓展与发展。生产力的发展水平与时代紧密相连，不同时代的生产力水平形成了各具特色的社会关系、生活方式和风俗人情。这些因素共同塑造了社会美在不同历史阶段的尺度、标准与外在面貌，使其呈现出鲜明的时代印记。

社会美与特定时代的社会生活紧密相连，并受到当时社会政治、经济、文化等多方面的深刻影响。因此，不同时代的社会在审美观念、审美情趣上存在显著差异，对于社会美的认知和评价也各不相同。社会美总是带有鲜明的时代色彩。例如，在原始渔猎时代，人们以赤身裸体或简单的树叶遮羞、文身穿孔等行为被视为美；然而，随着文明程度的提升和时代的变迁，这些行为在现代人眼中已不再是美的象征，反而被视为落后、愚昧甚至野蛮的表现。再如唐朝时期，上层统治阶级崇尚丰满肥硕的审美理念，形成了当时以胖为美的世俗风尚，这种审美观念不仅体现在杨玉环等历史人物的形象上，也深刻影响了当时画家笔下的贵族妇女形象。

例如，唐代宫廷画家张萱的代表作《捣练图》（图 3-2）中的宫人皆“曲眉丰颊”，唐代中期最具影响力的宫廷画家周昉所画的仕女也多是“秾丽丰肥，有富贵气”的形象。究其原因，这不过是唐朝贵族审美情趣的反映，是由唐代上层统治阶级崇尚丰满肥硕的审美观决定的。而五代以后，仕女画逐渐转向“秀美”“妩媚”的风格，以细腰为美的审美取向取代了唐代的丰腴标准，这背后正是社会风气与价值观念的时代性转变。

图 3-2　张萱《捣练图》局部

女子发型的演变，也是一部浓缩的社会审美史，清晰展现了社会美的时代性：先秦时期的自然束发、汉代的垂髻与高髻，透着早期社会的古朴与礼仪化特征；唐代的峨髻、义髻造型夸张，彰显着盛唐的开放气象；宋代的朝天髻、包髻趋向内敛，呼应着程朱理学影响下的社会风气；明清时期的牡丹头、挑心髻与满族两把头，体现了民族融合与世俗审美的交织；近现代以来，从民国剪发、烫发传入，到新中国成立后的麻花辫、齐耳短发，再到当代多元化的波浪卷、空气刘海等，发型的每一次变迁不仅受技术发展推动，更与社会变革、文化交融、女性地位提升等时代主题紧密相连。

这些实例共同印证，审美观念与审美情趣始终随时代浪潮流转，社会美作为人类实践的审美凝结，其时代性正是社会发展在审美领域的生动投射——它既是特定时代的产物，也随时代进步不断更新着自身的内涵与形态。

三、社会美的民族性

不同民族因历史轨迹、文化传统、社会习俗、道德体系的差异，形成了独特的民族精神、民族性格，进而孕育出各具特色的审美观念与审美情趣。这些鲜明的民族特质，深刻影响着社会美的呈现形态与评价标准，使得社会美在不同民族中展现出迥异的风貌。

歌德曾在对东西方文化的观察中提到："中国人在思想、行为和情感方面……比我们这里更明朗、更纯洁，也更合乎道德"[①]，他还特别对比了中法诗人的区别，"中国诗人那样彻底遵守道德，而现在法国第一流诗人却相反，这不是极可注意吗?"丹纳在《艺术哲学》中具体比较了日耳曼民族与拉丁民族不同的民族特性，指出这种差异决定了这两个民族对社会事物的极不相同的美丑评价："在德国，风流的行为并不光荣，便是在大学生中也如此。在拉丁国家，风流是宽恕或容忍的，有时还受到赞许，婚姻的约束和夫妇生活的单调似乎很难忍受。"

服饰方面，不同国家民族之间的差异也是极其鲜明的。例如，欧洲人的燕尾服，日本人的和服，朝鲜人的长裙和船形鞋，汉民族的中山装和旗袍等，都鲜明地体现出不同民族的审美观点和审美情趣。

需要强调的是，民族的审美观念和行为标准，本质上是特定时代该民族特性的体现，同一民族在不同历史阶段也会发生审美观念的演变。

尽管当今不同国家和民族之间的交往日益密切，文化借鉴与融合不断加深，彼此影响的范围和深度持续扩大，这些变化确实会通过促进相互理解而推动民族特性的演进。然而，这种交流既不可能彻底改变一个民族的根本特质，也不可能完全消弭民族间的文化差异。因此，社会美的民族性不会因为民族之间交往的增加而消失。

四、社会美的阶级性

阶级性是人的社会属性的重要维度，尤其对于处在阶级社会中的人而言。在阶级社会中，不同阶级基于各自的利益立场，往往形成不同的价值观、审美标准和情感倾向。因此，不同阶级对社会美的认定和评价必然存在差异，对人的思想品德、行为方式以及人际关系的看法也截然不同。

例如，周幽王为博褒姒一笑而"烽火戏诸侯"，将个人享乐凌驾于国家安危之上，反映了统治阶级以自身特权为美的扭曲审美；古罗马角斗场的血腥表演，则暴露了奴隶主阶级将奴隶的生死搏斗视为娱乐，

①② ［德］爱克曼. 歌德谈话录［M］. 北京：人民文学出版社，1982.

甚至将残忍与暴力当作审美对象。这些例子表明，统治阶级的审美标准往往建立在剥削和压迫的基础上，将底层人民的苦难视为自身阶级的审美享受。

即便是在更复杂的社会形态中，阶级差异带来的审美对立依然清晰。唯利是图、损人利己的行为，在具有社会主义道德观和为人民服务思想的人看来，是应当批判和否定的；但在某些信奉“人不为己，天诛地灭”的利己主义者眼中，巧取豪夺、投机钻营反而是“聪明”和“强大”的表现，甚至被视为值得崇拜的“英雄”品质。这种对立恰恰印证了社会美的阶级差异——不同的阶级立场，塑造了不同的“美”与“丑”的标准。

五、社会美的功利性

“功利”一词寓含着功劳与利益的双重意蕴。功劳，体现为个体对社会发展的积极贡献，是智慧与劳动的结晶；利益，则是社会对这些贡献者的认可与回报，是精神与物质的双重馈赠。显然，功利之中蕴含着一种先后顺序——先有奉献于社会的无私之举，后有社会慷慨回馈的个人所得。然而，时下“功利”一词，其重心似乎有所偏移，更多地聚焦于“利”字之上。

谈及社会美的功利性，我们需深刻理解其本质。社会美，作为一种独特的审美形态，其核心在于对人类社会有益、有用的特性。这意味着社会美的诞生与追求，始终与人类社会实践的特定功利目的紧密相连，它不仅是人类智慧的火花，更是社会进步的催化剂。

美，作为一种崇高的价值，对人类而言总是充满魅力。无论是对个体心灵的滋养，还是对社群文化的丰富，美都发挥着不可替代的作用。美的效用，并不仅仅局限于经济物质的实用层面，更非纯粹的道德说教工具。它以其独特的方式，愉悦人的身心，陶冶人的情操，净化人的心灵，从而在潜移默化中提升人们的生活品质，促进个体自由而全面地发展。

进一步而言，社会美的功利性不仅体现在对个体成长的助力上，更在于它对社会整体和谐与进步的推动作用。社会美以其独特的魅力，激发人们的向善之心，引导人们追求更高尚的精神境界，从而为社会注入源源不断的正能量。因此，我们不应简单地将功利视为一种物质利益的追求，而应将其视为一种精神价值的体现，一种推动社会向前发展的强大动力。

综上所述，功利不仅关乎个人的付出与收获，更与社会美的追求和实现息息相关。在欣赏与创造社会美的过程中，我们不仅能够感受到美的愉悦与魅力，更能够在无形中推动社会的进步与发展。

第三节 社会美的内容

人是社会实践的核心主体，同时也是审美创造与审美体验的主体。在实践活动中，人们不仅认识和改造着客观世界，同时也在不断塑造和完善自身。在这个过程中，人们不仅感受美、创造美，还总结出属于人自身的美，并将其作为审视的对象。社会美的精髓在于人的美，这涵盖了人的内在美与外在美两个方面；同时，社会美也体现在实践主体的活动之美以及实践活动所取得的成果之美上。实践主体的美、实践活动的美以及实践成果的美，各自以独特的形态展现着社会美，共同构成了社会美的丰富内涵。

一、人体美

人体美，作为人类自然躯体的美学展现，涵盖了自然躯干之美以及依据社群审美规范在身体上体现的美。它是自然美与社会美的完美融合，直接映射出人的自然属性和社会属性的和谐统一。蔡仪曾将人体美归入自然美范畴，从人是宇宙自然万物之一且具备自然属性的角度来看，这确有其合理性。然而，人的身体在很大程度上也深刻地体现了社会美，因为人的身体首先是劳动实践的结晶，自人类脱离动物界以来，便生活在由人与人构成的社会之中，其社会属性越发显著，社会美的烙印也更为鲜明。

人类作为宇宙万物中的一员，其身体各器官既是顺应自然规律长期演化的结果，也是人类自主劳动实践的产物。人体各器官的进化历程，正是劳动实践的生动写照。人体美，便是在这种悠久的劳动实践中历史性地形成的。人们在劳动实践中不断改造自身器官，使之逐渐演化成美的、有用的形态，这一过程是通过长期的、无数次的积累以及获得性遗传共同完成的。

人类很早就将自身作为审美的对象，这一点在神话、寓言、宗教故事中均有体现。古希腊雕塑便是人体美的典范之作，无论是断臂维纳斯的优美身姿，还是投掷铁饼者健硕的体魄，抑或是拉奥孔那最具“包孕性”的瞬间，都生动展现了古希腊人对人体美的极致追求。而一向以含蓄隽永为审美取向的中国古典美学，虽然对人体美的表现相对间接，但对人体美的赞美与欣赏却毫不吝啬。从《诗经》中的“巧笑倩兮，美目盼兮”，到曹植《洛神赋》中的“其形也，翩若惊鸿，婉若游龙”，再到唐诗中的“纤纤软玉削春葱，长在香罗翠袖中”，无不极尽笔墨来形容和描绘人体之美。

当然，不同种族、时代与阶级对于人体美的评判标准存在着显著的差异，这一观点在格罗塞的《艺术的起源》与普列汉诺夫的《没有地址的信》中得到了充分的印证。他们指出，非洲黑人视黑色为一种美，甚至将肤色不够黑视为一种遗憾，认为肤色越黑越美。这种审美观念的形成，实际上源于非洲独特的地理环境及其衍生的生存需求。由于非洲地处赤道附近，强烈的太阳光照射可能引发致命的热带疾病。在这样的环境下，只有皮肤中富含大量黑色素，才能有效阻挡强烈的阳光。因此，非洲人的黑色皮肤是自然选择的结果，是对生存环境的一种积极适应，对种族的生存具有极大的益处，这也构成了黑人以黑色皮肤为美的客观基础。相反，欧美的白种人则常以“金黄色的头发”和“像海水一样碧蓝的眼睛”为美，这与其四面环海的地理环境密切相关。这些差异表明，不同人种的人体特征并无优劣之分，但基于各自生存需求而形成的人体美观念与标准却大相径庭，这些观念是不同人种因生存环境差异而产生的主观反映。随着时代的变迁，不管是非洲人、欧洲人还是中国人，人体美的评判标准不断发生变化。

处于不同社会发展阶段的民族与种族之间，人体美的差异更为显著。鲁迅先生曾指出：“北极的爱斯基摩人和非洲腹地的黑人，恐怕是不会懂得‘林黛玉型’的美的；而在一个健全而合理的社会中，人们也可能无法理解这种美。”（《花边文学·看书琐记》）为何会如此呢？因为人体美是特定时代、种族、民族和阶级中人的某种本质力量的显现，它不仅具有民族性和阶级性，还具有广义的文化性特征。以我国为例，唐代以健康、丰腴为美，这一审美观念在唐代的绘画、出土的乐舞俑、文学作品以及史籍的记载中均得到了充分的印证。然而，到了明清时期，审美观念却发生了巨大的变化，人们开始以纤细、娇弱为美，追求削肩、清瘦的体态。这些变化不仅反映了不同时代的社会风貌，也揭示了人体美在不同文化背景下的多样性和复杂性。

尽管不同民族、不同时代、不同阶级对人体美的评判标准存在差异，但其中也蕴含着诸多共通的审美追求，比如对比例协调、形态对称、结构均衡、动作灵活的普遍认同。这种共通性的根源，在于人类正常劳动与生活的客观需求：比例协调的肢体更便于高效劳作，对称均衡的体态更利于维持平衡，灵活的动作则能更好地适应环境变化。这些共通审美特征的形成与存续，可追溯至人类祖先的系统发育过程。按照生物进化中优胜劣汰的自然法则，那些有利于祖先生存繁衍的生理特征，往往会在漫长演化中被保留并强化。例如，强健的骨骼、协调的肌肉分布，能提升狩猎、劳作的效率，从而在自然选择中占据优势。而在这一过程中，随时代变迁的审美观念也发挥着潜移默化的作用：当某种生理特征被群体普遍视为“美”时，它会通过社会认同进一步巩固其存续价值，甚至影响择偶与繁衍选择，加速特征的传递与优化。在生产力极为低下的远古时代，人类祖先的审美判断更直接服务于生存需求——只有那些利于族群延续的生理特征（如健康的体魄、旺盛的生命力），才会被赋予“美”的属性。这些特征通过自然选择与社会认同的双重作用，在人类繁衍中逐渐巩固、完善。由此可见，无论是基于自然生理的审美偏好，还是融入社会意识的审美取向，本质上都是人类为适应环境、保障生存与发展而形成的积极主动的认知机制，是生命系统自我调节、优化演进的重要方式。这种审美机制不仅塑造了人类对自身的认知，更在漫长历史中深刻影响着人类社会的发展轨迹。

在当今社会，我们推崇健康美作为人体美的核心理念。就人体美而言，我们认为一个发育正常、体格健壮、动作灵巧，且能够胜任高强度体力劳动与脑力劳动的身体，是美的典范。当然，人体美的形态并非单一，而是丰富多样、异彩纷呈的。艺术应当致力于展现各类健康的人体美，为观众带来多元化的审美体验。

然而，值得注意的是，人体美不仅是自然美的体现，更是自然美与社会美的完美融合与高度统一。因此，艺术在表现人体美时，不应将其仅仅视为自然界的产物，即一个缺乏灵魂的肉体存在，而片面追求感官上的刺激。相反，艺术应当蕴含丰富的社会内容，通过人体美来展现人的健康、积极、奋发向上的精神面貌。这不仅是艺术创作的应有之义，更是我们的社会主义艺术与那些堕落的、商业化的腐朽艺术之间的根本区别之　。

在社会主义艺术的引领下，我们期待更多能够深刻反映人体美与社会美和谐统一的作品涌现，为观众带来美的享受与心灵的触动。

二、人的精神品质的美

人的精神品质是在客观社会生活实践中逐渐形成的，一种精神品质若要成为美学意义上的美，须满足以下三个核心条件：

首先，它必须是具象的。它是指能够借助言语、行为、表情等外在形式得以展现，进而触动人们的感性直观。诚然，抽象的道德宣示和逻辑的思想演绎在社会价值上不容忽视，但它们并不具备审美价值。同样，当一个人的情操仅存在于内心，尚未通过声音、色彩、形态或文字等形式外化时，它也不属于美学研究的范畴，因为它缺失了“形象性”这一基本属性。

其次，它必须是善的。判断一种由形象所展现的道德品质或思想情操是否为美，最根本的在于其政治与伦理层面的善恶属性。善恶的界定源自社会关系，并以人民大众和社会发展的利益为评判依据。道德品质与思想情操之美，是人的社会本质的直接且生动的体现。美的事物所展现的人的本质必须对人类有益，即具有正面价值。作为美的形象内容的道德品质与思想情操，其伦理内涵必须积极正面，对人类具有正面价值；反之，若展现的是人的负面本质，即具有负面价值，那便是丑的。例如，大公无私、公而忘私、为国家和人民的利益牺牲个人利益的行为是美的；而自私自利、损公肥私、损人利己的行为则是丑的。纯洁无瑕、不掺杂物质利益和个人私心的、坚定不移的爱情是美的；而那些不是以爱情为基础，而是借爱情之名追求名誉、地位、物质利益，或朝秦暮楚、玩弄感情的行为，都是丑的。美丑的分界，就在于是否展现了人的正面价值的精神品质。从伦理学视角来看，正面价值的精神品质即是善的，善与美在形象中是相互统一的；而负面价值的精神品质则是恶的，恶与丑在形象中也是相互对应的。

最后，它必须是真的。“真”在决定人的道德品质与思想情操的美学属性上扮演着重要角色。若人的行为和情感虚伪不实，总是出于自私或邪恶的目的，那么这对于社会和群体而言是有害的，是丑的。相反，若人的行为和情感真实无欺，其伦理性质为善，那么其美学性质便是美的。一个人情感真挚、表里如一，这是人的正面品质。从社会生活角度出发，这种品质有益于人的群体生活，能够增进群体内部成员之间的和谐关系，在与自然和社会的敌对力量斗争中易于取得胜利，对人类或对本阶级的生存和发展具有重要意义。因此，以感性形象所展现的真实，便是美的。

人的道德品质与思想情操具有双重性质：一是伦理性质的善或恶；二是表现性质的真或伪。当一个人的言行和表情与其内心的真实情感、意志、思想相契合时，那便是真；反之，便是伪。

三、人的才智之美

人类的才智，涵盖了聪明智慧与文化素养的广阔范畴，它是构成个体精神内核的重要一维。每个人都渴望拥有敏锐的智慧与深厚的教养，同时，对他人的智慧与教养亦抱有由衷的敬仰之情。这一现象深刻地揭示了人们在社会实践活动中所展现的聪明才智与文化底蕴，蕴含着丰富的审美价值。

人类的智慧之光，既根植于先天的物质基础，如大脑结构的精妙与发育的完善，为智慧的绽放提供了潜在的土壤；又离不开社会实践的磨砺与勤奋学习的滋养。回溯至原始时代，在与自然和社会的艰苦斗争中，体力或许曾占据更为关键的地位；然而，随着社会的不断进步，智力的价值日益凸显，逐渐超越了体力的重要性。尽管体力至今仍是衡量美的标准之一，但智力无疑已成为更为核心、更为高级的美的象征。智慧的光芒，正是人类本质力量中最为重要且高级的正面展现。

正如莱辛所言：“在生活的诸多元素中，财产最为无用，而才智则最为宝贵。”根据人类社会系统的自我控制与调节机制，智慧的表现必然为系统内部的复杂关系所肯定，并被赋予美的属性。正因如此，人们才会高度重视并致力于发展那些有益于系统自身生存与完善的智慧，从而推动社会的持续进步与发展。

四、人的性格美

人的性格，作为稳定体现在个体态度与行为上的心理特质，涵盖了诸如果断与犹豫、坚强与软弱、勇敢与怯懦等多维度特征。这一复杂构成既根植于特定的生理基础，又在丰富多彩的生活环境中逐渐养成，是先天禀赋与后天塑造共同作用的结果。先天条件为性格的多样性提供了可能，而后天经历则将这些潜能转化为现实表现。值得注意的是，性格并非一成不变，它具备发展与转变的潜力。

通常而言，果断、坚强、勇敢等性格特质，以其鲜明的正面形象，被普遍视为美的典范。这些品质在人与自然界及社会敌对力量的斗争中发挥着至关重要的作用，不仅促进了人类的生存与发展，还彰显了人性中光辉的精神面貌。

在现实生活的严峻考验中，人们往往会遭遇难以预料的困境与挫折。面对这些挑战，性格软弱者可能会望而却步，最终一事无成，这无疑不利于人类社会系统的存续与进步。相反，坚强的性格往往能够引领人们渡过重重难关，赢得斗争的胜利。因此，从人类社会群体作为整体系统的角度来看，其成员的坚强性格不仅是个人品质的闪光点，更是一种推动社会向前发展的社会美。

坚强性格作为审美对象，承载着人们的审美理想与追求，激励着更多人在社会群体中培养出坚韧不拔的品质。这一过程生动展现了审美调节在促进人类社会群体系统稳态发展中的积极作用，进一步证明了审美力量的深远影响。

五、人类社会中的关系美

在人类社会的广阔舞台上，关系错综复杂，交织着社会事件、社会群体以及个体间的种种联系。其中，社会事件，以其直观且生动的形象性，自然而然地具备了成为审美对象的潜在资质。其美学价值的核心，在于这些事件所揭示的人类本质、本质力量或理想追求的性质。举例来说，诸如一切侵略战争、反动势力的血腥镇压、暴力犯罪以及群体斗殴等负面社会事件，它们直观地展现了人性中的恶，因此被视为丑的代表；相反，革命起义、反侵略战争、进步的群众运动、救死扶伤的善行以及排除万难的英勇壮举，则生动诠释了人类进步与善良的本质，因而被视为美的象征。

社会群体组织，无论是部落、民族、国家、阶级、政党、军队还是各类团体，都是由鲜活的社会个体构成的集合体。这些群体的本质，从根本上讲，就是人的本质的体现。革命的、进步的社会团体所举行的集会、游行，人民军队整齐划一的行进，以及工人和农民在集体劳动中展现的协作与力量，这些场景都蕴含着深厚的审美价值，因为它们生动地展现了人类群体本质力量的光辉。这些群体活动不仅是对人类团结与奋斗精神的颂歌，更是审美世界中不可或缺的一部分。

六、社会物质产品的美

社会物质产品作为人类劳动的结晶，是满足人们物质生产与生活需求而精心打造的物品，与旨在滋养人们精神世界的艺术品形成鲜明对比。从刀斧、弓箭、耒耜这类古老的生产工具，到舟车、机器等现代交通工具，再到尊俎、杯盘、帘幕、帐幔、衣帽、屐履以及收录机、电脑等日常生活用品，无一不彰显着人类智慧的印记。尽管实用功能是社会物质产品的首要属性，但它们也蕴含着不可忽视的审美价值。

那么，物质产品的美感究竟源自何处呢？简而言之，主要体现在以下两大方面。

首先，在制作这些物品时，人类往往秉持着实用与审美并重的原则（其中，美观必须服务于实用），遵循形式美的法则进行创造。例如，飞机的设计灵感来源于鸟类的飞行姿态，其机身模仿鸟身的流线型，机翼则借鉴了鸟翼的形态，从而使得飞机拥有了鸟类所具备的对称、均衡、比例和谐等形式美。这种形体构造不仅满足了审美的需求，更是飞机机械性能优化的必然要求，两者实现了完美的融合。许多物质产品，在确保实用的前提下，力求外观光洁、整齐，造型优美，遵循普遍的形式美规律，给人以视觉上的愉悦，这便是其审美意义的所在。

其次，物质产品是劳动人民汗水与智慧的结晶。设计师与能工巧匠们在制造物质产品的过程中，匠心独运，精雕细琢，每一件产品都蕴含着他们的心血与智慧之光。它们生动展现了劳动人民的创造力，这是人类正面本质力量的对象化体现，具有肯定性的价值。人类通过自己的劳动产品，直观地审视着自己的本质力量，这种直观性赋予了物质产品美的属性。

因此，人类在自己的劳动成果中直接看到了自己的本质力量，这使物质产品成为美的象征。

七、文物古迹的美

古代遗址，在其诞生的时代未必承载多少正面的意义或显著的审美价值，但历经岁月的洗礼，它们往往蜕变成为某个时代的文化标志，其深远意义远远超越了物质形态本身的局限。

以埃及金字塔为例，这原本是奴隶社会最高统治者——法老的陵墓，其建造过程中，无数奴隶付出了生命的代价，几乎可以说是用奴隶的白骨堆砌而成。从当时的历史背景来看，它是奴隶主暴政与罪恶的象征，与群体的福祉背道而驰，无疑是丑的体现。然而，历经数千年的风雨沧桑，金字塔作为奴隶主罪恶象征的现实意义逐渐淡化，而作为古代劳动人民智慧与力量集中展现的历史价值却日益凸显，最终成为举世闻名的文化遗产，吸引着无数人以瞻仰为荣。金字塔之美，不仅在于其庞大体积所营造的崇高感，更在于它生动展现了劳动人民伟大创造力的光辉形象，象征着埃及民族辉煌的古代文明。同样地，中国的万里长城、秦始皇陵的兵马俑之所以能够吸引络绎不绝的游客，其背后的原因与金字塔有着异曲同工之妙。

文人墨客游览文物古迹时，往往触景生情，创作出蕴含深厚情感的诗词佳作。如杜牧的《江南春》与《题宣州开元寺水阁》，便是通过凭吊古代遗迹，寄托对往昔岁月的感慨与怀念。在他们眼中，那些古代寺庙并非罪恶的象征，而是美的化身。正如现代人游览大雁塔、灵隐寺时，不会将其视为封建迷信的丑陋之物，而是将其视为珍贵的文物遗产，是先人创造力的见证，是值得欣赏与珍视的美好事物。

怀古之情中蕴含着丰富的审美情感，这种情感由眼前文物古迹所承载的深厚历史内涵所激发。部分文物古迹还与历史名人紧密相连，如唐代杜甫的《蜀相》便是在拜谒成都武侯祠时有感而发。武侯祠的主人是蜀汉丞相诸葛亮，他大公无私，为蜀汉政权鞠躬尽瘁。杜甫由物及人，联想到诸葛亮的高尚品格与未竟的事业，内心涌动着深沉而复杂的审美情感。这种情感的产生，源于眼前景物与诸葛亮的事迹、品德等社会历史内容的紧密联系。

综上所述，社会美的根源在于人。它与人类社会系统中所有美的事物一样，是人类在政治伦理层面上的善、在客观效用上对所属系统有益的、在发展层次上较为高级的本质、本质力量或理想的直观体现。社会美的发展与人类自身的发展、解放、丰富与提升息息相关。随着我国社会主义物质文明与精神文明的蓬勃发展，作为这两大文明重要组成部分的社会美也将得到极大的丰富与提升。致力于创造与发展社会美，无疑是从一个独特视角推动物质文明与精神文明建设的进程。

张桂梅同志把全部身心投入到边疆民族地区教育事业和儿童福利事业，创办了全国第一所全免费女子高中，是华坪儿童之家130多个孤儿的“妈妈”。她坚持用红色文化引领教育，培养学生不畏艰辛、吃苦耐劳的品格，引导学生铭记党恩、回报社会。她坚持每周开展1次理论学习、重温1次入党誓词的组织生活，发挥党员在学校各项工作中的先锋模范作用。她常年坚持家访，行程11万多公里，覆盖学生1300多名，为学校留住了学生，为学生留住了用知识改变命运的机会。她吃穿用非常简朴，对自己近乎“抠门”，却把工资、奖金捐出来，用在教学和学生身上。她以坚韧执着的拼搏和无私奉献的大爱，诠释了共产党员的初心使命。

请结合以上材料，运用社会美的知识分析张桂梅身上闪耀出来的具体社会美内容。

第四章 艺术之美

学习目标

知识目标

❖ 了解艺术美的本质特征和审美功能，掌握各艺术种类的审美特征。

思政目标

❖ 培养对创作者的尊敬之情以及对艺术品的热爱之情。

第一节　艺术美的本质与特征

为了深入探究艺术美的本质及其独特特征，我们首要面对的问题是如何在艺术欣赏中获取美的体验，这种体验相较于其他类型的体验有何独特之处，以及它具备哪些鲜明的标志。在《大英百科全书》中，“艺术”的定义不仅囊括了传统认知中的艺术形式，还广泛涵盖了诸多新兴的表达方式。毋庸置疑的是，艺术始终与“美”这一概念紧密相连。这充分说明，艺术本身是一个随着社会文化环境的演进而不断变化的动态范畴，而与之相伴的“美”的本质特性却始终保持恒定。若从现实形态的角度追溯艺术美的起源，我们或许可以将其归溯至远古时期，伴随着艺术的萌芽而诞生。

艺术美的发展与社会意识形态的演变息息相关。从中世纪到近现代，从启蒙运动的兴起到两次世界大战的爆发，艺术的定位与美的内涵都经历了深刻的变革。在启蒙运动之前，哲学界主要分为英国经验主义与欧陆唯理主义两大阵营，他们对美的本质及艺术价值的理解存在显著的差异。然而，经过数代人的探索与积累，这两大阵营的融合与统一已初露端倪，美学作为一门学科，其观念、范畴以及研究对象也逐渐清晰明确。

因此，我们将聚焦于美学学科确立过程中对艺术美概念产生关键影响的数位哲学家，通过系统梳理其理论体系，深入剖析艺术的本质与美的真谛。

一、美学的诞生

莱布尼茨（1646—1716）是德国著名唯理主义哲学家，他用严整的数学观统一对于世界的认识。在他看来，人们直接面对形象时的感性认识不够清晰，比较朦胧、暧昧，属于“低级的”认知形式；但这种暧昧的“低级的”感性认识仍然反映着世界的和谐与秩序，当这种认识达到完满境界时，呈现的便不是真，而是美。鲍姆嘉通作为莱布尼茨-沃尔夫学派的重要传人，在哲学史上完成了两项开创性工作：其一，他将散见于各领域的感性认识研究系统整合，首创“Aesthetica”（感性学）学科；其二，在《诗的哲学默想录》（1735）中，他明确提出以“感性认知的完善”（perfectio cognitionis sensitivae）作为美学研究的核心命题。这标志着西方哲学首次在认识论层面为感性认知确立独立地位，实现了对唯理主义哲学体系的重要补完。尽管鲍姆嘉通的美学理论主要依托诗学展开，对造型艺术鲜少涉猎，但其将美学纳入科学系统的努力，从根本上解决了感性世界的逻辑合法性问题。

鲍姆嘉通深受英国经验主义美学“情感论”的影响，构建了一套独特的美学体系。其核心观点在于：感性认识的完善，即当感性能够完满地把握对象时，便成就了美。他进一步阐释道：感觉因其暧昧不明而归属于低级的认知层面；完满则表现为多样性与统一性的和谐共存，单个感觉无法独自构成和谐，美正是蕴含于这种多样性的统一之中，映射出客观宇宙的完满特质。美依托于感觉上模糊不清的观念，一旦理论认识介入，美便随之消散。美与欲求相伴而生，美即是完满，也即是善，是人们内心深处的欲求所向。

在鲍姆嘉通的美学观念里，“完满”是一个至关重要的概念，它凸显了低级、直观、感性的认识与高级、概念性的认识之间的深刻差异。感性直观认识直面事物的外在形象，而概念思维则深入文字、概念的内在逻辑。审美活动直接关联于事物本身，而非抽象符号，因此与情绪体验紧密相连。情绪鲜少附着于抽象事物之上，而更多地聚焦于物的外在形式，即其视觉形象。艺术家的使命在于创造这种形式，将多样性整合为统一体，以激发视觉上的愉悦感受。

综上所述，鲍姆嘉通认为美根植于形式之中，是多样性与和谐统一的完美结合，且美仅对感觉存在，一旦诉诸清晰的逻辑，美便会消失无踪。美的真正价值在于激发人们的需求，进而带来心灵的快乐。

二、康德的形式主义

康德的美学思想根植于对德国理性主义和英国经验主义的批判性吸收，其深邃复杂的理论体系在美学史上具有里程碑意义，对 20 世纪乃至 21 世纪的艺术产生了深远的影响。

康德，这位出生于 18 世纪德国启蒙运动高峰期的思想家，其思想贡献在 19 世纪以后逐渐显现。在深入探讨康德的美学理论之前，我们有必要先了解一下其思想背景。康德的旷世巨著“三大批判”——《纯粹理性批判》《实践理性批判》和《判断力批判》，分别从知识、道德和美学三个方面，探讨了理性主义和经验主义的调和与统一。

在《纯粹理性批判》中，康德探讨了知识、认知、形而上学和哲学等方面的问题，追问知识的形式，即我们如何获取知识；在《实践理性批判》中，他则关注人应依据何种原则指导自己的行为，如何开展道德实践和生活实践；直至《判断力批判》，康德才正式涉足美学领域，探讨美的本质、美感的运作机制和美的功能性等问题。

对此，康德从多个维度对审美判断进行了深入分析：

首先，质的方面。康德认为，当人们对某物的表象感到某种愉悦时，便会称该物为美。这种关于美的判断是基于我们的愉快感，但这种愉快感并非事物的固有属性，而是源于它与主体之间的关系。因此，康德强调审美判断是主观的，它将主观与客观的表象相结合以判断出美。在康德的术语中，这被称为综合判断，而非分析判断。例如，“一朵花是美的”这一判断，康德严格区分了审美判断与逻辑判断：花的美仅涉及形式而非内容，美并非与花直接相关的概念，而是一种主观的快感及其来源。人们从愉悦感中判断花是美的，因此审美判断是情感的判断，而非理智的判断，从中获得的是感觉而不是知识层面的内容。

不过，并非所有令人愉悦的事物都是美的。审美判断所表达的愉悦具有特殊性。康德指出，舒适、善、欲望的满足等也能带来愉悦，但这些愉悦与美和人的关系是不同的。审美活动不涉及利益或欲望，因此美的问题与道德实践中的善的问题并非同一范畴，这与以往的美学理论存在显著差异。康德强调，审美判断一旦掺杂丝毫的利害计较，就会成为私有化的物件。人们只有对对象的存在持冷淡态度，才能在审美趣味中做出公正评判。总体而言，康德认为美是一种纯粹直观的性质，应与生活实践相区分，不应渗入任何愿望、需要或意志活动。审美感是无私的、静观的，其对象不是引发人们欲求心或意志活动的内容，而是单纯的形象、纯粹的形式。例如，图案、花边、阿拉伯花纹等都是纯粹美的代表。康德将审美与实践抽离，将艺术与政治隔离，形成了一整套形式主义理论，这也成为现代主义艺术的理论源泉。

在纯粹的审美判断中，人们不是在求知，也不是在寻求真理，而是单纯地赏玩形象和事物的形式。因此，康德将美与真相区分开来，剔除了一切杂质，追求纯粹的美感。他曾说：“花、自由的素描、无任何意义地互相缠绕的线条，被人们称作簇叶饰的纹线，它们并不意味着什么，也不依据任何一定的概念，但却令人愉快满意。”

其次，量的方面。例如，当人们说一首诗或一幅风景画是美的时，这种审美判断虽然起初是个人的，但康德认为，私人趣味的判断往往夹杂着个人兴趣，仅与自身相关，不具备普遍性。与之不同，审美判断不依赖于个人情感，而是要求一种普遍可传达的对于形象产生的愉悦感。面对艺术作品时，我们可能认为它精巧、完整、伟大，他人也可能会有同样的感受。审美判断并非一种朦胧的感觉，而是源于情感判断，最终转化为一种可以自觉感知到的快感。因此，康德提出，美是不涉及概念而普遍让人感到愉快的。艺术之美，一方面是纯感官、纯情感的；另一方面，它又是可传达的，可以普遍地让人获得类似的心境。这便是美，便是艺术。

最后，关系的方面，即对象和观者之间的关系，也即对象和目的之间的关系。这个关系具有一定的张力。由于审美判断没有明确的概念，自然也不存在明确的目的。正是因为没有明确的目的，审美判断才能进入自由状态。虽然它没有明确的目的，但却具有符合目的性的属性。因此，康德区分了纯粹美和依存美。依存美是设计的美、有目的的美，并非真正的美、自由的美。依存于感官的只能是愉快，而非真正的美。

综上所述，审美不涉及概念，有别于逻辑，不是一种认知活动；美也不等同于完善。审美的快感是对引发人快感的事物的肯定，是对对象形式与主体审美功能内外契合的肯定。

三、黑格尔：美是理念的感性显现

德国古典哲学的巨擘黑格尔是德国19世纪唯心论哲学的杰出代表。他在历史哲学、法哲学、宗教哲学以及哲学与美学的结合等多个领域，均留下了划时代的印记。与康德不同的是，黑格尔从绝对理念出发，提出了“真，在其外在存在中直接呈现于意识，且其概念与外在现象处于统一体时，理念便不仅是真实的，更是美的”这一独到见解。基于此，他为“美”下了这样一个定义：美，乃是理念的感性显现。

在黑格尔的哲学体系中，理念被视作绝对精神，代表着最高的真实与实在。他将这种绝对真实喻为神，具有至高无上的力量。当这种最高之真实作用于外在现象，使其与理性概念达成一致时，美便应运而生。我们感受到的这种真，便具有了美的特质，因此说，美是理念的感性显现。这种感性显现，即为我们所说的审美，它以感性的形态向我们展示，让我们能够通过感性、心理、感官去捕捉、感知这种真实的形态。

在他看来，若要对艺术或美进行二分法的理解，那么呈现在我们面前的感性形式便是艺术的外在表现或语言，而它所呈现的真理则是其精神内核。哲学、艺术、宗教，都是表现这种绝对精神的载体，但它们在表现形式上各有千秋。艺术以直接的方式表达绝对精神，运用感性事物的具体形象；哲学则使用抽象思维；而宗教则介于两者之间，采用图像思维，通过象征性让人获得宗教体验。

黑格尔认为，艺术的这种感性显现具有一种发射、放光芒的意味，显现与存在是对立的。例如，画一座山，只是取其形象，而不将其当作实际可以攀登的存在。若舍弃形象，而追究“山”存在的实质，便成了哲学思考，失去了艺术的直接性。这种显现是一种自我否定，通过这种自我否定，才能深入探究存在的本质。因此，艺术的建构过程是通过自我否定实现自我生发的过程，它显现的是完整的艺术作品。人们从有限的形象中直接认识到普遍的真理，但这只是真理的一个方面，因为它不能一次穷尽，所以需要无限的升华和辩证。

黑格尔肯定了艺术中感性因素的重要性。如果没有这种感性的显现，没有直接的形象，人们便无法获得对绝对精神理念的直接感受。这是人们从审美角度直接体验绝对精神的唯一途径。在黑格尔看来，理性与感性并无高低之分，重要的是它们是否契合、达成同一性。虽然黑格尔强调了感性的重要性，但理性依然是其思想的核心。他将理性置于艺术中的重要位置，指出：“艺术作品是作为感性的对象诉诸感性世界的，另一方面也诉诸心灵，心灵也受它感动从而得到某种满足。”他强调理性对于艺术的解释和艺术理论的发展至关重要，并肯定了思想性、观念性在艺术中的重要价值。同时，他又反对艺术的抽象程式化，认为艺术提供的内容不能仅以普遍性的方式出现，这个普遍性必须经过明晰的个性化，转化为个别的感性的东西。否则，艺术的想象和感性方面就会沦为外在的装饰，艺术作品就会被割裂，形式与内容便不相融合了。黑格尔坚持艺术作品的形式与内容不可分割。

从布莱希特到康德的理论中，我们不难发现，在那个时代，美与艺术并非截然分开的概念。康德将纯粹的美局限于形式之上，这一观点对后世的艺术发展与美学研究产生了深远影响，使美学的主要讨论对象逐渐从诗歌、文学、音乐、绘画等广泛领域聚焦于视觉艺术领域。如今，我们对现代艺术的理解也主要集中在这个范畴之内。而黑格尔则继续强调在艺术中感性的重要性以及如何通过感性获得美的感受。与康德不同的是，他坚持形式与内容的不可分割性，这不仅与康德的形式理论相悖，也不同于后来马克思主义理论下关于艺术内容大于形式的论断。黑格尔的观点为我们理解艺术、从艺术中获得美的体验提供了新的视角和途径。

第二节　艺术美的审美功能

从康德的理论中，我们了解到审美活动并非知识性活动，其目的不在于获取知识或经验，而在于获取纯粹的审美体验。对此，康德做了两个重要的区分。

如前文所述，从形式中汲取的美感虽不涉及概念，却能普遍引发人们的愉悦感受。这种形式美在日常生活中无处不在。自康德提出相关理念后，形式美学在19世纪和20世纪得到了极大的发展，逐渐形成了一整套现代主义艺术理论体系。这一体系不仅孕育了诸如塞尚、毕加索等杰出的艺术家，也催生了包豪斯学派和国际主义风格等，其影响力深远地波及了建筑等领域。无论是在纯艺术的范畴内，还是在应用艺术的广阔天地中，我们都能清晰地看到这种形式美的身影，它如同一条主线，贯穿其中，引领着艺术与设计的发展方向。工业设计、建筑设计、公共艺术等领域，都深受其影响。

然而，康德美学思想中更为重要的部分在于，审美活动还能让我们获取到一种“崇高”的体验。这种体验超越了形式美的范畴，触及到了人类心灵深处更为深刻的情感与认知。

论崇高

美学，作为18世纪独立出来的社会科学门类，在构建自身学术体系与经验的过程中，往往需要追溯至古代的学术著作，从中寻找理论支撑与历史依据。谈及崇高理论，我们不得不提及朗吉努斯，这位古代哲学家在其著作《论崇高》中，率先对崇高进行了深入的探讨。他写道：“大自然赋予我们人类的存在，并非为了让我们成为庸俗卑陋的生物；它将我们置于这浩瀚的宇宙之中，仿佛是在一场伟大的竞技场上，让我们既成为其壮丽功绩的见证者，又成为其雄心壮志、勇攀高峰的竞争者。它在我们灵魂深处种下了一种无坚不摧的力量，让我们对一切伟大、一切超越我们自身的事物充满热爱。因此，即便整个世界，作为人类思想的翱翔之地，也显得不够宽广；人的心灵，总是能够超越空间的边际，去探索更广阔的领域。当我们审视生命的各个角落，发现其中充满了精妙、辉煌与美丽的事物时，我们便能深刻领悟到人生的真正目标所在。”

朱光潜先生在《西方美学史》中高度评价了朗吉努斯的这段论述，认为它基本上涵盖了康德后来提出的“崇高”概念的所有要素：数量与力量的巨大、伟大与不平凡的特征，以及这种审美范畴对人产生的自尊、积极情绪与教育意义。朱光潜先生认为，朗吉努斯的论述与康德对“崇高”的审美分析不谋而合，因此，他赋予了《论崇高》以美学价值。

《论崇高》在17世纪和18世纪备受法国新古典主义者的推崇，并在美学史上占据了重要地位。这更多地体现在文艺复兴时期学者们对《论崇高》的再发现、再解读、重新诠释与重新建构的过程中。朗吉努斯对“崇高”的论述，不仅具有修辞学的意义，更蕴含了深刻的美学内涵，满足了学界和社会对“崇高”美学意义研究的迫切需求。或许，这位生活在公元1世纪或3世纪的哲学家并未预见到，他的修辞学意义上的“崇高”论述已逐渐为人们所淡忘，而其中隐含的美学探索却如同“先知”一般，对后世的法国新古典主义者产生了深远影响，使《论崇高》在人类美学史和审美研究中占据了不可磨灭的重要地位。

另一位对崇高进行具体研究的是英国经验主义哲学家伯克。他认为，崇高的对象与美的对象截然不同。美能带来纯粹的愉悦感，而崇高则产生一种威胁到自身的感觉，即恐惧感，这是一种类似于痛感的感觉。然而，这种恐惧感并非真正的危险，而是一种感知到的危险感。通过这种恐惧感，人们感受到自我安全的确认，从而获得崇高的感觉。对崇高的重视，实际上是将恐惧的话题融入崇高的感觉之中。例如，浪漫主义对某种神秘力量的期待中，就蕴含着对恐惧、对不安全的寻求。这与伯克所说的在危机与痛感中确认自我安全的崇高感是相通的。在绘画作品中，如透纳的《加来码头》（图 4-1），描绘了暴风雨与恐慌的风景，这种对崇高主题的浓厚兴趣，使崇高问题越来越受到重视。空旷的荒原、神秘的风景在绘画中备受青睐，正是艺术家对崇高美的追求与体现。

图 4-1　透纳《加来码头》

康德在伯克对崇高的研究基础上吸收了朗吉努斯的部分论断，将崇高的讨论提升到了更高的层次。他强调崇高的道德和理性基础至关重要，且在美的分析中，他通过对崇高的研究，实现了从形式向内容的转变。康德认为，美感是单纯的快感，而崇高则是痛感转化而成的新快感，是一种更为复杂的快感体验。美存在于对象之中，而崇高则深深根植于主体的心灵层面。当对象的形式让我们无法理解，使我们的认知失效，从而陷入茫然无措的状态时，这便是崇高对象给予我们的独特感受，仿佛对我们的想象力施加了一种“暴力”。

康德将崇高划分为量和质两个范畴，并指出崇高与美的不同之处在于：美的分析关注的是对象的形式，而崇高则涉及对象的“无形式”。他进一步解释，美的鉴赏是静态的，而崇高的评判则是动态的，是想象力在认识和欲求之间的一种调动和克服的关系。这种量与质的关系并非简单的量变到质变的过程。

具体而言，崇高首先体现在数量上的无限大，这种量并非数学上的定量，而是指“无限大”的对象，与之相比，一切其他事物都显得渺小。无限本身就是估量的标准，而非通过尺度去测量。在这一过程中，人的理性在认识对象时要求见到对象的整体性，但崇高对象的巨大体量远远超出了我们的感知力，对我们的常规认知功能构成了挑战。这种想象力的不适应性或短暂的无能，最终唤醒了主体内在的超越感性功能。康德认为，这种超越感性功能的经验和感觉就是绝对理性，是“上帝”的化身，是人主观的符合目的性，也是理性功能对感性功能欠缺的补偿感。因此，从对象本身看到无限大，必须有理性的参与，这是先验的理性能力。没有这种理性，我们就无法感知到这种无限大。

康德还指出，崇高的纯粹审美判断不以对象的概念为依据，因此崇高不能在艺术作品中直接看出来，因为艺术作品是符合人的目的性的，是在人的常规化经验感觉下形成的。同样，崇高也不会在动物界出现，因为动物有明确的目的性，它们的出现不会让我们的认知崩溃。当我们对一个事物有明确的感受和目的时，我们不可能产生崇高感，因为我们不需要动用理性就能直接获得这种感觉，它不会刺激我们动用更深的理性。所以，动物的目的性是浅层的，而更深刻的目的性则隐藏在我们无法理解的、更复杂的自然界中。因此，崇高只能存在于体积的粗野、不可解释的混沌自然中。

康德认为，力量方面的崇高也只能在自然中看到。在他看来，威力是一种越过巨大阻碍的能力，如果该威力能压倒其他具有威力的抵抗，则称为支配力。在审美判断中，如果把自然看作对我们没有支配力的那个威力，自然就显出了力量的崇高。因此，力量崇高的事物一方面拥有巨大的威力，另一方面对我们不构成支配力，所以我们能够从中获得崇高感。这种力量虽然强大，但不会让我们处于绝对不能抵抗的状态，典型的例子是瀑布、火山或汪洋大海等自然界的景象。这些自然界的情景让我们的抵抗力在它的威力之下相形见绌，使我们觉得自己很渺小、微不足道。但只要我们是安全的，它们的形状越是可怕，我们就越有一种安全的幸福感。我们就会欣然地把这些恐怖的对象看作崇高的对象，因为这些恐怖的力量把我们心灵提升至一种超出日常的状态，突破了我们惯常的状态，显示出一种抵抗的欲望。但实际上我们并没有力量抵抗，但这种抵抗力就是人的理性面对自然时表现出的强大的支配力，比如人的勇气和尊严。这也是启蒙运动时期人表现出无限膨胀的主体性下产生的狂妄和独断的一种体现。但在康德时代，崇高力仍然是人的尊严的显现。他说："在我们的审美判断中，自然之所以被判断为崇高，并非由于它可怕，而是由于它唤醒了我们的力量，这个力量不属于自然，这个力量把我们平常关心的东西看得很渺小，把自然的威力看作不能对我们和我们的人格施加粗暴的支配力，以致迫使我们在最高原则、攸关时刻、需决定取舍的关头向他屈服。"

在这种情况下，心灵认识到自己使命的崇高性甚至超过了自然。崇高是以痛感为主要媒介的审美快感，其核心在于人对自身的崇敬和肯定克服了恐惧，所以崇敬是最主要的。崇敬的对象很像自然的对象，是人凭借自己的理性战胜自然的意识，所以崇高不在自然，而在自己的心境。这是康德超越伯克的地方。他说："对自然的崇高感就是对自我使命感的崇敬，通过一种偷换的办法使我们将崇敬移植到了自然上去，人对主体的尊敬换成了对对象的尊敬。"力量的崇高和道德有关，是一种勇敢精神的崇高，是社会文化修养的结果。这种崇高感面对无知的人时是可怕的，他们只能选择逃避或畏惧。

康德对崇高的分析对后世理解审美活动产生了深远的影响。在他的影响下，黑格尔认为崇高兴起于感性形象不足以表现精神方面的无限性。他认为象征性艺术，如埃及金字塔，就是崇高感艺术的体现；希伯来民族对神的观念的理解也充满了崇高感。同时黑格尔也认为崇高与宗教和原始人的世界观念密切相关，它不一定代表一种危险。在这方面，他对康德的观点进行了改造，放弃了康德关于艺术作品中不能体现崇高的论断，也消解了崇高与美的对立。他认为崇高主要存在于原始艺术、象征艺术和宗教艺术中，是一种理念不充分的感性显现。

崇高理论经由朗吉努斯提出，经过伯克的发展，到康德和黑格尔时期形成了较为完整的体系，在整个美学学科中都占有非常重要的地位。我们不仅从艺术作品中获得崇高感，也从自然中感知崇高。从这些哲学家们的理论中，我们可以看到崇高作为美学观念在几百年的发展中的变迁。而在审美活动中，特别是体会艺术美的过程中，我们也能获得这种崇高感。

到了当下，在不同的时代和语境下，崇高感又有了新的解释与回应。法国哲学家利奥塔认为，崇高感是个体被客体吸引又被排斥的状态，是一种因恐惧而着迷，又因着迷而不能进入的恐惧状态。他认为崇高是一种"狂喜"，在谈到巴尼特·纽曼的作品时，他说："这种否定的愉悦以矛盾的方式、几乎神经症的方式描述了崇高感的特征。它来自对充满威胁的痛苦的悬置。"这是一种对"巨形物体"的恐惧，是一种暗示，也是一个意外的事件。我们在面对一件艺术作品时，那种被冲击、被击中的感觉，仿佛所有的言语在此刻都失效了，我们能表达的只有我们的"在场"。这种在场是瞬间的、无以言表的，也是混沌的。比如当我们站在罗中立的《父亲》面前时，我们不仅勾连起了对时间、对历史的感觉，还仿佛看到了另一种东西——一种只能用“我在场”这样的表述方式去暗示的感觉。这种审美的崇高并不是一种提升，而是一种激化，是对审美意识的激活。它让我们在浅薄的愉快之外获得更深层次、更复杂的感受。这是一种矛盾的愉悦，是一种精神力量。

综上所述，通过艺术美的审美功能，我们首先是获得一种直接的愉悦感，这是我们通过作品的形式、外貌而产生的审美感受。这类艺术作品往往能让我们身心愉悦，让我们获得一种舒适的感觉。这种审美体验是我们与生俱来的，我们能从大部分作品中获取这份快感。而另一种则是对我们自身有一定要求的崇高感。这种崇高感一方面包含恐惧，是在面对巨大物体时的恐惧和确认自身安全时产生的愉悦；另一方面是在面对无法对抗的巨大力量（如自然力量）时的一种内心的抵抗，是对主体的肯定与确信。同时，它也是一种混沌、失语的状态，是我们面对艺术作品时那无法用言语描述的部分。获得这些崇高感都需要我们在面对艺术作品时用心去体会，需要动用我们的理性与感性。当我们获得这种更深层次的审美体验后，或许会“重获新生”，会刷新我们对艺术的理解、对美的看法，以及获得更丰富的审美能力。

第三节　艺术的种类及审美特征

一、实用艺术

实用艺术，是一种旨在满足实用需求为首要目的的艺术形式，与纯粹追求审美价值的纯粹艺术形成鲜明对比。它广泛渗透日常生活，涵盖工艺美术品（如餐具、灯具、家具等）、建筑艺术，以及设计领域（图形设计、产品设计、服饰设计等）。实用艺术的核心在于将美学元素转化为具有实际功能的物品，使其在服务人们生活需求的同时，也承载着审美意蕴。

实用艺术的灵魂，无疑在于设计这一母题。在当今时代，设计已成为实用艺术的主体，涵盖了工业设计、环境设计、建筑设计、产品设计等多个设计学科。设计作为一门独立学科，其诞生可以追溯至19世纪中后期的“艺术与工艺运动”，亦被称为“工艺美术运动”。这场运动旨在打破文艺复兴以来艺术家与手工艺人之间的隔阂，消除工业革命所带来的设计与制作分离的现象，强调艺术与手工艺的紧密结合。

工艺美术运动于1880—1920年在欧洲，尤其是英国和北美蓬勃发展。莫里斯的红屋是工艺美术运动的早期代表，它本身不对称且结构古怪，是维也纳时期风格的复古与折中，是对工业革命造成的“没有灵魂”的机器产品的反驳，因此完全放弃了机器而只使用手工，其作品呈现出一种粗糙而坚固的独特质感。

受工艺美术运动影响的新艺术风格运动，在装饰性上更加张扬，其作品大多表现了人性中的热情、乐观与进步的一面。此后，各类风格运动层出不穷，直至1919年德国建筑师格罗皮乌斯创立包豪斯学校，一种极具影响力的现代设计风格开始广泛传播。虽然包豪斯作为教育机构仅存续至1933

年（因纳粹压迫而关闭），但其倡导的设计风格却产生了深远的影响。包豪斯风格不仅在建筑领域大放异彩，还在艺术、工业设计、平面设计、室内设计、现代戏剧、现代美术等多个领域都展现出了显著的影响力。

包豪斯倡导理性主义与构成主义风格，设计简单明了，最具代表性的建筑是位于魏玛的号角屋。号角屋有方正的外形和开高侧角窗的屋顶，其设计理念强调艺术与技术的统一，认为设计的根本目的在于功能，而非产品本身。设计必须遵循自然和客观的原则，因此包豪斯建筑大多由简单的几何形体错落有致地组合而成，展现出大方而素雅的美感。在包豪斯的影响下，国际主义风格建筑在20世纪50—60年代美国盛行，比如2001年在“9·11事件”中部分被摧毁的纽约世贸大厦，就是具有国际主义风格的典型特征。

在包豪斯之后，对建筑界产生巨大影响的当属后现实主义，其中具有标志性的作品之一，便是巴黎的蓬皮杜中心（图4-2）。该建筑设计最大的特色在于将钢骨结构的管线外露。这种设计在建成后引发了极端争议。许多巴黎市民无法接受，但也有文艺人士大力支持，并将其戏称为“市中心的炼油厂”。蓬皮杜中心的意义在于打破了文化建筑所应有的设计常规，突出强调现代科学技术同文化艺术的密切关系，是现代建筑中高技派的最典型的代表作。总的来说，实用艺术的核心特征在于功能与艺术的结合，在保持审美品位的同时不丢失其功能性。

图4-2　蓬皮杜中心

二、纯艺术

就当前来讲，纯艺术的发展非常多元及复合，从媒介的角度划分，纯艺术包括绘画、印刷媒介、雕塑装置、摄影、动态影像、实验电影、行为艺术等诸多门类。此外，新媒体艺术、沉浸式的交互艺术、建筑领域学科等也与纯艺术有大量交集。

（一）绘画艺术

作为一门古老的艺术形式，绘画艺术经历了从古老图腾壁画到多种材料（如油画、水彩、水墨等）的发展，形成了门类繁多的体系。自文艺复兴以来，油画更是发展出了多种风格流派，逐渐成为绘画艺术中最核心的部分，并与美学的发展相互促进，成为纯艺术领域中最重要的门类之一。

中世纪时期，绘画以壁画、插画为主，以宗教题材为主题，涵盖了早期基督教艺术、拜占庭艺术、海岛艺术、前罗马艺术和哥特艺术等，这些艺术形式是当时人们生活、观念、思想和情感的生动反映。

文艺复兴时期，随着工商业的繁荣，新兴资产阶级逐渐成为社会的主导力量，他们渴望通过艺术作品展现真实的生活。因此，绘画艺术开始从宗教题材转向世俗题材，更多地描绘人们的生活场景。这一时期的杰出代表包括被誉为“文艺复兴三杰”的达·芬奇、拉斐尔和米开朗基罗，以及丢勒、乔尔乔内、丁托列托、提香、维拉斯凯兹等艺术家。17 世纪的学院派，将文艺复兴的丰富成果进行压缩、范式化和标准化，形成了古典主义艺术风格。这一风格与封建王权、教会神权以及新兴资产阶级的视觉契合。比如，丢勒则受到文艺复兴的启发，以更为彻底的理性探索具象绘画的新阶段，其艺术影响力同样深远。

17 世纪至 19 世纪是巴洛克艺术与洛可可艺术的鼎盛时期。巴洛克艺术强调现实之美，颠覆了文艺复兴时期庄重均衡、理性坚实的造型风格。鲁本斯的作品充满了动感与辐射力，成为巴洛克艺术的杰出代表。而洛可可艺术在技术难度上则不及巴洛克时期，但它构成了反对崇高、反对严肃的精神力量，展现出一种轻松愉悦的艺术氛围。

18 世纪晚期，随着启蒙思想的逐渐兴起，批判现实主义艺术开始出现。库尔贝、米勒等艺术家的作品具有强烈的现实关怀，比如米勒的《拾穗者》等作品都深刻反映了当时社会的现实状况。这一艺术风格对后来的马奈、毕沙罗等印象派画家产生了显著影响。印象派画家对光和色彩的研究达到了新的高度，为后来的现代主义艺术革命奠定了坚实基础。

19 世纪末至 20 世纪上半叶，现代主义艺术蓬勃发展。毕加索、马蒂斯、巴拉、达利以及蒙德里安、康定斯基等艺术家引领了立体主义、野兽主义、未来主义、超现实主义、抽象主义等流派。他们的艺术作品大多受到塞尚的启发以及康德形式主义理论的影响，讲究画面的形式大于内容，寻求形式的完整和纯净。这一时期的艺术大多属于表现艺术的范畴，直面自我。直到 20 世纪下半叶，绘画艺术才开始逐渐走向装置艺术等新的表现形式。

（二）行为艺术

第二次世界大战之后，绘画艺术领域涌现出对现代主义艺术的批判与否定态度，艺术开始更加深入地介入社会与生活，催生了众多新的门类与潮流。这一阶段的艺术不再局限于形式与技巧的探索，而是开始反思社会发展、战争以及思想等问题，融入了艺术家更为深刻的思考与感受。

在德国，艺术家博伊斯及其学生所形成的新表现主义成为这一时期的欧洲艺术的重要代表。博伊斯不仅是新表现主义的领军人物，还是行为艺术、社会雕塑等概念的先驱者。他提出了著名的“人人都是艺术家”理论，这一理念极大地拓宽了艺术的边界与可能性。

博伊斯的代表作之一《如何向一只死兔子解释绘画》成为这一时期的标志性作品。在谈及这部作品时，博伊斯表示：“对我而言，那只野兔象征着某种深刻的寓意，因为它真正做到了人类只能在想象中完成的事情——它能钻进土里，建造自己的窝，将自己与大地融为一体。这种象征意义才是最为关键的。而我头上的蜂蜜则与思想紧密相连。虽然人类无法自行产生蜂蜜，但我们拥有思考、产生思想的能力。当思想因陈旧和病态而失去活力时，蜂蜜这种有生命的物质便赋予了思想新的生命力。然而，过度汲取‘知识’也可能对个人的思想造成致命打击，比如在政界或学术界，人们往往过于依赖言辞来包装自己的思想。”

这部作品因其深刻的寓意和博伊斯的独特见解而备受瞩目，有人甚至将其誉为“20 世纪的蒙娜丽莎”。这一称号不仅体现了作品在艺术史上的重要地位，也反映了这一时期艺术家们开始转向深度思考与社会批判的趋势。他们不再满足于表面的形式与技巧，而是致力于通过艺术来探讨更为深刻的社会与人生问题。

（三）装置艺术

装置艺术是指置于在空间中的物体（也可以包括美术家本人），具有合成媒介含义。从这一点看来，“装置”即“物体”的延伸，是空间本身的异化，是人和物体、环境的对话。在短短的几十年间，装置艺术已经成为当代艺术中的时髦风潮，许多画家、雕塑家都给自己新添了“装置艺术家”的头衔。当今，各个地方美术馆已经有了装置艺术的专业分类，美术院校也开始开设装置艺术课程。在西方当代美术馆的展览中，装置艺术也占据了相当重要的位置。

在艺术史上，杜尚的《泉》是装置艺术的典型代表，也是具有划时代意义的。这件作品是一个倒置的小便池，签名后被堂而皇之地放在了美术馆，探讨了关于艺术的定义等问题，被认为是 20 世纪最重要的艺术作品。

三、公共艺术

公共艺术是一种可以以任意媒介进行创作的艺术形式，它特指那些放置在公共空间内、面向公众开放的艺术作品。公共艺术具备三个公认的基本属性和要素：公共性、艺术性和在地性，这三个要素也是区分公共艺术与其他艺术门类的关键标准。公共艺术的形式丰富多样，其历史可以追溯至古罗马时期广场上的公共雕塑，这些雕塑不仅是艺术的展现，更是公共空间的重要组成部分。公共艺术也被称为大地艺术，这一艺术形式起源于美国，在 20 世纪 60 年代末至 70 年代早期尤为活跃。大地艺术家们巧妙地运用大地景观与艺术作品之间不可分割的联系，创作出与自然融为一体的艺术作品。他们的创作材料多直接取自自然环境，如泥土、岩石、有机材料以及水等，甚至推土机等工程机械也时常作为改变地景的工具出现在创作过程中。这些作品通常出现在对公众开放的、远离都市文明的地区，它们不仅展示了艺术家的创造力，还体现了对自然环境的尊重和利用。然而，由于大地艺术作品常常被自然力改变或侵蚀，因此很多早期作品只是短暂地存在，如今只能在纪录片或照片档案中追寻它们的踪迹。

四、新媒体艺术

新媒体艺术是利用新媒体技术创作的艺术形式，涵盖了数位艺术、电脑图形、电脑动画、虚拟艺术、网络艺术、互动艺术、声音艺术、电玩游戏、机器人艺术、3D 打印、赛博格艺术与生物艺术等多个领域。这一术语的独特性在于它所涉及的文化背景和社会活动，常被视作与传统视觉艺术（如传统绘画、雕塑等）相对立的一种新兴艺术形态。对媒介的深入探索是当代艺术的重要特征，因此，许多艺术院校和大学都设立了“新媒体”或“新流派”的相关科系与学院，同时，国际上也越来越多地出现了以媒材为区分的研究机构。

新媒体艺术往往强调艺术家与艺术观察者之间的互动。然而，一些理论家和策展人指出，这种互动、社会交流、参与和转变的形式并非新媒体艺术的独有特征，而是当代艺术实践的共同基础。这些观点强调了与新兴技术平台同时出现的文化实践形式，并对过分关注技术媒体本身提出了质疑。新媒体艺术创作常常以通信、大众媒体、数位科技等为题材，实践范围广泛，从观念艺术到虚拟艺术，从行为表演到装置艺术都有所涉及。

五、实验艺术

实验艺术中影响最广的则是激浪派艺术家白南准。白南准出生于韩国，1949 年在香港读完高中之后考入东京艺术大学，1956 年赴联邦德国慕尼黑大学就读，后赴美成为激浪派的一员。激浪派艺术受作曲家约翰·凯奇及其音乐中对日常声音和噪声运用的影响，创作了一系列具有颠覆性的作品。他为大量的作品提供了新技术与新艺术观念相统一的成功经验，并影响了 20 世纪 80 年代和 90 年代的国际艺术发展。因此，白南准不仅被认为是战后先锋艺术家的领军人物，更是 20 世纪下半叶最具影响力的艺术家之一。白南准致力于超越媒体和题材的既定限制，创作出具有挑战性的作品，探讨人类与技术之间的关系，这些都在他的激进艺术实践中得到了充分体现。

六、波普艺术

波普艺术，是一场探讨通俗文化与艺术之间关联的艺术运动。波普艺术家试图推翻抽象表现艺术并转向符号、商标等具象的大众文化主题。“波普艺术”这个称谓，是由 1956 年英国艺术评论家罗伦斯·艾伟提出的。

波普艺术中最著名的艺术家无疑是安迪·沃霍尔，他认为艺术与金钱挂钩，因此应该努力把艺术商业化。他的代表作之一是不断复制的金宝汤罐头图案，这一作品展现了资本主义生产方式的新阶段。沃霍尔经常使用丝网版画技法来重现图像，其作品中最常出现的是名人以及人们熟悉的事物，如玛丽莲·梦露和埃尔维斯·普雷斯利。重复是其作品的一大特色，这种重复也暗示了消费主义的重复生产与流水线工作。

七、当代艺术

当代艺术是一个复杂而难以精确界定的概念，它似乎与时间相关，但又不完全受时间限制。它是一个总称，涵盖了当下的各种艺术形式，包括绘画、雕塑、装置艺术、新媒体艺术等。媒介的不同已经不再是区分艺术的主要手段，而是从艺术作品所探讨的问题来区分。当代艺术涵盖了从战后重建到后殖民、从现代主义到后现代主义、从西方艺术到东方艺术等多个方面。随着技术的发展，艺术的形式也变得更加多样化。传统的作者及观众的二元模式已经被打破，观众开始参与艺术的创作过程，甚至成为艺术作品的重要组成部分。从电影、音乐、诗歌到戏剧，再到当今的游戏，都可以归为艺术范畴。艺术变得越来越难以界定，但给予我们的体验却越来越丰富。在面对不同时期的艺术作品时，我们应该回到艺术家创作的时代和语境中，去探讨他们所面对的问题和所表达的内容。

当代艺术已经从现代主义时期的单纯审美愉悦中解放出来，转向借助各种新形式、新材料、新学科不断融合交流，而产生出新的艺术形态。因此，在面对艺术作品时，我们应该保持开放的态度和交流的心态，去欣赏当下艺术中的美。

美育实践

1. 德国艺术家安塞尔姆·基弗（Anselm Kiefer）的装置《铅制翅膀》（2019）通过重金属废墟（重达20吨的铅制书页）与放射性玻璃碎片构建历史创伤的物理性压迫，请分析其如何通过物质重量（触觉）与空间压迫感（视觉）实现康德所言“痛感向理性快感的转化”。

2. 日本艺术家草间弥生的《无限镜屋》（2023）利用LED光点算法与镜面反射制造无限延伸的虚拟空间，观众在其中产生“自我消融”的眩晕感。请结合利奥塔理论，论述这种算法生成的无限性如何解构康德“理性优越性”，并对比蔡国强《天梯》的火药爆破瞬时性（500米爆破轨迹的不可逆），探讨这两种技术媒介对“崇高体验时间性”的重构。

第五章

形式之美

学习目标

知识目标

- ❖ 掌握形式美的构成法则。
- ❖ 了解社会生活之美和环境之美的特点，可以适度简单而合理地利用形式之美，增加自主化感知、设计、绘画等艺术化表达的可能性。

思政目标

- ❖ 培育学生的艺术情操，可以感知美、欣赏美、理解美，体会人与人之间和谐平等之爱。
- ❖ 坚持立德树人，体会时代生活，弘扬中华美育精神。

第一节　形式美的构成质料

质料，即物体的质地与所用材料，常用于描述事物构成的组合关系。从哲学视角审视，质料是一种基于经验的直观感受。通过阐述形式美的基本概念，我们可以通俗地理解具象形式美与抽象形式美的内涵，并明确区分形式美与美的形式之间的不同。同时，结合历史背景和场景变迁，我们可以更深入地解释形式美的独特性质。

在追溯形式美的发展历程时，我们可以从人类起源谈起，中国形式美与西方形式美的演变，共同勾勒出形式美的发展脉络。形式美不仅具有感性质料，更蕴含着深刻的内涵与意义，这凸显了其在艺术与设计领域中的重要性。

值得注意的是，在探讨形式美的过程中，我们不能脱离实践内核而单纯讨论形式。形式美是与实践紧密相连的，它需要在实践中得以体现和验证。因此，我们应该将形式美与实践相结合，共同推动艺术与设计领域的发展与创新。

一、形式美的基本含义

在深入探讨形式美之前，有必要先厘清“形式”这一概念。通常，我们将其视为一种外在的展现，一种肉眼能够直接观察到的状态。环顾四周，我们不难发现，形式语言无处不在。建筑以其独特的立面造型与色彩搭配展现着形式之美；服饰则通过材质构造与线条组合的巧妙安排，传递着设计的韵味；园林以曲径通幽与亭台楼阁的布局，彰显出自然与人文的和谐共生；绘画则在平面构成与空间取舍间，展现出艺术的无限魅力。甚至在语音中，我们也能够感受到抑扬顿挫与起承转合的韵律美，而音乐、剧本、舞台、戏曲、戏剧以及自然风光等，更是形式美的丰富源泉。因此，“形式”成为一种表层关系，一种基于内在逻辑的外在表达，一种对事物整体状态的概括与呈现。

形式美，我们可以将其划分为具象的形式美与抽象的形式美两个层面。具象的形式美，是单纯地将审美焦点聚焦于物象的外在形式上，展现出一种独立的审美特性；而抽象的形式美，则源自内在的感知，是通过概括与归纳而形成的一种关系法则，它相对灵活，没有固化的准则。我们通常所提及的色彩、构成、空间等元素，都属于抽象形式美的范畴。

形式美是客观事物外观形式所展现出的美，它作为一种独立的美，可以单独作为审美对象感知和欣赏。然而，它与美的形式之间又存在着一定的区别。美的形式是物象本身所蕴含的内容的一种确定体现，它与内容紧密相连，形成对立统一的关系。而形式美则更多地侧重于从外在表现上体会其蕴含的意味。例如，在观看舞蹈时，我们的注意力往往会被干脆利落的舞者动作与形体的优美吸引，而减弱了对舞者本身所表达内容的深入思考。这正是形式美在舞蹈艺术中的体现。

通俗地说，当我们探讨美的形式时，往往会深入探究美的实质内容，将其作为研究的重点。而形式美则不同，它更多地关注于外在形式的审美特性，因此，我们将其作为本书的一个独立篇章进行深入讨论。

形式美自身具有极强的变化性。随着时间的推移、场所的变迁以及背景的更迭，形式美的判断标准也会发生相应的变化。我们常常谈论服饰潮流的轮回，那些曾经风靡一时的破洞牛仔裤、喇叭裤、水洗牛仔、格子衬衫等款式，如今又重新成为时尚界的宠儿。甚至复古风格的传播也渗透到了音乐、影视、绘画等多个领域，成为一时的风尚。场所的变化同样对形式美产生着深远的影响。在一线城市被视为时尚潮流的审美标准，在乡镇地区可能会被视为不伦不类；反之，乡镇地区的审美标准也可能在一线城市受到不同程度的偏见。

因此，形式美既具有相对独立性，又存在很强的依附性。我们需要结合时间、空间、历史价值等多个因素来综合讨论形式美。只有这样，我们才能更全面地理解形式美的内涵与外延，更好地欣赏和创造形式美。

二、形式美的产生与发展

形式美的产生与发展是一个多维度、跨文化的议题，其探讨应当从人类起源的形式美法则、中国形式美的发展以及西方形式美的发展这三个角度展开。

追溯至大约 4500 万年前的渑池上河曙猿化石遗址，这是已知最早的古猿遗迹。在漫长的时间长河中，猿类经历了数代的演化，从腊玛古猿到南方古猿，再从旧石器时代步入新石器时代，人类依据环境的变化逐渐形成了相应的生存方式。在远古时期，当人类狩猎采集到动物皮毛和牙齿后，他们开始利用皮草遮羞和包裹伤口，将牙齿作为装饰项圈挂在脖颈上，或是将废弃的骨骼打磨成手镯进行装饰。正是在这一过程中，形式美悄然萌芽，并随着时代的变迁而不断发展。

进入新石器时代，陶器、玉器、彩陶、卜骨、石器以及地画和岩画等早期艺术品相继出现，这些物件上的装饰画开始发挥重要的作用，传达特定的意义。随着历史的演变，形式美的理念在中华大地上深深扎根，人面鱼纹、饕餮纹、阴阳五行的九宫图与太极图，以及西周岐山凤雏村的建筑和颐和园等杰作，都是形式美在不同历史时期的体现。从夏商周到明清，朝代更迭，形式美始终贯穿各个历史时期，不断演变和发展。值得一提的是，1979 年，吴冠中老师在《绘画的形式美》一文中，将形式美视为美术创作的一个重要环节，认为其是为人民服务的独特手法，并深入探讨了形式美与内容的关系，在改革开放时期这无疑是一次富有意义的理论贡献，拓宽了我国的艺术理论与实践视野。

在西方，形式美的探讨同样具有深远的历史背景。1857 年，马克思在为《新美国百科全书》编写“美学”条目时，提出了著名的“形式美三问”：形式美的哲学依据、艺术形式的分析以及形式美的心理根据。这三个问题分别源于毕达哥拉斯的“比例理论”、对艺术门类及形式的理论分析，以及探讨艺术对人类心灵的共鸣。虽然这些问题在当时的历史背景下无法得到明确的答案，但如今重新审视这些问题，我们依然能感受到它们的重要性和现实意义。事实上，这些问题与中国对形式美的探讨有着异曲同工之妙。

基于不同的时代背景和本土文化与哲学体系，东西方在形式美的探讨上产生了独立的思考与见解。在更早的文艺复兴时期以及后来的包豪斯运动中，西方对绘画、雕塑、设计、建筑等形式美的探索被浓缩到线条、色彩、空间、比例等要素中。在与东方的交流与学习中，东西方文化相互借鉴、相互促进，使形式美体系更加完善。

三、形式美的质料与重要意义

形式美的感性质料涵盖了形态、线条、颜色、声音等诸多元素。在形态与线条的层面，点汇聚成线，线交织成面，面再组合构建出空间，而在这空间中，形态得以生动展现。以舞者为例，其身体的每一个关节如同点，这些点连成线，优美的舞姿在空间中勾勒出一个个生动的面，整体呈现出高雅的姿态，这正是形式美的一种体现。对此，我们可以用激昂、奋进、曼妙、夸张、豪放、稳健、道骨仙风等词汇来描绘这种状态。而不同的比例尺度、色彩搭配、环境限制以及历史背景，都会为形式美增添独特的韵味。

对颜色的感知与解读，同样展现出丰富的文化内涵。中国红象征着大国的热情与胸怀，这源于人们对红色本身所赋予的热情奔放、慷慨激昂的寓意；蓝色的静谧深邃、绿色的生机勃勃、紫色的神秘忧郁、黄色的清新明媚、白色的纯洁高贵、咖色的稳重深沉、灰色的朴素内敛，乃至当下流行的马卡龙灰色系，颜色的组合与倾向如同文化的交织与融合，不再局限于单一的是非判断，而是更注重整体和谐统一的审美关系。

视觉形式美与听觉形式美，往往相辅相成。若单独谈论声音，它不过是振动的产物。然而，高低、强弱、远近、角度、介质等因素的差异，都会赋予声音不同的效果，就如同声波在纸上留下的律动痕迹，同样是一种形式美的展现。

正如前文所述，形式美具有独立性，它是非自然物的一种表现状态，蕴含着模糊意味与人类情感的凝结，是历史沉淀与变迁的共同产物。在社会法则与历史背景的基础上，结合实践方法，形式美语言逐渐形成，并在自然、社会、艺术、科学、医疗等领域中发挥着不可替代的作用。形式的外在之美与内容的涵养之美，正如美育的表征与核心，相辅相成，缺一不可。虽然本文着重讨论形式的美，但绝非忽视内容与实践的重要性。

第二节　形式美的构成法则

通过单纯齐一、对称均衡、调和对比、节奏韵律、比例匀称以及多样统一六大法则，我们可以深刻揭示形式美的内在规律和抽象特征。这些法则不仅是美学理论的基石，更是培养人们对美的敏感度与感知力的有效途径。当我们深入研究并积极探索这些法则时，便能在日常生活中敏锐地发现美、精准地辨别美，进而创造性地展现美，最终实现心灵的美化与升华。

一、单纯齐一

单纯，是一种纯粹无瑕、简约而不冗杂的状态，它通过对复杂物象的提炼与概括，消除显著差异与对立，以内在的规律传达意义，使人能够直观把握其本质；齐一，则意味着整齐划一、高度统一，它强调某一单元概念的重复性表达，通过规律性的反复呈现，构建出一种具象化的模式。

单纯齐一，作为形式美法则中最基础、最和谐的表现形式之一，在整体状态中几乎不展现明显的差异性。它凭借高度概括的形态，以及简洁的排列组合方式，营造出一种整齐有序的美感。在自然界中，无云的蓝天、静谧无波的海面、辽阔无边的草原，都是单纯齐一之美的生动体现。在组合规律方面，纹样的有序排列、行道树的整齐种植、建筑外立面的统一设计，也都彰显了这一特点。

为了更直观地理解这一概念，我们可以列举一些具体的实例。在园林设计中，单纯齐一常被巧妙地运用于大小乔木与灌木丛的搭配之中，尤其在西方园林设计中更为常见。以法国古典主义园林的代表——勒诺特尔式园林凡尔赛宫苑（图 5-1）为例，其明显的中轴线与两侧对称的树木布局，正是单纯齐一法则的绝佳展现。而在现当代我国的园林设计中，铺砖的统一与园林小品的规范化设计，也广泛采用了单纯齐一的法则。

图 5-1　法国勒诺特尔式园林

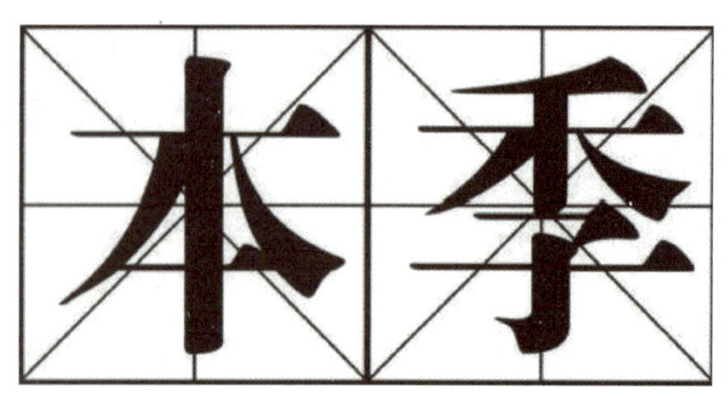

图 5-2　米字格中的汉字

在汉字书写中，我们通常会先将汉字置于田字格、九宫格、米字格（图 5-2）或回字格等框架内，然后根据不同字体的特点进行合理布局与笔画安排。这些方格为字体提供了一个明确的外围框架，在字体变化的过程中，外框起到了统一规范的作用。无论字体是上下结构、左右结构还是包围结构，都会在固定的范围内协调笔画的长短与粗细，从而呈现出一种稳定而富有规律的美感。

在舞蹈艺术中，单纯齐一的法则同样存在且至关重要。以柴可夫斯基于1876年创作的芭蕾舞剧《天鹅湖》（图5-3）中第二幕的舞曲《四小天鹅舞曲》为例，四位舞者伴随着音乐的律动，展现出高度统一化的标准姿态。他们齐一的旋转、跳跃、间奏变化以及流畅的线条与动作，共同营造出一种极致的视觉效果，生动地刻画出四只小天鹅轻松活泼、在湖畔栖息的动人场景。

图5-3 《天鹅湖》剧照

二、对称均衡

对称，指的是物体或者图形在某种变换条件下，整体或者部分呈现出重复对应的现象，我们把它称为对称性。通俗地理解，在对称法则下，两边的物象在大小、形状和排列上都有一一对应的关系。

列奥纳多·达·芬奇1487年的钢笔手稿《维特鲁威人》，将人体置于矩形与圆形之中，诠释了理想的人体比例与黄金分割，其描绘的肢体结构与五官分布成为后世研究理想比例的经典范本。这种对对称性的追求深刻影响着人类审美发展，甚至成为现代医学美容的重要参照标准。

在建筑领域，对称是塑造形式美的重要法则。印度阿格拉的白色大理石杰作泰姬陵，作为“世界新七大奇迹”之一，其殿堂、钟楼、尖塔、水池等皆严格遵循中轴对称的布局，不仅展现出建筑的宏伟挺拔，更象征着永恒不渝的爱情。为纪念法国大革命胜利100周年而建的埃菲尔铁塔，以底部四个巨型角形倾斜柱墩为基础，构筑起高达324米的上窄下宽的对称塔式建筑，展现了工业时代对古典形式法则的创新运用。始建于明朝永乐十五年（1417年）的承天门（即现在的天安门），是中国传统对称建筑的代表。它由城台与城楼两部分组成：城台底部为汉白玉须弥座，中部开设五座券门，以中间券门为中轴线，两侧结构严格对称，并与故宫的整体中轴线完全重合；城楼采用传统重檐歇山顶设计——四个倾斜顶面、一条正脊、四条垂脊、四条戗脊（垂脊下端折向的脊线），搭配两侧倾斜层面上部转折而成的垂直三角形墙面，形成两坡与四坡屋顶结合的对称形态。事实上，中国大多数古建筑（如庑殿式、悬山顶、硬山顶、攒尖顶建筑）均以对称为核心设计原则，既符合传统“居中为尊”的礼制思想，又赋予建筑稳定和谐的视觉效果。

均衡，从美学的角度来看指的是布局上等量不等形的平衡，具体作用是使画面具有稳定性。与对称不同，均衡允许物象两侧存在差异，但尺度范围不宜过大；但两者的最终目的一致，都是以保持对象稳定为前提，满足人类对秩序感的潜在审美需求。这种对稳定感的追求，是人类在长期生产生活中形成的潜移默化的审美意识：稳定的布局能让建筑更显庄严、绘画更显和谐、舞蹈更显规整、诗词更显韵律，最终传递出一种有逻辑的比例关系与有秩序的动态美。始建于明朝永乐十八年（1420年）的北京故宫是均衡美学在建筑领域的极致体现。作为明清两朝24位皇帝的居所，故宫以午门—神武门为中轴线，划分出清晰的功能区域：前区为太和殿、中和殿、保和殿三大殿（国家典礼场所），后区为乾清宫、坤宁宫及御花园（帝后生活区域）；中轴线两侧则分布着形态、功能各异的建筑群——东侧有武英殿、文华殿，西侧有慈宁宫、皇极殿，北侧有宁寿宫、寿康宫等。这些两侧建筑虽在布局（如殿宇数量、院落大小）与形态（如屋顶样式、装饰细节）上并不完全对称，却通过视觉重量的平衡（如东侧文华殿与西侧武英殿的规模相当、东侧宁寿宫与西侧寿康宫的位置对应），在整体上保持了与中轴线的均衡关系。这种“对称为骨、均衡为肉”的设计，既让故宫成为世界上现存规模最大、保存最完整的木质结构古建筑群，也完美诠释了均衡美学求同存异、稳定和谐的核心内涵。

三、调和对比

调和，即调和和谐，旨在使对象达到一种统一有序的状态。通过减弱形状、线条、色彩及图案之间的差异，赋予人们视觉上的舒适与自然感受。在色环中，色相相近但深浅不一的颜色被称为同类色，它们通常位于色环上15°至30°的范围内，如大红色与朱红色、柠檬黄与中黄，以及普蓝、钴蓝、湖蓝、群青等，这些颜色都含有相似的色素。同类色的搭配虽然看似简单，却能产生意想不到的视觉美感，营造出和谐统一、极简干练的高级氛围。

在室内装修中，同类色的搭配风格日益增多。例如，若整体风格偏向暖色调，墙面可选用奶咖色乳胶漆，柜子则采用白色面板与木纹色内嵌，地板选用木地板或木纹砖，灯具的造型与色彩、沙发的品类以及家具陈设的搭配，都可在同类色中进行微妙的变化，以确保室内整体风格的统一与协调。

在摄影照片的后期修图过程中，调和的运用同样至关重要。例如，在拍摄一组青春洋溢的照片，色调可偏向暖色，同时调整对象的衣着、背景颜色以及照片上的文字颜色，使其都倾向于积极阳光的暖色系，从而打造出统一的整体风格。

相比之下，对比则是为了凸显物象之间的差异，并将其特点放大。通过两者或多者之间的相互作用，对比能带来生动、活泼的视觉效果。生活中的对比案例俯拾即是，如大小、胖瘦、冷暖、高低、虚实、多少、厚薄等，都是对比法则在强调某种特性时的应用。

在绘画领域，对比的使用尤为频繁。例如，中国画讲究“墨分五色，干湿浓淡焦”，通过五种墨色的深浅对比来描绘物象，营造出远近、层次、虚实的空间变化，从而增强空间感与视觉效果。元代著名女书法家、画家、诗词创作家管道昇的《竹石图》（图5-4）便是一个典型的例子。画中，土坡上屹立着一块奇石，高低不平，两棵修竹挺拔而上，竹叶姿态优美。管道昇通过墨色深浅的浓淡对比，使画面产生了明暗关系，近处的竹叶与远处的竹叶形成空间对比，整个画面因此而充满了节奏感。竹本身具有韧性好、虚心自强、劲直向上的品质，寓意着坚贞高洁。因此，在画竹时，虚实手法的运用尤为重要，它轻盈地透露出自强不息的气质，成为评判画作的重要依据之一。

图5-4　管道昇《竹石图》

调和与对比，作为形式美中的两大法则，既保持了整体的统一，又突出了物象的特性。它们在平衡中寻找亮点，异中有同，同中有异，成为事物发展的客观规律在形式美中的归纳与总结。

四、节奏韵律

节奏，通常理解为事物运动的韵律，它呈现出一种规律化、周期性变化的动态模式。白天与黑夜的更迭、星期与月份的循环、春夏秋冬的四季变换以及十二生肖的轮回，这些都是自然界发展的节奏；而心跳、脉搏的跳动以及呼吸的起伏，则是我们生理上的节奏；早起上班、日落归家的日常作息，构成了我们的生活节奏；在篮球比赛中规定的24秒违例、跨栏运动中的10码一栏设置，则是体育竞技中的节奏；音乐中音符的长短强弱变化，更是构成了音乐独有的节奏。我们生活在一个由众多节奏共同编织的和谐统一而又充满变化的世界里。

在律诗中，节奏的表现尤为明显。每两字为一个音节，形成两字一顿的节奏模式，如“平平”或“仄仄”。这样的节奏模式使人们在诵读诗句时，能够依据声调与停顿的特征，将个人的情感状态融入其中。例如，在五言律诗中，我们可以看到“仄仄—平—平仄”“平平—仄—仄平”“平平—平—仄仄”以及“仄仄—仄—平平”这几种节奏形式。诗句“雨后/复/斜阳”“松下/问/童子”便是采用了2-1-2的节奏模式。而在七言律诗中，则常用2-2-1-2及2-2-2-1的节奏组合进行变换，如“风急/天高/猿/啸哀”“渚清/沙白/鸟/飞回”，“沉舟/侧畔/千帆/过”“病树/前头/万木/春”，这些诗句都让人能够清晰地感受到节奏的起伏变化。

在城市规划中，节奏法则同样得到了广泛的应用。以法国巴黎的城市规划为例，自1853年起，塞纳区行政长官奥斯曼在拿破仑三世皇帝的城市建设政策指导下，对巴黎市中心进行了大规模的改建工程。这一规划以戴高乐广场和雄狮凯旋门为中心，形成了独具特色的城市规划典范。这些道路宽阔、绿化优美，宛如精心设计的蛋糕，从中心起伏变化至城市天际线，形成了由强到弱的节奏变化。

在风景写生中，节奏变化同样是一个重要的法则。画家们常常利用主体物作为强节奏，以周边环境作为弱节奏进行衬托，从而形成强弱对比。对于长篇幅、大尺度的绘画作品而言，节奏的变化更是不可或缺的元素。它使画面变得更加生动有趣，更加富有意义。通过巧妙地运用节奏法则，画家们能够创作出既和谐统一，又充满变化的艺术作品。

韵律，可以被视为节奏的变形与升华，如果说节奏是构成美感的骨骼，那么韵律则是赋予其外在表现力的皮囊。正如健身塑形能塑造出完美的体型，韵律也在千变万化中展现出不同的美学风貌。若将节奏视为一种机械而秩序的美，韵律则以其感性与丰富的变化，展现出另一种独特的美感。

在形体的构成中，韵律美以多种形态呈现，包括连续韵律、间隔韵律、渐变韵律和交错韵律。接下来，我们将以现当代园林设计为例，深入探讨这四种韵律在景观设计中的应用。

连续韵律，通过有限或无限的元素排列，形成重复且富有规律的视觉效果。在园林设计中，连续韵律常通过点、线、面的组合来实现。例如，花坛、花柱、盆景等元素按照一定规则有序摆放，宛如点线面中的“点”。意大利台地园和法国规则式园林中，修剪整齐的灌木丛以线性关系铺展，辅助主体建筑，营造出宏大的视觉效果，传递出皇权至上的内涵。而在欧洲园林中，广袤的土地与稀疏的人口使大面积草坪成为常见的园林设计手法，凸显了点、线、面中“面”的运用。通过草坪、灌木丛及景观小品的规则点缀，形成了点、线、面相结合的连续韵律，给人以整齐划一的美感。

间隔韵律，则是在连续韵律中穿插相反或相对抗的节奏，如同音乐中的转折部分，给人留下深刻印象。在园林设计中，间隔韵律常表现为连续景观小品在特定距离上的变换，如在2-2-1-2规律中的“1”部分进行创意调整，以减少视觉上的单调感，与渐变韵律共同演绎变化之美。

渐变韵律，指的是各要素在形体大小、颜色深浅、方向远近等方面形成有规律、有层次的递进或递减模式。这种动态变化能够增强视觉效果，提升人们对设计美感的欣赏。在园林中，渐变韵律的运用使景观元素在视觉上形成流动与过渡，增添了一份生动与活力。

交错韵律，其使用方法与间隔韵律相似，但交替过程更具规律性，常表现为2-1-2-1的模式。这种韵律不仅在园林设计中广泛应用，还常见于室内装修的点缀过程中。例如，插花艺术中，花朵之间的高低错落、大小搭配、远近呼应以及颜色协调，都是利用韵律法则来达到令人惊喜的效果。通过巧妙的韵律运用，插花作品能够展现出独特的层次感和立体感，为室内空间增添一抹生机与活力。

五、比例匀称

比例，作为数量间的一种关联，在美学领域，它通常被用来衡量部分与整体之间的和谐关系；而匀称则是评判这种比例是否适度的标准。在探讨比例与匀称时，我们往往将它们视为一个整体来讨论。纵观整个中外美术史，无论是壁画、雕塑、建筑、陶艺、油画、国画、漆画，还是青铜器、铁器等艺术门类，都无法回避比例这一核心概念。

雕塑作为一种造型艺术，它通过艺术家对物质材料的主观处理，创造出具有空间立体感的艺术形式。提及雕塑，不得不提意大利雕塑家米开朗基罗在1501—1504年创作的《大卫》雕像。这座高3.96米、基座高1.54米的大理石雕像，展现了一个年轻而充满力量的裸体男子形象。其体态健美，比例匀称，洋溢着生命的活力，被誉为西方美术史上杰出的男性裸体雕像之一。值得注意的是，《大卫》并非1∶1的人体等大雕塑，其高达5.5米（含基座），因此观众在欣赏时往往需要仰头观看。为了营造视觉上的比例和谐，米开朗基罗巧妙地放大了大卫的头部，并利用透视学中近大远小的原理，使观众在平面上观看时，会产生一种错觉，认为整个雕塑的比例恰到好处，从而重新唤起对人体美的常识认知。

在室内设计中，“人体工程学”是一个重要的专有名词。它致力于探究人类在工作和生活环境中，如何能够正确、安全、舒适地进行办公和生活。其中，关于人体高度与座椅高度之间的关系，更是备受关注。一般来说，办公桌的高度为72~76厘米，而椅子的高度则应根据使用者的身高进行调整，以确保在使用过程中无须长期弯腰。通常，椅子的高度在55厘米左右时，桌椅之间的比例关系最为和谐，视觉效果与身体感受最佳。当然，这只是一个平均值，对于特定人群，需要采用“差尺”的概念来计算最适合的桌椅高度差。差尺（图5-5）的计算公式为：{(身长×0.55)÷3}-（2~3）厘米，其中的2~3厘米为不同环境可能存在的偏差。

图5-5　差尺

当我们保持坐姿时，脊椎的形态和体重压力的分布都会发生变化。尤其是对于那些需要久坐的上班族来说，腰间盘承受的压力较大，很容易导致腰椎间盘突出。因此，座椅比例的设计也成为一个重要的研究方向。座位的高度、深度、宽度以及斜角等参数，都是经过数据演算和切身尝试后得出的比例标准。

在比例匀称的法则中，黄金分割比无疑是一个不可忽视的名词。它将一条线段分为两部分，使其中一部分与全长的比值等于另一部分与这部分的比值，即AC/AB=BC/AC，即0.618。这一法则的应用范围极为广泛，从五角星上所有线段之间的长度关系到人体雕塑中的比例调整，都可见其身影。古希腊的著名雕塑作品《断臂的维纳斯》和《太阳神阿波罗》就巧妙地延长了腿部长度，使整体比例接近0.618。在绘画领域，意大利文艺复兴时期的美术巨匠达·芬奇的《蒙娜丽莎》《维特鲁威人》和《最后的晚餐》等作品，也巧妙地运用了黄金分割比，使画面更加和谐舒适。

六、多样统一

多样统一，是形式美中深刻体现对立统一规律的至高法则。它要求各部分在展现丰富变化与差异性的同时，又要在这些变化中寻求统一的表现，以达到在纷繁复杂中不失一致性的和谐境界。这一法则在诸多形式美法则的介绍中，也常被表述为对立统一的关系，但多样统一更侧重于美学表现的直观与通俗，强调“繁而不乱，统而不闷”的艺术效果。

例如，随着社会的快速发展，婚礼的形式相较于千禧年前已变得越发多样化。婚庆场地的装饰，作为婚礼的重要组成部分，其重要性不言而喻。从西式的新潮到中式的唯美，从复古的怀旧到个性化的专属风格，婚礼风格的多样性为新人提供了更多的选择。在主仪式环节，若选择西式风格，那么从布景、灯光到人员服饰，都需要保持高度的统一性，以确保风格的连贯与和谐。然而，在自媒体蓬勃发展的当下，越来越多的年轻人倾向于 DIY 自己的婚礼，他们将自己的故事、成长经历、环境变化等元素融入婚礼设计中，与专业婚庆团队共同打造独一无二的婚礼。在此过程中，专业人士需精准把控多样元素碰撞下的统一原则，以确保婚礼设计的整体性和满意度。

又如波普艺术的领军人物安迪·沃霍尔在 1962 年创作的《玛丽莲·梦露》中，通过照相版丝网漏印技术，呈现出一种未完成样片的视觉效果。这一作品不仅成为波普艺术的代表作，更标志着 20 世纪 60 年代美国大众文化流行思潮的兴起。画家以此反讽美国的大众趣味，暗示这种被大量复制的文化产品终将引发人们的审美疲劳。在绘画语言表达中，尽管画面元素多样，但角色形态保持不变，这一初步多样统一原则的巧妙运用，既带来视觉上的震撼，又将主题框定在一个特定范围内，达到艺术家想要表达的目的。

在色彩类绘画的创作过程中，艺术家们同样遵循多样统一的原则。例如，在艺考培训中，色彩老师常指导学生采用一个底色（如中黄色）进行铺刷，以此为基础再进行创作。当瓶子、盘子、水果、叉子等景物组合呈现在画面上时，背景中透露出的中黄色斑，成为实现整体画面统一色调的关键技巧。这种技法虽多见于艺考培训班，但其背后所蕴含的多样统一原则，在艺术创作中具有普遍意义。

多样统一原则在艺术领域及周边生活中应用广泛。在创作作品或设计产品时，我们通常会收集大量元素，进行深入的背景调查，然后糅合整理，最终达到既实用又美观且富有意义的目的。这样的作品才能经得起推敲与审视。在运用多样统一规律时，我们通常会结合单纯齐一、对称均衡、调和对比、节奏韵律、比例匀称等法则，以丰富人类物质文化，提升精神生活品质。

形式美是通过视觉观察与后期总结而形成的逻辑规律。本文通过举例说明与经验总结，阐释了形式美的相关概念及判断依据，旨在帮助读者形成相应的辨别意识，提升欣赏美和创造美的技能技法。在我们身边包罗万象的事物中，无不蕴含着各式各样的美。形式美作为美的外在表现法则，同样随着时代的变迁、历史的演进和人为的干预而不断演变。然而，一切形式美都不能脱离内容而空谈。实践的重要性应当时刻牢记于心。美育的作用亦是如此，品鉴、赏识固然重要，但更重要的是直击心灵，将美的理念外化为行动，用美的做法改变自身与周边环境，共同创造和谐的社会美，共建美丽的地球家园。

美育实践

大学校园作为大学生学习生活的主要场所，承载着青春与知识的交融。我国著名高校的校园景观各具特色：北京大学传承了中国古典园林的典雅风格；武汉大学以春日樱花大道闻名遐迩；厦门大学依山傍海，中西合璧的建筑群散发着浓厚的历史底蕴；深圳大学则彰显着新时代的科技创新气息；清华大学“水木清华”的荷塘月色更是校园美景的典范。

在校园景观规划中，通常包含教学楼、行政楼、图书馆、体育场馆、学生公寓、食堂等功能区域，这些建筑通过道路系统有机串联，并以园林景观作为空间过渡。

请同学们结合本校的景观设计特点，分析运用了哪些形式美法则。

第六章 品鉴服饰之美

学习目标

知识目标

- 了解服饰色彩的象征意义和服饰材料的类别。
- 掌握服饰搭配的技巧。

思政目标

- 增强外在美的审美评判意识。
- 培养团结协作与创新意识。

第一节　服饰色彩之美

色彩是通过眼、脑和我们的生活经验所产生的一种对光的视觉效应。服饰色彩，即服饰色彩。用色彩来装饰自身是人类最冲动、最原始的本能。无论古代还是现在，色彩在服饰审美中都有着举足轻重的作用。

一、色彩的三要素

（一）色相

色相指色彩的相貌，如红色的花、蓝色的天空、绿色的森林等，它是色彩基本的特征。红、黄、蓝，是纯度最高的色相。在自然界中，大多数物体所呈现的色彩都不是纯色，而是多种颜色相互交融后的色彩。

（二）明度

明度指色彩的明度变化差异，即深浅的程度。白色明度最高，黑色明度最低。在红、橙、黄、绿、

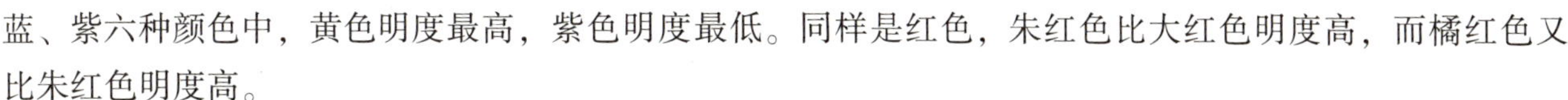

蓝、紫六种颜色中，黄色明度最高，紫色明度最低。同样是红色，朱红色比大红色明度高，而橘红色又比朱红色明度高。

（三）纯度

纯度指色彩的鲜艳程度，又称彩度、饱和度。原色和间色的纯度最高，复色的纯度较低。在同一种颜色中加入白色和黑色越多，其纯度就越低。在水粉静物写生中，正确地运用色彩的纯度对比，会使画面主次分明。

二、服饰色彩的象征意义

色彩，常被不同的民族根据其社群认知构建为一种符号系统，并被赋予特定的社会内涵；个体对特定色彩的偏好，往往能在一定程度上反映穿衣者的性格与品位。

（一）影响色彩象征意义的因素

1. 民族习惯、自然地理环境、风土人情以及科技文化等

色彩的象征意义与民族习惯、自然地理环境、风土人情以及科技文化等因素密切相关。例如，国旗的色彩设计就集中体现了各民族的感情认同。在我国，红色被广泛视为重要的象征色彩，它承载着用烈士鲜血换来革命胜利的历史记忆，因此红色成为革命的象征。

2. 不同的历史渊源和文化背景

不同的历史渊源和文化背景对本民族的色彩喜好产生深远影响。中华民族历代帝王的皇宫和龙袍，多以黄色、红色和金色为主，这些色彩在中国传统文化中寓意着庄严、神圣、喜庆和好运，与结婚、辞岁迎新等重要场合紧密相连。在英国的传统中，金色和黄色象征着名誉和忠诚，银色或白色代表信任与纯真，蓝色表示尊敬和诚实，黑色则意味着悲哀与后悔，绿色象征青春与希望，紫色代表权威与高贵，橙色寓意努力与忍耐，赤色则有贡献之意。

3. 民族习惯

民族习惯对色彩象征意义的影响也不容忽视。由风俗习惯形成的色彩观念往往根深蒂固，其原因也相当复杂多样。在国际交往和贸易中，这一点尤为重要。例如，在我国南方某些地区，青莲色被视为逝者寿衣的颜色，因此在常规服饰中较少使用。而在泰国，还有代表日期的星期色，即星期一为赤色、星期二为粉红色、星期三为绿色、星期四为橙色、星期五为淡青色、星期六为浅紫色。在与具有深厚色彩传统的国家或人交往时，我们应格外注意尊重他们的用色习惯，这有助于充分发挥色彩在文化交流中的积极作用。

（二）色彩的象征意义

1. 黑色

黑色蕴含着深刻的象征意义，并兼具积极与消极的双重特质。它象征着庄重、肃穆、权威、高雅、内敛、执着与创意，同时也可能代表黑暗、罪恶与寂寞。偏爱黑色的人往往展现出两极化的性格特征：一方面，他们可能拥有高度的自尊、倾向于独立思考，并具备强烈的自我保护意识；另一方面，他们也可能是勇于挑战、目标导向明确且极具权威的人士。在需要展现威严形象与专业气质的场合，黑色无疑是一个理想的选择。

2. 灰色

灰色给人以诚恳、沉稳与考究之感，是一种充满知性的中性色彩。在色彩心理学中，灰色尤其适合

金融、科技、法律等专业领域，因为其能够传递出严谨、可靠与专业权威的形象。然而，灰色对质感的要求极高，一旦衣物质感不佳，其正面的象征意义便会大打折扣。高品质、线条精简的铁灰、炭灰、暗灰色衣物，往往能够在无形中散发出智慧、成功与强烈权威的气息。因此，灰色不仅是理性与克制的美学表达，更是不张扬却极具力量的色彩语言，堪称现代专业形象的完美诠释。

3. 白色

从色彩心理学的角度来看，白色普遍被视为高雅、纯洁、无私的象征，常与善良、信任和正义感等正面品质相关联。在文化象征层面，白色呈现出有趣的二元对立特征：在西方传统文化中，白色是婚礼的主色调，象征着纯洁与新生；而在中国传统文化语境中，白色则主要应用于丧葬场合，代表着哀悼与终结。这种文化差异反映了不同文明对色彩符号的独特诠释。从着装心理学的角度观察，偏好白色服饰的个体往往具有较高的自我约束倾向，审美取向简约明晰，处世态度冷静理性，并具有较强的包容性与接纳度。

4. 红色

红色具有鲜明的双重象征意义。它既能让人联想到火（代表光明、希望与热情）与血（象征暴力与危险），成为积极、前进、喜庆与革命的标志（如春联、红旗、节庆装饰）；又能代表危险与警告（如交通禁令、消防设备）。红色的这种双重性，使其在不同情境下展现出截然不同的寓意。

5. 黄色

黄色是所有纯色中明度最高的颜色，它象征着明亮夺目、光明、希望、明朗、庄严与高贵。在我国长达一千多年的封建社会中，黄色被作为中央集权的权力象征色彩，为历代帝王所专有。在东方宗教中，黄色常用于建筑、器物的装饰色彩，象征着信仰、神圣与虔诚。康定斯基将黄色比作“夜晚的灯光”，其光辉炫目的色感在色彩运用中尤为独特。黄色与白色调和而成的浅黄色，则呈现出和平、温柔而潇洒的特性，适用于多种用品的色彩设计。

6. 绿色

绿色是一种常见且悦目的自然色彩，它象征着理想、希望、和平与青春。绿色有助于消除视觉疲劳，引发人们对希望、生命与安全的联想，因此，被广泛应用于通行标志、安全标识以及机械启动装置等领域。当绿色邂逅明黄，便诞生了黄绿色系，这种如初春新芽般鲜活的色调，洋溢着蓬勃的朝气；而当绿色融合湛蓝，则幻化为兼具青春活力与理性特质的青色，既保留了色彩本身的生动性，又升华出象征智慧与温柔的审美意蕴，完美诠释了动静相宜的美学平衡。

7. 紫色

紫色是色相环中明度较低的颜色，它象征着宁静、沉着与优雅，但也可能代表孤傲与消极。在国外古代历史上，紫色曾作为君王的专用色彩；而在中国的南北朝与唐朝时期，紫色则是贵族官员、公侯的服饰专用色彩，象征着高贵与尊贵。如北京故宫被称为“紫禁城”，中国成语中的“紫气东来”等，都体现了紫色在历史文化中的重要地位。

三、服饰色彩的搭配原则

（一）色彩基本的搭配原则

服饰色彩是构成服饰感官印象的首要因素，它拥有极强的视觉吸引力。若想让服饰色彩的美感得到充分发挥，我们必须深入了解色彩的独特性质。人们在日常生活中常常依据颜色进行巧妙的穿衣搭配，这不仅是对个人品位的展现，更是对着衣者文化艺术修养的一种考验。因此，服饰配色无疑是塑造衣着美感的关键一环。

当服饰色彩搭配得宜时，能够令人显得端庄优雅、风姿绰约，尽显个人魅力；而搭配不当，则可能让人显得与环境格格不入、俗气横生。为了巧妙地利用服饰色彩的神奇魅力，打造出得体的装扮，我们需要熟练掌握服饰色彩搭配的技巧。

1. 色调

色调，亦称色彩基调，是指画面整体所呈现出的主导性色彩倾向与氛围，是构成画面色彩和谐统一的核心要素。它并非单一颜色的体现，而是色相、明度与纯度三大属性共同作用形成的综合性色彩特征。若色调缺乏明确性，则难以实现色彩的协调统一。根据不同的色彩属性，色调可进行多维度分类：从色彩明度上划分，有亮色调、暗色调、灰色调；从色彩纯度上划分，有鲜色调、浊色调；从色彩色性上划分，有冷色调、暖色调。可见，色调的形成并非依赖某一种颜色的单独作用，而是对色相、明度、纯度的综合判断结果。

2. 同类色搭配

同类色是指在色彩中色相相同而明度不同的颜色，比如亮黄色与黄灰色、深黄色的区别。

3. 邻近色搭配

邻近色是指在色环中处于30°~60°的相邻色彩。在色环中，取任何一色为指定色，凡是与此色相邻的色彩，即为此色的邻近色。邻近色在配色组合上给人以稳定、和谐与安定的感觉。如红与黄、橙与黄、蓝与绿等颜色的搭配。当邻近色搭配时，最好在明度上做区分，比如亮绿色与深绿色的搭配。

4. 对比色搭配

对比色是指色环中处于120°~150°的任何两种颜色。在不同色相中，红与绿、黄与紫、蓝与橙、白与黑都是对比色。对比的色彩，既互相对抗又互相依存，在吸引人或刺激人的视觉感官的同时，产生出强烈的审美效果。

5. 互补色搭配

位于色环直径两端的色彩，即为互补色。两种颜色距离正好处于180°的位置，是色彩中对比最强烈的颜色。若将互补色的两种颜色并排在一起，比如红配绿，则会产生非常强烈的矛盾感。但若能调整好互补色之间的纯度或明度的对比，在相互衬托下，可以获得清晰、饱满、亮丽的色彩组合效果。或在互补色的面积上进行区分，比如大面积的红色与小块的绿色，则会给人眼前一亮的感觉。

（二）各色彩的具体搭配原则

1. 白色

白色作为经典的百搭色彩，虽看似简单，但要搭配得既巧妙又和谐，同样需要精心策划。将白色下装与条纹淡黄色上衣相配，是柔和色调搭配的经典范例；象牙白长裤搭配淡紫色西装，再以纯白色衬衣作为内搭，这样的配色方案不仅彰显成功人士的风范，还能充分展现个人独特魅力；同样，象牙白长裤与浅色休闲衫的组合，也能透露出事业有成的稳重气质。白色褶裙与淡粉红色毛衣的搭配，则营造出一种温柔而飘逸的视觉效果，红白组合大胆而鲜明，别具一格。而当上身选择白色休闲衫，下身搭配红色窄裙时，整体造型便显得热情而不失潇洒。值得注意的是，在强烈的色彩对比中，白色的比重越大，整体视觉效果反而越显柔和与平衡。

2. 蓝色

在所有色彩中，蓝色服饰无疑是最具百搭特质。无论是深邃的藏蓝还是清新的浅蓝，都能轻松与其他色彩和谐相融。此外，蓝色还具有修饰身材的神奇效果，其独特的魅力令人难以抗拒。当生动的蓝色与炽热的红色相遇，可以碰撞出妩媚而俏丽的火花，但需谨慎把握蓝红之间的比例，以达到最佳视觉效果。一款近似黑色的蓝色合体外套，搭配纯白衬衣并系上精致的领结，足以让你在正式场合中脱颖而出，神秘而不失浪漫风情。而曲线流畅的蓝色外套与及膝蓝色裙装的搭配，再以白色衬衣、白袜及白鞋作为点缀，更添一份轻盈与妩媚。身着蓝色外套与蓝色背心，下身搭配细条纹灰色长裤，整体造型素雅大方，流行的细条纹巧妙柔化了蓝灰之间的对比，增添了几分优雅气质。蓝色外套与灰色褶裙的组合虽略显保守，但配以葡萄酒色衬衫和花格袜，却能瞬间点亮整体造型，彰显独特个性。而当蓝色与淡紫色相遇，更能营造出一种微妙而迷人的氛围。

3. 褐色

褐色与白色的搭配，宛如一股清流，给人带来清纯而宁静的感受。金褐色及膝圆裙与大领衬衫的巧妙结合，不仅展现了短裙的独特魅力，更增添了几分优雅气息。选择一款保守而素雅的栗子色外套，内搭红色毛衣与红色围巾，鲜明的色彩对比让整体造型生动而俏丽。褐色毛衣与褐色格子长裤的搭配，则透露出一种雅致与成熟的气质。而褐色厚毛衣与褐色棉布裙的组合，通过不同质感的碰撞，充分展现了穿着者的独特个性与品位。

4. 米色

米色，是一种温柔而舒适的色彩，在合理的搭配下也能展现出严谨与干练的一面。浅米色的高领短袖毛衫，搭配一条黑色的精致西裤，再穿上闪耀着光泽的黑色尖头中跟鞋，一位职业女性的专业形象便跃然眼前。若想打造一种干练而强势的风格，一套黑色条纹的精致西装套裙，搭配一款米色的高档手袋，无疑是最佳选择，既展现了主管的风范，又不失女性的优雅与柔美。在柔和或热烈的色彩中，米色成为时尚达人们的常用色彩。如今的时尚界中，米色因其简约而不失知性美，成为职场着装的热门选择。与白色相比，米色多了几分暖意与典雅，而又不失夸张；与黑色相比，米色则更加纯洁柔和，不会显得过于凝重。在追求简约与摒弃繁复的时尚潮流中，米色以其纯净典雅的气息与现代职场的严谨氛围完美契合。当然，要将任何一种颜色穿出最佳效果，都离不开巧妙的搭配，米色也不例外。

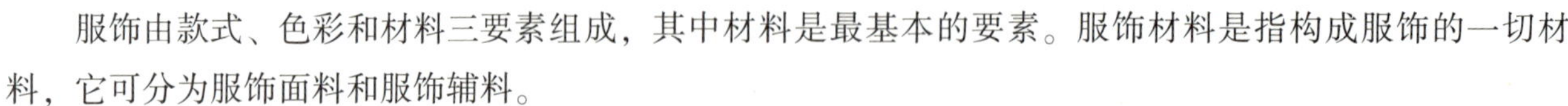

第二节　服饰材质之美

服饰由款式、色彩和材料三要素组成，其中材料是最基本的要素。服饰材料是指构成服饰的一切材料，它可分为服饰面料和服饰辅料。

服饰材料的发展经历了漫长的过程，从远古的兽皮、树叶到天然的纤维棉、麻、丝、毛的发明利用，再到今天各种化学纤维的面世，以及现在高科技的功能性服饰材料的研制，服饰也由最初的御寒保暖功能转为今天以装饰及展示自我个性为主，由最初的遮衣蔽体转为今天能适应不同环境的宇航服等高科技服饰。可以说，服饰的发展与材料的发展是同步的，是伴随着人类文明的进步和科技的发展而共同发展的。

一、最早的服饰材料：原始兽皮、树藤

在纺织技术出现之前，人类服饰主要依赖天然材料。旧石器时代早期（约300万至20万年前），处于直立人阶段的远古人类仅能使用简单石器和天然火，主要依靠体毛调节体温。随着文明演进，至旧石器时代中晚期（约25万至1万年前），智人阶段的人类在工具制作和服饰发展上取得显著突破：不仅能够制作骨制工具（如鱼叉、鱼钩）和缝纫器具（骨针），还开创了服饰装饰艺术，将兽牙、贝壳、石子等制成项链等饰物。这一时期的重要进步还包括掌握了人工取火技术，以及初步的皮革加工工艺——通过对兽皮的简单处理制作御寒衣物，并利用草叶等植物材料编织服饰，实现了从单纯保暖到装饰审美的功能跨越。

二、当今服饰材料

我国现代服装材料门类齐全，主要包括织物面料、裘皮与皮革、里料与衬料等大类，以及填料与垫料、线料、固紧件等辅料，为现当代服饰材料的发展奠定了基础。其中，织物面料（纺织品）是主要的服饰材料。

（一）织物面料

织物面料主要分为梭织物和针织物两类。

1. 梭织物

梭织物是最传统的纺织面料，由经纬纱线垂直交织而成。自近代以来，随着纺织技术的不断演进与发展，人们已先后成功生产出以棉、麻、丝、毛等天然纤维为原料，以及以人造丝等化学纤维为原料的各类梭织物。这些由不同原料制成的梭织物，凭借各自独特的性能与特点，广泛应用于人们的日常生活以及众多工业领域。

（1）棉织物。棉织物作为四季皆宜的大众衣料，种类繁多，主要包括由机纺纱线织成的机织布，如平布、府绸、缎、斜纹布、哔叽布、卡其布、直贡布、麻纱、绒布、帆布、毛巾布和灯芯绒等，以及经过漂白、染色或印花的漂布、色布和印花布。此外，还有由传统木机、手拉机或铁木机织制的土布，这些土布多以平纹和斜纹为主，包括全土纺纱织成的土白布、机纺纱与土纱交织的洋泾土纬面布，以及全纺纱织成的洋土布等。更有特色的土色织布、染色土布，以及蜡染和扎染花布，各具风情。

根据当时人们的生活习惯和经济条件，夏季衣料多选用轻薄、挺括、爽滑的布料，如麻纱、府绸、浅色的花布和色布；春秋冬季则偏好布身厚实、硬挺耐穿的布料，如哔叽、华达呢、卡其布、灯芯绒、贡缎、线呢以及深色的色布和印花布。细布、粗布和绒布等则是城乡男女制作内衣裤的常用材料，同时也用作各种棉衣的里料。粗布因其结实耐穿，还成为当时军服和农村衣衫的主要选择。古色古香的毛蓝土布和色彩牢固、质地厚实的士林蓝布等，因其独特的韵味和实用性，成为畅销的大众衣料，适用于便装、中式装和工作服。

（2）麻织物。麻织物在我国有着悠久的历史，早期主要以手工纺织为主，工艺技术相对简单。近现代服饰中常见的纯苎麻夏布，轻薄凉爽、易洗易干且坚牢耐穿，成为夏季衣料和衬料的优选。随着交织织造技术的应用，我国开发出麻丝交织的鱼洞布、麻棉交织的涞布等夏令新品种，远销世界各地，赢得

了国际市场的赞誉。

(3) 丝织物。中国丝织物以传统工艺为核心，在保持民族特色的基础上融合外来技艺，形成了独具东方美学的丝绸体系。现当代中国丝织物种类繁多，有纱、罗、绫、绢、纺、绡、绉、缎、绒、绸、绨等，每一大类又细分为小类品种。

纱和罗类是指绞经组织丝织物，轻薄透气，结构稳定，适用于夏季服饰；绫类是指有着叠山形斜纹的比缎稍薄的丝织物，可作衬衫和裙料以及里料等；绢类是指以平纹或平纹变化组织为地组织的色织或色织套染的丝织物，平整挺括，适用于春秋冬衣料、旗袍料和戏装衣料等；纺类是指平纹较绸缎轻薄的丝织物，用于衬衫、裙料、夏季衣料等；绡类是指平纹或假纱组织的轻薄丝织物，用于礼服、披纱和头巾等；绉类是指起皱的丝织物，光泽柔和、手感柔软而富有弹性，适用于衬衫、礼服、外衣、浴衣、裙子、围巾、头巾等；缎类是指以缎纹组织为地组织的丝织物，光亮平滑，适用于衬衣、裙子、戏装、外衣、袄面和头巾等；绒类是指起绒丝织物，绒毛密立，质地厚实、富有弹性，用于女便服、礼服、裙衣等；绸缎类是指经面为平纹的丝织物，紧密结实，用于外衣、便服、礼服、衬衫等；绨类是指平纹、质地较厚的丝织物，用于外衣。

(4) 毛织物。毛织物主要有精纺、粗纺、绒线和驼绒四个种类。精纺毛织物有哔叽、华达呢、凡立丁、派力司、马裤呢、直贡呢、素花呢、条花呢、格花呢、人字呢、啥味呢等，采用进口精梳毛条。主要用于制作长衫、中山装、西服等高级服饰。粗纺毛织物有法兰绒、海力斯、雪花呢、平厚呢、制服呢和长毛绒等，大都采用国产羊毛。法兰绒、海力斯供作男女春秋衣料；雪花呢、平厚呢供作男女长短大衣；军绿色平厚呢常用作军官大衣；制服呢分棉经毛纬和毛经毛纬两个品种，供作军官服饰用；长毛绒即海虎绒，保暖性好，仿裘皮，用于冬季女大衣、衣领、衣帽等。绒线主要品种有粗绒线、细绒线和针织绒线，供机制毛衫和手编绒线衫用，均由进口原料纺制。驼绒有针织台车绒和拉舍尔经编驼绒两种。绒毛丰满、松软保暖，常用于中式服饰、鞋、帽及手套的衬里和童装面料。

2. 针织物

20 世纪以来，我国针织品种类不断增多，包括由中支棉纱线或针织专用的精梳高支棉纱线、丝光线等织制的汗衫、棉毛衫、长筒袜等，以及由针织品绒线织制的绒线衫、羊毛衫等。针织布如棉汗布、罗纹布等，也因其柔软舒适、弹性好等特点，广泛应用于内衣、袜子、围巾等服饰的制作。

（二）裘皮与皮革

裘皮是传统的御寒衣着材料。近代以来，中国毛皮资源丰富，除家畜以外，裘皮主要取自野生动物。

皮革主要有牛皮革、羊皮革、猪皮革和马皮革等。我国山羊革粒面紧密又透气，富有光泽，柔韧坚牢，皮质好，在世界上享有盛誉。我国牧区、半牧区、高原区等地，皮革资源充足，少数民族早已利用牛、羊、马等皮革制作猎裘、马靴、皮靴、皮帽等传统服饰。改革开放以后，受西方服饰文化的影响，我国城市大众衣着变化较为明显，牛、羊、猪等皮革已被广泛应用在服饰、鞋、靴、帽、手套、皮件等服饰用品中，且不少属于高档品类。

（三）里料与衬料

棉布里料有细布、粗布和条格布等，透气性与吸湿性好，穿着舒适，用于劳动大众的服饰和一般便服，以及婴幼、儿童服饰。汗布和棉毛布用作鞋夹里。

真丝里料有华软缎、塔夫缎、花线春等，光滑、质轻又美观，用于高档中式服饰、高档纯毛服饰和夏令薄毛料服饰等的里料。

化学纤维里料主要有人丝软缎、美丽绸、无光纺、有光纺等，光滑富丽，用于高档服饰。

混纺和交织的里料有羽纱和线纬绫等，光滑耐用，用于高档中式服饰、中山装、西装、大衣等。毛皮、衬绒、驼绒等也有用作御寒的中式服饰、鞋帽等里料。

衬料有中、低支棉衬，手感较软，有厚实感，有一定挺括度，用于挂面、裤腰或作牵条衬。黑塔衬、马尾衬、麻衬等，用于西装、大衣、中山装等的高档衬料，而黄衬、软衬和服饰布衬属于浆布衬或上蜡衬等类，则为中档衬料。衬衫领有细帆布领衬、树脂衬和赛璐衬硬领衬等。纸衬一般用于裘皮服饰、皮革服饰。浆布衬在民间制衣中得到广泛采用。

随着西服的引入，衬料的造型功能日益得到重视，国内以毛衬和麻衬的品质为优。毛衬和麻衬长时期作为传统高档衬料，直到 20 世纪 70 年代才逐步为热熔黏合衬所替代。

（四）垫料与絮填料

垫料主要是棉肩垫和棉布肩垫，用于中山装、西装、大衣等。女装也有用胸衬垫和奶胸衬垫。高档面料的胸垫多用马尾衬加填充物做成。

絮填料主要采用天然纤维的絮类填料，以保暖为主。大众化的棉絮用于棉衣、棉裤，以及中式棉袍、棉袄等；高档的丝絮用于中式丝棉服饰；羊毛绒纤维也属高档保暖填料；棉绒布和针织驼绒常用于春秋便装和厚夹克等。

（五）固紧件

用于服饰固紧的辅料主要有纽扣、拉链、钩、环和带子等。中式服饰的固紧件主要有传统的盘花纽、包纽、纽带、丝带，以及钩和环、缝合锹钮等，具有中国特色的中式纽扣，大多用于旗袍、长衫、短衫、袍服、官服、马褂、短袄等中式传统服饰。西式服饰的固紧件主要有金属拉链、塑胶拉链，以及金属扣、木扣、贝壳扣、牙果扣、塑料扣、玻璃扣等各式纽扣和非缝合锹钮，还有皮带、帆布带、松紧带等。

三、材质之美

服饰材质之美，体现在多个维度上，它不仅关乎触感与视觉的享受，更是文化、艺术与科技的结晶。以下是对服饰材质之美的几个主要体现方面的阐述：

（一）自然质感与触感

天然纤维如棉、麻、丝、毛等，各自拥有独特的自然质感。棉的柔软与透气、麻的粗犷与自然、丝的顺滑与光泽、毛的温暖与弹性，这些材质不仅提供了舒适的穿着体验，还通过其天然的纹理和触感，传递出与大自然紧密相连的和谐之美。

（二）色彩与图案的丰富性

服饰材质的色彩与图案是其视觉美感的重要组成部分。从素雅的纯色到繁复的印花，从经典的条纹、格子到充满民族特色的图案，材质的色彩与图案不仅能够彰显个性，还能根据季节、场合和心情的变化，为穿着者带来不同的视觉体验和心理感受。

（三）科技与创新的融合

随着科技的进步，新型合成纤维和混纺材料不断涌现，它们结合了天然纤维的优点，同时克服了某些局限性，增强了耐磨性、抗皱性、防水性等。此外，智能纺织品如温度调节纤维、自清洁面料等，更是将科技之美融入服饰材质之中，为穿着者提供更加便捷、舒适和个性化的体验。

（四）文化与艺术的表达

服饰材质不仅是物质的存在，更是文化和艺术的载体。不同地域、民族和时代的服饰材质，都蕴含着丰富的文化内涵和艺术价值。如中国的丝绸文化、印度的棉麻文化、欧洲的蕾丝和刺绣艺术等，这些材质不仅展现了精湛的工艺技巧，还传递了深厚的历史底蕴和民族特色。

（五）可持续性与环保理念

在当今社会，环保和可持续性已成为服饰材质选择的重要考量因素。使用可回收材料、有机纤维、植物染料等环保材质，既可以减轻对环境的负担，也体现了对自然和未来的尊重与关怀。这些环保材质的选择，不仅符合现代人的审美需求，更是对地球家园的一份贡献。

综上所述，服饰材质之美不仅体现在其物理特性上，更在于它所承载的文化、艺术、科技与环保理念。选择适合自己的服饰材质，不仅能够提升个人的穿着体验和生活品质，还能在无形中传递出对美的追求和对世界的关爱。

第三节　服饰搭配之美

所谓服饰搭配，主要指在款式、颜色上相协调，整体上达到得体、大方的效果。搭配技巧，就是指从择业、择偶、交友、社交、业务往来等方面，针对男性和女性进行服饰搭配的艺术，旨在为人们的日常生活服饰穿戴给予一定的指导和参考。

一、服饰搭配的基本技巧

（一）逐步建立自己的着装风格

能够给人留下深刻印象的穿衣达人，不论是设计师还是名人，最重要的原因是他们创造了自己的风格。一个人不能妄谈拥有自己的一套美学，但应该有自己的审美品位。而要做到这一点，就不能为千变万化的潮流所左右，而应该在自己所欣赏的审美基调中，同时结合一些时尚元素，建立个人的穿衣品位。

（二）衣服与年龄、身份、地位匹配

西方学者雅波特教授认为，在人与人的互动行为中，别人对你的观感只有7%是注意你的谈话内容，有38%是观察你的表达方式和沟通技巧（如态度、语气、形体语言等），但却有55%是判断你的外表是否

和你的表现相称，也就是你看起来像不像你所表现出来的那个样子。因此，踏入职场之后，那些慵懒随意的学生形象或者娇弱公主般的梦幻风格都要主动回避。随着年龄的增长、职位的改变，你的穿着打扮应该与之相称，衣着将会成为自己的第一张名片。

（三）确定自己的基本服饰

服饰的流行是永无止境的，但最基本的款式却能持续很长时间，比如及膝裙、粗花呢宽腿长裤、白衬衫……这些都是“衣坛常青树”，历久弥新，哪怕再过 10 年也不会过时。这些衣物是衣橱的“镇山之宝”，不仅穿起来好看，而且穿着时间长，物超所值。同时，这些基本款也能保证穿衣搭配的方式与选择。

二、服饰搭配的具体原则

（一）服饰长与短的搭配

在服装搭配艺术中，长短比例的把握是塑造整体造型的关键要素。科学的比例搭配不仅能修饰身形，更能凸显个人风格。以下是三种经典的长短搭配法则。

1. 上长下短

上长下短的搭配方式是较为流行的搭配法则之一。女生们偏爱上衣长度能够恰好盖过臀部的款式，这通常以人体的黄金比例为基准，上衣的下摆就位于全身黄金比例的位置上下浮动。这种搭配方式的优点主要体现在以下两个方面：

其一，它能够巧妙地修饰臀部过大的问题，尤其适合梨型身材的女性，可遮挡腰腹赘肉。例如 Oversize 卫衣搭配短裤，既能遮住腰腹赘肉，又能突出腿部线条。

其二，这种搭配方式能够在视觉上制造错觉，让人显得更苗条高挑。人们观察他人时，往往会无意识地从上到下关注头、上身、下身和脚，其中上身的关注度占比达 50%~80%。因此，上长下短的搭配可修饰身高不足，若再搭配高跟鞋，更能优化身材比例，效果尤为显著。

2. 上短下长

这种搭配的优势体现在：

其一，突出下身的修长感，对美腿起拉长效果，特别是对身材上长下短的人来说，这样的搭配能够起到一定的修正作用。例如，日本漫画中的人物总是腿部修长，大多是为呈现更优美的身材比例而设计的。

其二，短小的上装能够突出胸部线条，适合想强化上半身亮点的女性。短上衣可减少上半身的视觉量感，搭配垂感长下装，对微胖或梨型身材的女性较为友好。

3. 上下长度一致

这是大众接受度较低的一种搭配方式。由于上下长度过于均衡，整体缺乏亮点，特点不够突出；若再搭配一条显眼的腰带，容易给人“拦腰斩断”的割裂感。不过在流行的非主流风格中，这类搭配并不少见，随着人们审美观的转变与流行趋势的影响，不少青年人已对这种搭配产生了一定的认同感。

（二）脸型、身材与服饰的搭配

如何将西方时尚大气的元素与东方温婉柔媚的元素相融合，同时满足人们对美的普遍追求，关键在于结合穿衣者的脸型与身材特征。下面列出特殊脸型与身材在搭配服饰上的禁忌。

1. 长脸

不宜穿与脸型相同的领口衣服，更不宜用“V”形领口和开得低的领子，不宜戴长而下垂的耳环。适宜穿圆领口的衣服，也可穿高领口、马球衫或带有帽子的上衣；可戴宽大的耳环。

2. 方脸

不宜穿方形领口的衣服；不宜戴宽大的耳环。适合穿“V”形或勺形领的衣服；可戴耳坠或者小耳环。

3. 圆脸

不宜穿圆领口的衣服，也不宜穿高领口的马球衫或带有帽子的衣服，不适合戴大而圆的耳环。最好穿“V”形领或者翻领衣服；戴耳坠或者小耳环。

4. 粗颈

不宜穿关门领式或窄小的领口和领型的衣服；不宜用短而粗的项链或围巾。适合用宽敞的开门式领型，当然也不要太宽或太窄；适合戴长珠子项链。

5. 短颈

不宜穿高领衣服；不宜戴紧围在脖子上的项链。适宜穿敞领、翻领或者低领口的衣服。

6. 长颈

不宜穿低领口的衣服；不宜戴长串珠子的项链。适宜穿高领口的衣服，系紧围在脖子上的围巾；宜戴宽大的耳环。

7. 窄肩

不宜穿无肩缝的毛衣或大衣，不宜穿窄而深的“V”形领。适合穿开长缝的或方形领口的衣服；可穿宽松的泡泡袖衣服；适宜加垫肩类的饰物。

8. 宽肩

不宜穿长缝的或宽方领口的衣服；不宜用太大的垫肩类的饰物；不宜穿泡泡袖衣服；适宜穿无肩缝的毛衣或大衣；适宜用深的或者窄的“V”形领。

（三）服饰色彩搭配

每个人适合的穿衣颜色是由其肤色、发色和瞳孔颜色三者共同决定的，其中蕴含着一套科学且严谨的色彩应用规律。专业的色彩形象顾问将这套规律总结为“深、浅、冷、暖、净、柔”六大固有色特征，它们共同决定了人们的“个人色季型”。我们可以根据这六大“个人色彩特征”来找到属于自己的色彩归属。

1. 深色型人的固有色特征

头发：乌黑浓密，光泽度强。

眼睛：深棕褐至黑色，眼神深邃，眼白部分可能略带青蓝色。

肤色：中等至深色，多为深象牙色、带青底调的黄褐色或带橄榄色调的棕黄色，肤质偏厚重，有质感。

面部整体特征：深重、强烈，轮廓分明。

与服饰的相配原则：适合穿着浓郁、深沉的颜色，如黑色、深蓝、墨绿等，这些颜色能够凸显深色型人的沉稳与大气。

2. 浅色型人的固有色特征

头发：发色从黄褐色至深棕色不等，缺乏明显的黑色调。

眼睛：黄褐色至棕黑色，眼神柔和，眼白部分可能呈现淡淡的湖蓝色或柔白色。

肤色：从很白的肤色至中等深浅的肤色都有，肤质偏薄，细腻柔和。

面容整体特征：轻浅、柔和，缺乏鲜明的对比。

与服饰的相配原则：适合穿着柔和、淡雅的颜色，如米白、浅灰、淡粉等，这些颜色能够突出浅色型人的温婉与清新。

3. 冷色型人的固有色特征

头发：从灰棕褐色至黑色，整体色调偏冷。

眼睛：褐色至黑色，眼神清澈，带有冷峻感。

肤色：青白色、白里透玫瑰粉、青黄色或青褐色，肤质细腻，带有青色底调。

整体特征：青冷底调、明净，给人一种冷静、理智的感觉。

与服饰的相配原则：适合穿着冷色调的颜色，如蓝色、紫色、绿色等，这些颜色能够强调冷色型人的冷静与高雅。

4. 暖色型人的固有色特征

头发：通常泛黄，颜色从浅褐色到棕黄色、棕黑色不等。

眼睛：眼白部分可能是黄白色的，眼神温暖而亲切。

肤色：带有温暖的橘色底调，从黄白至象牙色至深黄色都有。

面部整体特征：温暖、橙底调，给人一种热情、活力的感觉。

与服饰的相配原则：适合穿着暖色调的颜色，如红色、橙色、黄色等，这些颜色能够凸显暖色型人的热情与活力。

5. 净色型人的固有色特征

头发：黑棕色至乌黑发亮，光泽度强，质感好。

眼睛：黑白分明，眼神明亮有神，眼白部分可能略呈淡蓝色。

肤色：象牙白、青白等浅色皮肤，肤质细腻，光泽度好。

整体面容：明净、清澈，对比分明，给人一种清新脱俗的感觉。

与服饰的相配原则：适合穿着鲜艳、明亮的颜色，如纯红、纯蓝、纯白等，这些颜色能够突出净色型人的纯净与高雅。

6. 柔色型人的固有色特征

头发：颜色带有棕黄或灰黄的色调，质感柔和。

眼睛：黄褐色眼珠，眼神柔和而深邃，不会过于刺眼。

肤色：象牙色、哔叽色等中等深浅的肤色，肤质细腻但不晶莹剔透，带有一种朦胧的美感。

整体面容：瑰丽、柔和，给人一种温婉、亲切的感觉。

与服饰的相配原则：适合穿着柔和、低调的颜色，如浅灰、米色、淡紫等，这些颜色能够凸显柔色型人的温婉与内敛。

三、特定时代下的服饰

自古以来，服饰便是个人表达自我身份与情感的一种方式。那些热衷于民族服饰的人，往往对民族传统文化怀有浓厚兴趣，甚至倡导在生活中回归传统，探寻其内在价值。相反，那些偏爱皮夹克、长发、皮裤或铆钉靴的人，则可能深受朋克、摇滚等音乐文化的影响。

在选择服饰与配饰的过程中，我们不仅在传达个人的态度，也在展示自己的审美品位。例如，是否将家中所有首饰一股脑儿地挂在身上，或是采用混搭的方式将五彩斑斓的衣物穿在身上，这些都是体现人们审美能力的重要元素。在着装搭配上，人们通常会遵循一定的审美规则，如西装不与牛仔裤搭配，穿牛仔裤时避免穿皮鞋，西裤则不宜与运动鞋或拖鞋同穿，一身黑色服饰通常不会搭配白色袜子等。

服饰常常被视为文化的象征与代表，尤其在当今消费主义盛行的时代，其作为传统工作与防护的功能已逐渐减弱，而时尚、展示与炫耀的功能却越发凸显。当下的服饰充满了消费主义的内涵，呈现出短暂、易逝、平滑、轻薄、性感的特点，这与网络时代的节奏与审美不谋而合。

以日本过去流行的美国常春藤校服为例，我们可以窥见服饰作为一种文化是如何影响一代人的审美与生活的。如今，若想在全球范围内寻找最正宗的美式 Ivy 风格，日本无疑是首选之地，甚至全球最优质的牛仔裤品牌也出自日本。

日本的 Ivy 风格起源于美国历史悠久的常春藤盟校学生的穿衣风格，是 20 世纪 60 年代“高富帅”的象征。传统的 Ivy 风格可追溯至 20 世纪 40 年代的美国，它介于休闲装与正装之间。20 世纪 60 年代，日本时尚教父石津谦介远赴美国，拍摄了美国常春藤大学学生的日常影像，这些照片后来汇集成在日本影响深远的摄影集《Take Ivy》。

第二次世界大战后，日本服饰一直追随欧洲设计师的步伐。由于美国在战后承担了日本的重建任务，日本时尚的“美国化”趋势相当明显。不过，日本的美国化并非盲目崇拜，而是在其塑造的美式理想生活基础之上的再创造。

Ivy 风格在日本发扬光大，成为当时乃至现在仍极具影响力的风格，其影响力甚至开始反向输出给当今的美国，这充分证明了文化全球化的进程。同时，牛仔裤作为美国的标志性文化服饰，在日本也产生了深远的影响。最初，日本牛仔裤受美国影响，被认为是美国大兵的专属裤装。20 世纪 50 年代，牛仔裤在日本成为炙手可热的服饰。

当时的日本牛仔裤一方面体现了独特、稀有的品质，另一方面又隐约带有黑市属性。这种二元性在 20 世纪 50 年代一直持续。同时，由于马龙 · 白兰度和詹姆斯 · 迪恩等电影明星的推波助澜，牛仔裤在 50 年代中期获得了新的文化认同。而日本横町也出现了一大批专门销售牛仔裤的店铺。与最初只出售给美国人不同，当时的牛仔裤已经进行了本土化改造，版型更符合日本人的体型。

随着 1957 年日本放宽对进口服饰的限制，大批美国牛仔裤品牌涌入日本，LEE、Levi’s 等牛仔裤品牌也开始大量销售。与日本牛仔裤不同，美国牛仔裤质地坚硬、颜色深沉，穿起来不太舒适且售价昂贵，因此在日本销量远不及二手牛仔裤。而后，日本厂商开始销售一次水洗的牛仔裤。在销量稳定后，这家牛仔裤厂商终于公布了自己的品牌名——那便是 20 世纪 70 年代风靡日本而后推广到全亚洲的牛仔裤宗师品牌 Big John。

从 Ivy 风格和牛仔裤品牌 Big John 的故事中，我们可以看到文化对服饰的影响。在文化全球化的过程中，文化的交流与融合引发了不同文化的变迁，同时对发源地产生了反哺作用。服饰作为生活中不可或缺的一部分，逐渐变成人们表达自我、展现精神与审美的重要象征之一，而不仅仅是抵御寒冷与保护皮肤的工具。同时，人们也能从服饰流行趋势的不断变化中窥见时代的变迁与审美的差异，找到属于人们的穿衣与表达方式。

近年来，汉服文化逐渐兴起并形成流行趋势。受传统文化传播的影响，越来越多的年青人开始喜爱汉服，并将其作为日常服饰穿着。然而，这种文化现象也引发了一些代际认知差异：部分家长将汉服等同于舞台戏服，认为其过于花哨，不适合日常穿着；而年青一代则从文化传承与审美价值的角度提出了不同见解：

首先，从文化传承维度来看，汉服承载着华夏五千年的文明脉络。各朝代的传统服饰在继承汉服基本形制的同时，又融入了鲜明的时代特征，形成独特的传承之美。这种服饰演变过程本身就是一部生动的文明发展史。

其次，在审美价值层面，汉服体系展现出丰富的风格谱系：汉晋服饰以古朴典雅见长，直裾曲裾层层叠叠的衣摆营造出婉约飘逸的视觉效果；唐代汉服则体现开放包容的时代精神，坦领、破裙等创新形制与浓丽色彩相得益彰，彰显盛世气象；宋代汉服则以清冷简约的风格成为雅致审美的典范。

请结合上述材料，运用服饰美学原理，分析当代汉服流行的审美价值主要体现在哪些方面。

第七章

品鉴交流话语之美

学习目标

知识目标

- 了解交流话语之美的四个方面，即言语表达准确之美，言语得体之美，言语合意之美，言语礼貌之美。

思政目标

- 培养学生懂得人际交流的技巧，品味交流话语之美。

第一节　语言与言语概说

语言是人与人之间交流和沟通的最重要工具之一。语言与言语是语言学领域两个不同的概念，它们既有联系又有区别。

一、语言与言语

从属性的角度来区别语言和言语，二者有四个方面的区别：

首先，语言具有全民性，而言语则彰显个性。语言是社会全体成员共同拥有的一套规则化的符号系统，它相对完整且抽象，是社会成员经过长期约定俗成而确立的。无论是语言的创造者还是使用者，都必须遵循这套规则，这体现了语言的全民性。相反，言语则是个体在特定情境下对语言规则的具体运用，它因地域、性别、年龄、文化素养、社会地位等的差异，而呈现出鲜明的个人特色。

其次，语言具有抽象性，而言语则更加具体。语言是全体社会成员话语的抽象概括，它排除了个体差异，作为共性存在。而言语则是个人运用语言的具体实例，是语言学家通过对大量言语素材进行抽象概括后得出的各种语言单位和符号规则的体现。

再次，语言是有限的，而言语则是无限的。这里的“有限性”指的是语言规则的有限性，它为人们的沟通和交流提供了共同的秩序和依据。而言语，即个体说话的内容，则是无法计算的，它随着说话人的不同而千变万化，但所有这些言语都必须遵守共同的语言规则。

最后，语言是静态的，而言语则是动态的。在某一较短的时间段内，语言相对稳定，变化不大。然而，从历史的长河来看，语言随着社会的发展而不断演变。相对而言，言语活动则是一个动态的过程，它发生在说话人与听话人之间，从说到听，不断流动。

从语体的角度来看，语言通常指的是书面语，而言语则更多地与口语相对应。本章节主要探讨的是言语，即日常交际中的口语表达。说话不仅是一门艺术，也是一门学问。有些人可能认为说话很简单，可以随心所欲，但实际上，有效的说话远非如此。它涉及一个人的个性特点、自信心、思想情感、思维逻辑、情绪控制、观察记忆、想象力、修辞技巧、表演能力、交际应变能力、知识经验以及言语表达能力等多个方面。历史上有名的说客，他们熟读各国名篇，运用经典来表达自己的志向和见解，他们上观天象，下通地理，精通各国历史习俗和节日忌讳，用智慧和口才化解国家间的危机，成为国家最神秘而强大的力量。

二、言语的妙用

商朝时期，“盘庚迁殷”的壮举面临着巨大的阻力和重重困难。然而，盘庚展现出非凡的智慧与魄力，他摒弃了君王的威严，而是通过游说贵族与平民的方式，巧妙运用“天意”作为说辞，让人无法抗拒；同时，他又以建设“永久家园”的美好愿景为诱饵，让人心生向往，不愿拒绝；更进一步，他以“断子绝孙”的严重后果相要挟，让人心生畏惧，不敢拒绝。这一系列的游说策略，堪称史上最经典的游说方法之一。

春秋战国时期，诸侯争霸，百家争鸣，游说之风盛行，众多游说之士应运而生。其中，孔子作为我国春秋战国时期著名的思想家、教育家，其经历颇具代表性。他起初周游列国，不遗余力地游说各国诸侯王，推行“仁政”的治国理念，试图恢复周朝的礼制。然而遗憾的是，他的主张并未得到任何诸侯国君的采纳，政治游说最终以失败告终。面对这一困境，孔子并未气馁，而是决定创办学校，通过讲学的方式来培养人才，以挽救战乱不堪的国家。他门徒众多，达三千余人，将言语作为教学科目之一，认为言语是人与人之间交流思想、发表见解的主要工具。正如他所言：“志有之，言以足志，文以足言；不言，谁知其志?”（据《左传·襄公二十五年》记载），这充分表明了他对言语表达能力的重视。

在这一时期，还有许多著名的游说之士，如苏秦、张仪等纵横家，他们师从鬼谷子，智略过人，口才了得。苏秦游说燕赵，促成六国合纵，身配六国相印，使战国出现了二十五年的和平时期；张仪则破纵为横，远交近攻，为秦国兼并六国奠定了坚实基础。他们因口才而身居高位，睥睨王侯，充分展示了言语的妙用和力量。

除了这些历史人物外，言语的妙用还体现在许多其他方面。例如，战国时期赵国人毛遂自荐出使楚国，促成楚赵合纵；赵国大臣蔺相如临危受命，带着“和氏璧”出使秦国，据理力争，机智周旋，最终完璧归赵；西汉时期，陆贾游说各路诸侯和南越赵佗归附汉朝；郦食其凭三寸不烂之舌游说列国，为汉朝的统一做出了重大贡献；东汉末年，诸葛亮舌战群儒，促成孙刘联盟，在赤壁之战中大破曹操，奠定了三国鼎立的局面。这些例子都充分说明了言语在人际交往和国家事务中的重要作用。

此外，五代十国时期宋太祖与唐后主使臣徐铉的辩论也堪称经典。尽管徐铉博闻辩智、闻名天下，但在宋太祖的威严与智慧面前，也不得不败下阵来。这些古代著名的说客和外交家们，他们巧舌如簧、能言善辩，上能说服天子、下能安抚百姓，出使时能不辱使命、归来时是英雄好汉，他们是国家不可或缺的栋梁之材。

在当今时代，培养学生的社会活动能力、企业管理能力和口头表达能力依然是时代的要求。正如上海交大的王宗光和北京大学的郭景海所指出的那样，大学生应该具备多方面的能力，其中，文字表达能力和口语表达能力尤为重要。人与人之间通过言语进行沟通和交流，要达到有效沟通的目的，就必须体现言语表达的准确性、得体性、合意性和礼貌性原则①。这些原则不仅是言语表达的基本要求，也是人际交往和国家事务中不可或缺的重要素质。

第二节　言语表达准确之美

言语表达是否准确，受语法规则、交际对象、角色定位、语境等多重因素的影响。言语活动的过程，实际上是一个复杂多变的过程，其结果也会因人而异。说话者与听话者，是一个双向互动交际的过程，判断一个人的言语表达是否准确，主要依据说话者的言语表达是否具备有效性。说话者的言语表达越有效，证明说话者的言语表达越准确，言语表达能力越强。

一、语法规则

语言，作为整个社会中约定俗成、富有规则的符号体系，其构成精妙而复杂，每一个句子都是由词汇、短语、句子乃至篇章结构，辅以语气、语调等要素精心编织而成。尽管人们自幼沉浸于母语环境，但对于汉语这门博大精深的语言，除汉语言专业的学生外，多数人并未接受过系统的专业训练。汉语的规则，无论是显性还是隐性，往往不为大众所熟知或精通，这导致人们在日常交际中难免会遇到一些语言表达上的困扰。

我曾有一次与久别重逢的老同学热烈交谈，她热情地邀请我去她家，并说道："两个朋友送给我的小餐桌很漂亮，去我们家看看吧！"这句话在我心中却激起了层层疑惑：是她家需要两张小餐桌，还是两个朋友共同送了一张小餐桌给她？当时我没有细问，带着这个疑问便随她去了家中。一到她家，她便展示那张精美的小餐桌，我好奇地问道："还有一个呢？"她笑答："就是这一个呀。"我接着追问："这张餐桌是两个朋友一起送给你的吗？"她肯定地点了点头。这其实是短语结构歧义所导致的误解，如果将原句修改为"两个朋友送的一张小餐桌"，便能准确传达她的本意。

类似这种因短语结构造成的语言歧义不胜枚举，比如，"两个朋友送的小花瓶"，为了避免歧义，可以改为"朋友送的两个小花瓶"或"两个朋友送的一个小花瓶"；"两所学校的老师"则可改为"学校的两位老师"或"两所不同学校的老师"。这些例子都凸显了汉语语法规则的微妙与复杂。

除短语结构外，汉语的语法问题还广泛存在于句子的语气运用中。汉语拥有陈述、疑问、祈使、感

① 孙海燕，刘伯奎. 口才训练十五讲［D］. 北京：北京大学出版社，2004.

叹四种基本语气，它们在不同的交际场合和人际关系中发挥着至关重要的作用。以老板与下属的对话为例：

A：“小王，你过来一下。”（陈述语气，表明老板有事召唤，情绪平稳。）

B：“小王，你过来一下？”（疑问语气，老板在征求小王的意见，显得更为委婉。）

C：“小王，你过来！”（祈使语气，带有强烈的命令意味，要求小王立即行动。）

D：“小王，你真的过来了呀！”（感叹语气，表达老板的惊喜与愉悦，营造轻松氛围。）

此外，汉语语法规则还包括诸如主谓宾结构、定状补成分、时态与语态等复杂而精细的体系。例如，“我正在学习汉语”（进行时）、“我昨天学习了汉语”（过去时）、“汉语将被广泛学习”（将来被动时），这些时态的变化都影响着句子的意义与表达效果。

在社交场合中，我们面对着形形色色的交际对象，从父母长辈到兄弟姐妹，从同事朋友到领导下属，不同的身份与关系要求我们灵活运用不同的语气与表达方式。与长辈谈话时，我们应更多使用陈述、疑问和感叹语气，以示尊重；与同辈交流时，语气可更为随意，但仍需保持礼貌与得体；而与晚辈对话时，则可适当使用祈使语气，但需注意避免过于强硬或命令式的口吻。

为了提高言语交际的有效性和准确性，我们需要长期学习和积累汉语的专业知识，深入理解并熟练掌握汉语的语法规则。只有这样，我们才能在不同的交际场合中游刃有余地运用语言，实现有效的沟通与表达。

当然，除了之前提到的短语结构、语气运用等语法规则，汉语中还有许多其他重要的语法规则，它们共同构成了汉语表达的丰富性和精确性。以下是一些额外的语法规则举例及其在言语中存在的应用：

1. 词序规则

汉语是 SVO（主语—谓语—宾语）结构的语言，词序对于表达意思至关重要。例如：

“我吃苹果。”（正确）

“苹果我吃。”（错误，因为词序颠倒了主语和宾语的位置）

在上文的对话中，虽然词序不是直接的讨论焦点，但每一句话都遵循了正确的 SVO 结构，确保了意思的清晰传达。

2. 时态与语态

汉语通过助词、时间状语等方式表达时态和语态。例如：

“我正在学习。”（进行时）

“我已经学过了。”（完成时）

“这本书被很多人读过。”（被动语态）

在上文的例子中，虽然时态和语态不是主要讨论点，但在实际交流中，它们对于准确传达时间信息和动作执行者至关重要。

3. 量词的使用

汉语中的量词丰富多样，且与名词的搭配具有高度的选择性。例如：

“一个苹果”（正确）

“一只苹果”（错误，因为“苹果”通常与“个”搭配）

在上文的对话中，如果老同学说的是“两个朋友送的一张桌子”，量词“张”就准确地修饰了“桌子”，体现了汉语量词使用的精确性。

4. 重叠词与程度副词

汉语中，重叠词和程度副词常用来增强语言的表达效果。例如：

“高高大大的房子”（重叠形容词表示强调）

“非常漂亮的衣服”（程度副词修饰形容词）

在描述小餐桌或小花瓶时，虽然上文没有直接使用重叠词或程度副词，但在日常交流中，我们可能会说“两张漂漂亮亮的小餐桌”或“一个非常精致的小花瓶”，以此来增强语言的感染力。

5. 并列结构与关联词

在汉语中，并列结构和关联词用于连接多个句子成分或句子，表达复杂的逻辑关系。例如：

“我既喜欢苹果，又喜欢香蕉。”（并列关系）

“因为天气好，所以我去散步了。”（因果关系）

在上文的对话中，虽然并列结构和关联词不是主要讨论点，但在描述多个事件或理由时，它们会发挥重要作用。例如，老同学可能会说：“因为这张桌子既漂亮又实用，所以两个朋友都推荐我买它。”

6. 省略与替代

在汉语中，为了表达的简洁性，常常省略某些成分，或用代词替代已知信息。例如：

“你去过北京吗？（我）去过。”（省略主语）

“这本书我看过了，那本（书）呢？”（替代）

在对话中，虽然省略和替代不是刻意强调的语法点，但它们在实际交流中无处不在，有助于提高语言的流畅性和效率。

综上所述，汉语语法规则多样且复杂，它们共同构成了汉语表达的精确性和丰富性。通过学习和掌握这些规则，我们可以更有效地运用汉语进行交流和表达。

二、交际对象

在交际的广阔舞台上，说话者需根据交际对象的多样特点——诸如亲疏关系、年龄层次、职务身份、角色定位、文化程度以及文化背景等，灵活调整自身的语气、态度及交流内容，以确保沟通的顺畅与和谐。然而，无论面对何种类型的交际对象，始终坚持尊重他人这一基本原则。

从亲疏关系的维度来看，与亲近之人交谈时，我们往往无须过多客套，语气自然亲切，内容既可涉及日常琐事，也可深入探讨重要议题。反之，面对关系疏远者，我们则需适度运用客套语言，态度严谨，内容紧扣双方议题，以确保交流的正式与恰当。

年龄差异同样影响着我们的交流方式。与年幼者交谈，我们语气柔和，态度亲切，内容积极健康，多给予鼓励与赞美；与同龄人交流，我们语气商量，态度诚恳，话题聚焦于双方共同关心的领域；而与年长者对话时，我们则需语气委婉，态度谦卑，以请教的姿态展开话题，展现尊重与敬意。

在职务关系的框架下，与领导交谈，我们语气需谨慎委婉，态度稳重，内容实事求是，避免涉及同事间的闲言碎语；与同事沟通，我们语气商量，态度随和，多谈公事，少涉私事，以维护良好的职场氛围；与下属交流，我们则需展现出关心与尊重，语气温和，内容以公事为主，同时适当关注其生活状况，以增进团队凝聚力。

角色定位的不同也要求我们在交流中做出相应调整。与父母交谈，我们语气温和，态度尊重，内容多为家常琐事，展现亲情与孝心；与孩子对话，我们语气亲切，态度随和，多给予鼓励与表扬，少批评与责骂，以促进其健康成长；与老师交流，我们语气委婉，尊敬礼貌，内容聚焦于学习方面，展现求知的渴望与对师长的敬重；与学生谈话，我们语气平和，耐心包容，内容不仅仅限于学习，还可适当关心其生活与工作，以全面关注学生的成长与发展；与爱人沟通，我们语气亲昵且商量，态度平等，内容多为家常话题，共同营造温馨和谐的家庭氛围。

文化程度的高低也是影响交流方式的重要因素。与文化程度相当者交谈，我们语气商量，态度随和，内容以同一层次水平交流为主；而与文化程度较低者对话时，我们则需语气温和，态度委婉，内容需符合其理解能力，避免过于艰深晦涩。

文化背景的差异同样不容忽视。与外国人交流时，我们语气需客套，态度热情，内容应为多了解对方国家的风土人情，同时避免触及禁忌话题。例如，与英国人交谈时，可先从天气聊起，因英国天气多变，是人们热衷的话题；欧美人士性格开放，善于赞美，而东亚人士则更为内敛含蓄，不习惯直接赞美。因此，在跨文化交流中，我们需敏锐捕捉这些文化差异，以更加得体、恰当的方式展开对话，促进彼此之间的理解与友谊。

三、角色定位

当说话者面对各种不同的交际对象时，要找准自己的角色，面对长辈时，自己是晚辈的身份，面对晚辈时，自己是长辈的身份。再具体一点，面对父母，自己是子女；面对子女，自己是父母；面对老师，自己是学生；面对学生，自己是老师；面对领导，自己是下属；面对下属，自己是领导；面对说话者，自己是听话者；面对听话者，自己是说话者。随着年龄的增长，角色也在不断地增多。

英国女王维多利亚与丈夫相亲相爱，感情和谐，有一天，维多利亚处理完公务，深夜回到卧房，见房门紧闭，就敲门。

房内，阿尔伯特问："谁?"

女王："我是女王。"

房门没有打开。女王再敲门，阿尔伯特又问："谁?"

女王："维多利亚。"

房门还是没有打开。女王在房门外徘徊踱步，迷惑不解，继续敲门，阿尔伯特仍问："谁?"

女王回答："你的妻子。"

房门打开了，阿尔伯特双手把自己的妻子维多利亚拉了进来。①

这是女王维多利亚与其丈夫之间的一段对话，阿尔伯特想要让自己的妻子维多利亚明白角色应该及时转换这个问题：回到家中的维多利亚不再是一国之君，也不是别人眼中的维多利亚，而是自己的妻子、孩子的母亲以及家庭中的某一个成员而已。这个例子也提醒了我们每一个人，要懂得角色的及时转换。每一个人在社会中会扮演各种各样的角色，有时候在同一个交际过程中，我们会充当不同的角色，我们要随时准确地切换我们不同的角色，找准自己的角色定位。

四、语境

语境是说话者与听话者言语交际的具体场景，分为日常交际、重要场合、外交场合等几种场景，说话者的言语表达内容要言简意赅，思路清晰，说话要有针对性，直接说重点，才能做到准确的言语表达，

① 邹秋珍. 社交语言表达应注意的几个问题［J］. 现代语文（语言研究版），2011（1）：48-50.

培养良好的言语表达能力。

日常交际主要涉及生活、学习、工作的一些非正式场景，说话者与听话者的谈话内容比较随意，想到什么说话内容就说什么，但是具体的说话内容还是要言简意赅，清晰表达，有针对性，说话要说到重点，不能兜圈子。

A和B是同班大学室友，关系比较好，情同姐妹，有一天晚上A同学逛街刚回到寝室，就告诉B同学一件惊喜的事情：

A：茜儿，我今天和××去×街买衣服，我看到好几件漂亮的裙子，结果一试穿，丑爆了，难道是我身材不好，还是我长得“太好看了”，哈哈，后来我们两个逛了好半天，我的脚都走痛了，看到××买到了两条漂亮的裙子，我却是两手空空……你说我的心情能好吗？

B：那确实替你难过的，然后呢？

A：然后我们两个就回学校了，在下公交车的时候，你猜我看到了谁？

B：看到了谁？

A：看到了“他”！

B：谁呀？你快说，都急死我了。

A：你说还有谁？我的“梦中情人”啊，太意外啦，哈哈！有好几次做梦见到他了，结果没想到今天在车站偶遇了！我好想冲上去跟他说几句话的，但是后面就眼巴巴地看着他的背影离开了……

B：你直接说你见到了你的“梦中情人”嘛，绕这么大个圈子，真有你的，哈哈，恭喜你兰儿，加油！下一次我们俩要是遇见他，我帮你拦住他，哈哈哈哈……

A：好期待……哈哈哈哈

这段对话用了很多的语句，花了好几分钟时间，就表达了一件事情：“A同学逛街回来，在公交车站遇见了自己的梦中情人。”原本这样简单一句话就可以说清楚，实则绕了很久才最后表达要说的重点，这样的言语表达，如果遇到的同学是一个急性子，可能还没等到A同学说到自己的梦中情人的时候，B同学就中断了A同学的谈话，A同学的言语表达就以失败告终，并且还会影响两人日后的朋友关系。

因此，我们在日常的交际中需要确保言语表达的精准无误，在重要的场合乃至外交舞台上需要追求语言表达的高效与艺术性。尤其是在那些关键的时刻或外交场景中，发言的机会往往弥足珍贵。这样的机会一旦降临，说话者就必须牢牢把握，展现出其说话的艺术，以实现言语表达的目的。

第三节　言语得体之美

在日常交际中，言语表达既要准确，还要得体。言语表达的准确性可以视为言语交际能力中的硬件设备，言语表达的得体性可以视为言语交际能力中的软件之一。言语表达是否得体，涉及很多方面，包括称谓语、体态语、委婉语等方面。

一、称谓语

按照父母家族血缘关系，我们拥有具体的亲属称谓语。在父亲家族中，长辈包括爷爷、奶奶、大伯、大娘、叔叔、婶婶、姑姑、姑父等；在母亲家族中，长辈则包括外公、外婆、舅舅、舅妈、姨妈、姨父等。同辈中，父亲家族的有哥哥、嫂嫂、姐姐、姐夫、弟弟、弟媳、妹妹、妹夫等；母亲家族的有表哥、表嫂、表姐、表姐夫、表弟、表弟媳、表妹、表妹夫等。至于晚辈，父亲家族的有侄儿、侄儿媳、侄女、侄女婿等；母亲家族的则有外甥、外甥媳、外甥女、外甥女婿等。

在职场中，称谓语的使用更侧重身份与场合。对于老板、领导及年龄远大于自己的陌生人可视为长辈，以“姓+职位”称呼。同事、朋友、同学及年龄相近的陌生人则按同辈相处，称呼可更灵活。对于比自己年龄小的陌生人，通常可直接称呼其名或姓名。

在与同辈交谈时，称谓语的选择因关系亲疏和场合正式程度而有所不同。朋友、同学或兄妹之间，可以直呼其名。同事之间，若需表达尊重或处于正式场合，常用“姓+职位”，如“李老师”“李主任”等。关系亲密的同事之间，则可以简化称呼其名，或者在名字前后加上“哥/姐”，如“军哥”“琳姐”。

在生活中，遇到陌生的长辈时，我们可以根据他们的年龄来选择合适的称呼。对于与父母同龄的男性，可以称呼“叔叔”，女性则可以称“阿姨”。对于与爷爷奶奶同龄的男性，可以称呼为“爷爷”，女性称“奶奶”。

面对同龄的陌生人，称呼需更谨慎。男性可以称为“大哥”或“帅哥”，女性则可以称为“大姐”“姐姐”“妹妹”或“美女”。这些称谓语原本来源于亲属称谓，但在与陌生人交流时，它们可以有效地拉近彼此之间的距离。

另外，需要注意的是，对于陌生的女性，尤其是职业女性，我们不能随意地根据年龄来称呼她们为“大妈”“大姐”等。从美学和心理学的角度来看，女性通常希望自己保持年轻和美丽。因此，在遇到陌生的女性时，我们可以统称她们为“美女”，或者根据情况称“妹妹”。这样的称呼方式更容易让对方接受，从而让谈话顺利进行下去。

例如，如果在超市购物时，一位四五十岁的女性想要让我们让路，她可能会说：“小姑娘，让一下。”或者“妹妹，麻烦让一下。”这样的称呼方式比直接称呼我们为“大姐”或“大妈”要悦耳得多。同样地，在销售行业中，销售人员通常会使用“帅哥”和“美女”这样的称呼来拉近与客户之间的距离，这也是因为他们了解人们的心理，不希望被称呼得比自己实际年龄更大。

二、体态语

体态语，涵盖了面部表情与手势动作等诸多方面，是人类借助肢体动作所传递出来的一种无声却强有力的语言。在某些时刻，这种无声的语言能够辅助甚至超越有声语言，成为我们表达情感的桥梁。当我们难以用言语准确传达心意时，一个微笑、一个手势，便能巧妙地传递我们的思想与情感，正如人们常说的“此时无声胜有声”。

在面部表情中，“微笑”无疑是最优雅、最动人的动作。它如同清晨挂于嫩芽之上的晶莹露珠，如同含苞待放的美丽花朵，是每个人心中的希望之光，是开启交流之门的钥匙。微笑拥有改变生活的魔力，当我们身处困境、沮丧无助时，一个微笑便能给予我们重新启程的力量。当亲朋好友遭遇挫折，我们报以微笑，这份鼓励的力量便能穿透他们的心。即便在误解与委屈中，朋友的微笑与轻拍肩膀，也能迅速化解我们的泪水，带来温暖的慰藉。在寒冷的时刻，一抹微笑如同火光，温暖人心。面对质疑，微笑以对，内心的自信油然而生。作为教师，课堂上的微笑能让课堂充满活力，吸引学生沉浸其中。微笑的魅力无穷，它能开启尘封已久的心灵之门。

有个富翁住在豪华的房子里，吃着美味佳肴，还有仆人服侍他，但不知道为什么，他心里很不快乐。虽然自己已经拥有了很多，但是为什么总是心烦不已呢？

这一天，富翁出门散步，迎面走来一位小女孩。小女孩看到富翁愁眉苦脸的样子，扑哧一声笑了起来。小女孩天真的眼神和甜美的笑容，一下子感染了富翁。在那一瞬间，他的心豁然开朗：为什么要不快乐呢，像这样笑一笑多好啊！想到这里，富翁走到小女孩面前，弯下腰说："亲爱的小姑娘，谢谢你。"小女孩很不解，有些惊奇地说："先生，我什么也没有做啊，您为什么要谢谢我呢？"看到小女孩充满疑惑的样子，富翁笑了起来，说："噢，你不知道，你可帮了我一个大忙呢。因为你的笑，让我知道了快乐的秘密。"得知小女孩因为家庭贫困而辍学后，富翁突然灵机一动，决定成立一个微笑天使助学基金，小女孩成了第一个助学对象。①

这就是微笑的力量，小女孩的微笑点燃了富翁内心愁苦的心灵，让他明白了人生快乐的奥秘，给了别人快乐生活的希望，同时也帮助了一群像小女孩一样辍学的孩子重新回归学校，微笑的力量是宝贵的。

手势动作同样是一种重要的肢体语言。恰当的肢体动作，往往胜过千言万语。教师在授课时，结合手势能让学生更好地理解知识；演说家在演讲时，运用手势能引发听众的共鸣；交巡警的标准手势，每天成千上万次的重复，确保了交通的井然有序。手势动作所蕴含的信息丰富多样，被广泛应用于各个领域。在日常交际中，一个"OK"的手势便能表达同意或事情已办妥；为朋友加油时，竖起拳头便能传递力量；为朋友的成就点赞时，竖起大拇指便能表达敬佩。拥抱，这一常见的肢体动作，能传递安慰、高兴、不舍与欢迎等多种情感。握手，同样是我们生活中常见的礼仪，它能表达感谢、高兴认识、欢迎等多种含义。

在日常交际中，恰当地运用体态语，不仅能丰富言语表达的内涵，使谈话内容更加精彩，还能增添我们的人格魅力，给对方留下深刻的印象。因此，我们应该学会在恰当的时机运用得体的肢体动作，让我们的言语表达更加柔美、更加动人。

三、委婉语

说话是每个人都需要学习的一门学问，与人沟通时我们可以边学边说。《论语》有云："三思而后行。"意思是说话做事，先要经过大脑的思考，然后再去做再去说。善于交际的人，懂得人性的弱点，懂得如何做人做事，懂得说话的方式方法。会说话的人，善于观察说话的场景，该说的才说，不该说的绝不多说一个字。

国画名家俞仲林先生画的牡丹闻名遐迩，有个人慕名买了他亲手绘的一幅牡丹图。谁知这个人的朋友来访看到后，竟大呼不吉利："你看，这牡丹根本没有画完整，缺了一角。你不知道牡丹代表富贵吗？缺角岂不是富贵不全？"这个人大吃一惊，连忙把画拿了回去，想请俞先生重画一幅。俞先生听他说完事情的经过，告诉这个人："这幅画的寓意不是这样理解的。牡丹代表富贵，没有这一边，就是富贵无边，怎么会富贵不全呢？"这个人一听，恍然大悟，十分高兴地把画带回了家里。

人们常言"入乡随俗，因地制宜"，意指在开口之前，说话者需细致观察并深刻理解交际对象的特性。面对不同文化修养、身份地位、亲疏关系、性格特点以及年龄层次的人，言语的方式与技巧应当灵活多变。与文化层次相对较低的人交流时，说话内容应力求通俗易懂，切忌流露出轻视对方的心态。毕

① 李劲. 话语暖心学［D］. 天津：天津人民出版社，2018，212.

竟，每个人在社会中都有其独特的生存价值，我们应怀抱尊重，以委婉的方式解答他们的疑惑。对于不理解之处，我们可以耐心解释，以帮助他们拓宽视野。与文化层次较高的人交谈，则需注重遣词造句的精准与得体。言语间应展现出自己的学识修养，同时保持谦逊有礼，不卑不亢。若遇到自己不熟悉的话题，不妨以诚恳的态度向对方请教，这样不仅能增长自己的见识，还能赢得对方的尊重与好感。在与身份地位高于自己的人对话时，说话应更加谨慎，做到“三思而后言”。言语需符合对方的身份及场合，保持谦逊而不失尊严。若对方提出超出自己能力范围的要求，应巧妙婉拒，既不伤对方颜面，又坚守自己的底线。而与身份地位低于自己的人交流时，态度应和蔼可亲，避免傲慢无礼。言语应紧扣话题，尊重对方的劳动成果，展现自己的包容与理解。在提出请求时，无论对方身份如何，我们都应以委婉的态度表达，尊重对方的意愿与努力。与关系疏远的人交谈，应直接明了，就事论事，避免冗长的寒暄。而与亲密的人相处，则不必过于拘谨，言语可更加随性自然。

面对性格暴躁、以自我为中心的人，我们需保持平和的语调，快速切入主题，避免无谓的争执。而与性格温和、耐心十足的人交流时，则可放慢节奏，娓娓道来，享受对话的愉悦过程，同时注意控制时间，避免冗长乏味。与小孩或同龄人交谈时，态度应端正，言语需充满真诚与亲切，拉近彼此的距离。而与老人或师长对话时，则应保持谦逊有礼的态度，言语间流露出对长辈的尊重与敬仰。总之，言语是心灵的桥梁，唯有根据不同对象灵活运用，方能搭建起稳固而美好的人际关系。

某单位新上任的局长周先生去拜访单位的一位元老。为了打开话题，周先生问道：“您高寿啊?”老人说自己已经90岁了。于是周先生就误认为他是单位年龄最大的老人了，但老人却说自己不是，还有一位92岁的老人。周先生问那位老人住在什么地方，老人说刚去世。此时周先生说：“现在轮到你了!”话音刚落，老人勃然大怒：“你给我滚出去!”①

老人最担心的就是自己的寿命，显然周先生触犯了老人话题的禁忌，被老人视为不尊重自己，希望自己早点离开人间的想法油然而生，气得老人直接赶走来访的周先生，周先生可谓是高兴而来，灰头土脸地离开。

在职场中，下属与领导的关系非常微妙，很多时候领导需要下属出谋划策，作为下属也不要“聪明过头”，没有事先征求领导的意见，就擅自做主，这是职场领域忌讳的行为之一。在古代，皇帝身边的三公六卿，每一次上朝或者与皇帝谈话，如履薄冰，说错一句话有可能带来杀身之祸或者灭族之灾。当下虽然已不是古代的封建帝制，但是领导仍然是最终的决策者。做到“大智若愚，藏锋露拙”，保持外圆内方的为人处世风格，才是成功之道。

三国时期，诸葛亮辅佐刘备建立了蜀国，与曹操建立的魏国、孙权建立的吴国三足鼎立，诸葛亮可谓旷世奇才，神机妙算，治国有方，甚至被视为功高盖主。刘备死后，阿斗即位，刘备生前托孤于诸葛亮，当着群臣的面，谓亮曰：“君才十倍曹丕，必能安国，终定大事。若嗣子可辅，辅之；如其不才，君可自取。”亮涕泣曰：“臣敢竭股肱之力，效忠贞之节，继之以死!”先主又为诏敕后主曰：“汝与丞相从事，事之如父。”②

诸葛亮听到刘备的托孤之词，没有半点越界的心思，向自己的主人承诺保持忠贞之节操，愿意辅佐后主阿斗直到自己离开人间，刘备听后放心地让自己的儿子视诸葛亮为父。刘备的话里其实是暗藏玄机，试想即使一位“仁君”，谁不愿意把江山留给自己的儿子，而拱手让给自己的臣子呢。刘备的这番托孤之词，实际上是在试探诸葛亮是否有非分之想，如果有，刘备可能会“卸磨杀驴”。然而诸葛亮做到了“大

① 邹秋珍. 社交语言表达应注意的几个问题［J］. 现代语文（语言研究版），2011（1）：48-50.

② 陈寿撰，裴松之注. 三国志［M］. 北京：中华书局，1234.

智若愚”，及时收敛自己的锋芒，小心谨慎，鞠躬尽瘁，以保全自己性命。刘备死后，诸葛亮坚守忠贞，辅佐刘禅直到自己去世，赢得了后世的歌颂。

反观曹操身边的谋士杨修则太过聪明，没能太长时间留在曹操身边施展其才华。杨修聪明过人，他的攻心术了不得，他知道曹操在想什么。

九州春秋曰：时王欲还，出令曰“鸡肋”，官属不知所谓。主簿杨修便自严装，人惊问修：“何以知之?”修曰：“夫鸡肋，弃之如可惜，食之无所得，以比汉中，知王欲还也。”夏五月，引军还长安。①

果真如杨修所言，汉中就如同“鸡肋”一般，食之无味，弃之可惜，曹操三月出发，五月带军回到长安。还有几次杨修也说中了曹操的心思，曹操就觉得有杨修这样的人在身边岂不是自己没有秘密可言，觉得杨修是一个危险的人物，后来杨修含冤而死。杨修因为自己聪明的才华，不懂得“大智若愚，藏锋露拙”的道理，没能保全自己的性命，令人悲叹不已。

第四节　言语合意之美

语言，作为沟通与交流的桥梁，其力量在于能将原本无情感的工具赋予温暖。无论是作为说话者还是倾听者，我们都可以怀揣同理心、关爱之心、热情、真诚、赞美以及耐心，与他人进行对话，或是倾听他人的心声。当我们以这样的心态去交流时，这个世界将会变得多姿多彩，温暖如初冬的阳光，照亮每一个角落。

一、同理心

人类的情感——喜、怒、哀、乐，无一不通过面部表情细腻地展现出来。在交谈过程中，说话者与听话者往往会注视对方的眼睛、脸部等身体语言，这种行为被形象地称为“察言观色”。通过观察对方的表情来灵活调整自己的言语内容，是确保对话顺畅进行的关键。例如，当看到朋友手捧饮料、笑容满面时，作为说话者，我们应避免提及可能引起不适的话题，而应选择轻松愉快的话题，与朋友共享这份喜悦。相反，若得知朋友刚经历失恋之痛，脸上犹带泪痕，此时谈论自己与伴侣的甜蜜时光显然不合时宜。我们应当寻找其他话题，帮助她转移注意力，或提议一起去品尝美食，这样的时刻，一个懂得说话、富有同理心的知心朋友显得尤为重要。真正的友谊，往往是在朋友遭遇困境时得以培养和加深。

在人际交往中，换位思考与同理心是不可或缺的品质。正如孔子在《论语·颜渊篇》中所言：“己所不欲，勿施于人。”在生活中，当我们情绪管理不当，失控发脾气时，很容易将怒火倾泻到身边人，尤其是家人身上。面对这样的“火焰”，若非经验丰富、心态平和之人，很难不被点燃。待情绪平复后，不妨换位思考一下：若今日我身处其境，遭受如此痛斥，又会作何感想？这样的反思，有助于我们更好地理解他人，培养更加成熟的人际交往能力。

美国的政治家本杰明·富兰克林是一个善于体谅他人的人。有一天，富兰克林和年轻的助手一道外

① 陈寿撰，裴松之注. 三国志［M］. 北京：中华书局，1234.

出办事。他们走到办公楼出口处，看见不远处有一位美丽的女郎正朝着办公楼的方向走过去，突然，她脚下一滑，一下子摔倒在了地上。富兰克林一看是熟人——办公室里一位平素很注重自己外在形象的职员，年轻的助手看到那位女郎摔倒在地，刚要跑过去扶她，却被富兰克林一把拦住。

富兰克林带着助手迅速回到办公楼里，走到走廊的拐角处。面对助手满脸疑惑的神情，富兰克林告诉他："我们不可以帮忙，尤其是现在。"过了一会儿，那位女职员站起来，环顾四周，很快恢复了常态，然后若无其事地走远了。看着女职员渐行渐远，助手迷惑不解。富兰克林淡淡一笑，说："你愿意让人看到自己摔跤的倒霉样子吗？"年轻助手听后，恍然大悟。①

这个故事中的富兰克林善解人意，将心比心，懂得体谅他人，拥有替他人着想的智慧。生活中或者工作中，我们难免会遇到尴尬或者出错的时候，给他人机会也是给自己机会。

二、关爱之心

在我们经历失落与悲伤，泪水滑落的时刻，总会有那么一位挚友，坚定不移地陪伴在侧。面对考试失利，朋友温柔地宽慰："别担心，这次没过只是暂时的，我们加倍努力，下次一定能成功。"当我们深陷失恋的苦楚，朋友体贴地说："也许这次的分手，冥冥之中是为了更好的安排。想哭就哭出来吧，有我在这里，一切都会好起来的。"钱包遗失，心痛不已之时，朋友慷慨解囊："钱没了可以再赚，如果你需要，随时告诉我。"面对失去亲人的巨大悲痛，朋友深情地劝慰："他其实是以另一种形式存在，在天堂里没有病痛，他会希望你快乐勇敢地活下去。"

人生之路，既非漫长无边，也非短暂即逝。在这条既充满挑战又蕴含希望的旅途中，家人、朋友、知己、同事如同星辰，点缀着我们的世界。唯有懂得相互关怀，彼此理解，我们才能在携手同行的路上，走得更远、更稳。这份相互扶持的力量，让旅途中的每一步都充满了温暖与意义。

有这样一则笑话：

妻子正在厨房炒菜。丈夫在她旁边一直唠叨不停："慢点儿。""小心！""火太大了，赶快把鱼翻过来。""快铲起来，油放太多了！""把豆腐整平一下！"

"哎！"妻子终于不耐烦了，"我懂得怎样炒菜，不用你指手画脚！"

"你当然懂得炒菜，太太。"丈夫平静地说，"我只是要让你知道，在我开车时旁边有人喋喋不休的感觉。"②

这段笑话反映了我们生活中的细节，这个丈夫是一位很聪明的人，通过真实的生活，让自己的妻子理解自己开车被人指手画脚的感受，相信这位妻子从此以后不会再影响自己的丈夫开车。理解他人的同时，也会得到他人的理解，让生活充满阳光。

关爱他人的同时，实际上也是在关爱我们自己，因为只有我们关爱和理解了别人，在我们需要关爱的时候，别人才会回报我们。当别人遇到困难时，我们要主动去关心，关心是一种付出，是一种奉献，是一种美德。让我们从一点一滴的生活小事做起，学会理解，学会关心，学会做人。

三、热心

热心，是一种洋溢着温暖与热情的态度，它如同一碗精心熬制的心灵鸡汤，能够融化冰冷的心房，

① 李劲. 话语暖心学［D］. 天津：天津人民出版社，2018，212.
② 李劲. 话语暖心学［D］. 天津：天津人民出版社，2018，212.

驱散周遭的灰暗。在人生的旅途中，每个人的情绪都难免会有起伏，当我们陷入低谷时，渴望的正是那份来自他人的关怀与援助，是那些充满温度的话语，它们如同春风化雨，渐渐让我们的心境回暖，直至恢复平和。

在人际交往中，最令人难以忍受的莫过于面对一张“僵尸脸”——面无表情，寡言少语。试想，若这样的人是我们的亲友，共处一室，那份压抑与沉闷恐怕会让人急于逃离。反之，若我们自己成为那个“僵尸脸”，又怎能奢望他人愿意亲近？当他人向我们伸出求助之手时，我们的冷漠回应，无疑是在为自己未来可能遭遇的困境埋下伏笔。这是一个相互影响的循环，冷漠的氛围不利于双方关系的长远发展。

一个轻松愉快的工作或学习环境，是每个人都向往的乐园。但要构建这样的氛围，需要每个人的共同努力。同事间、同学间的相互帮助与鼓励，欢声笑语中的共同成长，不仅能让心灵得到放松，还能让时间在不经意间悄然流逝，留下美好的回忆。拥有一颗热情洋溢的心，不仅有益于我们的身心健康，更能促进人际关系的和谐，何乐而不为呢？

然而，热心也需适度，过犹不及。过度的热心，可能会成为他人的负担，甚至影响自己的生活与工作。刘女士就是一个典型的例子，她以一颗热情洋溢的心对待身边的每一个人，总是将“你的事儿就是我的事儿”挂在嘴边。然而，她对朋友的关怀备至，却常常让自己陷入不必要的烦恼之中。她将朋友的痛苦视为自己的痛苦，一旦朋友遭遇困境，她便会心情低落。尽管她会竭尽全力提供帮助，但力有不逮时，她便会独自承受那份失落与苦闷。显然，刘女士的热心已经超出了合理的界限，她将他人的烦恼强加于自己，忽略了自家也有诸多琐事需要处理，最终让自己身心俱疲，生活质量大打折扣。

因此，我们在表达热心时，应该学会把握分寸，既要给予他人温暖与关怀，又要确保自己的生活与工作不受影响。这样，我们的热心才能真正成为连接人心的桥梁，而非沉重的负担。

四、真心

有人曾言：“千金难换真心！”真诚地对待那些值得我们倾心相待的人，假以时日，他们定会为我们的真心所触动。反之，若我们以虚情假意回应那些真心待我们之人，久而久之，他们必将离我们远去。时间，便是最公正的见证者。当我们邂逅那些“对的人”——无论是恋人，还是领导、同事、朋友、同学等身边的众多人物，我们都应以真诚之心去换取他们的真诚相待。唯有如此，我们前行的道路才会越发平坦宽广。

真心的话语，如同地心引力一般，能够紧紧吸引住我们身边的人。真诚的话语让人感到舒心，也使我们成为众人中的受欢迎者。而那些虚情假意、矫揉造作的话语，或许能短暂取悦于人，但一旦被揭穿，我们的人际关系网便会日益紧缩。事实上，人际交往中最宝贵的便是真诚相待。只有真诚，才能赢得对方由衷的喜爱。

积极主动地以诚待人，是一种积极向上的交往态度。我们不应总是等待他人先向我们示好，再予以回应，这种被动的社交心态容易让我们错失良机。对于那些无法确定的事情，我们切勿轻易承诺。一旦承诺，便应全力以赴去实现。如果事先承诺了却未能兑现，不仅会令对方失望，还会让对方质疑我们的诚意。因此，对于不确定的事情，我们在表达时应给自己留有余地，可以说：“我会尽力而为，但不一定能如期完成。”这样的话语既不会让对方抱有过高的期望，即便事情未能如愿完成，也不会让对方感到失望。而一旦我们完成了任务，还会给对方带来意想不到的惊喜。

五、赞美之心

莱布尼茨曾说过："世界上没有两片完全相同的树叶。每个人的个性也是独一无二的，优缺点并存。"有的人缺陷较为明显，以至于优点常常被掩盖，使人们更多地注意到他们的不足；而有的人则优点熠熠生辉，掩盖了缺陷，使得人们更多地看到他们的闪光点。优秀的人往往更容易收获他人的赞誉，而相对不那么优秀的人则较难获得认可。此外，深受中国古代"谦逊为美"教育观念的影响，中国家长们常常告诫孩子："孩子，取得成绩时不要骄傲，要再接再厉！"因此，赞美的话语在中国的孩子中并不常见，尤其是对于那些看似"不够优秀"的孩子来说，想要听到赞美之词更是难上加难。

然而，进入21世纪以来，随着中西方文化的不断交流，中国家长对孩子的教育方式也在悄然变化。他们逐渐认识到，过度的谦逊有时等同于自卑，而自卑心理对孩子的健康成长并无益处。因此，他们开始更加鼓励孩子接受并展示自己的优点。

作为新时代的青年，我们应该学会赞美他人。因为每个人的内心深处都渴望得到他人的认可与赞美，这如同一种语言上的奖励，能够激发我们前进的动力。但值得注意的是，赞美也有其时效性，过了恰当的时机再去赞美，往往会显得刻意，难以达到预期的效果。此外，赞美还需要掌握一定的技巧与方法。适度的赞美能够增进彼此之间的好感，而过度的赞美则可能适得其反，引起对方的反感。因此，我们应该学会如何恰当地表达赞美之情。

有一位业务员去拜访一家超市的采购经理。见面时，他见到什么就赞美什么，听得超市的采购经理汗毛都竖起来了，他还在不停地赞美，最后自然是一无所获。等这位业务员走后，超市的采购经理不屑地说："这人太不要脸了，见到什么就说什么好，听得人鸡皮疙瘩都起来了！"①

这位业务员没有把握好赞美的度，见到什么就说什么好，过于泛滥，引起了对方的反感。我们在赞美别人的时候，要有针对性，就找一个闪光点，并且这个闪光点平时连他自己都没怎么关注到，带有诚意地去赞美，会让对方喜出望外。如果一位漂亮的女孩，她的身材已经被人赞美了无数遍，我们再去赞美，就是"画蛇添足"了。赞美越是具体一些，效果会越好，假设我们很笼统地赞美一个小孩："你真聪明！"那这个小孩子当时会高兴，但是对于这句赞美，不会给他留下深刻的印象，起到的作用也不会很大。如果我们找到对方具体的闪光点，赞美他说："你真的很厉害，连老师都不会做的题，你居然给算出来了！你可真棒呀！"这句赞美的话会触动到孩子的内心深处，从此与自信相伴，精彩相随！

六、耐心

说话者与听话者之间的沟通，往往基于共同的目标或话题而展开。为了确保对话的有效性，双方都要有耐心。说话者需耐心陈述，维持良好的情绪状态，将意图表达得清晰完整；而听话者则需耐心倾听，待说话者完整表述后再行发言，避免中途打断，以免干扰对方的思路和情绪，从而保障对话的顺畅进行。

然而，在真实的交际场景中，耐心并非人人皆备。有时，我们会听到说话者因不耐烦而抱怨："哎，算

① 李劲. 话语暖心学［D］. 天津：天津人民出版社，2018，212.

了，跟你说也白说，你根本不懂。”同样，听话者也可能因缺乏耐心而打断：“你到底说完没？怎么这么啰唆！”这种情形在亲子沟通或纠纷调解等场合尤为常见，一旦出现，往往导致沟通中断，问题难以解决。

在交际过程中，主动发现对方的优点，并以耐心相待，不仅彰显了个人的风度，更增添了人情味。我们应减少浮躁，培养稳重；摒弃负面情绪，拥抱积极阳光的心态；减少抱怨，增加耐心。以温柔待人，他人亦将以温柔回馈。

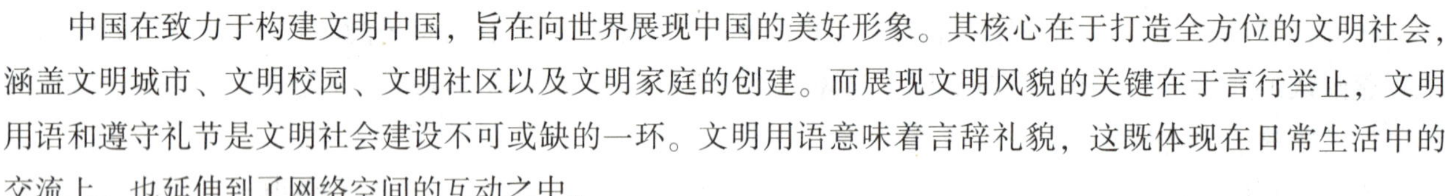

第五节　言辞礼貌之美

中国在致力于构建文明中国，旨在向世界展现中国的美好形象。其核心在于打造全方位的文明社会，涵盖文明城市、文明校园、文明社区以及文明家庭的创建。而展现文明风貌的关键在于言行举止，文明用语和遵守礼节是文明社会建设不可或缺的一环。文明用语意味着言辞礼貌，这既体现在日常生活中的交流上，也延伸到了网络空间的互动之中。

一、日常用语

日常用语广泛渗透我们生活的方方面面，而言辞礼貌则是确保说话者与听话者之间有效沟通的基本前提。首先，说话者的声音需适中，既不能过高显得刺耳不礼貌，也不能过低导致对方听不清楚。保持适当且富有节奏感的声音，能够吸引对方注意力，为初次接触留下深刻而积极的印象，进而影响个人的受欢迎程度及社交成效。

自古以来，声音就被视为反映个人教养与品格的映射。古语云：“余音绕梁，三日不绝，”形容优美的声音与节奏感，这无疑是个人的独特魅力所在。正如托马斯·希金森所言，即便在黑暗中，他也能仅凭声音辨识出温文尔雅之人。《人性的弱点》一书中，曾国藩通过“听音识人”的技巧来甄选人才。他深信，声音不仅能映射出一个人的身份与修养，更能透露出其内心的情绪波动。对于那些说话时声音忽高忽低，稍一喊叫便显得嘶哑之人，他认为这是“福浅命薄”“难成大事”之兆，不值得提携，因为这类人情绪易于波动，难以与周围的人融洽相处。语气与态度在沟通中同样扮演着举足轻重的角色。良好的语气如同春风拂面，令人愉悦。有人曾说：“一个人说话的态度，比讲话的内容更重要。”态度与语气相辅相成，温和的态度自然伴随着温和的语气，反之，粗鲁或咄咄逼人的态度则会通过语气显露无遗。语气与态度，某种程度上是内心情绪的外化，代表着一个人的修养与处世方式。真正有修养的人，无论面对何种情境，都能保持对他人的温柔以待。

说话的态度，直接决定了说话的效果。语言既能暖心，也能伤人。《好好说话》中提到：“说话之伤，都是暗伤。”即便初衷善意，尖酸刻薄的态度也会像锋利的刀子，让听话者难以接受，从而拒绝好意，导致沟通失败。因此，保持温和的态度与人交流，是人生的一场修行，需要生活的磨砺与沉淀。

历史上不乏因良好说话态度而赢得尊重与赞誉的例子。如曾国藩面对下属的无礼，非但不计较，反而主动道歉，展现了大度与胸怀，赢得了对方的敬佩与称赞。在社会中，每个人都在散发着一种能量，有的温文尔雅，有的和蔼可亲，有的胸怀暖阳；而有的则满身带刺，傲慢无比，冷若冰霜。前者如磁铁般吸引着人们靠近，后者则如刺猬般令人敬而远之。正能量之人，好运常伴；负能量之人，则好运难寻。

说话的态度，决定了我们的人脉圈。学会好好说话，并非易事，它需要我们用心去经营人际关系。只要用心，便会有意想不到的收获，人生道路也会因此变得平坦。控制好自己的情绪，保持积极向上的心态，便能拥有好的说话态度。而良好的说话态度，则会带来好的语气，让说出的话语如同温暖的阳光般照耀人心。

著名诗人本·琼森曾说："语言最能暴露一个人。只要你说话，我就能了解你。"在《木材，或关于人与物的发现》中，我们也看到了语言的神奇力量。心怀善念之人，其言语必如莲花般清新脱俗。真正说话动听的人，必然心怀善意，懂得尊重他人。

在日常交际中，除了拥有优美的声音、良好的说话态度和语气，我们还应注重言辞的礼貌性、有益性和适度性。

综上所述，言辞礼貌是日常交际中不可或缺的一部分。通过优美的声音、良好的态度与语气，以及恰当的言辞与敬语，我们能够建立起更加和谐、有效的沟通桥梁，为自己的人生旅途铺就一条平坦大道。

（一）言之有礼

孔子在《论语·泰伯篇》中深刻指出："恭而无礼则劳，慎而无礼则葸，勇而无礼则乱，直而无礼则绞。"礼，不仅是尊重他人的表现，更是修养自身的关键。荀子亦强调，无论面对贤能还是不肖之人，都应以礼相待。无逸子则进一步阐述："以礼敬人，人则服之；以礼敬神，神则佑之；以礼敬天，天则助之。"在生活中，礼貌的重要性不言而喻，它超越了智慧与学识，成为人际交往的基石。

在日常生活中，说话者与听话者之间的沟通需遵循言辞之礼。作为听话者，应耐心倾听说话者的内容，待其表达完毕后，再阐述自己的想法。随意打断他人讲话，是一种不礼貌的行为，不仅会影响说话者的思路和情绪，还可能使其遗漏重要信息，导致沟通不畅。此外，有些人无论何种场合，总爱滔滔不绝，剥夺他人发言的机会，这不仅不利于向他人学习，也会影响自己在他人心目中的形象。因此，学会认真并耐心倾听，做一个忠实的听众，往往更受欢迎。

说话者同样需保持谦逊，多听取他人意见，这有助于自身各方面的发展。《尚书》有云："满招损，谦受益。"巴普洛夫也告诫人们："绝不要骄傲，因为一骄傲，你们就会在应该同意的场合固执起来；因为一骄傲，你们就会拒绝别人的忠告和友谊的帮助；因为一骄傲，你们就会丧失客观标准。"骄傲自满之人，往往会遭遇挫折和失败的厄运。①

当说话者触及听话者尴尬的话题时，应给予对方台阶下，这既是为对方解围，也是展现自身修养的机会。听话者会从内心感激说话者的帮助，而这种帮助实际上也是在帮助自己。在言谈中，得理也可让人，退一步往往能海阔天空。不与他人斤斤计较，学会包容和理解，不仅能愉悦他人，更能让自己感到快乐。

此外，言谈中应懂得礼让。作为普通职员，在遇到严肃庄重的场景时，最好先让他人发表观点，不要抢先说话。与长辈交谈时，更应先倾听长辈的意见或想法，再表达自己的看法。这种礼让不仅是对他人的尊重，更是自身修养的体现。

在交谈中，多使用敬语也是展现礼貌的重要方式。敬语包括称谓语、问候语、欢迎语、致谢语、道歉语等。称谓语已在前面章节中提及，这里不再赘述。问候语是见面时表达礼貌的方式，如"早上好""下午好""晚上好""您好"等。欢迎语则是迎接客人时表示诚挚欢迎的言辞，如"请""欢迎光临"

---

① 刘长江. 沟通的艺术［D］. 哈尔滨：黑龙江美术出版社，2016，30.

"见到您很高兴"等。致谢语用于感谢他人的帮助、支持和理解，如"谢谢""感谢您的帮助""衷心感谢您的帮助"等。道歉语则是在做错事时表达真诚的歉意，如"对不起""不好意思""实在抱歉"等。

通过遵循这些言辞之礼，我们不仅能展现自身的修养和礼貌，还能促进人与人之间的和谐交流，共同营造一个更加美好的社会环境。

（二）言之有益

言辞之美，在于其传达的有益与文明。在交流过程中，说话者应致力于使用健康、务实、积极、正面且充满善意的语言，而尽量避免脏话、空话、消极、负面或恶意的无益言辞。有益的语言宛如肥沃的土壤，富含养分，能够滋养周围的人群。正如幼苗需要肥沃的土壤才能茁壮成长直至开花结果，每个孩子也需要在健康、良好的家庭、学校和社会环境中茁壮成长。因此，社会中的每个成员都应尽可能地使用有益的语言，共同营造出一个积极向上的社会氛围。

有益的语言不仅是个人智慧的体现，更是对他人和自己的双重馈赠。相反地，无益的语言不仅不受欢迎，还可能损害说话者的个人形象，既不利于他人，也有损于自身。

回顾历史，西汉时期的戚夫人便是一个鲜明的例子。她曾是刘邦最宠爱的妃子，却因一时冲动，使用了消极的语言，最终导致悲惨的结局。戚夫人试图说服刘邦立自己的儿子刘如意为太子，但在刘邦未能如愿后，她并未审时度势，反而在冷宫中唱起了牢骚歌，歌词中流露出对现状的不满和对未来的绝望。这首歌传到了吕雉的耳中，激起了吕雉的复仇心理，最终导致戚夫人母子的悲惨命运。

若戚夫人能够保持聪明理智，或许她会选择保全母子的性命为重。在明知处境危险的情况下，她仍使用消极的语言进行反抗，这无疑是以卵击石，进一步激怒了吕雉。一句消极的话语，点燃了曾经的怒火，这样的行为实属不明智。

因此，我们应铭记这一历史教训，时刻提醒自己在使用语言时要谨慎而明智。选择有益的语言，不仅能够促进人与人之间的和谐交流，更能为整个社会带来积极向上的力量。让我们共同努力，用有益的语言构建一个更加美好的社会环境。

（三）言之有度

交流中，说话者需精准把握分寸，这是一门深奥的艺术。每个人都是独一无二的个体，拥有各自的闪光点与不足之处。无论年龄大小、身份高低，人们内心深处都渴望得到他人的认可与赞美，尤其是针对个人的优点或长处给予的正面评价。相反，个人的缺点或短处，往往如同内心的伤疤，渴望被隐藏，尤其不愿被不太熟悉的人揭开，以免自尊心受损。

幽默与玩笑是人际交往中的调味剂，适度的玩笑能够营造轻松愉悦的氛围。然而，当玩笑超出界限，触及他人的敏感话题或心理承受范围时，便显得不合时宜，甚至过分。这样的场合不仅会让说话者陷入尴尬，更可能激怒听话者，导致不欢而散。

在对话中，时间的掌控同样至关重要。对话时长应根据听话者的身份、事情的重要性以及场景来灵活调整。例如，与孩童交谈时，简短的话语足以结束对话；而在公司会议中，领导的发言则需根据会议议程来决定时长；偶遇老友时，简单的寒暄后，通常会约定另寻时间深入交谈，毕竟街头并非长时间驻足交谈的理想场所。

此外，交谈内容的选择也需谨慎。对于普通朋友或同事，应避免涉及隐私或敏感话题，如年龄、薪资、工作细节、住址、婚姻状况及家庭情况等。随着西方文化的影响日益加深，越来越多的年青人倾向于保护个人隐私，不愿在不太熟悉的朋友圈中曝光过多个人信息。

即便是最亲密的朋友或同事，过度的热情与关心也可能适得其反。一是可能被视为虚情假意；二是可能让对方感到不适，破坏了应有的距离感；三是若这种热情无法持续，一旦表现出“冷淡”，便可能引起对方的误解或不满。因此，无论是至亲还是友人，保持适当的距离，给予彼此自由的空间，是维持和谐关系的关键。

言辞的力量在于其背后的情感与意图。人们对事物和人的评价往往基于主观认知，尽管存在普遍的评价标准，但个体的自我感知和经验差异仍会导致评价千差万别。在评价时，尤其需谨慎对待敏感话题，如政治、民族、宗教和地域等，以免因无知或轻率言论而引发争议。

二、网络用语

在当今时代，日常用语交际这种传统的线下交流方式，正逐渐为线上交流所取代，尤其受到年轻人的青睐。随着网络技术的迅猛发展，自媒体时代全面来临，各类网络平台令人目不暇接，海量网络信息如潮水般不断涌现。只要手机在手，人们就极易沉浸其中、欲罢不能。

线上交流与传统线下交流存在着显著差异。过去，一个人做了错事，知晓此事的或许仅有几人；而如今，一旦有人犯错，短短几秒就能被曝光在网络上，瞬间引来成百上千的“围观群众”。倘若相关内容被各大网络平台纷纷转发，围观人数更是会飙升至成千上万甚至更多。犯错者会遭到众多网友的口诛笔伐，其家族过往都可能被深挖，个人隐私也会被毫无保留地曝光。网民们隔着屏幕肆意宣泄情绪，铺天盖地的骂声，让犯错者及其家人的正常生活和工作难以为继，日常出行也失去自由，仿佛时刻处于网民的“监视”之下。即便心理素质极强的人，遭遇此类事件也会痛苦不堪，被逼到绝境还可能引发难以预估的严重后果；若是心理素质欠佳，后果更是不堪设想。网络暴力事件在当下频频发生，已然成为不容忽视的社会问题。

曾经有位先生，因做出不当行为引发众怒。一位网友将事件发布到网络上，瞬间点燃了网民的怒火，网上骂声一片。仍有部分人觉得不够解气，对其进行人肉搜索，导致他的大量隐私被公之于众。这使当事人从最初的内疚转为愤怒，进而开始疯狂报复，原本能够妥善解决的事情，最终演变成无法收场的局面。还有一位花季少女，因购买衣服时与店主产生纠纷，店主竟将她的个人隐私发布到网络上。在巨大的压力下，少女不堪重负，选择跳河自杀。某剧中的一个女孩，仅仅因为没有给老人让座，就被网友人肉搜索，网络暴力最终导致女孩自杀身亡。①

古语云：“良言一句三冬暖，恶语伤人六月寒。”网络暴力给当事人带来的伤害，早已远远超过了“六月寒”的程度。人非圣贤，孰能无过，犯错并不可怕，只要给予犯错者机会，让其认识到错误，便还有改过自新的可能。然而，一旦事件被曝光在网络上，面对成千上万网民的辱骂，当事人很可能再无回头之路，甚至会陷入心理抑郁，留下一生难以磨灭的心理阴影。网络暴力行为，不仅严重违背道德底线，更是公然践踏法律红线。

网络空间是亿万民众共同的精神家园，只有做到激浊扬清，这个精神家园才能始终充满正能量。作为新时代的网民，一方面要严格把控自己的“言论边界”，以身作则维护网络文明；另一方面也要明确保护自己的“权利边界”，以免在自身权益遭受侵害时茫然无措。我们必须增强法律意识，要知道，在网络

---

① 武海志. 不做话语的终结者：共筑温言之城［D］. 北京：新华出版社，2022，124.

上暴力攻击他人，与在现实中一样，都有可能构成侮辱、诽谤、寻衅滋事、侵犯公民个人信息等犯罪行为。相关法律法规既是保护公民权益的坚实堡垒，也是让网暴者付出沉重代价的有力武器。任何躲在屏幕背后实施网络暴力的人，都必将为自己的行为承担相应的法律责任。

身为新时代的网民，我们应积极展现文明素养、理智态度与文化底蕴的精神风采，汇聚起一股股蓬勃向上的正能量，携手传承并弘扬中国优秀的传统文化精髓。让我们共同努力，让网络空间洋溢着人间的温情与关怀，坚决遏制网络暴力的滋生与蔓延，为营造一个清朗、和谐的网络环境贡献自己的一份力量。

美育实践

在鲁迅的小说《药》中，茶馆里的谈药场景充满了压抑与荒诞：

驼背五少爷话还未完，突然闯进了一个满脸横肉的人，披一件玄色布衫，散着纽扣……“包好，包好！”康大叔瞥了小栓一眼，“这样的趁热吃下。这样的人血馒头，什么痨病都包好！”

华大妈听到“痨病”这两个字，变了一点脸色……但又立刻堆上笑，搭讪着走开了。

花白胡子的人说：“原来你家小栓碰到了这样的好运气了。这病自然一定全好；怪不得老栓整天的笑着呢。”

请结合“言语表达准确之美”理论（语法规则/交际对象/角色定位/语境），分析鲁迅如何通过人物对话建构文学表达的精准性。

第八章

品鉴戏剧之美

学习目标

知识目标

❖ 了解戏剧的情节、角色、舞台、行当等相关知识。

思政目标

❖ 体验戏剧之美和理解戏剧中产生的对人类命运思考的悲喜情感。

戏剧，作为一种通过肢体语言、口述语言以及声光效果等多种手段来叙述故事、展现情节的舞台表演艺术，又常被描述为演员在舞台上通过言语与角色扮演来演绎故事情节的艺术形式。王国维在其著作《戏曲考源》中精练地概括了戏剧的本质："戏曲者，乃以歌舞演绎故事之艺术也。"

从题材上划分，戏剧可细分为小品、历史剧、神话剧、家庭剧等多种类型；而从表现形式来看，则包括诗剧、话剧、舞剧、音乐剧等丰富多彩的类别。本章将深入剖析戏剧之美，从戏剧剧本的编写、舞台的设计与布置、角色的塑造以及主题的提炼这四个维度进行详尽探讨。

第一节 戏剧剧本之美

文学意义上的戏剧，核心在于为戏剧表演精心构思脚本——剧本。剧本虽需舞台与演员的演绎方能完整呈现，但一旦诞生，它便作为独立的文学实体，与小说、诗歌、散文并肩，并以其独有的魅力独立于表演之外。本节将从剧本的台词艺术、结构布局及情节等维度，深入揭示戏剧剧本的美学魅力。

一、剧本台词之美

戏剧台词，作为戏剧中人物角色的表达方式，涵盖了人物所说的话与所唱的词，具体形式有独唱、对白、旁白和唱词等。它不仅是剧作者刻画人物性格、展现剧情发展、表达作品主题的关键手段，更是连接观众与戏剧世界的桥梁。当我们沉浸于戏剧的精彩世界时，常常会被角色深厚的台词功底折服，对那些台词演绎出色的演员赞叹不已。由此可见，台词在整个戏剧中占据着举足轻重的地位，是衡量角色塑造是否成功、演员实力高低的重要标准。无论是塑造鲜活的人物形象、传递细腻的情感，还是描述跌宕起伏的剧情，台词都发挥着不可或缺的传输作用。因此，毫不夸张地说，戏剧之美，首先就体现在剧本台词之美上。

（一）台词营造的意境之美

在众多经典戏剧中，《西厢记》的曲词和台词堪称一绝，其优美程度令人拍案叫绝，满含诗意。以至于在《红楼梦》里，林黛玉都称赞它“曲词警人，余香满口”。让我们一同品味其中的精妙之处：

“花落水流红，闲愁万种，无语怨东风。”仅仅这一句话，便勾勒出一幅流水落花、春光消逝的画面，浓浓的愁怨之情扑面而来，情境与情绪完美融合，尽显凄美之感。同样是描写春风，“东风摇曳垂杨线，游丝牵惹桃花片，珠帘掩映芙蓉面”却营造出一种闲适慵懒、春心萌动的氛围，让人仿佛置身于充满诗意的春日情境之中。

而“碧云天，黄花地，西风紧，北雁南飞。晓来谁染霜林醉？总是离人泪。”更是《西厢记》中为人传颂的经典名句。湛蓝的天空、金黄的大地、凛冽的西风、南飞的大雁，这些意象共同诉说着离人的哀伤。这种跨越时空的意境营造，即便是在舞台上，也难以完美呈现，即便借助当今的高科技手段，实现起来也颇具难度。然而，《西厢记》中这些高明的台词曲词，却能够轻而易举地将我们带入充满离愁别绪的世界，让我们感同身受。

再如，“雪浪拍长空，天际秋云卷。”无须过多的舞台布景，仅仅这一句台词，就能让我们真切地感受到大雪漫天、气势磅礴的情境，仿佛那扑面而来的寒意和壮阔的雪景就在眼前。《西厢记》的台词、曲词，不仅经典雅致，而且寥寥数语便蕴含着深远的含义，如同一股清泉，缓缓沁入人心，让人回味无穷。像“碧澄澄苍苔露冷，明皎皎花筛月影”这句写景点出了物理和心理上的冷，绿澄澄的苍苔让人觉得白露更加寒冷，明月皎皎，花儿将月影筛乱，营造出一种静谧而又略带凄清的氛围，与《红楼梦》中那句著名的联句“寒塘渡鹤影，冷月葬花魂”有着异曲同工之妙，寒露冷月，乱影孤魂，尽显唯美与哀愁。

与《西厢记》的唯美风格截然不同，关汉卿的曲词《南吕·一枝花》营造的意境则呈现出活泼快意、浪荡风趣的特点。郑振铎评价关汉卿的曲词，相较于柳永词，多了一份谐俗，多了几分活泼与深刻意蕴；比黄庭坚词，虽艳荡却更加深邃沉醉，同时又充满了温良敦厚，毫无粗鲁恶俗之感。关汉卿的曲词以其独特的风格，展现出市井生活的百态，用生动的语言描绘出世间的嬉笑怒骂，让我们看到了戏剧台词意境营造的多样性和丰富性。无论是《西厢记》的诗意唯美，还是关汉卿曲词的活泼风趣，都让我们领略到戏剧台词营造意境之美的独特魅力，它们以各自的方式，在戏剧的舞台上绽放出耀眼的光芒。

（二）台词塑造惊险的气氛

以京剧《空城计》第十场为例，这场戏通过探子与主帅诸葛亮之间简短却极具张力的对话，将兵临城下的惊险紧迫气氛渲染得淋漓尽致。选段如下：

探子：报，马谡失守街亭。

诸葛亮（快速）：再探！

探子：报，司马懿带兵直往西城而来！

诸葛亮：再探！

探子：报，司马大兵，离西城不远！

诸葛亮：司马懿的兵来得好快。哎呀，这西城的兵将，俱被老夫调遣在外，城中尽是些老弱残兵，倘若司马懿兵到，难道说叫我束手就擒，这束手就擒？这这这……

探子与诸葛亮的对话节奏短促紧张，每一句通报都如重锤般敲击着人心，凸显了形势的严峻与时间的紧迫。而诸葛亮的独白则有意放缓节奏，细腻地展现出主帅内心的纠结与当下的手足无措，为后续大开城门的惊世之举做了必要铺垫，让观众深刻感受到这千钧一发之际的紧张氛围。

（三）台词表达人物情感与人生态度

小说在表达人物情感时，往往可以慢条斯理、娓娓道来。但戏剧截然不同，它受到物理因素（时间与空间）的严格限制，同时也受制于人的生理因素，只能在限定的时间与空间里，让角色的情绪瞬间迸发。

关汉卿的散曲《一枝花·不伏老》堪称表达人物情感与人生态度的经典之作。在这首曲子中，关汉卿以直白且豪放的笔触，勾勒出一位不羁的自我形象——他自诩为全天下最为风流之人，既能在美人环绕中尽情享受时光的悠然，又能在赌桌之上肆意挥洒豪情。闲暇之时，他流连于风月场所，与佳人相伴，轻牵玉手，慢揽香肩，一同吟唱着《金缕衣》，共饮金樽中的美酒。彼时的他，自觉尚处青春年少，仍有大把时光与精力行走于江湖之间，阅尽人间女子风情。在元代，文士社会地位低下。而关汉卿的这首曲子，却毫无保留地宣泄出内心深处的情感，他毫不掩饰自己的才华，字里行间尽显霸气，仿佛睥睨天下，无所畏惧。在皇权专制的社会环境下，文人与无权者常常遭受压迫与压抑，阴谋诡计盛行，使得许多人的才华不敢公然展露于阳光之下。然而，关汉卿却反其道而行之，公然宣称自己无所不能，自比“天赐”之才、“龙傲”之姿，偏要在风月场中扬名立万，成就一番别样的“功名”。这种狂放不羁、诙谐幽默却又无比真实的美感，让我们仿佛穿越时空，看到了魏晋时期那些真名士的风流洒脱。正如阮籍的肆意长啸，是对世俗礼教的蔑视与挑战；嵇康临刑时的从容淡定，是对生命与尊严的坚守与执着。关汉卿的这首曲子，同样展现了他对自由、对真我的不懈追求。

同样，莎士比亚的戏剧语言以其独特的诗意表达和深刻的哲理内涵享誉世界文坛，特别是他的四大爱情悲剧，留下了许多经典台词。例如《罗密欧与朱丽叶》第三幕第三场（中文翻译片段）朱丽叶的独白：

“快快跑过去吧，踏着火云的骏马，把太阳拖回到它的安息的所在；但愿驾车的法厄同鞭策你们飞驰到西方，让阴沉的暮夜赶快降临。展开你密密的帷幕吧，成全恋爱的黑夜！遮住夜行人的眼睛，让罗密欧悄悄地投入我的怀里，不被人家看见也不被人家谈论！恋人们可以在他们自身美貌的光辉里互相缱绻；即使恋爱是盲目的，那也正好和黑夜相称。来吧，温文的夜，你朴素的黑衣妇人，教会我怎样在一场全胜的赌博中失败，把各人纯洁的童贞互为赌注。用你黑色的罩巾遮住我脸上羞怯的红潮，等我深藏内心的爱情慢慢地胆大起来，不再因为在行动上流露真情而惭愧。来吧，黑夜！来吧，罗密欧！来吧，你黑夜中的白昼！因为你将要睡在黑夜的翼上，比乌鸦背上的新雪还要皎白。来吧，柔和的黑夜！来吧，可爱的黑颜的夜，把我的罗密欧给我！等他死了以后，你再把他带去，分散成无数的星星，把天空装饰得如此美丽，使全世界都恋爱着黑夜，不再崇拜炫目的太阳。”

莎士比亚极为擅长运用比喻，即便通过翻译，我们依然能感受到英文原著的韵味与节奏。由于语言差异，翻译后的文字很难押韵，难以完全保持原文的原汁原味（正如中文唐诗的翻译，更是难上加难，几乎无法做到原汁原味）。值得一提的是，在这段戏剧独白中，自然景物完全成了恋爱的承载之物。在恋人眼中，黑夜是属于恋人的黑夜，黑色的面罩与红色的脸庞都是恋爱的独特色彩，白昼反而成了黑夜的点缀，变得无足轻重，因为唯有黑夜才是完全属于恋人的世界。在阳光下，他们因家族仇恨而被阻隔；在黑夜里，罗密欧与朱丽叶得以相亲相近。

中国新黄梅戏《七仙女》则以独特的唱词表达对爱情的向往①。三姐唱道：“庄稼之人不得闲，面朝黄土背朝天。八月场上收成好，不愁吃来不愁穿”，这段唱词充满对劳动的歌颂，展现出劳动人民的辛勤与收获的喜悦。七妹唱的“人间天上不一样，男婚女嫁配成双。夫妻恩爱说不尽，好似鸳鸯在池塘”，直白地表达了对美好爱情的憧憬。新中国成立后，遵循毛泽东在延安文艺座谈会上的讲话精神，对旧戏剧进行了持续改造，力求文艺面向大众、面向工农兵。所以我们看到，新黄梅戏《七仙女》的唱词多有对劳动人民的展现和赞美，七妹唱爱情的唱词通俗易懂、简单押韵，其受众明确指向工农兵群体。

此外，有的戏剧会运用旁白或者全体合唱来表达情感，相较于角色自白，这种方式往往更具感染力。比如《梁山伯与祝英台》的最后结局，梁山伯与祝英台双双化蝶，此时所有人合唱“千年万代不分开，梁山伯与祝英台”，歌声震撼人心，将梁祝之间坚贞不渝的爱情升华到了极致，也让观众深深沉浸在这浓厚的情感氛围之中。

二、剧本结构及情节之美

（一）戏剧结构之美

戏剧结构是指由情节、幕场等戏剧要素构成的戏剧架构，它涵盖了情节布置、分幕分场的处理效果等。由于戏剧演出严格受时间和空间的限制，舞台表演时长有限，空间也相对固定，并且要充分考虑观众的接受程度和注意力集中时间，所以戏剧结构的合理性与精巧性至关重要，其重要程度相较于其他艺术类型更为突出。

受舞台呈现条件和观众观赏特性等因素制约，戏剧剧本的结构需简洁精悍。戏剧以冲突为核心构建结构，呈现出精悍之美。黑格尔为戏剧结构建立了三段式冲突论：和谐—打破和谐—重新回到和谐。这种结构看似简单直接，却深刻地体现了戏剧的“暴力美学”，即通过强烈的冲突和矛盾推动剧情发展，给观众带来强烈的情感冲击。

希德·菲尔德提出的三段论也十分简洁：第一幕是建置（情节点 1），主要用于介绍故事背景、人物关系等基本信息，为后续剧情发展作铺垫；第二幕是对抗（情节点 2），各种矛盾冲突在此集中爆发，人物之间的对立和冲突不断加剧，推动剧情走向高潮；第三幕是结局，所有矛盾得到解决，故事落下帷幕。这种结构类似于事件的起因、经过和结果，一目了然，体现出极简的美感。

19 世纪德国新古典主义理论家弗兰泰格在《戏剧的技巧》中提出了“弗兰泰格金字塔”结构，将戏

① 郭汉城. 中国戏曲精品［M］. 济南：山东教育出版社，2002.

剧分为五部分。

1. 介绍

开场部分，向观众介绍故事发生的背景资料，包括时代背景、社会环境、人物身份等信息，帮助观众快速进入剧情。

2. 上升

情节逐渐推进，各种矛盾与阻碍逐渐显现，将事件引向高潮，人物之间的冲突不断升级，观众的紧张感和期待感也随之增强。

3. 高潮

戏剧张力最强的部分，此时矛盾冲突达到顶点，剧情最为紧张刺激，观众的情绪也被推向最高潮，从这里开始，情节将逐渐转弱。

4. 下降

高潮过后，矛盾形式开始明朗，剧情朝着结局方向发展，可能引向大灾难，也可能是大成功，人物命运逐渐走向最终归宿。

5. 结局

所有悬念揭晓，剧情完成，观众对整个故事有了完整的认知和情感体验。

随着时代的发展，舞台技术不断革新，观众的审美需求和观演习惯也发生了变化，因此，戏剧结构呈现出更加多样化的形式，以满足不同观众群体的需求和审美趣味。

（二）戏剧情节之美

戏剧情节是指戏剧中角色与角色、角色与环境相互关联构建成的事件、悬念与冲突的发展过程。戏剧冲突是情节的核心驱动力，依据冲突的演化轨迹，戏剧情节分为冲突的开始、展开、高潮和结局几部分。

1. 冲突的开始

通常会直接呈现冲突发生的时间背景、地域特点以及人物设定等因素。比如，传统戏剧蒲剧《薛刚反朝》（行乐贤和秦学敏改编）的开场，大唐总兵宋廉唱道“奸臣当道主见偏，忠良饮恨到九泉。阳河暗劝薛猛反，龙泉定要除奸谗”，短短几句唱词，就直接点明了奸佞当道、忠良蒙冤的背景，迅速将观众带入戏剧冲突之中。

2. 冲突的展开

涉及戏剧中的大部分人物，主要人物纷纷登场，集中事件不断发生，人物的主要动作也集中呈现。例如莎士比亚戏剧《哈姆雷特》，冲突的发展围绕哈姆雷特得知父王遇害的真相后，在复仇与放弃复仇之间的内心挣扎和情节变化展开，人物的性格特点和复杂情感在这一过程中得以充分展现。

3. 冲突的高潮

戏剧冲突中角色之间分出胜负、决出高下，或者真相大白、水落石出的关键时刻。在《梁山伯与祝英台》中，高潮部分是梁山伯临死和祝英台出嫁，二人的爱情悲剧达到顶点，让观众为之动容；希腊悲剧《俄狄浦斯王》的冲突高潮则是当牧羊人告知俄狄浦斯，他弑父娶母的预言不幸成真的时刻，俄狄浦斯在极度痛苦和绝望中挖瞎了自己的双眼，剧情的张力和悲剧色彩在这一刻被推向极致。

4. 结局

用于交代故事的完结，好的结局能让观众回味无穷，悲惨的结局则更易引发观众的情感共鸣。不同的结局方式能够给观众带来截然不同的情感体验，使观众对戏剧所传达的主题和情感有更深刻的理解。

（三）安排情节的技巧之美

戏剧情节安排通常运用设置悬念、突转和巧合与意外结局这三种技巧，以增强戏剧的吸引力和感染力。

1. 设置悬念

编剧和导演通过观察观众观看时情绪的变化特点和内心起伏，精心设计剧情，以达到类似莫泊桑式结局的效果，让观众回味无穷、意犹未尽。这种手法类似于下集预告中的“恶意剪辑”，通过“犹抱琵琶半遮面”的方式，勾起观众的好奇心和期待感，增强他们对剧情发展的兴趣。在古希腊悲剧《俄狄浦斯王》中，开篇就设计了俄狄浦斯要弑父娶母的悬念，紧紧抓住观众的注意力；《梁山伯与祝英台》中祝英台女扮男装的设定，也引发了观众对后续故事发展的强烈好奇；《穆桂英挂帅》一开始就抛出在男尊女卑的社会里女人能否成为千军万马统帅的悬念，激发观众的紧张感和探索欲。悬念的设置能够有效提高观众多巴胺的释放水平，使观众在紧张和期待中全神贯注地投入剧情之中。

2. 突转

突转指剧情向着相反的方向突然发生变动，如顺境转逆境，或逆境转顺境。其表现方式一般通过主角命运、内心变化、故事情节、环境突变等技法来实现，从而极大地加强戏剧的张力，为观众带来意想不到的剧情转折，增强他们的观剧体验。例如，索福克勒斯的《俄狄浦斯王》第四场，俄狄浦斯为解救陷入困境的城市，全力调查杀害父亲娶了母亲的罪人，却因报信人无意中透露事情真相，导致自己意识到已犯下不可饶恕的罪孽，原本公正开明的国王瞬间变成了沉沦放逐的乞丐，这种强烈的命运反转给观众带来了巨大的情感冲击。

3. 巧合与意外结局

由于戏剧需要在极其有限的舞台上展现完整的故事，各个角色和人物常常集中在同一舞台上，这就不可避免地会发生巧合。好的偶然与巧合能够巧妙地融入剧情，让观众忽略其刻意性。比如曹禺的话剧《雷雨》，30 年后，周朴园一家和鲁侍萍一家在同一个场景中出现，被伤害、侮辱与被损害的鲁侍萍再次来到周公馆，引发了一系列复杂的事件和情感纠葛。随着剧情的推进，观众在紧张的剧情冲突和强烈的情感压力下，逐渐忽略了这些巧合与偶然，反而觉得一切都是那么自然合理，使整个故事更加引人入胜。

第二节　舞台场景之美

舞台是戏剧表演的核心空间与场所，它不仅是一个物理上的定义，更是一个融合了多种艺术元素的综合展现体。舞台场景由舞台道具、灯光、服饰、化妆等实体元素构成，同时，这些实体元素还共同营造出一个超越现实的虚拟时空与舞台环境。本节将从舞台时空的构建、舞台道具的运用、舞台服饰与化妆的设计，以及舞台音效的营造等方面，深入剖析戏剧舞台之美。

一、舞台时空之美

戏剧在演出时间与舞台的物理空间内，通过展示生活景象，巧妙地构建了一个虚拟空间与真实空间交融、戏剧真实时间与架空场景虚拟时间并存的独特世界。这种表现方式与小说有着异曲同工之妙，都允许创作者在有限的媒介内展现无限的内容。在戏剧中，三两兵马足以表现千军万马的壮阔，三两小树亦能展示世外桃源的宁静，这正是对舞台场景与时间采用虚拟视角的体现，无须过分追求物理上的真实性与标准化。

戏曲舞台空间的虚拟性，尤为依赖演员角色的动作来展现。角色的动作与行动，是舞台空间得以确定的关键。单纯依靠道具，难以构建出完整的戏剧环境。在中国传统戏曲中，场景的切换与人物的换场往往清晰明确，通过演员的动作与剧情的推进，舞台空间得以灵活变换。例如，在《群英会》中，大帐与桌椅的摆放变动，不仅暗示了场景的变化，还明确了人物的身份与剧情的走向。

在戏剧表演中，许多场景可以通过演员的虚拟动作甚至神情状态来表达。例如，关灯这一场景，演员可以通过摸索、试探等动作，向观众展现出此刻是一个关灯的状态。灯光布置、舞台技术等元素，虽然对戏曲表演有辅助作用，但绝非决定性因素。舞台的虚构性、戏剧的虚拟性，使得演员和观众都假定它是真实的。演员的表演越精确干练，越符合程式化要求，就越能让观众感受到高级感和真实感。

此外，舞台时空的假定与虚拟，为剧作家提供了广阔的想象空间，也为演员的表演提供了自由发挥的空间。这种自由的前提是观众与演员之间达成默契，共同接受这种虚拟的设定。正如观众一抬手，道具就成了“五毛钱特效马”，这种默契使得戏剧表演更加生动有趣。

在戏曲表演中，演员通过简单的肢体动作，就能表达出丰富的含义。捂嘴的惊讶、蹑手蹑脚的小心、向内的拉门动作与向外的推窗动作，尽管实物不一定存在，但场景的构建依然能够满足观众的想象。这种留白的手法，与中国书画中的留白异曲同工，都是一种意境与空间思考的表现。它让观众在欣赏戏剧的同时，也能够发挥自己的想象力，参与到戏剧的创造中来。

二、舞台道具之美

道具在中国戏曲舞台艺术中扮演着举足轻重的角色，它们不仅被称为“且末”“切末”或“砌末”，更是戏曲文化的重要载体。作为戏剧艺术的一部分，道具不仅是物质的存在，更是人物身份、地位、职业以及性格特征的象征。在某些情况下，道具甚至成为人物的代表，如提及方天画戟，人们立刻会联想到英勇的吕布；提到定海神针如意金箍棒，孙悟空的形象便跃然眼前。

相较于歌舞剧和话剧，戏曲舞台对道具的使用确实相对较少，但这并不意味着戏曲舞台的道具不重要。相反地，中式戏曲在道具的使用上更加注重内容的迁移与情感的表达，通过道具来传递生活感受和人生感悟。这种写意式的表演方式，是智慧的中国人克服条件与困难后所铸造的艺术瑰宝。

在戏曲舞台上，最常见的道具莫过于“一桌二椅”。这些桌椅不仅具有其本身的自然属性，更在戏曲表演中阐释出其他丰富的含义。通过桌椅的数量、位置、样式的变化，可以营造出不同的空间场景与氛围。例如，桌子可以表示香案，椅子可以替代床，从而创造出不同的剧情环境。

戏曲角色手持的物件也各有其独特的含义。如小姐常持折扇，丫鬟则多拿团扇，这种固定搭配不仅符合人物的身份特征，更在无形中成为人物的代名词。旦角持扇时，需要掌握多种基本方法，并通过丰富的扇舞动作来表达人物的情感变化和情绪起伏。这些动作不仅展现了演员的技巧，更让观众能够深刻感受到剧情的推进和人物内心的变化。

然而，随着时代的发展，今天的观众对于传统戏曲中的道具及其符号意义可能不甚明了。这在一定程度上造成了观众与戏曲之间的隔阂，使他们难以欣赏和深入理解戏曲艺术的魅力。因此，对于戏曲艺术的传承和发展而言，加强观众对戏曲道具及其文化内涵的了解和认识显得尤为重要。只有这样，才能让更多的观众走进戏曲的世界，感受其独特的艺术魅力。

三、舞台服饰化妆之美

服饰，在中国传统戏剧艺术中被誉为“行头”，是演员塑造角色形象时不可或缺的重要元素。它不仅遵循角色的设定与穿戴规则，还深刻地反映了角色的性格特征和身份地位。这种服饰的规范化，是经过历代观众与演员共同实践和时间积淀而形成的，旨在达到最佳的舞台效果。

中国古代戏剧服饰的规范化，主要体现在款式、颜色、图纹等几个方面。在款式上，戏剧服饰注重线条的流畅与造型的优美，通过不同的剪裁和设计来展现角色的身份与性格。在颜色上，戏剧服饰善于运用色彩的对比与和谐，来强化角色的形象特征和情感表达。例如，黄色往往代表尊贵与权威，红色则象征着热情与忠诚，黑色则常用于表现威严与庄重。在图纹上，戏剧服饰更是丰富多彩，通过龙凤、花鸟、山水等图案的巧妙运用，来寓意角色的身份地位与命运。戏剧服饰，作为演员角色塑造形象时的必备装备，不仅遵循角色的设定与穿戴规则，还蕴含着深厚的文化底蕴和美学价值。

京剧行头统称全箱，即衣箱，主要由大衣箱、二衣箱、三衣箱、盔箱、旗包箱、把箱等组成。

大衣箱，顾名思义，是存放大衣的箱子。大衣指的是官衣、帔、蟒等带有水袖的服饰。箱体分为内上首箱和下首箱，摆放次序极为讲究。上首箱主要放置官衣、蟒、帔等高级服饰，其中第一层的第一件是天官、加官所穿的红蟒，象征着吉祥与尊贵；第二件是财神穿的绿蟒，寓意财富与好运；第三件则是皇帝穿的黄蟒，彰显至高无上的皇权。下首箱则存放富贵衣、学士衣、八卦衣、老斗衣、开氅、褶子等服饰，这些服饰虽不及蟒、帔等华丽，但同样各具特色，体现了角色的不同身份与性格。

传统戏剧中帝王将相的官服，有男蟒、女蟒之分。颜色中，黄蟒是帝王、后妃专用；红蟒是身份高、气派大的人穿用；绿蟒是红脸的忠义之士穿用，如关羽等；白蟒是正直、文静的人穿用；黑蟒是黑脸的刚直人物穿用，如包拯、张飞。

男蟒是缎制阔袖的大袍，圆领大襟，绣有云龙、花朵等图案，下摆、袖口绣有海水江崖，蟒上绣的图案有团龙、行龙之别，不同身份的人物所穿蟒袍的图案和颜色均有严格规定。女蟒则式样相近，但尺寸较短，穿时须加云肩，绣的图案多为丹凤朝阳、凤采牡丹等，颜色多为红色，显得端庄而华贵。

帔服是传统戏剧中帝王将相、乡宦豪绅的便服。涵盖男女两种类别，男士帔长及足，女士帔短到膝。由于这种服饰大多男女作对儿穿用，所以又叫“对儿帔”。

帔为对襟样式，左右胯下开衩，满身绣有龙凤、鹤鹿、花朵、寿字等不同的团花图案，全衣有十二、十八团之别，颜色丰富多样。绣龙凤团花的“黄帔”为皇帝、皇后、太后、嫔妃的便服，彰显其尊贵地位；而其他颜色的帔则分别为显宦、豪绅和官吏家居时的便服，体现了不同社会阶层的服饰差异。

戏服之美，不仅在于其华丽的外观和精湛的制作工艺，更在于其背后所蕴含的文化内涵和美学价值。每一套戏服都是一件艺术品，通过款式、颜色、图案等元素的巧妙搭配，不仅让观众能够清晰地分辨角色的身份地位及性格特点，还能够引发观众对传统文化的共鸣和热爱。在戏曲舞台上，演员们身着精美的戏服，通过精湛的演技和生动的表情，将一个个鲜活的人物形象呈现在观众面前，让观众在欣赏戏曲的同时，也能够领略到中国传统文化的独特魅力。

戏曲舞台的特质与独特的演出方式，要求演员在表演时必须全方位地考虑观众的感受。尤其是在服饰方面，精心设计的戏服能够让观众一眼就分辨出角色的身份地位及性格特点。这种设计理念，正是从观众的角度出发，为了满足观众的观赏需求而逐渐衍生出了生、旦、净、末等不同的行当以及丰富多彩的脸谱艺术。

在中国传统戏曲中，脸谱作为演员面部化妆的一种独特形式，具有悠久的历史。其中净、丑这两个行当的脸谱运用最为广泛，每一种角色都有自己特定的脸谱和色彩搭配，直接而鲜明地表现出角色的性格特点，善恶分明，忠奸了然。由于舞台空间的限制、视觉效果的局限以及声音传播的挑战，化妆脸谱成为观众迅速识别角色身份和性格倾向的重要手段。观众的审美趣味在脸谱的形成和程式化过程中发挥了至关重要的作用。

中国戏曲理论家翁偶虹曾指出，戏曲脸谱的历史源远流长，萌芽于上古时期的图腾崇拜，起源于春秋时期的傩祭仪式，经过汉唐时期的代面、宋元的涂面等阶段的发展演变，最终在明清时期以脸谱的形式得以固定下来。在戏曲艺术形成之后，脸谱与面具仍然交替使用，留下了丰富的文化遗产。例如西藏的藏戏、江西的傩戏、贵州的地戏以及南昆的神仙鬼怪等剧目中，都可以看到面具的身影。这些脸谱与面具从简到繁、纷繁多样，充分展示了戏曲艺术的发展历程。

京剧脸谱作为戏曲脸谱艺术的杰出代表，是一种高度程式化的艺术形式和技术手段。它巧妙地运用蝶翅、燕翼及蝙蝠等元素来勾画眉眼面颊，结合嘴巴、鼻子的细致刻画，共同构成了生动传神的面部表情。在京剧脸谱中，角色的性格特征往往通过特定的色彩和图案来体现。例如，红脸关羽代表着忠勇义烈、黑脸张飞彰显着正直刚烈、黄脸宇文成都展示着凶勇残暴、白脸曹操则透露出奸诈狡猾。这些脸谱，不仅与角色的性格紧密相连，还与行当划分息息相关，共同构成了京剧艺术的独特魅力。

在色画手法上，京剧脸谱主要分为勾脸、抹脸、揉脸三个类型。演员们巧妙地利用面部纹理和五官位置来刻画人物角色的性格、生理和心理特点，使观众能够产生强烈的代入感。随着戏曲市场的不断开拓和艺术本身的持续发展，特别是清代到民国初年戏曲市场的繁荣，脸谱艺术得到了极大的丰富和完善。脸谱分类越来越细致、越来越精致美丽，逐渐成为我国一种独特的艺术图案和艺术品。这些色彩斑斓、形象生动的脸谱，不仅丰富了戏曲艺术的表现形式，还为人们带来了无尽的艺术享受和审美愉悦。

四、舞台音效乐器灯光之美

戏曲音乐是戏曲表演中不可或缺的重要组成部分，由管弦乐、打击乐及弹拨乐等多种乐器共同奏响，它们所形成的节奏巧妙地融合在表演之中，与情境、形体动作以及舞台的渲染相互配合，共同塑造出精彩绝伦的表演效果。在正式人物登场前，对空舞台场景的渲染同样意义重大，借助音乐，能够营造出狂风骤雨、鸟语花香等丰富多样的场景氛围，为后续的表演做好铺垫。

在戏曲表演里，形体节奏与音乐节奏相辅相成、相互成就。演员唱腔在变化时，既要保证基本的韵律和节奏，做到有板有眼，动作也要符合规范标准，同时，鼓点要与动作节奏紧密契合。一般情况下，音乐节奏大多服从于表演节奏，但也会根据具体的表演情境灵活调整。打击音乐更是要精准地跟随演员的神态变化，与剧情节奏严丝合缝，紧密相连。这种在戏曲中的节奏变化，追求含蓄而鲜明的表达，简约却不失内涵，绝非简单的呈现。它作为最佳的辅助方式，能够紧紧抓住欣赏者的心灵与思绪，将他们自然而然地带入戏曲所设定的场景之中。

以昆曲《牡丹亭》中杜丽娘的《游园惊梦》一折为例，开场时，音乐与表演相互配合，营造出赏心悦目的氛围，让观众沉浸其中。随着剧情的推进，音乐的渲染力逐渐增强，渐渐地，观众仿佛也被拉进了杜丽娘的梦境幻觉之中，真切地感受到她内心的情感波澜。戏曲舞台节奏的精妙把控就在于能够在动态的表演中展现出宁静的意境。古人云："蝉噪林逾静，鸟鸣山更幽"，戏曲同样讲究节奏的细腻，通过动静结合，让观众在欣赏表演的过程中体会到独特的艺术韵味。

再看柴可夫斯基的《天鹅湖》，这部经典之作采用交响乐的形式，构建出一个宏大而美妙的音乐场景，其中多数乐曲流传深远，成为音乐史上的经典之作。在这部芭蕾舞剧中，通过管乐的鸣咽，生动地表达出奥杰塔公主纯洁的内心世界；而华丽明朗的舞曲，则展现出齐格费里德王子的阳光与活力。全剧最为经典的一幕出现在第一幕结束时，夜空中出现一群天鹅，音乐在此处充满了温柔的美感和淡淡的伤感。在竖琴和提琴颤音的轻柔伴随下，双簧管和弦乐先后奏响，将天鹅的优雅与神秘展现得淋漓尽致，给观众带来了无与伦比的视听享受。

音效，即通过声音产生的效果，在戏曲表演中发挥着重要作用。在传统的戏曲舞台上，主要依靠多样的乐器来模拟各种声音进行表演。比如，用丝竹乐器来渲染气氛，用笛子模仿自然中的鸟鸣声，用锣鼓镲钹等乐器模仿风雨雷电等自然现象。而在现代，随着科技的飞速发展，利用现代科技产物播放出的音效更加真实，能够更加有效地烘托出氛围，使观众更容易联想到相应的场景情境与历史环境。

以重庆大剧院 2021 年推出的大型戏剧《重庆·1949》为例，该剧充分利用现代科技手段，旋转的舞台、立体多层次多方位的灯光声电以及激扬多变的音乐，共同打造出震撼人心的视听效果。伴随着革命者的呼唤、小贩的叫卖声，一句充满地域特色的"麻糖，敲（重庆话读 kao）麻糖"，将观众瞬间拉回到那个特定的历史时期。背景音乐采用电子混声与演员的声音巧妙融合，让观众仿佛置身于历史真实的时空中，真切地感受到那个时代的风云变幻和人物的情感起伏，极大地增强了戏剧的感染力和艺术表现力。

第三节　戏剧角色之美

在戏剧艺术中，角色是演员通过专业分工和分类所塑造的剧中人物形象，与小说中的角色相比，戏剧角色具有更为鲜明、具体的表现形式和严格的表演规范。早期戏剧中，由于性别限制，女性角色常由男性演员扮演，即男扮女装，这一现象在一定程度上反映了当时社会对性别角色的认知和限制。然而，随着戏剧艺术的发展和观众审美需求的提升，这一限制逐渐被打破，女性演员开始在戏剧舞台上扮演各类角色，为戏剧艺术注入了新的活力和表现力。

本小节将从生旦净末丑的角色分类、角色的里段（即内在情感与性格特征）、动作表演、角色的演唱、角色的功能等角度，深入呈现戏剧角色的独特之美。

一、中国传统戏剧角色行当的分类和程式之美

中国传统戏曲在漫长的发展历程中，逐渐形成了独具特色的四大行当，即生、旦、净、丑。其中，生、净两行主要为男性角色，旦行是女性角色的统称，丑行除偶尔兼扮丑旦和老旦外，大多也由男性扮演。

生角最早现身于宋元南戏，在剧中担任男主角，与元杂剧的正末地位相当。清朝以后，生角进一步衍生出老生、小生、外、末四个支系。依据所扮演人物的属性、性格特征以及表演特点，生角大致可细分为老生、小生、外、末、武生、娃娃生等类别。

老生主要刻画中年及以上、性格正直刚毅的正面人物形象，由于这类角色大多佩戴髯口，所以也被称作须生，俗称胡子生。在京剧老生行当中，又可细分为唱功老生、做功老生、靠把老生和武老生。此外，还有红生这一特殊行当，主要扮演关羽，因其面部勾红脸，故而得名红生。

小生主要扮演青年男性，细分起来包含中生（扇子生）、冠生（官生）、穷生、雉尾生（翎子生）、武小生等。

外，通常指生角的配角，其性格特征并无固定模式，不过汉剧的外这一行当，在唱、念、做方面都颇为讲究。

末，这一名称沿袭南戏和北杂剧，如今在多数剧种中，末行已并入老生行。

武生主要扮演武艺高强的人物，具体分为长靠武生和短打武生两类。

娃娃生则专门扮演儿童角色，在京剧中，还有娃娃武生这一特殊分支。

旦行中涵盖青衣（正旦）、刀马旦、花衫、武旦、花旦、老旦等角色类型。

青衣，又称正旦，是旦行中最为主要的一类角色。其角色年龄一般从青年跨度至中年，多扮演正派、严肃、端庄的贤妻良母，或是旧社会的贞节烈女。青衣的表演以唱功为核心，动作幅度相对较小，行动举止沉稳端庄。念白方面，均采用韵白，极少使用京白，并且对唱功要求极为繁重。从服饰来看，青衣多身着青褶子，因此青衣还有一个别称叫青衫，简称衫子。例如，《六月雪》里的窦娥、《红鬃烈马》里的王宝钏等，都是典型的青衣角色。

花旦是旦行的第二大类，从年龄上看，同样扮演青年女性。花旦的服饰多为裙衣裳，且多以绣有色彩鲜艳花样的长衣裳为主。比如《红娘》里的红娘、《打樱桃》里的平心，便是花旦的经典形象。从表演风格上看，花旦侧重于做工和说白，说白主要运用京白，所塑造的人物性格通常较为活泼、开朗，动作也十分敏捷、伶俐。花旦又可进一步细分为闺门旦、玩门旦、泼辣旦、刺杀旦。

老旦专门扮演老年妇女，其表演特点在于唱、念皆使用本嗓，也就是真嗓，但不同于老生的平直、刚劲，老旦的唱腔和念白如青衣般婉转迂回。比如《赤桑镇》里的吴妙贞，《西厢记》里的崔老夫人，《李逵探母》里的李母等，都属于做工老旦的典型代表。

武旦主要演绎精通武艺的女性角色，具体可分为两大类。一类是短打武旦，这类角色身着短衣裳，一般不骑马，着重展现武功和说白，并且掌握一种特殊技巧——打出手。比如《打焦赞》里的杨排风，《泗州城》里的水母，《打店》里的孙二娘，《无底洞》里的白鼠精，《摇钱树》里的张四姐，《三岔口》里的店主婆等，都属于短打武旦。另一类是长靠武旦，这类女性角色身着大靠，顶盔贯甲，通常扮演骑马的将军或统帅，手持尺寸较小的刀，这类角色又被专门称作刀马旦。如《穆柯寨》中的穆桂英，《珍珠烈火旗》中的双阳公主。

净行俗称花脸，其最为突出的标志是用各种色彩勾勒的图案化脸谱化妆，主要表现性格气质粗犷、奇伟、豪迈的人物。这类人物在表演时，要求音色宽阔宏亮，演唱粗壮浑厚，动作造型线条粗犷且顿挫鲜明，大开大合，气度恢宏，如关羽、张飞、廉颇等，都是净行的经典形象。净行人物依据身份、性格及其艺术、技术特点的不同，大体上又可分为正净（俗称大花脸）、副净（俗称二花脸）、武净（俗称武二花），其中副净还包含架子花脸和二花脸。

丑行俗称小花脸或三花脸，属于喜剧角色，通常在鼻梁眼窝间勾画脸谱，多扮演滑稽调笑式的人物。丑行在表演上一般不太注重唱功，而以念白的口齿清晰流利为重点，具体分为文丑和武丑两大分支。

末行主要扮演中年以上的男子，多数角色需要挂须，又可细分为老生、末、老外。老生所扮演的角色主要是正面人物的中年男子。需要注意的是，戏曲因剧种的不同，人物分类也会存在一定的差异。上述分类主要是以京剧的分类体系为参照，而实际情况是，各地、各个时期不同剧种的名目和分类更为复杂多样，它们各自展现出独特的艺术魅力，共同构成了中国传统戏曲丰富多彩的角色行当体系。

二、角色功能之美

（一）角色直达表达主题

在戏剧艺术的浩瀚宇宙中，角色作为故事的灵魂载体，其塑造与表现直接关联着戏剧主题的深刻传达。角色主人公不仅是剧情推进的驱动力，更是主题精神的直观展现，他们的一言一行、一举一动，无不映射着戏剧的核心价值与思想精髓。

以《穆桂英挂帅》为例，穆桂英这一角色，作为女性统帅，本身就是对传统性别角色的一次勇敢挑战与颠覆，蕴含着深刻的反压迫精神。她挂帅出征，英姿勃发，指挥若定，万千兵马皆听其号令，这一形象生动诠释了女英雄的独立、勇敢与智慧，与戏剧颂扬女性力量、反抗不公的主题完美契合，实现了角色与主题的深度共鸣。

同样地，《空城计》中的诸葛亮，以其超凡的智慧和冷静的判断，面对敌军压境而不乱，料敌如神，这一角色的塑造，正是对智勇双全、临危不惧的英雄品质的颂扬，与戏剧所要传达的智谋与勇气并存的主题高度一致，令人叹为观止。

再看《薛刚反朝》，薛刚的角色设定，充满了对正义的追求和对腐败的抗争。他反抗贪官污吏，揭露奸臣阴谋，甚至敢于挑战被奸臣蒙蔽的君主，这一角色功能，无疑是对戏剧主题——反抗压迫、追求公正的直接体现，具有强烈的时代感和现实意义。

至于《窦娥冤》，窦娥的悲惨遭遇与不屈抗争，她呼天抢地，终至六月飞雪，这一震撼人心的场景，不仅是对个人悲剧的深刻描绘，更是对整个社会不公与黑暗统治的强烈控诉。窦娥的角色，她的含冤与反抗，与天地间的呼应，共同构成了戏剧所要传达的主题——元代百姓在蒙古残暴统治下的痛苦挣扎与绝望呐喊，令人动容，发人深省。

因此，戏剧中的角色，不仅是故事的讲述者，更是主题的直接诠释者。他们通过自身的行动与命运，将戏剧的主题精神生动而深刻地展现给观众，引领着观众在情感的波澜中，思考、感悟，最终达到心灵的共鸣与升华。

（二）调整戏剧情调的功能

19 世纪德国杰出的戏剧理论家古斯塔夫·弗莱塔克曾睿智地指出，在戏剧艺术的广阔天地里，人物角色的塑造绝非孤立无援的个体展现，而是彼此间相辅相成、相互映衬的集体创作。尤其是在人物关系盘根错节、情感纠葛纷繁复杂的戏剧作品中，一个看似轻描淡写、微不足道的小角色，往往如神来之笔，为剧情增添无尽的韵味与深度，使得整个故事层次分明，意蕴悠长。

这一戏剧创作的精妙理念，在古希腊悲剧大师索福克勒斯的作品中得到了淋漓尽致的展现。他巧妙地运用人物对比，以细腻入微的表现手法，赋予每个角色独特的生命力，弥补了单一角色可能存在的片面性，使得人物形象跃然纸上，鲜活而立体。索福克勒斯通过精心设置人物，巧妙地调节着故事的色彩与情调，这一高超技巧为后世无数剧作家所推崇并借鉴，成为推动剧情波澜壮阔、引人入胜的关键所在。

在阿瑟·米勒的戏剧杰作《推销员之死》中，这一理念也得到了深刻的体现。该剧以老推销员威利·洛曼的悲情人生为主线，细腻描绘了其职业生涯末期的心路历程与绝望挣扎。然而，威利的故事并非孤立无援的悲歌，而是与周遭人物紧密相连，共同编织出一幅波澜壮阔的人生画卷。

威利的妻子琳达，如同他生命中的一盏明灯，用她的温柔与理解，默默支撑着威利那摇摇欲坠的梦想。琳达的温柔贤淑与威利的刚愎自用形成了鲜明对比，不仅弥补了威利性格中的不足，更使他的形象更加饱满、立体，其悲剧色彩也因此而更加浓厚。

此外，威利的两个儿子比夫与哈皮，虽非剧情主线上的主角，但他们的角色却至关重要，不可或缺。比夫的叛逆与挣扎，对父亲价值观的深刻质疑，展现了年轻一代对传统束缚的勇敢挑战与深刻反思。而哈皮，虽表面上对父亲言听计从，内心却充满了迷茫与困惑，他的矛盾心理为威利的命运增添了更为复杂的背景色彩。

尤为值得一提的是小角色——威利的邻居查理。他的出现虽看似不经意，却如同点睛之笔，为剧情增添了无尽的韵味。查理，作为威利昔日的同事、今日的成功人士，他的存在如同一面镜子，映照出威利内心的羡慕与嫉妒，进一步加剧了威利的心理失衡。查理的冷静理智与威利的狂热、不切实际形成了鲜明对比，使威利的形象更加鲜明突出，剧情也因此而更加扣人心弦、充满张力。

（三）演员与角色推动戏剧情节的功能

在剧本中，人物角色仅仅是一个框架，一个等待填充的空白格。而演员，则是这个空白格的填充者，他们用身段、动作、唱念及表情等丰富的表演手段，将角色塑造得栩栩如生，赋予其鲜活的生命力。演员在戏剧中的重要性，是小说人物无法比拟的。他们的一举一动，都蕴含着深厚的情感与意义，能够瞬间将观众带入剧情之中，与之产生共鸣。

演员的表演，具有一种直观而强烈的冲击力。一拳打出，就足以代替小说家许多笔墨的描绘；一抖须，就能展现出角色内心复杂的喜怒哀乐；一扬鞭，就预示着千军万马的进军，让人仿佛身临其境，感受到战场的紧张与激烈。在戏剧的舞台上，演员通过精湛的表演技巧，将角色的内心世界和情感变化展现得淋漓尽致，使观众能够直观地感受到角色的喜怒哀乐，与之同悲共喜。

以诸葛亮为例，在戏剧《空城计》中，演员通过一抬脚的动作，就巧妙地展现了诸葛亮从巴蜀到西城的瞬间转移，这种夸张而富有想象力的表现手法，不仅让观众感受到了戏剧的魔幻与魅力，更深刻地理解了诸葛亮这一角色的智慧与胆略。演员的表演，让角色在舞台上活了起来，成为观众心中不可磨灭的印记。

因此，演员在戏剧中扮演着至关重要的角色。他们不仅是剧情的推动者，更是角色灵魂的塑造者。通过精湛的表演技巧，演员将剧本中的文字转化为生动的舞台形象，让观众在欣赏戏剧的过程中，感受到艺术的魅力与人生的真谛。

三、戏曲角色的动作、身段、表演之美

戏曲角色的表演与影视演员的表演有相同的地方，他们都要对剧本角色和命运有深切的体悟和洞察，都要对生活特别是与角色相关的生活有细致的观察、体验。不少演员在演戏之前就会刻意体验剧中人物的真实生活，这样才能塑造出更加地道的人物角色。与影视剧演员不同的是，戏曲演员还要求程式化的

表演，注重身段、动作、唱念做打，他们有更加严格的规制。

（一）注重整体的形式美

程砚秋曾深刻指出，中国戏曲是一门给予观众美的感官艺术，能全方位触动观众的感知。梅兰芳也认为在舞台上应处处彰显美的理念。事实上，戏曲的核心就在于它是一种泛美的独特表现形式，涵盖了形态美、松弛美、神态美及灵动美等多元的美学范畴。

例如，从王骥德《曲律》中“虽不是曲，却要美听”的观点，我们能深切领略到戏曲念白所蕴含的语言美。念白虽不同于唱曲，却凭借独特的节奏、韵律和语调变化，或清脆利落，或抑扬顿挫，声声入耳，扣人心弦。而燕南芝庵在《唱论》中提到的“声要圆熟，腔要彻满”，则淋漓尽致地展现了戏曲演唱的声腔美。演员们通过圆润成熟的发声技巧，饱满地呈现每一个音符，使唱腔响彻整个剧场，余音绕梁，让听众沉浸在美妙的音乐旋律之中。

戏曲中的水袖表演更是将美展现得淋漓尽致。演员通过甩、打、抖、抛、抓、勾、挑、撑、冲、拨、扬、掸等丰富多样的舞法，将水袖舞动得如行云流水，变幻出各种美妙的线条和姿态。这些水袖动作不仅是一种舞蹈技巧，更是表达人物情感的特殊手段，它们或激昂，或婉约，或悲愤，或喜悦，通过线条、姿态和韵律的完美结合，传递出细腻的情感，给观众带来美的享受。

在戏曲表演过程中，演员对每一个动作都精益求精，力求照顾到形式美。无论是一个简单的抬手、转身，还是复杂的舞蹈动作，都经过精心设计，从动作的幅度、力度到节奏的把握，都恰到好处。同时，演员还会充分考虑到舞台上每一个观众的视角，确保在表演过程中，身处剧场任何一个角落的观众都能清晰地观看到表演，真切地体会到形式美所带来的优雅与自然，让每一位观众都能沉浸在戏曲独特的艺术魅力之中。

（二）角色身段动作之美

“站有站相，坐有坐相”这句俗语，看似简单，却精准地体现了戏曲中的静态美。演员在舞台上站立时身姿挺拔，犹如苍松劲柏，展现出端庄大气；落座时姿态优雅，尽显从容沉稳，举手投足间皆散发着独特的美感。而在动态表演中，演员通过手眼并用与身法的协调配合，呈现出动态美。他们的眼神灵动，顾盼生辉，手部动作细腻多变，身法轻盈流畅，每一个动作都充满了节奏感和韵律感，仿佛是一场流动的视觉盛宴。

中国戏曲极为注重动作身段之美，在长期的发展历程中，逐步衍生出了丰富多样的程式。生、旦、净、末、丑各个行当都有专属的动作程式，表达喜、怒、哀、乐等不同情绪也有相应的程式，甚至连走路时的碎步、醉步等也都遵循特定的程式规范。然而，无论这些程式如何复杂多变，始终遵循着一个基本原则——美的原则。

以哭戏为例，演员会通过眯眼、流泪、抽气、动嘴及耸肩等一系列细腻的动作来传递哭的情感，但在展现过程中，又巧妙地把握着分寸，不会让观众感到丝毫不适。再看抿嘴这一动作，同样是含蓄且富有节奏地变化，绝无大张大合、龇牙咧嘴的夸张表现。戏曲演员通过这些微表情，精准地呈现出哭的状态，将情感信息有效地传达给观众，同时又完美地维护了舞台上的美感形象。就像梅兰芳在《贵妃醉酒》中的精彩演绎，他精准地展现出醉酒之人的醉态，却摒弃了那种晕晕乎乎、呕吐狼藉的令人厌恶的场景，始终将表演的重点落在美感的呈现上，点到为止，让观众沉浸在艺术的享受之中。

京剧演员俞振飞曾高度评价梅兰芳，他认为旦角表演中，眼神的运用堪称最难，尤其是所谓的“对眼光”。而梅兰芳在这方面却有着独到的功夫。仅在《惊梦》这场戏里，就有四次令人拍案叫绝的精彩表演。前面已提及一次，第二次是在杜丽娘与柳梦梅初次见面之时。在那桃红柳绿的美好季节，情窦初开、正怀春的少女杜丽娘，突然邂逅风度翩翩、风流蕴藉的书生柳梦梅。此时，杜丽娘的内心，一方面因眼前人的出现而怦然心动、惊喜交集；另一方面，少女的娇羞又让她手足无措。如此复杂的情感，梅兰芳却通过与饰演柳梦梅的演员的一次“对眼光”，将其淋漓尽致地展现出来。第三次是在念“因何到此”这句白口时，梅兰芳与对方的眼神一触即收，时机把握得恰到好处，不前不后，不疾不徐，精准地掌控。第四次是在柳梦梅唱完《山桃红》末一句“好处相逢无一言”后，柳梦梅往上场台口一扑，杜丽娘避走到下场门，在音乐奏《万年欢》牌子的过程中，两人互相偷看。这一眼，蕴含着无尽的魅力，将杜丽娘与柳梦梅之间微妙的情感展现得淋漓尽致，让观众深深沉浸在戏曲所营造的浪漫氛围之中。

四、角色唱念之美

戏曲唱念艺术作为中国戏曲表演艺术的核心与灵魂载体，不仅跨越时空界限，直击观众心灵，更是语言与音乐完美融合的艺术典范。它巧妙地将文字转化为音乐化的语言，通过声韵、节奏与情感的交织，深刻揭示人物性格，推动故事发展，展现其独特的艺术魅力。

（一）语言音乐化的诗意构建，是戏曲唱念的基础

汉语四声的抑扬顿挫，为念白赋予了天然的音乐性，如昆曲韵白的中州韵，通过字调的高低起伏，形成如吟诵般的旋律感。同时，散白与韵白的交替使用，为戏曲表演增添了独特的呼吸感与戏剧张力。例如，京剧《空城计》中诸葛亮西皮慢板的悠缓唱腔，《四郎探母》中铁镜公主的明快京白，都生动展现了节奏在戏曲唱念中的重要作用。

（二）唱念技巧的流派特色，彰显了戏曲艺术的多样性与丰富性

戏剧声腔地域鲜明，具有南柔北刚的声腔分野。昆曲的水磨腔细腻缠绵，秦腔的吼唱风格高亢激越，越剧的清丽婉约与华彩跌宕等，共同构成了戏曲唱念的独特风貌。此外，念白的性格化表达，如京剧大师周信芳的“麒派”念白与豫剧常香玉的方言韵白，更是将角色的性格特征刻画得入木三分。

（三）经典案例中的唱念艺术，更是将角色塑造推向了艺术的巅峰

梅兰芳在《贵妃醉酒》中的圆润平和唱腔，程砚秋在《锁麟囊》中的幽咽婉转声腔，以及昆曲《长生殿·哭像》中唐明皇扮演者蔡正仁的痛呼与悔恨念白，无不展现了唱念艺术在塑造角色情感、揭示人物内心世界方面的卓越能力。著名戏剧演员俞振飞曾对梅兰芳在《游园惊梦》中的唱念之美给予了高度评价。他描述道：“梅先生的白口，咬字准确圆润，吐字清晰响亮，抑扬顿挫，无不曲尽其妙，优美绝伦。”在《游园惊梦》中的两段五言诗念白中，梅兰芳以精湛的唱念技巧，将杜丽娘对春天的热爱与留恋之情表达得淋漓尽致。如“蓦地游春转，小试宜春面。春吶，春，得和你两流连，春去如何遣？咳！恁般天气好困人也。”这两段诗念得婉转动听，情感真挚，令人陶醉。这些艺术家们以嗓音为刻刀，将文字雕琢成情感的雕塑，让观众在欣赏中感受到戏曲艺术的深厚底蕴与不朽生命力。

综上所述，戏曲唱念之美，是语言与音乐的共生体，是技术与艺术的辩证法。它以其独特的艺术魅

力，跨越时空界限，连接着千年文化基因与当下观众的心跳。无论是昆曲的雅致、秦腔的豪迈，还是梅派的雍容、程派的幽邃，都在唱念艺术中得到了完美的展现。当演员们以精湛的唱念技巧，将文字转化为情感的雕塑时，戏曲唱念之美便在这一刻绽放，成为不朽的艺术经典。

第四节　戏剧主题之美

戏剧主题指的是戏剧所涉及的主要题材、内容意蕴及表演手法。按题材戏剧可分为历史剧、神话剧、家庭剧、儿童剧、科幻剧及传奇剧等，按作品类型可分为正剧、悲剧和喜剧；按空间结构可分为独幕剧、多幕剧和小品，按表现形式可分为话剧、歌剧、诗剧、舞剧和音乐剧等。

这一小节从人类命运主题、爱情与自由主题、女性的出走与反抗主题、存在与荒诞主题等方面探讨戏剧主题之美。

一、命运主题之美

戏剧这一艺术形式相较于小说，在探讨人的命运这一深刻主题时，展现出了更为集中且强烈的艺术表现力，小说往往拥有多重主题和复杂的情节线。在许多经典小说中，如《红楼梦》《红与黑》《复活》《百年孤独》以及《罪与罚》等，命运主题虽然显著，却只是众多主题之一。相比之下，戏剧在表现人的命运这一主题时，往往更为直接且深刻，能够产生震撼人心的力量。

中国戏剧的诞生虽然稍晚于古希腊悲喜剧，但在其发展过程中，同样不约而同地将目光聚焦于人的命运这一主题。从宋代的初步形成，到元代的成熟，中国戏剧逐渐形成了自己独特的艺术风格。而古希腊悲喜剧，作为戏剧艺术的先驱，早在几千年前就开始了对人类命运主题的深入探索和表现。这种对命运的探索和追寻，对于人类而言具有普遍的、永恒的意义。

接下来，我们将通过两部具有代表性的戏剧作品来展现戏剧主题之美。第一部作品是古希腊著名悲剧作家索福克勒斯的《俄狄浦斯王》。这部作品以其深刻的命运主题和精湛的戏剧技巧，成为古希腊悲剧的巅峰之作。剧中，俄狄浦斯王试图逃避命运的束缚，却最终未能逃脱命运的捉弄，展现了人类对命运的无奈与抗争。第二部作品是现代中国著名剧作家曹禺的《雷雨》。这部作品以其复杂的人物关系和紧张的剧情冲突，深刻揭示了旧社会背景下人们的悲惨命运。剧中，周朴园、繁漪等人物在命运的洪流中挣扎求生，他们的命运为社会、家庭及情感等多重因素所束缚，展现了人在命运面前的渺小与无力。

（一）索福克勒斯对人类命运主题的探寻

索福克勒斯，这位被西塞罗和郎吉纳斯等古代史家尊称为“戏剧艺术的荷马”的伟大剧作家，其生活在雅典奴隶民主制由盛转衰的时代。他的一生，几乎全部奉献给了悲剧艺术的创作。在公元前 468 年的戏剧比赛中，索福克勒斯以其卓越的才华战胜了前辈埃斯库罗斯，从此声名鹊起。据记载，他为酒神节创作了多达 123 个剧本，并参加了约 30 次戏剧比赛，其中 24 次荣获桂冠。

在索福克勒斯的众多剧作中，《俄狄浦斯王》无疑是最为人称道的，被后世奉为“十全十美的悲剧”。这部剧作深刻探讨了人类的命运，将观众带入了一个充满悲剧色彩的世界。故事发生在希腊底比斯王国，俄狄浦斯自出生起就被神庙预言将弑父娶母。为了逃避这一可怕的命运，他远走他乡，凭借自己的勇敢与智慧破解了斯芬克斯之谜，杀死了怪物，赢得了人们的尊敬。然而，无论他如何努力逃避，命运之神似乎总与他过不去，最终他还是未能逃脱宿命的安排。

在该剧中，我们看到了人与命运的激烈交锋，罪与罚、救赎与堕落的交织，以及命运的无常与命定的残酷。一方面，剧作展现了人类在命运面前的无力感，人的努力在命运的无限与不可摆脱面前显得如此渺小和有限；另一方面，它又彰显了人的高贵与尊严，人的自由意志与道德情操。俄狄浦斯用自己的行动诠释了人类努力成为高贵存在的精神，他勇敢追求真相，当得知自己弑父娶母的真相后，毅然选择了刺瞎双眼、自我放逐，以此彰显自己的尊严和人生价值。正如别林斯基所言："高贵的自由的希腊人没有低头屈服于可怕的命运，而是通过对命运进行英勇而骄傲的斗争找到了出路，用这斗争的悲剧的壮伟照亮了生活的阴沉的一面。"

然而，并非所有作品都如《俄狄浦斯王》般以悲剧收场，但我们可以从其他悲剧作品中找到与之相呼应的主题。例如，在莎士比亚的《哈姆雷特》中，主人公在生存与毁灭的抉择中选择了复仇，最终走向了毁灭。而莎士比亚的另一部悲剧《麦克白》则讲述了麦克白和其夫人因欲望而走上罪恶之路，余生都活在罪恶与无法忏悔的痛苦之中。这些作品都展现了人与命运的纠葛，以及人在面对命运时的无奈与抗争。

另外，印度电影《杰伊比姆》中的主人翁钱德拉律师，与古希腊悲剧《俄狄浦斯王》中的主角俄狄浦斯有着相似的悲剧色彩。他们都试图通过自己的努力来逃避或改变命运，但最终都无法逃脱宿命的安排。钱德拉律师为低种姓群体辩护，试图打破种姓制度的枷锁，但最终遭遇了不幸。这种努力与命运之间的激烈交锋，以及最终的悲惨结局，都让人不禁想起了俄狄浦斯王的命运悲剧。

综上所述，无论是索福克勒斯的《俄狄浦斯王》，还是莎士比亚的《哈姆雷特》与《麦克白》，抑或是现代电影中的某些悲剧性作品，它们都深刻探讨了人类的命运主题，展现了人在面对命运时的无奈、抗争与高贵。这些作品不仅是对人类命运的深刻反思，更是对人性、社会与历史的深刻剖析。

（二）曹禺的现代戏剧《雷雨》对人物命运的探讨

1934 年 7 月，曹禺在《文学季刊》上发表的《雷雨》以 20 世纪 20 年代的中国为社会背景，表现出在新时代尚未摆脱封建束缚的资产阶级家庭的人伦悲剧，成为中国话剧走向成熟的里程碑。

该剧通过两个场景和一天的情节发展，表现出周、鲁两家 30 年的恩怨情仇。《雷雨》所展示的是一幕人生大悲剧，在一个贫穷愚昧、没有公平自由的等级社会里，人被厄运吞噬的悲剧。最终结局，犯错的人、有罪的人、无辜的人，一起走向了毁灭。

20 世纪二三十年代的中国，民众渴望冲破黑暗和不公，弱小如鲁侍萍都要说"是不公平的命运让我找来的"，一切在雷雨中解决，没有苟且和中间地带，善良人的奋力挣扎与拼搏在结局都无法冲破命运的围城，这应该就是曹禺绞尽脑汁思考的关于斗争的冷酷无情与残忍可怕，真相再残酷也要公诸天下。曹禺的《雷雨》与鲁迅的《呐喊》、郭沫若的《女神》共同开启了中国文艺狂飙突进的时代，叫醒沉睡的人，冲破暗黑的笼子，即使燃烧自己也在所不惜。

二、爱情主题之美

爱情是几乎所有文艺作品重点表现的主题，而戏剧对爱情的表现有自己的规制：一是时间极其有限，二是空间的严格限制，三是依赖演员的表演而非文字阅读带来的想象，四是情绪气氛的限制。

戏剧爱情主题之美是在一系列限制下得以展现的，如同戴镣铐的舞蹈，更不用说中国传统戏剧，在动作、身段、舞蹈、唱诵、表情等方面，还有着无比严苛的程式化与精致化要求。爱情的悲喜各有不同，但爱情的感悟体验却殊途同归。以下将从两个方面探讨爱情主题之美：一是爱情悲剧主题，二是爱情喜剧主题。

（一）爱情悲剧主题

中国最著名的悲剧《梁山伯与祝英台》集中体现了悲剧爱情主题之美，梁山伯在与祝英台同窗的三年中感情颇厚，却不知道英台为女儿身。随之英台辍学返乡，山伯拜访之时才得知好友是女红妆。于是提亲，却不想英台已经许配给了马文才，故梁山伯因忧郁成疾而英年早逝。在英台出嫁之日，路遇山伯坟墓，此时狂风大作，坟墓塌陷，英台跳入其中，随后坟头出现一对彩蝶，双双飞去。该剧包含多个经典情节：送别、草桥结拜、三载同窗、十八相送、思祝下山、逼婚、访祝、楼台相会、山伯临终、祝父逼嫁、坟场化蝶。

例如，剧中第八场楼台相会的一段，祝英台唱道："梁兄啊，梁门你是独子，白发老母指望谁，我英台此生已无望，梁兄你另娶淑女……"第九场出嫁里祝英台走下轿子，对着梁山伯的坟墓唱："梁兄啊梁兄，"一唱三叹，肝肠寸断。最后山门大开，祝英台跳入坟墓，双双化蝶。所有演员齐唱："千年万代不分开，梁山伯与祝英台。"对中国人来说，梁山伯与祝英台就意味着生死不渝的爱情，一说到爱情人们便会联想到梁山伯与祝英台。

（二）爱情喜剧主题

莎士比亚的四大爱情喜剧，分别是《第十二夜》《皆大欢喜》《仲夏夜之梦》以及《威尼斯商人》。其中，《仲夏夜之梦》堪称莎士比亚最负盛名的喜剧之一，也是他在青春时期创作的最为成熟的收官喜剧作品。这部戏剧节奏明快，洋溢着欢乐的氛围，宛如一场盛大的戏剧狂欢。在爱情剧的范畴里，似乎全世界大都倾向于一个团圆的结局。"愿天下有情人终成眷属"，这不仅是所有人共同的美好愿望，更是人们心底真挚的祝福。

即便在爱情悲剧作品中，往往也会让团圆和爱情在道义层面取得胜利。例如《罗密欧与朱丽叶》，男女主人公虽为爱殉情，但两个世代为仇的家族最终握手言和。《费加罗的婚礼》中，费加罗与苏珊娜有情人终成眷属；《第十二夜》《威尼斯商人》《仲夏夜之梦》《无事生非》里，爱情也都迎来了美满的结局。在中国的经典爱情故事中，同样如此。在《梁山伯与祝英台》里，梁山伯相思而亡，祝英台被迫嫁人，然而最后他们在坟墓中双双化蝶，实现了爱情的永恒；在《西厢记》中，张生与崔莺莺虽历经波折，但最终在梦中相会，修成正果；在《倩女离魂》里，女子离魂与男子结为夫妇；在《牡丹亭》中，杜丽娘死而复生，与爱人团聚；在《长生殿》里，唐明皇与杨玉环在嫦娥的月宫再度重逢。

对待真挚的爱情，无论是剧作者还是观众，都满怀善意。川剧的爱情喜剧别具一格，不仅唯美动人，还充满诙谐幽默，充分展现了四川人骨子里的娱乐精神。以川剧《天仙配》和《拉郎配》为例，便能一窥究竟。在传奇故事《天仙配》里，七妹的形象较为羞涩内敛，即便偶有主动之举，也颇为含蓄。但在川剧版的《天仙配》中，七妹摇身一变，成为大胆泼辣的巴蜀妹子。一开场的"游鹊桥"，她便欢快地唱起情歌："人间天上不一样，男婚女嫁配成双，夫妻恩爱说不尽，好似鸳鸯在池塘。"当姐妹们游玩鹊桥尽兴后准备返回时，七妹却高声呼喊："去人间，去人间。"川剧版的《天仙配》，少了些传统故事里的楚楚可怜，多了几分可爱俏皮。

而《拉郎配》的台词更是充满了川渝地区独有的幽默风趣。在第二场托媒的情节中，急于将女儿嫁出去的王夏焦急地说道："请你快点来办妥吧，太阳都要落山了。"媒人董妈回应道："请你回府上等我，你又何必脚跟脚。"王夏接着说："找不到女婿脱不了锅，我出大价就是要请你这个好媒婆。"媒人董妈则表示："这件事情我办不好，我愿退钱没话说。"王夏不依不饶："办不妥，你早不该答应我，如今要推也推不脱。"一旁的李大叔也凑上来说："我送你只母鸡五斤多。"媒人董妈疑惑问道："为啥你要把母鸡送给我？"李大叔连忙解释："请你帮我女儿把亲说。"后来王夏与李大叔两人争执起来，媒婆董妈无奈地说："都撇脱，都撇脱，只有我才不撇脱。"后面董妈去劝说秀才李玉结婚时，说道："卜凤小姐，出身好，性格好，人又乖巧，这次错过，下次就遇不到了。"李玉却回道："婚姻五伦之首，哪里能一说就成？"董妈赶忙劝道："我晓得我晓得，你就当作一回好事嘛。"

川剧《拉郎配》和《天仙配》生动地展现了爱情喜剧的主题与特质：直率乐观、活泼勇敢、敢爱敢恨，以及有情人终成眷属的美好愿景。它们以独特的艺术魅力，为观众呈现出一场场充满欢乐与温情的爱情盛宴，让人们在欣赏戏剧的同时，也深深感受到爱情的美好与力量。

（三）女性出走、抗争、复仇、追求平等独立主题

在中国传统戏剧的历史长河中，众多作品展现出丰富多元的主题，其中女性出走抗争的主题尤为引人注目。诸如《汉宫秋》《雌木兰》《张协状元》《赵贞女》《琵琶记》和《墙头马上》等剧目，皆围绕这一主题展开深刻的叙事。在这些作品里，赵五娘、赵贞女和王贫女等女性角色，因丈夫中举后发生婚变，毅然决然出门寻夫，她们在漫漫寻夫路上，历经艰辛，以柔弱之躯对抗命运的不公，展现出坚韧不拔的意志。《汉宫秋》则以宏大的历史背景为依托，讲述了昭君为实现汉胡之间的和平，被迫远嫁塞外的故事。昭君的这一抉择，虽饱含无奈与牺牲，却彰显出她以天下为己任的胸怀。《雌木兰》生动再现了南北朝诗歌《木兰从军》的传奇故事，木兰替父从军，女扮男装，奔赴战场，在金戈铁马中展现出非凡的勇气与担当。《墙头马上》中的李千金，为了追求纯粹的爱情，冲破封建礼教的束缚，与裴少俊私奔，她的勇敢和执着令人钦佩。

中国传统戏剧中，还有不少作品对女英雄进行了热情歌颂，其中蕴含着深刻的女性平等意味。例如豫剧《穆桂英挂帅》里，穆桂英在国家危难之际，巾帼不让须眉，挂帅出征，尽显飒爽英姿；扬剧《百岁挂帅》中，佘太君虽年事已高，但依然心系国家，率领杨家女将再度出征，展现出老当益壮的豪情；京剧《谢瑶环》里，谢瑶环为民请命，不畏强权，敢于与恶势力作斗争；昆曲《李慧娘》中的李慧娘，虽身处困境，却依然坚守正义，展现出不屈的精神；京剧《三请樊梨花》中，樊梨花武艺高强，智勇双全，在爱情与家国大义面前，做出了勇敢的抉择；现代剧彩调《刘三姐》中，刘三姐以山歌为武器，反抗压迫，维护自身权益，展现出女性的智慧与力量。

在西方戏剧中，女性出走模式大致可以分为两种情况。其一，受爱情观念的影响，为了追求爱情，不惜违背世俗的束缚。例如，莎士比亚的《奥赛罗》中，苔丝狄蒙娜对奥赛罗一往情深，毅然决然地选择出走，不顾父亲的强烈反对，坚定地与奥赛罗在一起。然而，命运却对她百般折磨，最终红颜薄命，死在了丈夫手中，她所憧憬的美好婚姻也化为泡影。其二，源于自我意识的觉醒，为了追求独立和自由而选择出走。在其他文学作品中，也不乏类似的案例，如《太太学堂》里的阿涅丝、《仲夏夜之梦》中的海伦娜、《萨拉·萨姆逊小姐》中的萨姆逊和《威尼斯商人》中的杰西卡等女性，她们都以出走的方式，表达对命运的不屈抗争，追求自我价值的实现。《玩偶之家》中的娜拉则是一个极具代表性的人物，她原

本生活在一个看似美满的家庭，家境殷实，儿女健康快乐，夫妻恩爱有加。然而，在经历了一系列事件后，娜拉的自我意识逐渐觉醒，她勇敢地说出：“首先我是一个人，跟你一样的一个人——至少我要学做一个人”，随后毅然决然地离开了那个看似温暖的家，去追寻真正的自我。

胡适将《玩偶之家》引入中国后，犹如一颗石子投入平静的湖面，激起了千层浪，引发了巨大的反响。一时间，一批以中国女性为主题的剧作如雨后春笋般应运而生，如《终身大事》（1919）、《泼妇》（1922）、《卓文君》（1923）、《兵变》（1924）、《绮霞》（1927）等。这些作品深入探讨了中国女性在传统与现代、家庭与社会之间的挣扎与抉择，展现了中国女性对自由、平等和独立的追求。1931 年，日本发动侵华战争，中华民族陷入了前所未有的危机之中。在这一特殊历史时期，戏剧作品中女性抗争复仇的主题融入了抗日救亡的元素，如《凤凰城》（1937）、《谁先到了重庆》（1943）、《芳草天涯》（1945）等剧作，都生动地展现了女性在抗日救亡运动中的英勇表现和家国情怀。总体而言，中国戏剧中女性出走、抗争、复仇的主题，通常与家国命运紧密相连，带有强烈的家国情怀，这与西方戏剧中强调个人主义的主题有着显著的区别。

三、荒诞主题

20 世纪，存在主义文学家、戏剧家萨特和加缪，在众多剧本与小说里，他以理性的笔触深刻揭露了人的存在所具有的荒诞性。他们对人生的诸多方面，如无依据的存在感、如蝼蚁般卑微的命运等，表达出反感与讽刺，并借助语言与舞台，深入挖掘荒诞本身所蕴含的戏剧性。

为了淋漓尽致地展现人生的无常与多变，荒诞戏剧大胆采用解构、打破和割裂传统戏剧结构的方式，删除原有的人物动作、语言等元素。在荒诞戏剧中，通常不存在严格意义上的情节与人物设定，舞台的布置也以凸显世界的荒诞性为根本原则。以尤内斯库和贝克特为例，他们在表达主题时，常常对传统逻辑结构和正常理智进行重新设定与彻底颠覆，以此来揭示人类认识处境的荒诞与不合理。在二人的剧作中，我们不难看到许多无固定姓名的角色，且故事没有准确的时间地点，缺乏剧情转折，甚至没有明确的结局。在这样的情境下，语言失去了常规的表意功能，变得空洞无物、难以捉摸。

尤内斯库的《秃头歌女》堪称荒诞派戏剧的经典之作，其中，马丁夫妇的形象生动地展现了荒诞式的典型人生。故事场景设定为马丁先生和马丁夫人前往史密斯夫妇家做客。马丁先生对马丁夫人说：“夫人，我好像在什么地方见过您。”马丁夫人回应：“我也好像在什么地方见过您。”马丁先生接着说：“我是曼彻斯特人，我离开曼彻斯特差不多五个星期了。”马丁夫人表示：“我也是曼彻斯特人。”最后马丁先生说：“我卧室里有张床，床上盖着一条绿色的鸭绒被。”马丁夫人说：“我卧室里有张床，床上盖着一条绿色的鸭绒被。”马丁先生惊叹：“这太奇怪了，我们住在同一间房里，睡在同一张床上。”直至马丁先生说：“您就是我妻子……伊丽莎白。”马丁夫人回应：“道纳尔，是你呀，宝贝儿！”观众此时才恍然大悟，原来这两人竟是夫妻。这一情节将夫妻关系的荒诞性展现得淋漓尽致，让人对荒诞的人生境遇有了更为直观的感受。

戏剧主题之美，不仅体现在对人类命运、家庭伦理、神话历史、爱恨情仇以及人的现实存在与荒诞表现等诸多方面的深度探索上，还体现在它能在极其有限的时空内，通过严苛的动作、声音、装束规制展现出来（中国传统戏剧，如京剧、昆曲、川剧、豫剧等，便是典型代表）。随着时代的发展，现代戏剧在主题与表现手法上进行了大量的创新实践，中国的先锋戏剧和实验话剧便是其中的突出代表。人类的生活始终处于不断变化之中，因此，对戏剧主题的探索与表现也永不止步，持续在时代的舞台上绽放新的光彩。

美育实践

《惊梦》是陈佩斯与编剧毓钺联手打造的一出话剧，它以解放战争为背景，将昆曲戏班“和春社”的命运编织成一幅悲喜交织的时代图景。故事始于昆曲戏班班主童孝璋（陈佩斯饰）率“和春社”赴平州演出，却因国共拉锯战被困孤城。戏班被迫在两军之间周旋，为解放军演《白毛女》、为国民党唱《游园惊梦》，在“戏中戏”的错位中尽显荒诞：当《白毛女》的“黄世仁”唱段响起，既是对陈佩斯父亲陈强经典角色的致敬，也暗喻着艺术在政治浪潮中的被动改写；而《牡丹亭·惊梦》的袅袅昆曲，在战火废墟中成为对抗残酷现实的精神圣殿。童孝璋坚守“应了的戏就得唱”的江湖规矩，与两军“为政治服务”的演出要求形成张力——这既是个体在历史洪流中的无奈挣扎，也是对“艺术何为”的深刻叩问。剧中“傻少爷”常少坤的滑稽搅局、两军将领对“慰问演出”的荒诞要求，以喜剧手法消解战争的严肃性，却在笑声背后暴露出人性的复杂与时代的荒诞。

《惊梦》的艺术魅力，源于昆曲与话剧的精妙融合。昆曲《游园惊梦》不再是简单的“戏中戏”，而是贯穿全剧的精神符号：其典雅的唱段（如“原来姹紫嫣红开遍”）、柔美的水袖与战场上的枪炮轰鸣、断壁残垣形成视觉与听觉的强烈反差，恰似传统文化在乱世中的脆弱与坚韧。剧组特邀昆曲名家王晓燕对演员进行特训，陈佩斯的念白中融入戏曲韵味，专业演员的现场唱段与乐队伴奏，让昆曲之美成为跨越时代的情感载体。

舞美设计的细节考究更强化了这种虚实对照：近百套传统戏服的精致刺绣、古戏台的雕梁画栋与战火洗礼后的破败场景并存，道具（如戏箱、马鞭）的反复出现，既还原历史质感，也象征戏班“以戏为命”的生存信念。当结尾处戏班在废墟上为逝者演完一出完整的《惊梦》，舞台上的雪落无声，却让传统文化的精神力量在废墟上悄然重生。

社会对《惊梦》的高度评价（豆瓣 9.4 分，年度戏剧荣誉），印证了其文化意义：它不仅是一部战争背景下的戏班生存史，更是对“艺术如何抵抗遗忘”的当代思考。

请结合陈佩斯的话剧《惊梦》，分析其戏剧核心情节冲突的象征意义、人物命运的悲剧性映射以及舞台符号的隐喻系统。

第九章

品鉴书画之美

学习目标

知识目标

- 通过赏析，引导学生学会从构图、线条、墨法、色彩等方面欣赏中国传统书画之美。
- 分析和理解中国传统书画的精神风貌和审美文化内涵。

思政目标

- 坚定文化自信，弘扬中华美学精神。
- 培养学生的家国情怀和社会责任感。

文字的雏形，最初以绘画形式呈现，其后逐渐演变为象形文字。由此可见，“书画同源”中的“书”，并非指代书法，而是指文字。从艺术形态的发展历程来看，中国传统绘画艺术明显早于书法艺术。真正意义上的“以书入画”始于元代，彼时水墨文人画盛行。文人画家主张“以书入画”，即将书法的笔意和韵味融入绘画创作，从而使画面更具有韵律感和节奏感。书画艺术，是创作者握笔写字或作画时情绪的表达，它们饱含情感诉求，拥有鲜活的生命力。每一幅作品都独具魅力与气质，凝聚着艺术家的心血与灵感。在接下来的篇章中，我们将一同走进中国传统书画艺术鉴赏的大门，结合传世名作，领略中国传统书画之美。

第一节　书法书体之美

中国书法，作为人类文明史上唯一以文字为载体的艺术形态，在点画生发与空间营构间建构起独特的视觉哲学体系。从甲骨卜辞的刀痕契刻到青铜彝器的铭文铸迹，这种肇始于实用又超越功利的艺术形式，始终在二维空间中演绎着三维的时空韵律。其笔锋游走处，不仅承载着文明传承的密码，更升华为东方美学的精神图腾。

在传统书论体系里，“点画”概念深植于文字本体论。《说文解字》释“书”为“箸也”，强调书写行为与文字载体的共生关系。当代书坛引入“线条”概念实为艺术自觉的必然——当林散之以画入书开创草书新境，沙孟海将碑版凿刻转化为笔墨语言时，书法艺术形成了包含肌理质感、运动轨迹、空间张力等复合审美系统。这种嬗变使书法从“书写的艺术”升华为“线条的哲学”，在提按使转间构筑起形质与神采的辩证统一。

书法艺术的终极魅力，在于将道家阴阳辩证转化为视觉韵律。观《石门颂》之圆浑与《始平公》之方峻对语，《祭侄文稿》的疾涩交织与《韭花帖》的疏密相生，无不印证着孙过庭“违而不犯，和而不同”的造型法则。当枯润浓淡在宣纸上晕化出氤氲之气，当迟速轻重于尺牍间激荡起时空节律，笔墨已超越技法层面，成为书家心性修为的镜像写照。这种对立元素的辩证统一，恰似《周易》卦象的阴阳交泰，在矛盾冲突中达成更高层次的美学平衡。

书体演变史可视作中华民族的审美精神发育史。篆书如青铜钟鼎般承载着先民的宇宙认知，隶书波磔间跃动着秦汉的雄浑气度。楷书至唐而法度粲备，恰似盛世文明的秩序象征；行书自晋人尺牍流淌出的，是文人精神的潇洒风流；狂草则以解衣磅礴之势，将书法的表现主义推向巅峰。从商周甲骨的巫觋密码，到敦煌写经的民间智慧，再到文人书斋的心画流泻，每种书体都是特定历史阶段的文化切片，共同编织成中国艺术的基因图谱。

这种艺术精神的最高境界，在于气韵的浑成。康有为谓“书虽小技，其精者亦通于道焉”，正揭示了书法与中华文明深层结构的同构关系。当我们在《平复帖》的斑驳中触摸晋人风骨，在《古诗四帖》的盘旋里感受盛唐气象，实际上正在经历一场跨越千年的文化对话——这或许正是中国书法作为“心灵史”的终极意义。

一、篆书——凝重圆润之美

篆书，这一古老而深邃的书法形式，涵盖了大篆与小篆两大类别。大篆，作为秦代以前文字的统称，其历史渊源可追溯至商代的甲骨文、西周的金文，以及春秋战国时期的多样文字形态。然而，关于大篆的产生时间，实则存在一种误解，它并非诞生于战国晚期，而是这一时期的文字被归纳入了大篆的范畴。事实上，大篆在秦代至西汉前期就广泛流行。汉代学者许慎在其著作《说文解字·叙》中，详尽列举了秦代的八种字体，其中大篆位列其首，紧随其后的还有小篆、刻符、虫书、摹印、署书、殳书及隶书，展现了秦代书法的多元面貌。

谈及大篆的代表性作品，不得不提及《睡虎地秦简》、毛公鼎与散氏盘等珍贵文物。这些作品以其独特的环状和斜向运动用笔，以及尚未充分简化的结构特征，生动展现了大篆的艺术魅力。

而小篆，这一秦代的标准书体，是在大篆的基础上演变而来。它由秦相李斯精心整理并制定，因此李斯也被后世尊称为小篆的鼻祖。小篆字体微狭长，字形整齐划一，笔画圆润匀称，展现出一种极致的形式美感。与先前的古文字相比，小篆的象形意味有所减弱，而符号化特征则更为显著。在秦代前期至中期，小篆逐渐定型，达到了书法艺术的新高峰。

据《史记·秦始皇本纪》记载，秦始皇在统一六国后，曾多次巡视各地。为了歌颂其丰功伟绩、昭示万代，群臣分别在峄山、泰山、琅琊台、芒砀山、东观、碣石、会稽七处刻石留念。这些刻石均采用小篆书写，被誉为“秦七刻石”。这些作品如今被视为秦代小篆的标准样式，也是后世小篆书法的典范之作。尤其是泰山刻石，历经千年风雨仍保存完好，字迹清晰可辨，堪称小篆中的翘楚。

二、隶书——匀称流畅之美

隶书，这一汉字书体，以其独特的对称之美和流畅之感，成为书法艺术中的瑰宝。它源自篆书，却在演化过程中形成了自己鲜明的特色，不仅保留了篆书的对称特征，更在此基础上发展出了独特的审美风格。

（一）隶书的起源与发展

据传，隶书起源于秦朝，由书法家程邈整理而成，至东汉时期达到鼎盛。隶书的出现是中国文字史上的一次重大改革，它奠定了楷书的基础，引领书法艺术进入了一个崭新的境界，堪称汉字演变史上的一个转折点。

隶书的发展历经了古隶、汉隶和八分三个阶段。值得注意的是，汉隶和八分在西汉末年至东汉末长期共存，共同推动了隶书艺术的繁荣。汉隶以其宽厚的韵味和精巧的结构，在碑刻中尤为突出；而八分则以其斜画紧结、笔势飞动的特点，展现了隶书多样化的风格。从成书于公元 186 年的汉隶书《张迁碑》和公元 185 年的八分书的《曹全碑》来看，汉隶并不因八分的流行而被完全取代。汉隶和八分虽为两种有区别的笔法系统，但两个系统长期共存，书法界认为汉隶是“平画宽结”书法结构类型的源头，八分为“斜画紧结”书法结构类型的源头。

汉隶主要有两大存在形式：石刻与简牍。其在帛画、漆器、画像、铜镜中表现得精美绝伦，而在碑刻中更显其宽厚独特的韵味。

（二）隶书的审美特点

隶书之美，在于其字形宽扁、笔画流畅，以及独特的“一波三折”和“蚕头燕尾”的艺术处理。汉隶在笔画上展现出波、磔之美，笔画左行如曲波，右行则笔锋形如“燕尾”，这种变化使得隶书在视觉上更加生动、富有韵律感。在结构上，隶书对篆书进行了改革，从纵势长方变为横势扁方，兼具雄浑与工整，展现出舒展灵动的气度。

隶书的笔画变圆为方、变曲为直，调整笔画的断连，省减结构，这些改革使得隶书在保持毛笔书写自然状态的同时，又形成了独特的横向取势。此外，隶书的行距窄、字距宽等章法特点，也使得其整体布局更加协调、美观。

（三）隶书经典作品品鉴

隶书圆润浑厚的独特韵味与美学特质，并非仅仅源自东汉时期已趋于完善的规范和体系，而是深深根植于其历经四百余年漫长演变的隶变历程之中。在这段悠久的历史长河中，无数隶书作品犹如璀璨星辰，等待着我们去探索与解读。

以汉隶方笔之典范《张迁碑》为例，其古朴淳厚的气息扑面而来，骨力雄健，字形方正而险峻，内部结构疏松而外部轮廓紧凑。笔法拙朴中蕴含着高古之意，展现出一种质朴无华而又力量感十足的美学境界。

而汉隶圆笔之杰作《曹全碑》，则以其扁平的结体、典雅的体态和圆润飘逸的笔触著称，宛如行云流水般流畅自然。其结构精巧玲珑，每一笔每一画都透露出书者的匠心独运与深厚功底，令人叹为观止。

此外，《礼器碑》以其端庄严谨的书风、方峻坚挺的笔画和起伏多变的用笔，将方圆、粗细等元素巧妙融合，展现出一种既刚劲有力又不失柔美细腻的艺术风格。其走笔流畅，每一笔都仿佛蕴含着无尽的生命力，跃然纸上。

更有被誉为隶书中草书之称的《石门颂》，其风格奇异纵恣、雄厚潇洒，朴质中透露出奇趣。无矫揉造作之态，恣肆中见变体，展现出一种超脱世俗、回归自然的书写情怀。尤其是那潇洒自如的波挑，更是将文人的浪漫情怀与自然的开阔景象完美融合，处处流露出人文情怀的独特艺术魅力。

这些东汉经典刻石文本书法作品，不仅让我们领略到了不同风格、不同审美取向的书写体系，更深刻地反映了东汉时期雄壮而又清奇的文化气象和文人们自信豪迈的书写精神。尤其是《石门颂》等作品，以其不拘一格的奔放品格和开阔的自然景象，成为历代书家争相关注和借鉴的经典范本，对后世书法艺术的发展产生了深远的影响。

1.《张迁碑》——古朴淳厚，雄浑大气的典范

《张迁碑》（图 9-1）全称《汉故谷城长荡阴令张君表颂》，别名《张迁表颂》，创作于东汉中平三年（公元 186 年）。此碑由一位佚名书法家书丹，由东汉碑刻家孙兴精心刻制。碑身高达 290 厘米（或说九尺五寸，约合 2.92 米），宽 107 厘米（或说三尺二寸），碑阳部分正文共有 15 行，每行 42 字，总计 567 字；碑阴部分则分为 3 列，上两列各有 19 行，下列 3 行，共计 323 字。目前，这块珍贵的碑石被收藏于山东泰山岱庙碑廊中。

图 9-1　《张迁碑》局部

碑额以篆书题写“汉故谷城长荡阴令张君表颂”12 字，线条盘曲，书意介于篆隶之间，独具韵味。正文部分则着重颂扬了张迁及其先祖张仲、张良、张释之和张骞的丰功伟绩，并涉及黄巾起义军的相关历史情节。碑主人张迁，字公方，乃陈留己吾（今河南宁陵境内）人士，曾任谷城（今山东东平县一带，汉代隶属于东郡）之长，后升任荡阴（今河南汤阴县）县令。此碑文系由张迁的故吏韦萌等人为追念其功德而特立。

《张迁碑》以其雄强大气、古朴淳厚的风格，堪称汉碑中的佼佼者。碑文用笔以方为主，笔画饱满，字内布白较少，厚重感尤为明显。每个字所占用的空间匀称，笔画内部变化复杂，初看稚拙，细品则见精巧。其章法、行气灵动，沉着有力，展现了隶书古妙异常的艺术魅力。

2.《曹全碑》——典雅华美、俊秀温润

《曹全碑》（图 9-2）全称《汉郃阳令曹全碑》，因主人公曹全字景完，而别名《曹景完碑》。此碑高达 253 厘米，横宽 123 厘米，于明万历初年出土于陕西郃阳（今陕西合阳）莘里村。遗憾的是，碑石在明代末年不幸断裂，故而世人所见到的多为断裂后的拓本。如今，这块珍贵的碑石被妥善保存在西安碑林博物馆，而明拓本则珍藏于北京故宫博物院与上海博物馆。

碑阳铭文详尽记载了郃阳县令曹全的家世背景及生平事迹，尤其突出其平定西域疏勒国叛乱、治理地方灾害的功绩，是东汉官吏纪功碑的典型代表。

图 9-2　《曹全碑》局部

此碑立于东汉中平二年（公元 185 年），碑阳部分共有 20 行，每行 45 字；碑阴部分题名 33 行，分 5 横列，全碑共计 1165 字。作为汉代隶书的杰出代表，《曹全碑》以其秀逸多姿、

结构匀整的艺术风格，赢得了历代书法家的极高赞誉。

从书法艺术的角度来看，《曹全碑》的用笔特征尤为显著。其笔形经典且丰富多变，点画、横波、波挑、波磔等笔画形态完美无瑕，变化多端，充分展现了成熟汉隶的独特风貌。字体方面，圆润活脱，刚柔并济，笔画起、行、收处均以圆实的篆籀笔意为主，形质俱佳。在行笔过程中，稳健是主基调，轻松而匀净，毫无刻意雕琢之痕。然而，在动静变化之处，走笔却果断决绝，绝不拖泥带水。同时，书写者在处理笔画曲直关系时也颇具匠心，短画多直，长画善曲，直曲相谐，动静自如。

此外，《曹全碑》在轻重处理上也颇为讲究，提按丰富。笔调以细线为主，细而不弱，虽纤如丝发，却质感圆润如椽。细线组合之外，粗笔画的出现更为整个字增添了非凡的神采，与细线搭配和谐统一，既形成了鲜明的反差，又能相互融合。整体而言，笔精墨妙，情驰神纵，超逸优游，展现出一种明丽清雅的艺术境界。

三、楷书——端庄严谨之美

楷书，亦称楷体、正楷、真书、正书，由隶书逐步演化而来，形态更为简化，结构越发规整，横平竖直，尽显端庄之态。《辞海》中对其诠释为："形体方正，笔画平直，可作楷模。"楷书字体端正大方，是现代汉字手写正体字的典范。

（一）楷书的起源与发展

楷书萌芽于汉末，成熟于魏晋，并在唐代达到鼎盛。其形成经历了由隶书向楷书的演变过程。依时代划分，楷书可分为魏碑与唐楷两大流派。

魏碑，顾名思义，乃魏晋、南北朝时期之楷书体式，其作为隶书向楷书过渡的重要书体，独具特色。其主要特征有三：①总体形态以"方"与"密"著称；②书写时多不受法度严格束缚，任笔挥洒，自然成体；③因刻石而存，刀刻痕迹较重，更添古朴韵味。

唐代楷书，特指初唐以后渐趋成熟之楷书艺术。彼时书家，汲取魏晋、南北朝、隋代碑版之精华，勇于创新，终将楷书推向巅峰之境。其笔画流畅而不失力度，结构严谨而富有变化，充分展现了唐代文化的繁荣与书法的精湛技艺。

（二）楷书的审美特点

楷书的审美特点深邃而独特，其端庄方正之美尤为引人注目。汉字本就是方块字的代表，而楷书更是将这一特性发挥得淋漓尽致。在中国传统文化的深厚土壤中，"中和"始终被视为审美的至高境界，儒家审美观在楷书中得到了完美的体现。唐代楷书，作为楷书艺术的巅峰之作，其结构安稳严谨，布局对称均衡，无不与"中和"之美不谋而合，展现出一种和谐而庄重的艺术魅力。

楷书所呈现的方正之美，不仅是对汉字形态的精妙诠释，更是中国古人对艺术审美追求的生动写照。这种美是依据中国传统审美标准精心打造的艺术典范，它超越了简单的形式美，蕴含着深厚的文化内涵和审美意蕴。

此外，楷书的简洁平直之美同样令人赞叹。楷书的线条既有曲折之妙，又不乏平直之力，书写起来简洁明快。在中国传统文化中，平直不仅是视觉上的感受，更承载着深刻的道德寓意。它象征着公平正直，代表着刚正不阿的高尚品格。楷书笔画平直的外形特点，正是儒家道德思想和美学观点在书法艺术中的深刻体现。这种美既是对书法艺术形式的精准把握，也是对儒家道德精神的崇高致敬。

（三）楷书经典作品品鉴

楷书之演变，源自隶书，早在东汉年间，已有形似楷书之隶书问世，世人称之为“楷隶”。此“楷隶”字形方正，既初露楷书结体之端倪，又保留了隶书用笔之遗韵，多见于西汉至魏晋时期之碑刻之上。至东汉末期，楷书始现真容，钟繇所书《宣示表》《贺捷表》《荐季直表》等，皆为楷书经典，流传千古。钟繇楷书古朴典雅，犹带隶书余韵，风格古朴高远，为后世书家所宗。

进入魏晋，楷书发展更进一步。王羲之、王献之父子承继钟繇遗风，剔除楷书中残留之隶书痕迹，结体更为方正，楷书至此趋于成熟。王羲之楷书，较钟繇更为规整劲健，仪态雍容典雅，变横势为纵势，开创了端庄而生动的楷书新风格，被誉为“晋楷”之典范。钟繇楷书古朴中寓含隶意，自成一派，为后世所追慕。

南北朝时期，碑刻之风盛行，碑碣、墓志、造像题记、摩崖石刻等琳琅满目。《郑文公碑》《张猛龙碑》《元怀墓志》及《张玄墓志》等，书法风格各异，或天真烂漫，或雄浑古朴。魏碑体楷书独具古朴风貌，艺术魅力非凡，堪称楷书中的瑰宝。

及至唐代，楷书发展至鼎盛。欧阳询、褚遂良、虞世南、颜真卿、柳公权等大家辈出，楷书风格或灵动飘逸，或法度严谨，各领风骚。宋代赵佶和元代赵孟頫等书家，亦在楷书上展现独特艺术风貌，将楷书之美演绎得淋漓尽致，楷书艺术之树常青。

拓展阅读

楷书四大家

初唐的欧阳询、盛唐的颜真卿与柳公权以及元朝的赵孟頫，被誉为“楷书四大家”，他们的楷书作品各具特色，风格卓绝，是楷书艺术之美的极致展现。

欧阳询的笔力峻峭，结构独树一帜，被尊称为“欧体”，其代表作《九成宫醴泉铭》更是楷书史上的瑰宝。颜真卿则是在书法史上继“二王”之后成就斐然、影响深远的书法家。他的楷书以篆籀之笔，展现出丰腴雄浑、结体宽博、气势恢宏的独特风貌，不仅彰显了大唐的盛世气象，更与其高尚的人格相辉映，成为书法美与人格美完美融合的典范。颜真卿的楷书作品，如《多宝塔碑》《麻姑仙坛记》等，气势磅礴，端庄雄伟，被后世誉为“颜体”。

柳公权的书法，结体遒劲严谨，字体以瘦劲著称，所写楷书体势劲媚，笔骨遒健，世人称之为“柳体”。其代表作《玄秘塔碑》和《神策军碑》，更是将柳体的风格展现得淋漓尽致。后世常以“颜筋柳骨”并称颜真卿与柳公权的书法，他们成为历代书法家的楷模。

元朝的赵孟頫，其楷书圆润清秀，端庄谨严，又不失行书之飘逸娟秀，被后世称为“赵体”。其代表作《玄妙观重修三门记》《胆巴碑》等，均为楷书艺术的精品。《胆巴碑》更是被誉为“古劲绝伦，品属第一”，赵孟頫在此碑中用笔遒美峻拔，书法点画顾盼有致，将楷法与行书巧妙融合，展现出极高的艺术造诣。

1. 端庄雄伟——颜真卿《多宝塔碑》

《多宝塔碑》（图 9-3）全称《大唐西京千福寺多宝佛塔感应碑》，是唐天宝十一年（752 年）由岑勋撰文、徐浩题额、颜真卿书丹、史华刻石而成的楷书杰作，现藏于西安碑林第二室。此碑文是颜真卿早期的得意之作，书写严谨真实，承继了褚遂良的风格，并蕴含了“二王”及初唐以来书家的风韵。碑文整体秀美清爽，刚劲有力，简洁明快，用笔丰厚腴润，横细竖粗，对比鲜明。起笔多露锋，转折多顿笔，收笔多回锋，展现出颜真卿独特的书法风格。尤其是撇画轻盈挺健，捺画粗壮有力，给人以刚健动感。整篇碑文变化多端，方圆兼施，富有节奏与韵律美感，彰显出雄浑豪迈的书法风格。

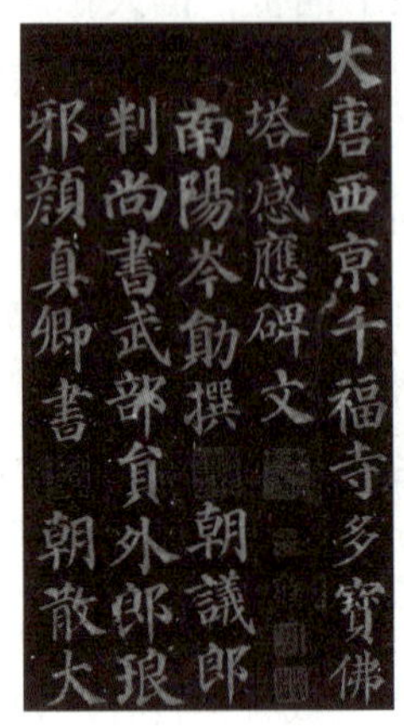

图 9-3　颜真卿《多宝塔碑》局部

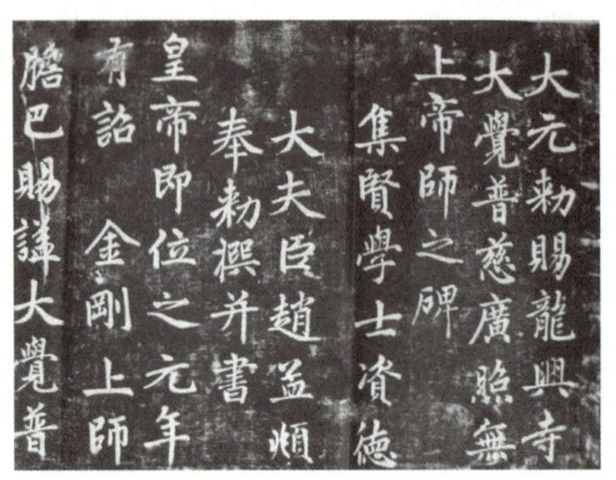

图 9-4　赵孟頫《胆巴碑》局部

2. 古劲绝伦——赵孟頫《胆巴碑》

《胆巴碑》（图 9-4）又名《龙兴寺碑》，是赵孟頫奉元仁宗之命记述帝师胆巴生平事迹而写的碑文。此碑用笔遒美峻拔，书法点画顾盼有致，被誉为“古劲绝伦，品属第一”。纸本有乌丝栏，楷书纵 33.6 厘米，横 166 厘米，125 行，共 923 字，现藏于故宫博物院。《胆巴碑》通篇基本为楷法，偶间杂有行书写法，上下字脉相连，自然流畅。结体秀美，法度谨严，丰润婉通，神采焕发。赵孟頫在此碑中将楷法与行书巧妙结合，使得中截充实。开篇部分基本为纯正大楷，间杂少量行草，从规矩到自由的变化流程中，既避免了楷书从头到尾的板结平淡，又展现了创作的灵动与自由。清人杨岘评价此帖：“用笔犹饶风致而神力老健，如挽强者矫矫然，令人见之气增一倍。”赵孟頫特别重视用笔，一画之间，起伏于锋杪；一点之内，殊衄挫于毫芒，以平和之姿展现变化的多样，平中见奇。其结字特点疏密避让、方圆结合、同字异形、收放自如，堪称楷书艺术的巅峰之作。

四、行书——行云流水之美

行书，这一介于楷书与草书之间的独特字体，是在楷书坚实基础上绽放出的灵动之花。它巧妙融合了楷书的规矩方圆与草书的狂放洒脱，展现出既灵动自由又不失章法的独特韵味。在书写过程中，行书笔法灵活多变，点画或断或续，笔断意连，气韵贯通，一气呵成，给人以行云流水般的畅快感受。

（一）行书的起源与发展

行书的历史渊源可追溯至两汉时期，而真正成形则是在魏晋。唐代书法家张怀瓘在《书断》中记载：“行书者，后汉颍川刘德升所创也，乃正书（楷书）之变体，旨在追求书写之简易。”刘德升被誉为行书之鼻祖，其弟子钟繇与胡昭在书法史上亦享有盛名。尤其是钟繇，常在书信中运用行书，因此行书又有“行押书”（或“行狎书”）之称。钟繇与胡昭的书法各具特色，钟书以瘦劲妙绝著称，而胡书则显得肥钝质朴。

东晋时期，王羲之以其卓越的才华与深厚的底蕴，博采众长，备精诸体，将行书的实用性与艺术性完美结合，创立了光照千古的南派行书艺术。这一流派在书法史上影响深远，成为后世书家竞相追慕的典范。此后，行书历经魏晋的黄金时期、唐代的繁盛发展，至宋代更是达到了前所未有的高度。其洒脱便利的书写方式与高度审美的外观，使行书在各种书体中脱颖而出，逐渐占据主流地位。

纵观漫长的书法史，篆书、隶书、楷书等字体的发展均经历了盛衰变迁，而行书自诞生以来便长盛不衰，始终在书法领域中占据主角地位。这不仅得益于其独特的艺术魅力与实用价值，更在于它不断适应时代变迁与审美需求的能力。

（二）行书的审美特点

行书，作为楷书与草书之间的桥梁，其审美魅力独树一帜。当行书倾向于放纵流动时，便接近草书之境，被称为行草；而当其趋向端正平稳时，则与楷书相仿，谓之行楷。行书的独特韵味，恰在于其兼容并蓄之美，既保留了楷书规矩方正的间架结构，又融入了草书简洁流畅的线条艺术。

行书之美，首先体现在其笔法之多变。在下笔、转折、收笔之际，行书往往顺势而为，灵活多变，各展风姿。行文中，藏露结合，以露锋为主，使得笔势更加流畅自然。这种笔法上的多变，赋予了行书独特的生命力与动态美。

其次，行书走笔活泼有神，是其另一大审美特点。在行笔过程中，行书常自然地带出附钩或牵丝，连接前后笔画，形成呼应与牵引。这种笔势的连贯与呼应，不仅加强了笔画之间、字与字之间的联系，更使整篇作品显得生动活泼，气韵流畅，充满了神韵与活力。

最后，行书的结体姿态丰富多样，是其又一显著特征。由于行书打破了楷书的严整性，书写更加自由、活泼，因此不同的书法家可以根据自己的性格特点和行笔习惯，创造出各具特色的行书字体。这些字体在宽窄、高矮、面积等方面各不相同，甚至差别悬殊，从而形成了行书结体的多姿多态。这种多样性不仅丰富了行书的艺术表现力，也为其增添了无限的魅力与韵味。

另外，在章法布局上，行书多采用“纵有行，横无列”的形式，这也是其审美特点之一。这种布局方式既保持了行与行之间的清晰界限，又赋予了字与字之间更大的自由度与灵活性，使得整篇作品在整体上呈现出一种既有序又自由的美感。

综上所述，行书的审美魅力在于其笔法多变、走笔活泼、结体丰富以及章法灵活等特点。这些特点共同构成了行书独特的艺术风格与审美价值，使其成为书法艺术中一道亮丽的风景线。

（三）行书经典作品品鉴

历代书法名家钟繇、王羲之、王献之、苏东坡、黄庭坚、米芾、蔡襄、祝允明、文徵明、董其昌等，犹如夜空中璀璨的群星，共同照亮了行书发展的辉煌历程，为人们留下了无数珍贵的艺术瑰宝。王羲之的《兰亭集序》从容娴和，气盛神凝，逸笔天成，匠心独运，宛若天然去雕饰的佳作；颜真卿的《祭侄文稿》气势磅礴，纵笔豪放，结体宽博而平正奇险，犹如硬弩欲张，铁柱将立，彰显出昂然不可侵犯的威严之色。苏轼的《寒食帖》自出新意，不践古人，朴实无华之中透露出别具一格的风采；王珣的《伯远帖》自然流畅，俊丽秀雅，宛如天成之作，令人叹为观止。杨凝式的《韭花帖》端庄温雅，尽显“二王”精髓，魏晋风神跃然纸上。米芾的《蜀素帖》，率意放纵，恣肆挥洒，行笔俊迈飞扬，神采生动，变幻莫测，展现了行书艺术的无穷魅力。

这些传世佳作，无不让我们领略到行书艺术那“如行云流水，秾纤间出，非真非草，离方遁圆”的绝美风姿。其中，《兰亭集序》《祭侄文稿》《寒食帖》更是被誉为“天下三大行书”，彰显了它们在行书艺术史上的崇高地位。而《伯远帖》，作为现今学术界公认且唯一传世的东晋著名书法家王珣的真迹，更是弥足珍贵。另外，《伯远帖》与《中秋帖》《快雪时晴帖》并称为“中华十大传世名帖”之首的“三希帖”，更被誉为“中华第一美帖”，其艺术价值可见一斑。

1. 天下第一行书——《兰亭集序》

《兰亭集序》（图 9-3）亦名《兰亭宴集序》《兰亭序》《临河序》《禊序》或《禊帖》，是东晋书法家王羲之于浙江绍兴兰渚山下以文会友时所书，被誉为“天下第一行书”。据传，其真迹已随昭陵殉葬，今人所见者，仅为摹本、临本，而其中以唐代冯承素“神龙本”最为人称道。

《兰亭集序》的书法艺术堪称登峰造极。全文共 28 行，324 字，其笔法灵动多变，侧锋起笔与中锋行笔交替运用，如文中 21 个“之”字无一雷同，尽显“一画三折”的精微笔法。结构上虚实相生，结体疏密对比强烈，运用向背、穿插营造出动态平衡。章法布局自然天成，纵有行、横无列，涂抹修改痕迹融入整体韵律，形成“肇自然之性”的节律。线条流畅飘逸，字势错落有致，通篇气韵贯通，展现了“中和之美”与“无意于佳乃佳”的境界，将行书从实用书写提升至独立艺术形态，标志着行书艺术规范的成熟。

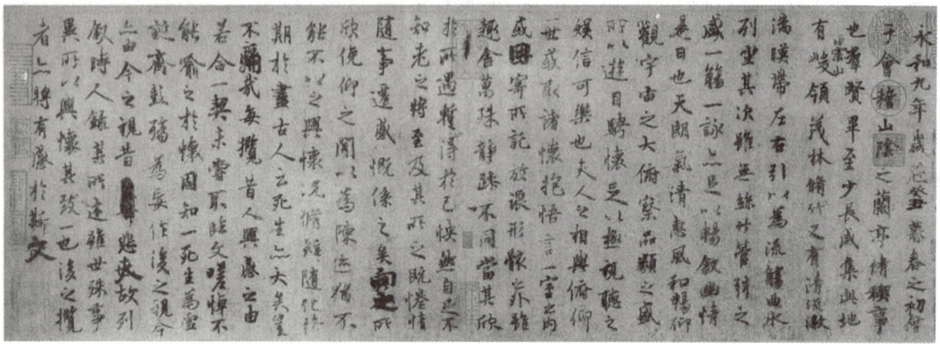

图 9-5　王羲之《兰亭集序》

2. 天下第二行书——《祭侄文稿》

《祭侄文稿》（图 9-6）全称《祭侄赠赞善大夫季明文》，是唐代书法大师颜真卿于唐乾元元年（758 年）所创之行书纸本杰作，现珍藏于中国台北故宫博物院。此作乃颜真卿为追悼英勇牺牲的侄子季明而挥毫，全文共 23 行，234 字，却仅凭 7 次蘸墨，一气呵成。当时颜真卿心情极度悲愤，心痛如绞，和泪书写，虽有错漏，却毫不顾忌，终成不朽名篇。

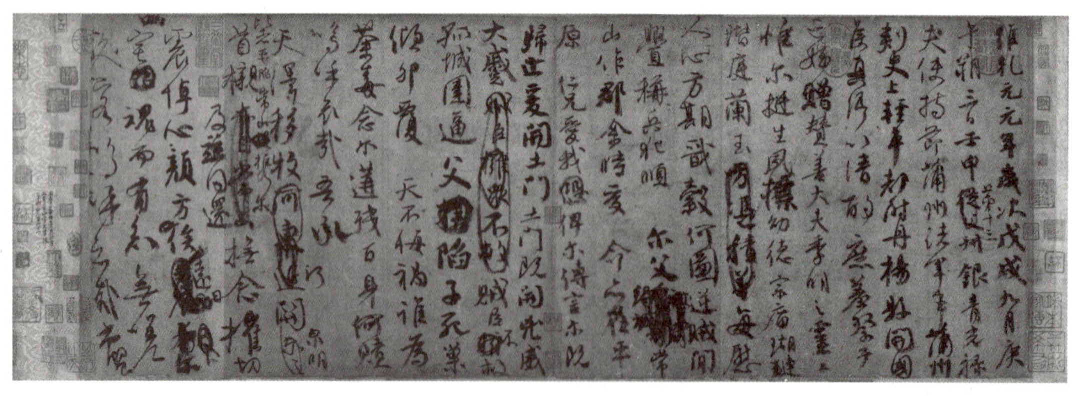

图 9-6　颜真卿《祭侄文稿》

文稿深情追叙了晚唐时期常山太守颜杲卿父子一门，在安禄山叛乱之际，挺身而出，坚决抵抗，最终“父陷子死，巢倾卵覆”，以取义成仁的悲壮事迹。通篇用笔，情如潮涌，书法气势恢宏，纵横豪放，宛如天成。

《祭侄文稿》之结体，打破了晋唐以来结体茂密、字形瘦长之娟秀飘逸风尚，开创了一种开张之体势。其结体宽博，平正中见奇险；用笔则多用裹锋，以篆籀圆笔为主，兼施方笔，展现出一种斩钉截铁之态度。裹锋运笔，打破了字形大小均等、左右对称之常规，正面取势，因字赋形，不事雕琢，参差攲侧，舒朗适宜，使线条更加流畅自然，浑然天成。

此作并不拘泥于字距、行距之规整，或疏或密，随心所欲；每一行之中轴线亦不固定，或偏左或偏右或倾斜，章法之安排完全随情感之抒发而自然流转。墨法苍润，流畅自如。若王羲之以“中和之美”筑起中国书法之第一座丰碑，则颜真卿以其“气格之美”，树立起中国书法之又一座巍峨高峰。

3. 天下第三行书——《寒食帖》

《寒食帖》（图 9-7）又名《黄州寒食诗帖》或《黄州寒食帖》，是由苏轼撰诗和书写的墨迹素笺本，纵 34. 2 厘米，横 199. 5 厘米，行书 17 行，129 字，现藏于中国台北故宫博物院。《寒食帖》是一首即兴的诗作，是苏轼在被贬黄州第三年的寒食节所发出的人生之叹，也是苏轼行书的代表作。书帖通篇起伏跌宕，迅疾而又稳健，畅快淋漓，一气呵成，将诗句中心境情感的变化，寓于点画线条的变化之中，展示了他个人的精神气质与艺术个性。历代鉴赏家均对此帖推崇备至，被誉为“天下第三行书”。

苏轼在其诗《石苍舒醉墨堂》中云：“我书意造本无法，点画信手烦推求”，他将“意”作为书法创作的重点，注重内在的精神追求与主观情感，将自己的心境寄情于笔墨之间。《寒食帖》的用笔主要以侧锋为主，到了后文又穿插地使用了一些瘦劲细长的字形，打破了整篇的呆板布局，使全文显得富有变化。其用笔丰满粗壮的点画大多源自颜体，在章法上，行笔恣意自然，不拘一格，全凭其情，宛如天成，体现了苏轼意造无法，随意自适，形神兼备的书法特征；其笔法或正锋，或侧锋，转换多变，顺手断联，浑然天成。

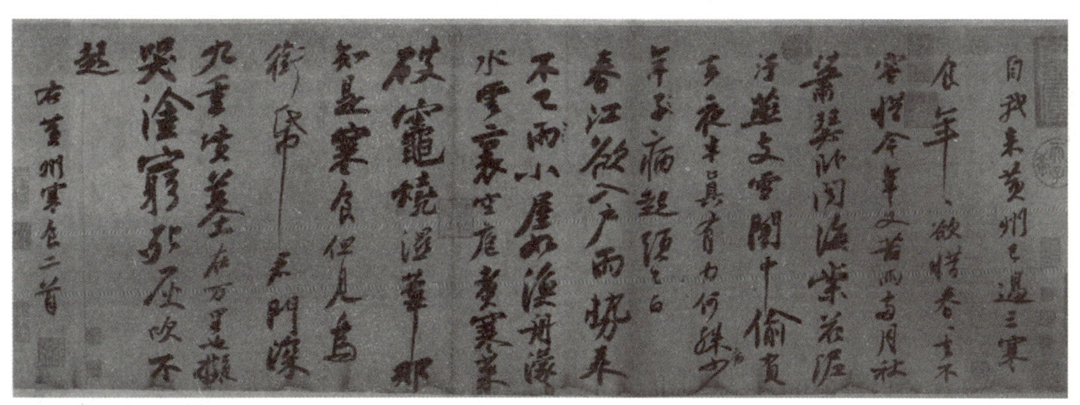

图 9-7 苏轼《寒食帖》

五、草书——狂放不羁之美

草书是草写的汉字，是为追求书写便捷而产生的一种字体，其内涵有广义与狭义之分：广义的草书是指各种规矩字体的潦草书写的书体，如草篆、草隶以及日常各种速记、快写等；狭义的草书专指章草、今草和狂草，是有统一规范的成熟字体。一般而言，书法与文字学界所谓的草书，都是指狭义的草书。

（一）草书的起源与发展

草书，初现于篆书之中，乃在隶书基础上逐渐演变而成。早期草书，夹杂篆书形体，被称隶草，与汉隶相融合，雅化草体初现。至汉末，草书完全褪去隶书痕迹，更注重艺术性，其审美价值远超实用价值。

西汉末期，在草隶基础上，通过结构、笔画之进一步简化与规范化，章草应运而生。其结构明晰规整，书写遵循一定章程。东汉末年，草书风靡一时，张芝创法今草，被誉为“草圣”。今草，由章草结合楷书发展而来，六朝时为与章草区别，称之“今草”，亦称“小草”。东晋王羲之等人，使今草更为普及，其风格妩媚飘逸。至唐代，今草更加放纵，笔势连绵环绕，字形奇变百出，称为“狂草”，亦名“大草”。张旭、怀素为代表，笔势狂放不羁，成为完全脱离实用的艺术创作，二人并称为中国草书史上之“颠张狂素”。

（二）草书的美学特点

草书之美，在于其结构与运笔之独特。其一，跌宕落笔，如龙蛇运转；悬腕中锋，挥洒舞墨；笔势如九霄拔起，神闲而张狂；纵横洒脱，一气呵成；如悬岩掣电，有放海之势；法度之中，见天资禀赋；结字贵奇，气脉畅通；笔力筋节，承合转换自如。其二，草书之特色，在于点画与连笔之巧妙结合。行笔快捷，主要在于简化与连笔。简化者，如笔画简化、部首简化、整体简化；连笔者，几笔相连，不再单独起笔，有一笔连、二笔连，乃至多笔连成。经此简化与连笔，原本烦琐之字，两三笔即可成书，尽显草书之魅力。

（三）草书经典作品品鉴

草书，结构简省而笔画连绵，书写时如行云流水，被公认为最能抒发作者情感的书体。它细分为章草、今草、狂草三种风格。章草，其笔画省变有章可循，显得相对规整，三国时吴国皇象的《急就章》松江本便是其杰出代表。今草则不拘泥于章法，笔势流畅自如，东晋王羲之的《初月帖》等作品便是明证。狂草其笔势狂放不羁，完全脱离了实用的束缚，成为纯粹的艺术创作。张旭的《肚痛帖》与怀素的《自叙帖》等，都是现存草书珍品中的瑰宝，其伟大之处在于，仅凭最单纯、最直接的点画，淋漓尽致地表现了人的内心世界。因此，草书被誉为世界上最富表现力，也最为浓缩的抽象艺术。许慎在《说文解字·叙》中提到：“汉兴而有草书”，这里所指的应是章草。章草虽然规范极致，但这种极端的规范性也制约了它的发展。而今草则因为既充分展现了自由的表现力，又发扬了法度，从而得以壮大，并衍生出了大（狂）草、小草之分。在近两千年的漫长演进过程中，草书领域诞生了一大批震古烁今的名家杰作，璀璨夺目。

1. 稿行之草——王献之《鸭头丸帖》

《鸭头丸帖》（图 9-8）是东晋书法家王献之写在绢布上的一件优秀草书作品，现存为唐代摹本，帖文仅有 2 行 15 字，现藏于中国上海博物馆。王献之是“书圣”王羲之的第七子，以行书和草书闻名于世，后人将其父子二人并称为“二王”。

“稿行之草”的行草是王献之独创的书体，而《鸭头丸帖》又是他行草的代表作，清人吴其贞在其《书画记》中对此帖甚为推崇，评其为“书法雅正，雄秀惊人，得天然妙趣，为无上神品也。”全帖用墨精妙，枯润有致，完美印证了南宋姜夔《续书谱·用墨》所论：“凡作楷，墨欲干，然不可太燥。行草则燥润相杂，以润取妍，以燥取险。”

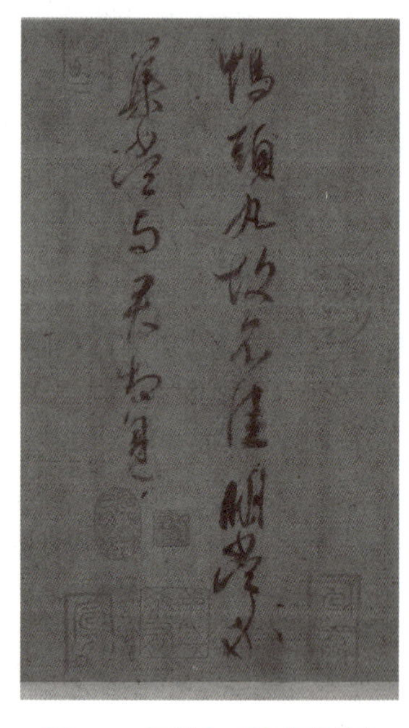

图 9-8　王献之《鸭头丸帖》

《鸭头丸帖》蘸墨两次，一次一句，墨色由润而枯，由浓而淡，墨色分明，展现了书写过程的节奏起伏和气韵自然变化。在笔法上，笔锋入纸灵巧而又多变，方笔、圆笔、侧锋、藏锋都有，字与字之间气脉贯通，连中有断，断连结合使整幅字有疏有密，空白灵活。帖中的十多个字曲直结合，横竖较直，有刚劲之美；又有圆转外拓的曲笔，有遒婉之美，用墨巧妙自然，墨色有枯有润，变化丰富。章法上行距很宽，显得萧散疏朗，堪称是一幅不拘法则而又无处不存在法则、妩媚秀丽而又散朗洒脱的草书精品。

2. 天下第一草书——怀素《自叙帖》

《自叙帖》（图 9-9）唐代书法家怀素于唐大历十一年或十二年（776 年或 777 年）倾情创作的草书书法杰作，以纸本墨迹卷的形式流传至今，现珍藏于中国台北故宫博物院。帖中记述了怀素习草书的经历、艺术追求，以及当时名士对他的赞誉之词，兼具自传性与艺术性。《自叙帖》不仅是怀素流传于世篇幅最长的作品，更是其晚年草书艺术的巅峰之作。明代文徵明曾题赞：“藏真书如散僧入圣，狂怪处无一点不合轨范。”而明代安岐亦谓此帖：“墨气纸色精彩动人，其中纵横变化发于毫端，奥妙绝伦，有不可形容之势。”全帖以狂草书体挥洒而成，笔笔中锋，纵横斜直，无往不收，上下呼应，一气呵成。《自叙帖》自唐末以来，便一直是草书领域的热门法帖，对书法艺术界产生了深远的影响，被誉为“天下第一草书”。在字体结构上，怀素大胆打破了传统准则，对部分草书习用写法进行了简化处理，使部分字体几乎难以辨识。然而，怀素所追求的并非汉字的辨识度，而是线条的自由与灵动。这种自由，让线条摆脱了所有习惯的束缚，展现出无穷无尽的变化，成为怀素表达审美理想的主要手段。在《自叙帖》中，线条多呈现出圆转光滑、流畅自如的特征，用笔上则以平动提按为主，狂草书体的“一笔书”特征在此帖中表现得尤为明显。

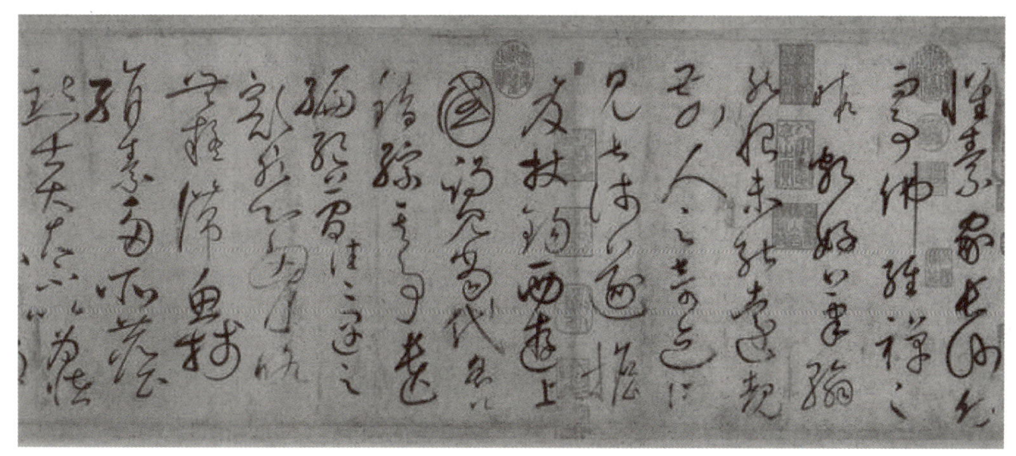

图 9-9 怀素《自叙帖》局部

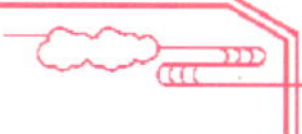

第二节 品鉴中国画之美

中国画，简称“国画”，是中华民族独特的传统绘画艺术，在漫长的文化发展历程中，艺术家们以笔墨丹青描绘和记录了古代社会的万千气象。国画以毛笔、墨、宣纸、绢等为基本工具，通过水、墨、彩的巧妙运用，在绢或纸上挥洒创作。其题材丰富多样，主要涵盖人物、山水、花鸟三大领域。在古代，这一艺术形式虽无统一名称，但常以“丹青”雅称。作为世界美术领域中的瑰宝，中国画以其独特的艺术语言和美学体系，展现出东方艺术的非凡魅力。

中国画在内容和艺术创作上，深刻体现了古人对自然、社会以及与之紧密相关的政治、哲学、宗教、道德、文艺等方面的认知与理解。它强调“外师造化，中得心源”的创作理念，要求画家以形写神，形神兼备，达到“意存笔先，画尽意在”的境界，最终实现意境营造与神韵传达的完美统一。

中国画的理论发展源远流长。南朝齐代理论家谢赫在其画论名著《古画品录》提出的品评绘画的“六法”——气韵生动、骨法用笔、应物象形、随类赋彩、经营位置、转移模写，对后世影响深远。这“六法”虽初为人物画而设，但其美学原则逐渐被奉为整个中国画创作和品评的最高准则，适用于山水、花鸟等所有画科。其中“气韵生动”居于首位，强调绘画创作不应拘泥于物体外表的形似，而应注重于抒发画家的主观情感和意境。这成为中国画区别于其他绘画体系的重要原则。后世理论家如五代荆浩在《笔法记》中提出“六要”：气、韵、思、景、笔、墨，北宋刘道醇在《圣朝名画评》中也提出了“六要”观点，均是在谢赫“六法”基础上的深化与发展。

中国画以线、墨为主，追求“笔精墨妙”的艺术效果。在笔法上讲究骨法，注重笔力的运用；在墨色上强调“墨分五色”，崇尚纯净而忌讳驳杂。在构图上，中国画讲究气势，不受透视规律的束缚，注重留白布置和物体的“气”“势”的营造。此外，诗、书、画、印四者的有机结合，更是中国画区别于其他画种的一大特征。

中国画目前分为山水画、花鸟画、人物画三大画科。这三大画科表面上看是按题材分类的，但实际上，它们是用艺术来表达不同观念和思想的方式。山水画表现了天人合一的哲学理念，展现了人与自然的和谐融合；花鸟画表现了万物相生的生命理念，彰显了自然万物的和谐共生；人物画则表现了人伦理常，展现了人与人的社会关系。这三大画科相辅相成，共同构成了天地人的整个宇宙，展现了中国画深邃而广博的艺术魅力。

一、山水画名家作品品鉴

中国山水画是以天地山川等自然景观为主要描绘对象的画种，在中国传统绘画史中数量众多，占据举足轻重的地位。按画法分类，山水画可分为水墨山水、浅绛山水、青绿山水、小青绿山水和没骨山水等多种类型，是东方绘画中极具特色的艺术形式。

据考古图像遗存及文献记载，中国山水画的雏形早在汉代便已初见端倪，但早期山水画多作为人物画的背景，尚未独立成科。真正为山水画正名的画作，当属顾恺之的《洛神赋图》和《女史箴图》，这两幅作品中已开始出现山和水的形象，尽管当时“人大于山，水不容泛”。至魏晋南北朝时期，山水画逐渐从人物画中脱离出来，形成独立画科，至隋唐时期已成为中国画中的一个重要分类。现存最早的山水画作品是隋代展子虔的《游春图》，该作采用绢本、青绿设色，画上有宋徽宗题写的“展子虔游春图”六字，开创了青绿山水的新风貌，现藏于北京故宫博物院绘画馆。

唐朝以来，山水画画家分为两大流派。一派为“青绿山水”，主要采用矿物性颜料，色彩浓艳，代表人物为李思训和李昭道父子。李思训的《江帆楼阁图》构图阔远，不画江岸边际而显烟水浩瀚，境界宽广，笔墨之妙，已达“夜闻水声”的通神境界。其子李昭道“变父之势，妙又过之”，代表画作《明皇幸蜀图》山势突兀，山石勾勒无皴法，白云萦绕，设色全用青绿。李思训父子的青绿山水影响深远，历代均有追随者，如张择端、李唐、马远、夏圭、王晋卿、王希孟、赵伯驹、冷谦、仇英、张宏等，王希孟的《千里江山图》，更是被誉为“青绿山水第一长卷”。

另一派为“水墨山水”，使用植物性颜料，少用色彩，以写意为主。唐代诗人王维被尊为水墨山水的鼻祖，苏轼曾赞其画“诗中有画，画中有诗”。唐代荆浩开创了北方山水画派，五代董源则创立了江南山水画派，此后山水画发生了关键性的变革。北派山水画以大山大水的全景式构图为主，气势雄伟壮丽；南派则善于表现平淡疏远的江南风光，俊秀迤逦。宋代山水画追求自然真实，提倡写实风格。被誉为“宋画第一”的范宽，深得山之骨法，其代表作《雪景寒林图》更称为水墨画神品，而《溪山行旅图》则被徐悲鸿评为“中国所有之宝者吾最倾倒者”。宋代山水画至此达到全盛。

元代山水画趋向写意，以虚代实，侧重笔墨神韵，开创了一股写意新风。对后世影响最大的山水画家当数被誉为“元四家”的黄公望、吴镇、倪瓒和王蒙，其中尤以黄公望最为突出。他的代表作《富春山居图》被誉为“中国十大传世名画”之一。他们所开创的写意山水使元代山水画与宋代山水画迥然不同，独具时代风貌。

（一）“三最”画卷——展子虔《游春图》

《游春图》（图 9–10）堪称我国现存最早的山水画卷、青绿山水画卷以及全景山水画卷，集“三最”于一身，以其抒情而近似纪实的手法，生动展现了江山的秀美风光与贵族生活的优雅闲适。该图以全景式鸟瞰视角描绘了一幅广阔无垠的山水画卷，大胆地对景物进行了错位分割，构图独具匠心。

图 9–10　展子虔《游春图》

在早期的山水画中，山水往往只是作为人物的点缀，其画法与常态大相径庭，或水面狭小得无法容纳一叶扁舟，或人物画得比山还大，与自然界复杂多变的状态相去甚远。而《游春图》则截然不同，其主体是山水，人物仅作为陪衬出现，景物的大小比例、远近距离、前后层次和空间关系等都处理得恰到好处，标志着山水画正逐步走向成熟。

展子虔在绘画创作上极具创新精神，他独创的青绿勾填技法，使得画面细密精致、瑰丽无比，这一技法后来成为中国山水画的重要技法之一。这幅作品采用了工笔重彩青绿画法，树叶的画法更是别具一格，先勾勒轮廓，再以墨绿色进行晕染，使树叶层次分明、栩栩如生。

整幅画面以青绿色为主色调，江水作为画面中的大面积元素，在勾线的基础上进行了多次晕染，营造出由近及远、烟波浩渺的深远意境。为了表现春日融融的暖意，绘者还在河岸和坡脚处巧妙地使用了泥金，开创了金碧青绿山水的先河，使得整幅画作更加熠熠生辉、光彩夺目。

（二）画山画骨更画魂——范宽《溪山行旅图》

图 9–11　范宽《溪山行旅图》

《溪山行旅图》（图 9–11）是北宋画家范宽创作的一幅绢本水墨长卷，此图作为其传世的唯一真迹，现珍藏于中国台北故宫博物院，堪称国宝级艺术品。这幅作品以典型的北国山水为题材，画面右下角叶脉间隐约可见“范宽”二字题款，彰显了其独特的艺术风格。在艺术表现上，作品采用全景式高远构图，主峰巍然矗立，占据画面三分之二，形成顶天立地的磅礴气势。范宽运用雨点皴和积墨法，以密集的短促笔触表现山体质感，墨色层层积染，营造出“如行夜山”般的沉郁氛围。近景处岩石棱角分明，笔触刚劲有力；远景山峰则以淡墨渲染，形成深远的空间层次。画面细节处理尤为精妙：前景溪水潺湲，小桥横跨；中景密林丛生，寺观隐现；山径间商旅队伍蜿蜒而行，人物虽小却动态鲜明，为肃穆的山水注入生机。在技法上，范宽独创“抢笔”手法，沿山体轮廓留白，巧妙表现光影变化，使坚硬的山石更具立体感。此作完美诠释了北宋山水“可观、可游、可居”的美学理念，将北方山水的雄浑气势与精微细节和谐统一，奠定了后世山水画的典范。

（三）剩山亦是无用师——黄公望《富春山居图》

《富春山居图》是元代画家黄公望于 1350 年精心创作的纸本水墨长卷，被誉为“中国十大传世名画”之一。此画乃黄公望为师弟郑樗（无用师）所绘，历经沧桑，几经易手，更因清代吴洪裕“焚画殉葬”的悲壮经历而身首两段。如今，画作的前半卷名为《剩山图》，现珍藏于浙江省博物馆；后半卷称为《无用师卷》，陈列于台北故宫博物院。《富春山居图》整幅画的灵魂是一条蜿蜒漫长的江水，它宛如历史的长河，流淌过浅滩、激流、高峰，见证着岁月的变迁。画卷前段描绘的是夏季的茂盛热烈，绿意盎然，生机勃勃；而后段则悄然转入秋景，树叶渐淡，以垂直的皴法渲染出繁华落尽、宁静致远的意境，深刻表达了文人雅士超脱世俗的生活情趣。在创作过程中，黄公望的笔触完全随情感的起伏而舞动，笔墨的增减添置皆是心灵的自由畅游。

此画从起笔至完工，前后断续长达七年，山水笔墨洗练至极，意境简远深邃，“气清质实，骨苍神腴”。黄公望在绘制过程中，巧妙融合了草篆笔法，中锋、侧锋、尖笔、秃笔交替使用，笔趣新颖独特，堪称创格之作。他将富春江两岸数百里的壮丽景色浓缩于笔底，其中有一段画面虽仅长三十多厘米，却绘出了“尺幅绢纸，淡山无尽”的辽阔景象，仿佛延伸了数十里之遥。恽寿平在《瓯香馆画跋》中赞叹道：“凡十数峰，一峰一状；数百树，一树一态，雄秀苍莽，变化极矣。”

明代的董其昌曾评价说：“画卷长三丈，一朝展开，便顿有应接不暇之感。”《富春山居图》虽是一幅平面山水画，却采用了横卷轴的形式，按照人的常见视野，巧妙地构造了同一水平线上的山水景色。这种从平面上不断进行延伸的构图方式，使得画卷在展开时，山的前后呈现出由近到远的排列，给予了前后景物一种有效的联系，让人仿佛置身于立体的山水世界之中，既亲切又真实。在画风和笔墨上，《富春山居图》不仅集百家之长，更融入了黄公望独特的创意，可谓是夺天地之造化的杰作。画卷所体现出来的精神境界和艺术特色，被誉为“画中兰亭”，成为后世画家学习的典范。

此外，《富春山居图》还充分展现了纯水墨画所特有的平静和淡雅，以及其超凡脱俗的艺术魅力。在墨法的运用上，黄公望仅在勾勒树木时采用了浓墨和湿墨，而对于其他事物则巧妙地运用了淡墨的干笔描绘，凸显了干笔淡然的特殊墨法魅力。在山石的皴擦点染上，他更赋予画面强烈的节奏感和韵律感。按照富春山脉的延伸，黄公望巧妙地运用了“长披麻皴”的画法，山石罩染以近于透明的淡墨色，再用较深的墨色染出两岸山景、沙渚，使得整幅画作更加生动自然、韵味无穷。

二、花鸟画名家作品品鉴

中国画中，凡以花卉、鸟兽、鱼虫，乃至蔬果、翎毛、草虫、飞禽等动植物类为描绘对象的画作，统称为花鸟画。其画法大致可分为工笔、写意与兼工带写三种：工笔花鸟画，讲究先用浓淡相宜的墨色勾勒出形象的线条，再依据深浅层次细致着色；写意花鸟画，则是运用着墨、泼墨等简练而概括的手法，挥洒自如地绘写对象；而介于工笔与写意之间的，便被称为兼工带写。

追溯至雕刻与绘画尚未明确分工的原始社会，中国花鸟画便已初露萌芽。甘肃天水市放马滩出土的战国末期木版画《老虎被缚图》，是已知最早的独幅花鸟画作品。历经两汉、六朝时期的发展，花鸟画逐渐初具规模。南齐谢赫《画品》中记载的南朝宋时期画家刘胤祖，是史料中明确记载的第一位花鸟画家。至唐、五代、北宋时期，花鸟画已然发展成熟，并逐渐独立成科。此后，花鸟画坛名家辈出，风格多样，如韩滉的《五牛图》、黄筌的《写生珍禽图》、徐熙的《雪竹图》、赵佶的《芙蓉锦鸡图》等，皆是传世佳作。宋代时期，水墨竹、松、梅、兰开始崭露头角，画家们以淡墨挥扫，不拘泥于形似，而独得于意象。他们运用拟人化的手法，将雅致、高洁、忠贞、坚韧等品质寄托于“四君子”之上，为花鸟画注入了全新且富有人文气息的内容，展现出文人的“士气”。如苏轼的《枯木怪石图》、赵孟頫的《兰竹石图》、王冕的《墨梅图》等，皆是文人花鸟画的典范。至明代中叶，文人花鸟画更是汲取了张中、林良、孙隆等诸家之长，墨花齐放，逸兴纷飞。徐渭的《墨葡萄图》、朱耷的《荷花水鸟图》、郑燮的《丛竹图》等作品，皆以其独特的艺术风格和深邃的人文内涵，成为文人花鸟画中的瑰宝。

（一）镇国名画——韩滉《五牛图》

《五牛图》（图 9-12）是唐朝韩滉所创作的黄麻纸本设色画，又名《唐韩滉五牛图》，此画现珍藏于北京故宫博物院，被誉为“中国十大传世名画”之一，是少数几件唐代传世纸绢画中的真迹瑰宝，堪称现存历史最悠久的纸本中国画。

图 9-12　韩滉《五牛图》

《五牛图》在技法上属于工笔画之典范。画中所绘五头牛，神态各异，或站立，或行走，或俯首，或昂头，动态十足，栩栩如生。在构图上，韩滉打破了汉代只画牛平面和侧面的装饰性格局，以生动立体的手法，展现了牛的各种情态。尤其是画中间的那头牛，牛首正对观者，角度独特，画家凭借精湛的技艺，准确地描绘出了牛的立体透视关系，使画面真实感极强，形神兼备。画中的五头牛，既各自独立成画，又相互呼应，连成一幅完整的画卷。静止的画面，在画家灵动的线条下，仿佛被赋予了生命，充满了动感。

在绘画技巧的运用上，韩滉以粗壮有力的墨线勾勒牛的轮廓，将牛的强健、沉稳和迟缓表现得淋漓尽致。这充分展示了线条在中国画中的根基地位，线条或方正，或圆润，或密集，或稀疏，变化无穷，笔笔生辉。正如绘画理论大师谢赫在绘画六法中所提："应物象形，随类赋彩"，韩滉笔下的牛，活灵活现，形神兼备，仿佛气韵在长卷中游走，使这幅巨作在千年之后依然熠熠生辉。

明代文学家、书画家李日华在《六研斋笔记》中对《五牛图》赞誉有加："（《五牛图》）虽着色取相，而骨骼转折、筋肉缠裹处，皆以粗笔辣手取之，如吴道子佛像衣纹，无一弱笔求工之意。然久对之，神气溢出如生，所以为千古绝迹也。"这段评价，无疑是对《五牛图》艺术价值的最高赞誉。

（二）只留清气满乾坤——王冕《墨梅图》

元代著名画家、诗人王冕的《墨梅图》是一幅珍贵的纸本墨笔画，现珍藏于北京故宫博物院。此图长 50.9 厘米，宽 31.9 厘米，画旁题有王冕亲笔所书的诗句："吾家洗砚池头树，朵朵花开淡墨痕。不要人夸好颜色，只留清气满乾坤。"这幅作品深刻体现了文人画的精髓，文人画多取材于山水、花鸟、梅兰竹菊及木石等自然之物，借以抒发画家的"性灵"或个人抱负，有时也寓含对民族压迫或腐朽政治的愤懑之情。其艺术追求标举"士气""逸品"，讲求笔墨情趣，超脱形似，强调神韵，并兼顾文学、书法的修养，以缔造画中意境。近代国画巨匠陈师曾指出，文人画具备四个要素：人品、学问、才情和思想，四者俱全，方能称之为完善。

王冕的《墨梅图》正是这一理念的生动体现。画中描绘的是一枝倒挂梅，枝条简密交织，错落有致，繁密高洁的梅花点缀其间，有的含苞待放，有的盛开正艳，有的花瓣已凋落，留下点点残香。这些千姿百态的梅花，宛如撒落在枝条上的万千珍珠，高雅而美好，与苍翠挺拔的梅枝相映成趣，画风清奇脱俗。梅枝微微弯曲，却显苍劲有力，构图中梅花的布局别具一格，长枝疏朗，短枝繁密，交枝处的花蕊尤为茂密，勾瓣点蕊洒脱清润，充满生机。宋人画梅多以疏枝浅蕊为主，而王冕却反其道而行之，着重描绘繁花密枝，别有一番趣味。在画派上，王冕的墨梅源自北宋扬无咎派，但他在继承仲仁和扬无咎传统画梅方法的基础上，又进行了创新。在圈花方法上，扬无咎常使用一笔三顿挫，而王冕则改为一笔两顿挫，被后世称为"钩圈略异杨家法"，也有人称之为"白花头画法"。

王冕笔下的梅花独特之处在于如铁线圈成，虽未着鲜艳之色，却能凭借墨色的深浅变化，生动地描绘出万千梅花开放的千姿百态。在枝干的画法上，王冕更是独具匠心。他运笔时流畅与顿挫相间，肆意洒脱。画新枝时，一笔拉出几尺长，断了又重新连接，停而不滞，梢头露出笔的尖锋，显得灵动异常；画老枝时，笔锋不断顿挫，将老枝的挺拔苍劲表现得淋漓尽致。清朝何瑗玉曾作诗称赞道："山农笔力劲如铁，中有窈窕姿倾城。清标信有烟霞骨，补之而后存典型。"王冕所画的《墨梅图》清逸隽秀，韵味无穷，令后人赞不绝口，对后世绘画界产生了深远的影响。此外，王冕还独创了用胭脂画没骨梅花的方法，这一创新之举影响了后世许多画家的创作。

（三）画工取势教摧折——赵佶《梅花绣眼图》

《梅花绣眼图》是北宋皇帝赵佶所创作的一幅经典中国花鸟画，此作现珍藏于北京故宫博物院。画中梅枝瘦劲有力，枝上疏落有致地绽放着秀美的花朵与花蕊，一只绣眼鸟俏然立于枝头，正欢快地鸣叫顾盼，与清丽脱俗的梅花相互映衬，构成了一幅生动和谐的画面，展现了典型的折枝花鸟画法魅力。"折枝"作为宋代花鸟小品画中的一种常见表现形式，既是一种独特的绘画题材，也是一种巧妙的构图方式。它不拘泥于描绘花卉的全貌，而是精选其中一枝或若干小枝入画，故名"折枝"。这种画法以其简约而富有意境的特点，深受宋代画家的喜爱。宋代画史著作《画继》（卷一）中，邓椿对赵佶的创作给予了高度评价，称赞他“独于翎毛尤为注意，多以生漆点睛，隐然豆许，高出纸素，几欲活动，俗史莫能也”。赵佶在画中运用了工整妍丽的作风，将花与鸟的精神特质完美融合，给人以优美高贵和愉悦的视觉享受。《梅花绣眼图》虽然景物不多，但其构图精巧、意境深远，所绘梅花均为经过精心剪枝的宫梅，人工修饰痕迹颇重。这种梅花的画法精细纤巧，敷色厚重而华丽，凸显出一种富贵之气。这样的风格趣味在当时宫廷中极为流行，显然代表了贵族阶层的审美追求和品位。

三、人物画名家作品品鉴

中国画中以人物形象及其活动为主要描绘对象的画作，被称为人物画。人物画在中国起源甚早，据史书记载，周代就已出现人物壁画，而战国楚墓出土的《人物龙凤图》帛画和《人物御龙图》帛画，则是已知最早的独幅人物画作品。

根据描绘对象的不同，人物画又分为诸多支科：描绘历史故事的称为人物故事画，描绘仙佛僧道的称为道释画，描绘妇女生活的称为仕女画，表现社会风俗场景的称为风俗画，以传神写真描绘肖像的则称为肖像画。此外，根据人物画的绘画技法与表现形式，又可细分为若干类别：如纯用线描或稍加渲染的称为白描人物，水墨淋漓、画风泼辣奔放的称为泼墨人物，刻画工谨、着色匀细的称为工笔人物，画法洗练、纵意挥写的则称为写意人物。人物画力求人物个性刻画得逼真传神，气韵生动，形神兼备。其传神之法，常将人物性格的表现寓于环境、气氛、身段和动态的渲染之中。

魏晋时期是中国人物画发展的重要转折期。随着思想的解放和玄学的盛行，专业画家队伍逐渐壮大，推动人物画艺术从粗略走向精细。这一时期涌现出顾恺之、张僧繇、陆探微、曹仲达等一大批人物画大师。他们主张“以形写神”，极致追求人物的神韵。从东晋画家顾恺之的《洛神赋图》中，可以窥见他善于使用高古游丝描塑造人物形象，描绘人物之间的关系，营造出画面飘逸玄妙的氛围。盛唐时期，画家吴道子将人物宗教画发展到了更富有表现力、更加生动感人的新境界。他的《天王送子图》开创了中国宗教画本土化的新时代，对中国人物画的发展历史具有划时代的意义，因此他也被尊为“画圣”。吴道子善于将书法与绘画相结合，所描绘的人物衣服往往看似风吹拂动，飘逸而洒脱，被后人誉为“吴带当风”。

隋唐时期的工笔仕女图在人物画发展史上同样留下了浓墨重彩的一笔。其色彩艳丽、画面雍容华贵，成为隋唐人物画的标志风格。张萱的《捣练图》、周昉的《簪花仕女图》等名作，笔下的仕女像色彩艳丽、体态丰盈。在描写仕女的面部时，通常采用“三白法”，将人物的额、鼻、下颏用较厚的白粉染出，既表现了人物面部三个受光的凸出部分，又展现了古代妇女施粉盛妆的效果。在刻画衣褶时，强调仕女的肌肤柔滑和衣服的透明轻纱感，这些都彰显出隋唐时期人物画的华贵艳丽。

五代至宋朝时期，人物画逐渐趋向于世俗化的描写，人物故事画、风俗人物画蓬勃发展。诞生了如顾闳中的《韩熙载夜宴图》、张择端的《清明上河图》等一批技巧精湛的名作。南宋画家梁楷通过线条简约的“减笔”方式描绘人物的神韵，开创了人物画大笔泼墨法，成为写意人物画的代表。其作品《泼墨仙人图》《李太白行吟图》等，均运用简洁豪放的笔墨，生动地表现了人物的神情气韵。近代中国自“扬州八怪”以来，也出现了不少擅长水墨写意人物画的画家，逐渐形成了中国人物画的主要潮流。

（一）深宫美人百不知——周昉《簪花仕女图》

《簪花仕女图》（图 9-13）是唐代杰出画家周昉精心绘制的一幅粗绢本设色画，现珍藏于辽宁省博物馆，此版本其创作年代有唐代说、五代南唐说和宋代说。此作取材于宫中妇女的日常生活，细腻描绘了六位身着浓重艳丽服饰的妇女，在春夏之交的美好时节里赏花游园的生动场景。

整幅画作未设背景，画面上五位仕女与一位侍女翩然呈现，其间点缀着憨态可掬的狗、翩翩欲飞的鹤以及娇艳盛开的木兰花，皆以工笔细描，施以重彩，尽显华贵之气。画作采用独特的卷轴构图方式，几位贵族妇女以等间隔的距离依次排列，无论观者从左至右，还是从右至左，都能感受到如同随画面人物一同漫步庭园的视觉体验，每个妇女形象宛如在眼前缓缓移动。

图 9-13　周昉《簪花仕女图》

《簪花仕女图》之所以享誉海内外，其人物画技法之独特与创新功不可没。绘画线条达到了“骨法用笔”的至高境界，精致细腻的画笔运用得极为独到。画家以线造型，巧妙勾勒出妇女身上轻柔透亮的薄纱披肩，更以透视之法绘出薄纱下若隐若现的手臂，线条稳重准确，力道匀称。在描绘仕女面部和手部时，画家始终采用定型的线描技法，衣裙上的图案花纹则以转折线条若断若续地呈现，既规整又流动，打破了传统对称图案的刻板模式，为人物注入了灵巧生动的活力。

除了线条的精湛描绘，画家在赋彩方面也层次分明，巧妙点刷出丝绸间的叠压关系，增强了裙带之间的空气流动感。在色彩的搭配上，画家巧妙地将纯净透明的白色融入各种色彩之中，使黑白与明色相互衬托、相互制约，达到了沉着与轻快相结合的矛盾统一，展现出极高的艺术造诣。

《簪花仕女图》以当时社会的现实生活为背景，淋漓尽致地展现了贵族妇女闲适无聊的生活状态。画中流露出的娇、奢、雅、逸的气息，以及女性柔软、细腻、温婉的姿态，为作品烙印上了鲜明的时代特色。此作不仅艺术价值极高，社会价值也不可小觑，是典型的唐代仕女画标本型作品，堪称唐代现实主义绘画风格的杰出代表。

（二）流转千年的盛宴——顾闳中《韩熙载夜宴图》

《韩熙载夜宴图》（图 9-14）是五代十国时期南唐杰出画家顾闳中的惊世之作，现存于世的是宋代的摹本，以绢本设色，珍藏于北京故宫博物院。此画在中国美术史上占据着举足轻重的地位，不仅代表了古代工笔重彩绘画的巅峰水平，更被誉为“中国十大传世名画”之一。

《韩熙载夜宴图》细腻描绘了官员韩熙载夜设家宴，载歌行乐的盛况。整幅画作如同一部生动的叙事长卷，完整展现了韩府夜宴宾客的全过程，包括琵琶演奏、舞蹈表演、宴间小憩、清吹娱乐以及欢送宾客五个精彩段落。在人物形象的刻画上，画家顾闳中巧妙运用“以形写神”的手法，将主人公韩熙载在五个段落中的不同表情、服饰和动作展现得淋漓尽致。尽管韩熙载身躯魁伟、长脸美髯、头戴高帽，身处夜宴歌舞之中纵情声色，但其脸上却流露出忧郁寡欢的神情。这种反差与矛盾，深刻反映了韩熙载内心的忧虑和精神的空虚。

在色彩搭配上，此画更是运用得极其丰富且富有层次感。朱红、石青、石绿以及白粉等色彩交相辉

图 9-14 顾闳中《韩熙载夜宴图》

映，对比强烈，令人目不暇接。同时，画家在众多绚丽璀璨的色彩中，巧妙地穿插了大块的墨色来统一协调，使黑白灰分布有序，色墨相映，神采动人。墨色既起到了色彩对比的缓冲作用，又成为画面构成均衡的砝码。从线条运用来看，整幅画以“铁线描”为主，线条细润圆劲，工整精细。人物服饰的刻画既严整又简练，利落洒脱且富于变化，勾勒用线犹如屈铁盘丝，柔中显刚，展现了画家高超的绘画技艺。

在构图方式上，此画更是打破了时间概念的限制，将先后进行的活动巧妙地展现在同一画面之中。画家采用散点透视法，以连环画的方式组合成一幅长卷，生动地描绘了韩府夜宴的热闹与清欢情景。同时，画家创造性地运用屏风隔断来分隔空间，又在时间上巧妙地相互联结，使整个场景布局有起有伏，情节有张有弛，显得完整统一。这样的技法在隋唐后世的绘画中发挥了承前启后的作用，对后世画家产生了深远的影响。

（三）“减笔”为画，泼墨成图——梁楷《泼墨仙人图》

《泼墨仙人图》是南宋杰出画家梁楷所创作的纸本水墨人物画杰作，现珍藏于台北故宫博物院。此画作为现存已发现的最早一幅泼墨写意人物画，其创作彻底颠覆了传统线型经典语言的束缚，标志着墨象语言独立地位的确立。

《泼墨仙人图》堪称梁楷“减笔”画法与泼墨技艺的巅峰之作。画中勾勒出一位憨态可掬、慈眉善目的老仙人，他烂醉如泥，目光迷离地眺望着远方。画家并未拘泥于常规，一一描绘老仙人的五官，而是巧妙运用夸张的艺术手法，在构图时特意凸显了人物的额头，那突起的额头几乎占据了整个面部的三分之二，而其他五官则几乎被挤成了一条弧线，垂眉小眼，塌鼻撇嘴，醉意盎然，既诙谐可笑又流露出仙风道骨的洒脱气质。这幅画不仅反映了梁楷嗜酒自乐、放浪形骸的性情，更可谓“画如其人”的典范。画中所蕴含的禅意，源自那大块墨色的狂放不羁与洒脱诙谐，透露出一种摆脱束缚、追求自由的快感，其表现力既源自形体结构的“形”，也源自五官的幽默刻画。

《泼墨仙人图》开创了“大写意”绘画的先河。画面上，不见熟悉的遒劲线条，也不见严谨工致的细节描绘，取而代之的是大笔饱墨，肆意挥洒，连续用笔形成枯润浓淡的奇妙变化，高妙地掌控墨色，幻化出幽清的墨韵，完美展现了“画法始从梁楷变”的笔墨特色。

《泼墨仙人图》以泼墨的形式，打破了中国画纯线的表现形式，特别是没骨法的巧妙运用，为水墨人物画开辟了新的天地，发展成了独具中国文化特色的“泼墨写意”绘画艺术形式。

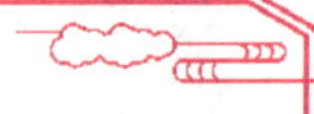

第三节 中国画的色彩之美

中国的传统色彩，其灵感源自广袤无垠的天地万物与悠久文明的丰富想象。在历经数千年的时光流转中，色彩经历了由简约至繁复的演变历程。起初，世界仿佛沉浸在一片鸿蒙之色中，随后，色彩逐渐分化为阴阳、黑白、纯杂等基本对立与区分，进而形成了三色观——黑、白、赤，随后拓展至四色观：黑、白、赤、黄，最终定型为五色观，即黑、赤、青、白、黄。在儒家思想的深刻影响下，中国传统的色彩搭配以正色与间（杂）色来加以区分。正色，即为原色，它们与“阴阳五行”学说中的元素紧密相连：水对应黑、火对应赤、木对应青、金对应白、土对应黄，这五种颜色被视为色彩的五行象征，共同构成了五色体系。古人深信，这五种颜色最为纯正，只能源自自然界的原始提取，任何其他的色彩混合都无法复制其本质，而它们之间却能相互调和，孕育出无数绚烂多彩的颜色，因此，这五种颜色被尊为正色。

五色间的巧妙调和，不仅衍生出了丰富多彩的中国传统色彩，还能创造出“间色”（或称多次色）。例如，绯、绿、紫、碧、骝黄等色彩，便是五色调和的结晶，它们为中国的色彩世界增添了更加细腻与丰富的层次。

一、中国传统色彩观

色彩，在物理学范畴内，指的是光照射物体表面所反射出的不同光波；而在社会学、民俗学、人类学领域，它则成为人类群体文化形象的一种生动载体。色彩中蕴含着人类丰富的文化内涵，与民族的文化传统、习俗风尚以及精神情感紧密相连，其最显著的功效在于瞬间吸引人们的注意并引发情感共鸣。中国传统色彩观，作为东方人独特宇宙观和思维方式的体现，其形成主要源于两大核心因素。

（一）中国古代的阴阳五行学说

阴阳，是中国古代思想家对宇宙生命体基本矛盾力量的深刻洞察；五行，则是对自然万物构成与功能的高度归纳，形成了金、木、水、火、土五类基本物性及其所统摄的一体化模式。公元前 3 世纪，齐国阴阳家邹衍将五行学说体系化，一方面，对自然与人文进行细致分类，将五湖、五岳、五帝、五官、五脏、五指、五季、五更、五谷、五方、五音、五律、五味、五色等与五行相对应；另一方面，他将自然与人类社会的演变诠释为一个相生相克、循环往复的过程，从而构建了一个解释和规范世界的系统。这一系统在中国历史文化中的具体应用，便是五德终始说。

如“黄帝土德，属土，故崇尚黄色；夏启木德，属木，故崇尚青色；商汤金德，属金，故崇尚白色；周文王火德，属火，故崇尚红色”。秦朝因水克火而灭周，故五行属水，崇尚黑色；西汉开国时仿效秦制，同样崇尚黑色。至汉文帝时，贾谊认为秦朝为水德，按五德终始说，土胜水，故汉应为土德，于是从汉武帝时起，汉朝开始崇尚黄色，色彩象征也随之转变。此后各代更迭，基本都参照西汉末年经学家刘歆的五行相生说进行推演确定。

基于五色观念，古人巧妙地将红、黄、青三色相互调配，形成了赤、橙、黄、绿、青、蓝、紫七种基本色。他们进一步将七色以不同比例调配，形成灰色；将七种色彩以相同比例混合，则变为黑色；而将七色光线以相同比例复合，则呈现为白色。由此形成了多之极是黑、少之极是白的黑白灰观念，从而在五色观念的基础上，构建出具有中国文化特色的色彩体系。

（二）儒家思想和汉代礼教

儒家思想注重“礼”的文化价值观，强调色彩在社会人伦教化中的重要作用。它以“仁”为基本导向，依据社会的道德规范来划分色彩，将赤、黄、青、白、黑视为“正色”，其他颜色则归为杂色。儒家主张，“白应纯正无瑕，黑应深沉如一”，并“厌恶紫色夺取红色的正统地位（紫色代表不仁）”，“君子不应以绀色（稍微带红的黑色）装饰，红紫也不应用作内衣”。为了进一步强调色彩的功能并使之体系化，礼教在儒家思想的基础上将颜色分为正色、间色和复色三类。

正色即五色：赤、黄、青、白、黑。间色则是两种正色混合而成的颜色：绿、红（间红色）、碧、紫、骝黄。复色则是三种以上正色混合而成的颜色，包括深黄、土黄、灰黄、深红、红棕、棕色、深棕、浅棕、褐色、深褐、藕色等。在礼教中，正色具有神圣的象征意义，并对正色与间色的搭配都有严格规定。帝王和士大夫的礼服，上衣必须用正色，下裳则用间色，以彰显等级差异。由于历代统治者都独尊正色，间色和复色长期受到忽视，这在很大程度上影响了整个民族的审美心理，形成了一些相对固定的色彩偏好与厌恶观念，束缚了人们对色彩的个性追求与喜爱，也压抑了人们对色彩的大胆创新。

与儒家将色彩理性地划定为正色和杂色不同，道家主张的自然美，将色彩上升到了“朴素而天下莫能与之争美”的崇高境界。这正好与相对单调的儒家色彩观形成了有益的补充。儒家的色彩观与礼教规范紧密相连，而道家的美学思想则将色彩与宇宙的气韵生发相联系。两者所形成的色彩观都强调色彩要以“心灵体验与悟性把握互为因果”，从而奠定了中国传统造型艺术不单纯模仿现实、不直接表现客观真实的色彩观念基础。

综上所述，比较中国传统绘画与西方近现代绘画的色彩观，中国传统色彩观在注重观念色的基础上主要偏重对物体固有色的表现，强调物体色彩恒常属性的展现；而西方则按照光色原理和光源在物体上的色彩变化，主要强调环境条件色的表现。中国色彩是感性心理的类相色彩，西方色彩则是理性物理的自相色彩。中国传统色彩观注重的是文化性，西方近现代的色彩观强调的是科学性，两者分属截然不同的色彩体系。

二、中国色彩的取材来源

（一）经久不衰的矿物颜料

在中国绘画的发展历程中，矿物颜料的历史要早于植物颜料。宋代画家王希孟的《千里江山图》之所以能够历经千年仍如新的一般，其关键就在于使用了珍贵的矿物颜料进行绘制。在古代，画家们从自然界的矿物甚至宝石中精心提取颜料，用以勾勒出画作中的层峦叠嶂与翠色欲滴的景象。而画中人物所点缀的白色，则是源自贝类蛤粉，蛤粉使用后不会氧化变色，寓意着江山的稳固与永恒。

《千里江山图》中运用了五种主要的矿物颜料：朱砂、赭石、砗磲、石青和孔雀石。在色彩设计上，该画继承了唐代以来的青绿画法，于单纯统一的蓝绿色调中寻求变化，近处的山头呈现绿色，由蓝铜矿提炼而成；远处的山头则呈现蓝色，源自孔雀石这一古老的玉石材料。孔雀石作画，颜色稳定持久，能够保持千年不褪色。这幅画的绘制过程烦琐，共需画五遍，从水墨为本，红色赭石铺底，再到石绿上色，最后添上石青，层层叠加，方得完成。尽管矿物颜料具有长时间不褪色的优点，但其易脱落的特性也使《千里江山图》的展出次数极为有限。

唐代张萱所绘的《捣练图》在色彩搭配上，赋予了“随类赋彩”更深层次的含义。张萱为了使连续的运动空间更加和谐统一，以白色系（如蛤粉等）作为色彩布局的基础色调，自画面右侧延续至左侧，贯穿全局。为了营造沉稳、典雅的画面效果，他又巧妙地加入了红色、绿色、蓝色、赭石色和黄色，色彩明度加深，显得稳重凝练，与画中人物活动的特点相得益彰。

（二）色彩润泽的植物颜料

在明朝以前，国画绘制中植物颜料主要是对矿物颜料的补充。然而，随着科学的进步和西学东渐的深入，植物颜料的种类逐渐增多，逐渐与矿物颜料形成了平分秋色的局面。

胭脂色是植物颜料中红色的代表，由红蓝花（又称丹华花，一种球形花卉）的花瓣捣汁制作而成。据传，这种颜料是西汉时期张骞出使西域时带回中原的。汉朝以前，匈奴妇女常用胭脂来化妆。由此可知，胭脂颜料的使用历史悠久，已有两千多年的历史。然而，胭脂易褪色的特性使其在国画创作方面存在明显的短板。因此，在鸦片战争之后，胭脂颜料逐渐为西方传来的洋红、品红颜料所替代。

蓝色是另一种重要的植物颜料，古代的蓝色颜料主要是花青。两千多年前，国人就开始将植物蓝研磨成粉制成花青颜料。蓝可细分为马蓝、蓼蓝、菘蓝等种类，它们都属于一年生草本植物，其叶多作为制作花青颜料的原料。其中，菘蓝的根即是著名的“板蓝根”。花青可以对国画进行层层加染，从而呈现出色彩润泽的效果。然而，同样基于保鲜年代不持久等原因，鸦片战争后花青逐渐为普蓝（即普鲁士蓝）所替代。

三、中国传统书法中的墨分五色

在中国画中，“墨”并不仅仅是一种简单的黑色，而是能够通过其“干、湿、浓、淡、焦”五种不同的浓淡程度，为画面带来丰富的视觉层次变化。这五种墨色变化中，“干”与“湿”主要指的是墨色中水分含量的多少，它们分别营造出苍劲与润透的视觉效果；“浓”与“淡”则是指墨色的深浅程度，用以表现物象的远近明暗；而“焦”则是比浓墨更为深重的墨色，常用于突出画面的重点。

利用墨色的这些特点，画家们可以巧妙地表现出不同的功能和意境。例如，干墨多用于表现山石的皴擦，以产生苍劲、凌峻的意趣；湿墨则常用于渲染环境，使画面具有润透之感，充分展现水墨的韵味；淡墨常用于描绘远端物象或物体的明亮面，使画面显得更加深远和明亮；浓墨则常用于表现近端物象或物体的阴暗面，增强画面的立体感和厚重感；而焦墨则常用于通过叠层勾点或皴来突出画面的重点部分。

“干、湿、浓、淡、焦”这五种墨色分层是中国画中最基本的墨色运用技巧。在实际创作中，画家们会根据绘画对象的特征采用不同的墨法，或多种墨法混用，以求达到丰富的艺术效果。常用的墨法包括浓墨法、淡墨法、泼墨法、破墨法、焦墨法和积墨法等。

宋代画家李唐的《万壑松风图》是运用浓墨法的典范之作。画家在墨水中掺入少量水，使色度变得浓重，构成画面中的重调子，生动地描绘了山脚下近处背光的山石、树木与溪水。明代画家王履在绘制《华山图册》时，也巧妙地运用了淡墨法，通过在墨中掺入较多的水，使色度变浅，成为画面中的亮调子，生动地表现了近处山峰画向光面和远山的轻盈与深远。明代画家徐渭在绘制《墨荷》时，更是将泼墨法和破墨法运用得炉火纯青，他运笔时饱蘸水墨，随意挥洒，追求画面墨色淋漓的艺术效果；同时，在前一笔墨迹未干之际，复加另一笔墨色，使得浓淡墨相互渗透，形成独特的艺术效果，生动地表现了荷叶的残破与苍劲。

宋代大文豪苏轼的《枯木怪石图》，则巧妙地运用了焦墨法，他用焦墨刻画出极深重而又突出的部分，生动地表现了苍劲枯干的物象，使画面充满了力量感和生命力。

明代画家龚贤则善用积墨法。他通过层层叠加墨色，表现出密林杂树、平流大江、重峦复岫、泽国水乡的万千气象。他的画作中，墨色层层叠加，既有厚重的质感，又不失细腻与灵动。

综上所述，中国画中的墨色运用是一门深奥而丰富的艺术。画家们通过巧妙地运用“干、湿、浓、淡、焦”五种墨色分层和多种墨法技巧，能够创造出丰富多样的艺术效果和深邃的意境。

四、沉寂千年的敦煌色

敦煌壁画历经千载而风采犹存，其色彩运用堪称艺术瑰宝。壁画的颜色主要源自矿物颜料，以四大核心色相——红色（朱砂、铅丹、绛矾）、黄色（雄黄、雌黄、密陀僧）、绿色（石绿、铜绿）及蓝色（青金石、群青、蓝铜矿）最为典型。朱砂浓烈、赭石沉稳、石青清雅、藤黄明丽，这些色彩虽数量有限，却因明暗、深浅、疏密的精妙变化，而幻化出无穷韵味，展现出一种独特的绚烂之美。

（一）和谐的色彩对比之美

在敦煌壁画中，黑、白、灰三色作为基础色调，占据了举足轻重的地位。它们作为中性调和色，在壁画中发挥着不可或缺的作用。尤其是早期的敦煌壁画，以温和的暖红色为基底，与石绿形成鲜明的冷暖对比，再辅以黑、灰、白的巧妙调和，营造出一种单纯、明快、浑厚质朴的暖色调氛围。可以说敦煌壁画色彩和谐的奥秘，在于成功运用“调和色”，同时适度减弱“鲜明色”的不和谐因素，使画面色彩效果呈现出柔和而壮美的状态。

（二）色彩语言的时代特征

敦煌壁画的色彩语言，因不同时代的审美观念而呈现出各异的特色。北魏时期，壁画色调浓烈深沉，色彩对比强烈，形成了既冲突又和谐的色彩氛围，体现了这一时期浓郁厚重的审美风格。西魏、北周则偏爱爽朗而清雅的色彩审美，展现出别样的韵味。而隋唐时期，壁画则注重大气的华丽高贵，大面积使用源自青金石的蓝色，这种瑰丽的蓝色被佛教称为“吠努离”或“碧琉璃”，通过古丝绸之路传入中原，成为古代东西方文化交流的见证之一。

（三）色彩的大胆与瑰丽

在敦煌壁画的创作中，绘画者以瑰丽的想象和大胆的夸张手法，赋予色彩强烈的主观表现性。他们通过强化壁画构图，突出宗教人物的象征意义，为敦煌壁画注入了强烈的宗教感化力。如北魏时期的石窟壁画《鹿王本生图》（图 9-15），灵感源自佛教“鹿王本生”的故事，以绘画形式传达劝善寓意。画家以白色为主色调描绘鹿的形象，再以石绿、赭石等色彩点缀其身，形成斑斓的视觉效果。画面中，九色鹿洁白的身躯与国王坐骑黑马形成鲜明对比，这种巧妙的色彩处理不仅突出了主角形象，更增强了画面的戏剧张力。这些历经千年仍鲜艳如初的矿物颜料，以其极强的覆盖力和纯正饱满的色感，见证了古代画师卓越的绘画技艺。

图 9-15　《鹿王本生图》

美育实践

1. 中国书法人间大美，五种书体各有其美，请结合具体的书法作品谈谈其审美特点。
2. 请从“随类赋彩”这个角度分析中国传统山水画为什么钟爱青绿山水。

第十章 品鉴影视之美

学习目标

知识目标

- 掌握主流影视节目的艺术特点和美学特征。
- 掌握影视节目的鉴赏方法。

思政目标

- 通过深入研习中西方影视作品所展现的多元美学形态，在对比、分析与领悟的过程中，深化对本国文化内涵与价值的认知，树立坚定的文化自信。

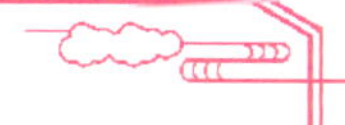

第一节　光影之美

通过电影银幕、电视屏幕以及网络媒体等播出平台所展现的音视频内容，我们统称之为影视节目。这些节目依据“视觉暂留”的科学原理，借助录制或直播的技术手段，利用胶片、磁带或数字媒介等作为信息的载体，通过放映或直播的形式，生动呈现人物的动作及其所处的环境活动，同时传递影像与声音，为观众带来一场场视听盛宴，满足他们听觉与视觉上的艺术欣赏需求。

一、时光之锚

光影的瞬息万变被影视技术巧妙地捕捉并锚定，使之在时间长河中得以永恒“存在”，这一创举不仅打破了时间的枷锁，更将生活的动感瞬间凝固为不朽。影视技术，无疑是人类智慧史上的又一座丰碑，是一门集文学戏剧的深邃、摄影的精准、绘画的色彩、音乐的韵律、舞蹈的灵动于一身的综合艺术形式，它拥有着自己独树一帜的艺术魅力。在当今社会，影视节目作为主流文化产品，其传播范围之广，影响之深，已经成为人们感知这个纷繁复杂世界、领略多样美感的重要途径。

二、影视节目的类别辨析

影视节目，依据其播映途径、表现内容的真实性和制作目的的不同，被细致地划分为多个类别。从播映途径来看，影视节目主要分为以下几类：电影，它们通常在大银幕上放映，为观众带来震撼的视听体验；电视剧和电视节目，这些作品通过电视屏幕播映，涵盖了文化、选秀、游戏、生活等丰富多彩的内容；网络节目，它们借助网络平台播放，包括电影、网络剧、网络综艺、网络短视频等多种形式，这些节目不仅涵盖了传统影视内容，还融合了网络文化的独特魅力。在表现内容的真实性方面，影视节目又可分为虚构类和非虚构类。虚构类影视片以创意和想象为基石，构建出一个又一个引人入胜的虚构世界；而非虚构类影视片则更注重现实生活的记录和再现，以真实性和客观性为核心。此外，根据制作目的的不同，影视节目还可以划分为艺术影视片和商业影视片。艺术影视片以艺术探索和个性表达为主要诉求，追求独特的审美体验和深刻的思想内涵；而商业影视片则以满足观众娱乐需求和赚取利润为主要目标，注重规模化生产和大众市场的接受度。值得注意的是，这两类影视片并非截然分开，许多商业电影在追求商业成功的同时，也展现出了高超的艺术水准。接下来，我们将详细介绍几类主要的影视节目。

（一）电影

电影，这一由法国卢米埃尔兄弟在前人基础上发明的艺术形式，已经成为代表一个国家文化和现代艺术水准的重要标志。它通过银幕放映，将活动影像和同步声音完美结合，为观众呈现出一个又一个生动的故事世界。

1. 内涵

电影不仅是一种技术，更是一种综合艺术。它融合了文学、戏剧、摄影、绘画、音乐等多种艺术元素，通过独特的电影语言，将创作者对世界、社会、生命的独特态度展现得淋漓尽致。同时，电影也是传播国家与民族主流价值观的重要载体。

2. 分类

（1）艺术电影。艺术电影以审美功能为主导，追求独特的艺术风格和深刻的思想内涵。它们通常采用实验性的电影语言，强调视觉风格和艺术性，而非商业性。艺术电影的观众群体主要是特定知识文化阶层的观众和艺术片爱好者。

（2）商业电影。商业电影则以获取利润为主要创作目的，注重娱乐功能和规模化生产。它们通常具有明确的类型特征和固定的观众群体。以美国好莱坞为代表的商业电影产业，通过类型电影的划分和规模化生产，为全球观众带来了无数经典之作。商业电影的主要类型包括犯罪片、历史片、科幻片、战争片、西部片、动作片、冒险片、喜剧片、剧情片、恐怖片、推理片、爱情片等。这些类型之间既有交叉重叠，又各具特色，共同构成了商业电影丰富多彩的世界。同时，许多商业电影也展现出了高度的艺术性，成为电影史上的经典之作。

（二）电视剧

1. 内涵

电视剧是一种兼容性极强的综合艺术样式，专为电视和网络媒体终端播映而设计。它与电影在艺术表现手法上颇为相似，但在语言因素上更为突出，对白和独白占据了更为重要的位置。演员的表演追求生活化，力求本色、朴实且自然，让观众感受到亲切与真实。电视剧的时间弹性较大，篇幅较长，为剧情的演绎提供了更广阔的空间，线索设置更为绵密，人物刻画也更为精细，能够更深入地展现人物内心世界和故事情节。

2. 分类

（1）官方报批分类。电视剧按照官方报批的标准，可以分为当代题材、现代题材、近代题材和古代题材。其中，古代题材又可细分为传奇、宫廷、传记、武打等类别。此外，还有重大革命题材和重大历史题材等特殊分类。

（2）非官方分类。在非官方的分类中，电视剧涵盖了传奇、军旅、商业、涉案、罪案谍战、都市生活、偶像爱情、玄幻史诗、冒险科幻、青春校园、家庭伦理、年代情感、情景喜剧等多种类型。这些分类标准多样，不同类型的电视剧各有其独特的魅力和受众群体。

（三）纪录片

1. 内涵

纪录片是一种以真实生活为创作素材，以真人真事为表现对象的影视艺术形式。它通过对真实事件的艺术加工与展现，引发人们的思考。无论是记录人物命运，还是展示自然科学探索，非虚构性和真实性始终是纪录片的核心要素。在所有的影像作品中，纪录片的档案价值无疑是最高的。

2. 分类

（1）按题材内容分类，可以分为社会人文类纪录片和自然科学类纪录片。

社会人文类纪录片：涵盖各种现实和历史的社会人文题材，如时政、文化、经济、军事、历史等，与人们的社会生活紧密相连，具有极高的现实意义和历史价值。

自然科学类纪录片：专注于各种自然科学题材的纪录片，以传播科学知识为主要目的，帮助观众了解自然界的奥秘和规律。

（2）按制作目的分类，可以分为商业性纪录片和写实风格的人文艺术类纪录片。

商业性纪录片：这类纪录片在市场上占有率较高，包括以人文历史探秘、自然科学探险为题材的高投入、高产出大片，以及结合美食、旅游、真人秀等元素的电视网络纪实节目。它们通过故事性和奇观性的呈现方式，吸引了大量观众的关注。

写实风格的人文艺术类纪录片：这类纪录片以社会写实、人类学影像、边缘题材为内容，由独立制片人自筹资金或申请公共电视台、政府或民间文化基金的投资。它们虽然故事性和奇观性较差，但人文价值极高，对于小众观众群体来说，具有极高的观赏价值和文化意义。

三、影视艺术的美学特征

影视艺术，作为一种独立的艺术形态，不仅承载着丰富的文化意义，更展现出独特的艺术魅力。其美学特征体现在多个方面，共同构成了影视艺术的独特韵味。

（一）综合艺术的典范

影视艺术是综合艺术的集大成者，它巧妙地融合了文学、戏剧、绘画、摄影、音乐、舞蹈等多种艺术门类的精华。这种融合不仅增强了影视艺术对生活的表现力，更展现了其综合的美学魅力。一部影视作品的诞生，是编剧、导演、摄影、美术、表演、制作等多部门人员密切协作、共同努力的结晶。同时，影视艺术的每一次创新与突破，都离不开科学技术的支撑与推动。在制作技艺、表现手法、艺术思维、美学创造等多个方面，影视艺术都展现出了其综合性的独特魅力。

（二）视听语言的艺术

影视艺术是一种视听结合的艺术形式，视听语言是其本质特征。通过鲜明的视听符号，影视艺术能够完成造型与运动叙事，传达情感与哲理。在造型方面，画面造型语言与声音造型语言相互交织，共同构成了影视艺术的视觉与听觉盛宴。画面造型语言包括景别、景深、焦距、角度、构图、色彩、光线、视点等元素，而声音造型语言则涵盖同期声、旁白、音乐、音效等方面。通过巧妙的剪辑，影视艺术能够塑造出栩栩如生的形象，讲述引人入胜的故事，从而激发观众的情感共鸣与思考。

（三）自由时空的展现

影视艺术是时间和空间复合、结构多维的艺术形式。在影视作品中，时间可以被省略、跳跃、延迟、浓缩，从而创造出独特的叙事节奏与旋律。同时，空间也可以被自由地分割、组合、切换与连接，形成影视艺术独特的时空结构。这种时空的自由性不仅使影视作品能够在时间上自由穿梭于过去、现在与未来之间，更能在空间上迅速转移至遥远的地域或奇幻的境地。这种自由时空的展现为影视艺术提供了广阔的创作空间与无限的想象可能。

（四）故事魅力的吸引

人类对故事的兴趣源远流长。叙事类影视节目通过讲述引人入胜的故事来吸引观众。故事与情节是叙事类影视节目的两大要素，它们通过一系列因果链条来构建事件进程、推动情节发展。故事的悬念能够激发观众对未知的期待与好奇，引导他们进行推理判断与探寻真相。同时，故事还具有移情作用，能够丰富观众的生命体验并引发他们的共情与代入感。通过影视故事的传播与交流，观众能够参与到价值观的讨论与共识达成中，从而催生新的观点与情感并获得奖赏、愉悦与幸福感。

（五）虚拟真实的魅力

影视艺术得天独厚的优势在于其能够还原人与事物的形象与声音，形成逼真的视听效果。这种虚拟真实的效果使影视作品能够最大限度地再现客观世界的主要特征与事件的发展经过。对于非虚构类影视节目而言，它们能够直接记录现实世界的状貌与运动轨迹，从而真实准确地反映客观世界的面貌。而对于虚构类影视节目而言，它们则通过源于生活而又高于生活的艺术概括展现虚拟时空中的假定现实情境与虚构人物的命运。这种虚拟真实与形象逼真的结合使观众能够产生切实的在场感，并为之悲喜、爱恨、感动。

四、品鉴影视艺术的路径

影视艺术以其独特的视觉、听觉感官特点，以及时间、空间的运动特质，蕴含着丰富的情感与思辨的深层含义。品鉴影视艺术精品，不仅能够让我们领悟作品的意涵，还能获得多方面的艺术享受，进而提升自己的审美能力和艺术修养。以下是对影视作品进行品鉴的几条有效路径：

（一）明确品鉴目的

在观赏影视作品之前，明确品鉴目的至关重要。观众因审美享受的需求而观影，具体节目的选择则往往基于个人的兴趣和情感偏好。影视节目作为大众文化的重要组成部分，其娱乐功能显著，但除此之外，情感宣泄、推理判断、思考联想等也是影视欣赏的重要目的。明确品鉴目的，有助于我们更好地满足观影需求，深入挖掘作品的艺术内涵。

（二）多维捕捉信息

一部影视作品的内涵丰富，品鉴时我们需要从多个维度捕捉信息。在观赏前后，了解作品的创作背景、所属类型、故事梗概、时代背景、角色分析、制作团队及主创人员等相关信息，能够为我们提供更丰富的观看体验。结合自己的观影经验和知识储备，对作品进行结构的分解与整合，把握整体风格，进而与同类作品进行比较赏析，有助于提升我们的鉴赏能力和审美素养。

在具体品鉴过程中，我们应关注以下几个方面：

1. 光影婆娑，直觉影像

影视是光影的艺术。银幕或屏幕上流动的光影、运动的人物或场景，构成了生动的形象体系。作为品鉴者，我们首先通过直觉感知影像，获取美感信息。对画面效果的精心处理、影像的造型表现力和艺术感染力的重视，是影视制片的第一要务。我们通过视觉的直觉感知，对画面场景、氛围营造、演员表演、服饰化妆道具等进行直觉判断，从而直接获取确切的美感信息。

2. 声临其境，视听同步

在影视艺术中，听觉元素同样关键。声音所蕴含的信息丰富，人声的气息、音色、音调，人物对白的情感表达，以及音效的气氛烘托、音乐的传情达意效果，都是影视艺术不可或缺的元素。声画一体、视听同步的审美体验，让我们更加深入地理解影视作品所传达的意蕴。同时，声画分离的特殊效果以及静默的处理，也是声音表现艺术的重要组成部分。

3. 关注形象，查找线索

经典影视作品往往塑造出栩栩如生的人物形象，令人难以忘怀。这些人物形象不仅触动了观众的心灵，还成为作品的重要符号。同时，对于故事复杂的影视作品，特别是电视连续剧，厘清其线索是理解作品深层含义的关键。作品中往往存在主线、副线、旁支线索，明线暗线交织呼应，形成网状布局。通过厘清这些线索，我们能够更好地理解作品的情节发展、人物性格以及深层含义。

综上所述，品鉴影视艺术需要我们明确品鉴目的、多维捕捉信息，并关注作品中的光影、声音和人物形象等要素。通过这些路径的深入探索，我们能够更好地领悟影视作品的意涵，提升自己的审美能力和艺术修养。

（三）体味情感意蕴

在影视艺术的品鉴过程中，情感意蕴的体味是不可或缺的一环。影视艺术的逼真性能够唤起观众更为活跃的情感，使观众在观赏过程中与剧中人物产生情感共鸣。观众在识别影视人物鲜明、独特个性的基础上，能够捕捉到其情感爆发点和内心情绪的波涛。通过跟随人物情感的高低起伏，观众能够与之产生情感共振，这种移情的状态能够激发观众巨大的情感力量。在影视剧的观赏历史中，观众与影视人物同悲共喜、进入情感高峰体验的情况屡见不鲜，特别是一些悲剧作品，更是具有强大的震撼力量。例如，电视剧《琅琊榜》剧终后，观众自发为主角梅长苏开启网络祭奠，这一行为生动地体现了观众与剧中人物情感的深度共鸣。然而，高阶的艺术审美活动并不仅仅停留在情感的沉浸中，在沉浸之后，出离剧中情感，以更广阔的视角去领会作品的深层次思想意蕴，对作品进行更加理性的分析，才是审美境界的更高层次。通过体味情感意蕴，观众不仅能够获得情感的满足，还能够引发对人生、社会、历史等问题的深刻思考。

（四）提取思想内涵

影视审美的另一重要层次是对作品的思考和探究。经典影视作品往往兼具艺术价值与思想价值，它们不仅拥有撼人心灵的情感，更蕴藏着广阔深刻的思想内涵。影视作品的主题思想有时可能由剧中人物直接道出，但更多时候，它深藏在叙事之下，如盐溶于水，需要观众仔细品味和提炼。观众需要从叙事线索、情景安排、人物行为、故事编排中，找寻作品的思想内涵和深层意蕴。同时，还需要结合节目创作和故事发生的社会时代背景，进行宏观思考，以便全面地理解作品的思想境界。在提取思想内涵的过程中，观众需要由具体到抽象，由感动到理解，从感性体验上升到理性思考。通过这一过程，观众不仅能够更加深入地理解作品，还能够提升自己的思维能力和认知水平。同时，这也是对影视作品进行深度品鉴和解读的重要步骤之一。

（五）体悟丰饶美感

影视艺术以其独特的魅力，成为美感丰饶的艺术形式。通过声画造型，影视作品营造出如梦似幻的艺术氛围，让观众在审美过程中获得极大的享受。在进行品鉴时，我们应敞开心扉，充分调动感知、注意力、情感、想象等心理因素，全面把握影视作品的整体格调和艺术特色。

1. 审美补充

优秀的影视作品常常运用留白的美学手段，给观众留下想象和品味的空间，这正是品鉴者发挥想象力，进行审美补充的绝佳机会。不同的艺术修养、文化积淀和生活情感经历，促使观众产生不同的审美补充，从而丰富和拓展作品的内涵。例如，一些影视剧的观众会根据原作，创作出大量的番外、同人文、重新剪辑的视频节目等，这些创作不仅拓宽了审美范畴，也展现了观众对作品的深度理解和个性化解读。

2. 风格体察

在品鉴影视作品时，风格体察是不可或缺的一环。风格是艺术作品的风貌格调和艺术特征，它凝聚着艺术家的气质、素养和个性。在影视作品中，风格表现为影视语言、结构和手法在基调上的和谐一致，以及对时代精神和作者风格的体现。

（1）作品风格。每部影视作品都有其独特的风格，这种风格体现在作品的叙事方式、画面构图、色彩运用、音乐选择等多个方面。通过仔细品鉴，我们可以感受到作品所传达的时代精神、文化背景和作者的艺术追求。

（2）导演风格。导演是影视作品的灵魂人物，他们的个性印记在作品中往往显而易见。导演风格是他们的思想感情、精神个性、人生经历、哲学信仰、美学观念、艺术趣味的综合呈现。通过品鉴不同导演的作品，我们可以感受到他们各自独特的艺术风格和创作理念。例如，吕克·贝松的作品常常充满奇幻色彩和浪漫情怀，展现了他对生命和自由的深刻理解。

（3）演员风格。演员的表演风格也是影视作品风格的重要组成部分。真正的表演并非演员对自我的主观表现，而是通过对角色的深入理解和揣摩，形成自己的表演风格，将角色的独特性和唯一性活灵活现地呈现出来。演员的表演风格不仅展现了他们的表演功力，也丰富了作品的内涵和表现力。

通过体悟丰饶美感，我们不仅能够更加深入地理解影视作品的艺术价值，还能够提升自己的审美能力和艺术修养。在品鉴过程中，我们应保持开放的心态，积极调动各种心理因素，全面把握作品的整体格调和艺术特色，从而获得更加丰富的审美体验。

第二节　梦境之美

在百年电影史的璀璨星河中，大师们如同永恒的灯塔，以其深邃的哲思与美学探索重构了光影的疆界。伯格曼用《第七封印》在棋盘上叩问神性之死，基耶斯洛夫斯基以《蓝白红》三色解构自由与道德的永恒悖论，斯皮尔伯格在《辛德勒的名单》的黑白血泪与《侏罗纪公园》的数字洪流中平衡着大众叙事的童真凝视；小津安二郎的《东京物语》用低机位构图凝固时光的茶烟，李安则以《卧虎藏龙》的竹林剑气与《少年派的奇幻漂流》的深海幻象劈开东西方叙事褶皱。这些精神丰碑以胶片为刀——剖开人性的琥珀，拓印历史的掌纹，在蒙太奇的血肉里植入哲学的基因：伯格曼的静默长镜头是灵魂的 X 光片，基氏的宿命叙事链如多米诺骨牌撞击存在主义迷宫，斯皮尔伯格的运动镜头里翻滚着技术狂想与历史创伤的和解，小津安二郎的“榻榻米美学”在空镜头里埋下生死禅机，李安的跨文化镜像则让东方水墨与好莱坞戏剧在帧率间共振。在此，我们沿着《野草莓》的记忆之河、《十诫》的道德冰面、《E. T.》的月光单车，触摸电影艺术最锋利的棱镜——那介于伯格曼的银幕教堂与李安的 3D 鲸跃之间，属于光影炼金术的终极浪漫。

一、英格玛·伯格曼：电影诗哲的灵魂凝视

（一）电影成就

英格玛·伯格曼（1918　2007），瑞典导演、编剧、制作人，现代主义电影与深度电影时代的开创者与标志性人物。他以哲学家的思辨深度与诗人的敏锐感知，将现代哲学命题引入战后西方影坛，通过影像构建了一部跨越时代的精神史诗。其作品以冷峻的镜头语言展现 20 世纪西方文明史，以前所未有的哲学高度揭示人性的复杂光谱，与同时代电影大师共同将电影艺术推向人类精神表达的巅峰。代表作品包括《第七封印》《野草莓》《秋天奏鸣曲》《芬妮与亚历山大》《呼喊与细语》等。

（二）电影主题

伯格曼的作品构建了一套完整的电影哲学体系。他以存在主义为思想基底，持续追问人类存在的终极命题：世界的荒诞本质、生命的痛苦根源、死亡的永恒阴影、人性的异化困境、精神交流的不可能等。这些命题直指战后西方社会的集体精神危机，即当理性主义大厦崩塌，宗教信仰式微，现代人陷入深刻的价值虚无与存在焦虑。伯格曼以摄影机为手术刀，解剖着人类灵魂深处的孤独与隔膜，将存在主义哲学具象化为可感知的影像诗篇。如《假面》中两个女人的镜像关系，隐喻着现代人自我认同的分裂；《冬日之光》里牧师的信仰危机，折射出整个时代的精神荒原。

（三）艺术特征

伯格曼的艺术世界是北欧文化基因与现代艺术思潮的完美融合。他将瑞典的宗教传统、文学底蕴与欧陆哲学精神熔铸于电影语言中，创造出独特的视听美学体系。

1. 象征诗学

伯格曼的影像世界充满隐喻性符号系统。在《野草莓》中，野草莓作为核心意象贯穿全片，既承载着主人公对青春岁月的甜美回忆，又成为其直面死亡阴影的精神镜像；没有指针的钟表象征着时间的虚无，流血的眼睛则暗喻人类对真实的盲目。这种象征手法超越了简单的物象对应，形成多层次的哲学隐喻网络。

2. 意识流叙事

在《野草莓》中，伯格曼开创了心理叙事的先河。影片以教授的现实旅行为明线，以其潜意识流动为暗线，通过梦境、幻觉与回忆的交织，构建起时空交错的心理迷宫。这种叙事结构突破了传统电影的线性逻辑，将弗洛伊德的精神分析理论转化为可视化的影像语言，为现代电影开拓了新的表现维度。

3. 室内哲学剧场

得益于其戏剧导演的深厚功底，伯格曼将封闭空间转化为哲学实验场。在《呼喊与细语》中，褪色的红墙构成血色子宫般的封闭空间，人物成为被困于存在困境的符号化个体；在《假面》里，护士与女演员的二元对立在单一房间内展开，空间本身成为精神对峙的隐喻载体。这种室内心理剧结构，将戏剧的舞台张力与电影的心理深度完美结合。

4. 影像炼金术

伯格曼将黑白影像的美学特质推向极致。在《第七封印》中，死神的黑袍与苍白面容在强光下形成强烈反差，构建出超现实的视觉意象；《假面》中两张面孔的叠化处理，具象化呈现人格的多重性。特写长镜头的极致运用是其标志性语言；《呼喊与细语》中大量长达数分钟的面部特写，通过表情的细微颤动，将人物内心的惊涛骇浪转化为视觉诗篇，实现了“让沉默发出呐喊”的艺术效果。

伯格曼的电影不仅是艺术创作，更是一场持续的哲学对话。他以影像为镜，映照出人类存在的永恒困境，在光影交织中完成了对灵魂的终极凝视。这种艺术探索深刻影响了塔可夫斯基、安哲罗普洛斯等后辈导演，确立了现代电影作为哲学表达媒介的可能性。

二、基耶斯洛夫斯基：悲惨世界的救赎之爱

（一）电影成就

克日什托夫·基耶斯洛夫斯基（1941—1996），波兰裔法国电影诗人，现代电影史上最具哲学深度的叙事大师之一。他以摄影机为棱镜，将存在主义哲思与基督教精神熔铸于影像之中，构建起独特的“深紫色叙事”美学体系。其作品如《十诫》《蓝白红三部曲》《两生花》等，以诗意的光影探讨人类存在的永恒困境，在东欧与西欧的文化裂变中寻找精神救赎的可能路径，通过电影语言探讨人性以及生命的终极价值。

（二）电影主题

1. 存在主义的精神拷问

基耶斯洛夫斯基的影像世界始终笼罩着存在主义的迷雾。《十诫》以现代华沙为背景，将《圣经》戒

律转化为十个当代寓言：冰面下的溺水儿童（第一诫）颠覆了科学理性的神话，堕胎少女的血色黎明（第六诫）撕裂了道德伦理的伪装。《蓝白红三部曲》则构建起自由、平等、博爱的现代性悖论：朱莉在蓝色幽暗中对抗记忆的噬咬（《蓝》），卡罗在白色虚空中演绎身份的异化（《白》），瓦伦丁在红色迷雾中寻找爱的可能（《红》）。这些作品构成了对20世纪末人类精神困境的全景式诊断。

2. 救赎之爱的形而上学

面对存在的荒诞与虚无，基耶斯洛夫斯基始终保持着人道主义的温情。《十诫》中，工程师的忏悔与修女的宽恕（第三诫），摄影师的自我救赎与少女的重生（第九诫），都在苦难中闪烁着神性的微光。《蓝白红三部曲》结尾的沉船场景，将所有人物的命运编织成一张救赎之网——当死亡成为共同的终点，爱便成为超越性的存在。这种救赎不是廉价的乐观主义，而是“在绝望之山上砍下希望之石”的悲壮坚守。

3. 神秘主义的宿命诗学

基耶斯洛夫斯基的影像常弥漫着神秘主义的氤氲。《两生花》中，波兰与法国的两个维罗尼卡构成灵魂的镜像，心脏的共鸣暗示着超越时空的精神联结。《机遇之歌》通过三种命运轨迹的平行叙事，揭示了偶然性背后的神秘秩序。在《十诫》中，冰面的破裂、电梯的坠落、信件的误投，这些看似随机的事件实则构成命运的必然性链条，将人类置于神圣与世俗的永恒张力之中。

（三）艺术特征

1. 复调空间叙事

基耶斯洛夫斯基独创了复调空间叙事的美学体系。《两生花》中，波兰维罗尼卡的死亡场景与法国维罗尼卡的音乐会形成空间蒙太奇，两个时空在镜像中完成精神对话。《蓝白红三部曲》则通过色彩符号构建隐喻空间：蓝色象征自由的牢笼，白色隐喻平等的异化，红色代表博爱的困境，三种色彩在叙事中交织成存在主义的光谱。

2. 存在主义空间诗学

导演善于将物理空间转化为哲学场域。《十诫》中的公寓楼是现代都市的巴别塔，电梯井成为连通天堂与地狱的通道；《机遇之歌》的火车站则是命运的十字路口，每一次选择都导向不同的存在维度。这种空间诗学深受波兰诗人米沃什的影响，将建筑空间转化为“凝固的哲学”。

3. 光影炼金术

基耶斯洛夫斯基对光影的运用达到了出神入化的境界。在《蓝》中，朱莉在游泳池底的长镜头里，蓝色光斑构成记忆的碎片；在《红》中，夕阳的余晖将老法官的房间染成血色，象征着道德审判的降临。特写镜头的极致运用是其重要叙事策略——《两生花》中维罗尼卡凝视镜头的瞬间，瞳孔里的颤动折射出整个宇宙的奥秘。

基耶斯洛夫斯基的电影是苦难与救赎的双重变奏。他以诗人的敏感触摸存在的深渊，用哲学家的冷峻解剖灵魂的困境，最终在宗教与人文的双重维度中寻找救赎的可能。这种艺术探索不仅深刻影响了阿巴斯、是枝裕和等导演，更在全球化时代为人类精神困境提供了诗意的解答。

三、史蒂文·斯皮尔伯格：梦与真实的双重诗学

（一）电影成就

史蒂文·斯皮尔伯格（1946— ），好莱坞黄金时代最具影响力的电影作者之一，以商业与艺术的完

美平衡重塑了现代电影版图。作为犹太裔导演，他将个人创伤记忆转化为普世性的人文关怀，在《大白鲨》《侏罗纪公园》等科幻巨制中构建起视觉奇观的现代神话，又以《辛德勒名单》《慕尼黑》等历史题材作品完成对人性的深度解剖。其作品横跨类型片与作者电影，并以年均一部的创作频率持续半个世纪，累计获得 4 次奥斯卡奖、7 次金球奖，成为好莱坞“电影工业诗人”的典范。

（二）电影主题

1. 犹太身份的集体创伤书写

斯皮尔伯格的创作始终贯穿着犹太民族的苦难记忆。《辛德勒名单》以黑白影像重构奥斯威辛的人间地狱，红衣女孩的死亡意象成为纳粹暴行的永恒隐喻；《慕尼黑》则通过复仇故事探讨暴力循环中的身份迷失。这种创伤叙事突破了简单的道德评判，在历史还原中注入存在主义的哲学追问——当文明崩塌时，个体如何在救赎与毁灭间寻找平衡。

2. 科技时代的人性寓言

在《人工智能》《少数派报告》等科幻作品中，导演构建了未来世界的多重镜像：机械男孩对母爱的渴求揭示了技术理性的冰冷，预测犯罪系统的伦理困境暴露了现代社会的控制逻辑。这些作品以科幻为壳，实则探讨着人类在科技异化中的精神救赎，延续了库布里克式的未来主义焦虑。

3. 战争伦理的现代性反思

《拯救大兵瑞恩》以 23 分钟的诺曼底登陆长镜头开创战争片新范式，血肉横飞的战场中，八人小队的牺牲与拯救构成存在主义的终极命题。《战马》则通过动物视角重构“一战”记忆，在马与人的羁绊中寻找超越民族主义的普世价值。这种战争叙事既保持历史真实，又融入诗化表达，形成独特的“新历史主义”美学。

（三）艺术特征

1. 技术主义的美学革命

斯皮尔伯格是数字时代的影像革命家。在《侏罗纪公园》中，他首次将 CGI 与模型特效完美融合，创造出恐龙复活的视觉奇观；《丁丁历险记》则开创动作捕捉技术的新纪元，实现动画与真人表演的无缝衔接。这种技术探索不仅革新电影工业，更将“造梦”能力提升到哲学维度——当虚拟世界无限逼近真实，人类的认知边界也在不断拓展。

2. 历史诗学的双重维度

在历史题材创作中，导演构建了“微观史诗”的叙事范式。《辛德勒名单》以 1200 个名字为经，以搪瓷盆、犹太法典等物件为纬，编织出个体命运与宏大历史的交织图谱；《华盛顿邮报》则通过报业巨头的抉择，折射冷战时期的媒体伦理。这种叙事策略既保持历史肌理的真实性，又注入小说化的戏剧张力，形成独特的“新历史主义”美学。

3. 儿童视角的成人寓言

导演常以儿童视角解构成人世界的荒诞。在《E. T.》中，小男孩与外星生物的友谊成为对抗异化的精神乌托邦；《战马》里少年与马的羁绊象征着纯真对战争的超越。这种视角选择不仅源于导演的童年创伤，更暗含对现代文明的深刻批判——在成人世界的理性秩序中，童真反而成为最接近真理的存在。

斯皮尔伯格的电影是科技理性与人文精神的辩证统一。他以好莱坞式的商业叙事包裹哲学沉思，在梦幻与真实的交织中构建起现代神话体系。这种创作范式深刻影响了诺兰、卡梅隆等后辈导演，确立了

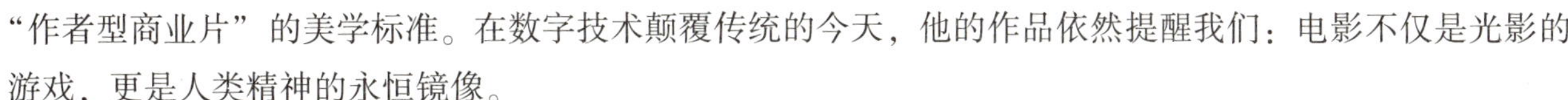

"作者型商业片"的美学标准。在数字技术颠覆传统的今天，他的作品依然提醒我们：电影不仅是光影的游戏，更是人类精神的永恒镜像。

四、小津安二郎：东方美学的诗性栖居

（一）电影成就

小津安二郎（1903—1963），日本电影史上最具哲学深度的作者导演。他以40年创作生涯构建起独特的"家庭剧"美学体系，通过《晚春》《东京物语》《秋刀鱼之味》等经典作品，将日本传统美学精神与现代电影语言完美融合。其作品以"物哀"为美学基底，以"日常即永恒"的哲学观照，在榻榻米空间中构建起关于爱与离别的永恒诗篇，深刻影响了侯孝贤、是枝裕和等东亚导演，确立了东方电影在世界影坛的独特坐标。

（二）电影主题

1. 无常之美的哲学凝视

小津安二郎的镜头始终对准日本平民的生命轮回。在《东京物语》中，平山夫妇造访子女的都市寓所，子女的敷衍与老夫妻的寂寥形成残酷对照；在《秋刀鱼之味》中，鳏夫嫁女的仪式感背后，是黄昏人生的无限苍凉。这种"日常悲剧"的叙事策略，将佛教"诸行无常"的哲学思想具象化为可感知的影像，在吃饭、喝茶、插花等生活细节中，展现生命的流逝与存在的本真。

2. 物哀美学的现代转译

面对必然降临的孤独与死亡，小津安二郎既不沉溺于悲情宣泄，也不寻求廉价的慰藉。在《晚春》中，父亲为女儿婚事隐忍内心的不舍，在观赏能剧时悄然拭泪的场景，将"哀而不伤"的美学传统演绎得淋漓尽致。这种克制的情感表达，源自日本传统"幽玄"美学的滋养，使影片在平淡叙事中蕴含着震撼人心的精神力量。

（三）艺术特征

1. 低机位的禅意空间

小津安二郎独创的"榻榻米视角"（低机位仰拍）构建起独特的空间诗学。在《东京物语》的家庭场景中，镜头高度始终保持与坐在榻榻米上的人物视线平齐，这种视角不仅赋予人物庄重感，更将室内空间转化为精神冥想的容器。固定镜头的极致运用（如《秋刀鱼之味》中女儿出嫁后的空房间镜头），通过时间的静默流逝，营造出"此时无声胜有声"的禅意氛围。

2. 空镜头的时间哲学

小津安二郎电影中的空镜头堪称"凝固的俳句"。《彼岸花》中反复出现的电车轨道，既暗示时代变迁，又象征人生旅程的不可逆转；《冬日之光》里飘落的樱花，既是季节更迭的符号，也是生命无常的隐喻。这种"间"的美学，通过镜头间的留白与停顿，将日本传统美学中的"余情"转化为现代电影语言。

3. 日常对话的诗性重构

导演对台词的处理达到了"大巧若拙"的境界。在《东京物语》中，母亲临终前的那句"我很好"，将东方文化中隐忍的爱与痛推向极致；在《麦秋》中，家庭聚餐时的闲聊看似平淡，实则暗藏人物关系

的微妙变化。这种“无技巧”的对话设计，与黑泽明的戏剧化台词形成鲜明对照，彰显出小津安二郎“绚烂之极归于平淡”的艺术追求。

小津安二郎的电影是东方美学精神的现代性转译。他以摄影机为毛笔，在银幕上挥毫泼墨，将“物哀”“幽玄”“侘寂”等传统美学范畴转化为可感知的影像诗篇。这种艺术探索不仅为日本电影赢得世界声誉，更在全球化语境中确立了东方电影的文化主体性。当西方电影沉迷于技术奇观时，小津安二郎的作品依然提醒我们：真正的电影艺术，在于用最简单的形式抵达最深刻的人性。

五、李安：跨文化语境下的精神摆渡人

（一）电影成就

李安（1954— ），当代影坛最具文化自觉的作者导演，以“文化摆渡人”的身份构建起东西方对话的影像桥梁。其创作横跨华语与英语电影界，在《推手》《断背山》《少年派的奇幻漂流》等作品中，将儒家伦理与西方存在主义哲学熔铸于电影语言，形成独特的“李安式人文主义”。作为首位两度获得奥斯卡最佳导演奖的华人导演，他不仅打破了好莱坞的文化壁垒，更以全球化的叙事策略重构了“文化中国”的当代想象，被誉为“华语电影的世界公民”。

（二）电影主题

1. 儒家伦理的现代性裂变

在“父亲三部曲”中，李安构建了传统父权与现代文明的对话场域。《推手》里朱老太极拳的刚柔并济，隐喻着东方文化在西方语境中的生存智慧；《喜宴》通过同性婚姻与家族伦理的碰撞，解构了“传宗接代”的传统命题；《饮食男女》以味觉记忆为线索，展现了父权制家庭的离散与重构。这种叙事策略延续了费孝通《乡土中国》的文化批判脉络，在全球化浪潮中重审儒家伦理的现代价值。

2. 跨文化身份的精神漂流

从《冰风暴》到《比利·林恩的中场战事》，李安始终关注边缘群体的身份困境。《断背山》中牛仔的同性之爱，既是对西部神话的解构，也是对美国清教伦理的反叛；《色戒》通过王佳芝的身体政治，揭示了殖民语境下个体身份的暧昧性。这种跨文化书写深受后殖民理论家霍米·巴巴“第三空间”理论的影响，在文化杂交中寻找精神归属的可能。

3. 情感政治的诗学表达

导演擅长将私人情感升华为公共政治。《卧虎藏龙》中李慕白的“发乎情，止乎礼”，将武侠类型片转化为东方情欲的哲学寓言；《少年派的奇幻漂流》里老虎与少年的共生关系，隐喻着人性中理性与野性的永恒博弈。这种情感政治的处理方式，与阿巴斯的伊朗电影形成跨文化呼应，在普世性层面探讨人类共有的精神困境。

（三）艺术特征

1. 新古典主义叙事范式

李安独创了“中庸之道”的电影语法。在《理智与情感》中，克制的镜头语言与简·奥斯汀的文学气质完美契合；《卧虎藏龙》的武打设计将京剧程式化动作与现代剪辑结合，创造出“舞蹈化的暴力美

学”。这种叙事策略既遵循好莱坞经典语法，又注入东方美学精神，形成“有意味的形式”。

2. 视觉诗学的跨文化融合

导演对空间的处理具有哲学深度。《推手》中纽约公寓的封闭空间象征文化隔阂，太极拳的流动轨迹则暗示精神突围；《少年派的奇幻漂流》中的海洋场景既是物理空间，也是存在主义的隐喻载体。这种空间诗学深受中国山水画“留白”美学的影响，在虚与实的辩证中构建精神意境。

3. 声画对位的情感哲学

李安对声音的运用达到了“此时无声胜有声”的境界。《断背山》中牛仔们的沉默比对话更具情感张力，呼啸的风声成为欲望的伴奏；《色戒》里麻将声的节奏变化，暗示着人物心理的微妙波动。这种声画设计延续了黑泽明《罗生门》的声效传统，在静默中展现人性的复杂光谱。

可以说，李安的电影是全球化时代的文化启示录。他以摄影机为船，在东西方文明的海洋中寻找精神的锚点，将个人经验升华为人类共同的文化记忆。这种创作范式不仅为华语电影赢得世界声誉，更在文明冲突加剧的当下，提供了跨文化对话的艺术范本。当数字技术重塑电影形态时，李安的作品依然提醒我们：真正的电影艺术，在于用普世语言讲述独特的文化故事。

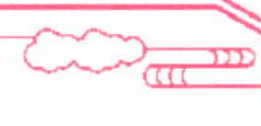

第三节 实相之美

作为影视艺术的一个重要分支，纪录片以其非虚构性的独特魅力，在影视艺术领域独树一帜。它以真实存在的社会人文现象或自然科学现象为创作源泉，通过艺术化的手法进行表达。它摒弃了虚构与夸张，力求还原生活的本来面目，让观众能够透过屏幕，窥见世界的真实与多彩。因此，纪录片被普遍认为是与生活实相最为接近的影视艺术形态。

纪录片的价值不仅在于其真实性，更在于它所承载的信息与知识。通过纪录片的镜头，观众可以跨越地域、时空的限制，深入了解世界各地的自然风光、人文景观、社会变迁以及科学发现。这种直观、生动的呈现方式，极大地满足了人们获取信息与知识、探索自然科学与社会历史的求知心理。

同时，纪录片也是思考人性与人生、了解真相的重要窗口。它通过对真实事件的深入挖掘和细腻描绘，引导观众思考人性的复杂多面、人生的起伏跌宕，以及社会现象的深层原因。这种思考不仅有助于提升观众的认知水平，更能激发人们对美好生活的向往和追求。

一、历史演进

纪录片作为电影艺术的母体，已有百年发展历程。卢米埃尔兄弟的纪实短片《火车到站》等开创了影像记录现实的先河。20 世纪 20 年代，弗拉哈迪的《北方的纳努克》标志着艺术纪录片的诞生，以真实影像展现异域文明。此后，纪录片逐渐形成社会批判、科学探索等多元形态，成为人类认识世界的重要媒介。

二、创作范式谱系

在世界纪录片发展史中，可归纳出四大核心创作范式，构成非虚构影像的语法矩阵。

（一）格里尔逊范式：意识形态的视觉布道

以英国导演约翰·格里尔逊为理论原点，确立“画面+解说”的政论体式。其本质是影像修辞术——通过蒙太奇拼贴与权威旁白建构话语霸权，将纪录片异化为社会工程的宣传工具（如《夜邮》对工业文明的礼赞）。该模式催生出主题先行的专题片形态，在我国《话说长江》等作品中仍可见其美学遗存。

（二）真实电影运动：客观性的双重变奏

1. 直接电影：观察美学的极限实验

20 世纪 60 年代美国“德鲁小组”创立，奉行“墙壁上的苍蝇”准则：禁用解说、音乐与非自然光，采用手持摄影与隐蔽剪辑（《党内初选》）。其方法论受维尔托夫“电影眼”理论启发，试图通过技术隐身达成绝对客观（如《推销员》中销售员的生存困境）。中国新纪录片运动继承此脉，《铁西区》以 12 小时素材完成了工业废墟的病理切片。

2. 真理电影：参与式现实的解构

法国人类学家让·鲁什与荷兰电影大师尤里斯·伊文思开创了“触发真实”方法论，主张创作者作为催化剂介入现场（《夏日纪事》）。通过挑衅性提问与情境预设，激活被摄者的潜意识表演，形成现实与虚构的量子叠加态。这种“自我反射”策略深刻影响《浩劫》等后现代纪录片创作。

（三）访问式纪录片：话语权力的博弈场域

以对抗性采访为核心武器，建构起“提问—回应”的辩证空间。美国节目《60 分钟》开创了电视调查纪录片范式，通过证据链建构与逻辑拷问实现舆论监督（如对烟草公司的诉讼曝光）。我国节目《新闻调查》也借鉴了此法，在《刺死辱母者》等作品中展现司法与人性的复杂光谱。其本质是话语权力的视觉化争夺，麦克卢汉称其为“冷媒介的热战争”。

（四）反射式纪录片：创作伦理的元叙事

1. 创作者介入：肉身化田野调查

导演从观察者转变为参与者，暴露拍摄行为对现实的扰动效应。何苦《最后的棒棒》以“学徒式拍摄”打破主客体界限——导演亲身体验重庆挑夫生存境遇，用劳动换取群体信任。这种“方法论透明”策略，将创作过程本身变为社会介入行动。

2. 学术化影像行动：视觉民族志实验

加拿大福古岛原住村民影像计划开创“赋权拍摄”模式，村民通过自拍设备争夺文化解释权。中国导演吴文光发起的“村民自治影像计划”，让底层群体用手机镜头解构主流叙事，形成微观政治的话语抵抗。此类创作融合人类学“参与式观察”与社会学行动研究，使摄像机成为社会变革的杠杆支点。

三、审美特征

作为非虚构影像的终极形态，纪录片在真实性与艺术性的永恒张力中，构建起独特的审美体系。这一体系以真实性为根基，以艺术表达为羽翼，以思辨力量为筋骨，以情感共振为血脉，形成四位一体的美学范式。本文将从本体论、方法论、认识论与现象学四个维度，系统解构纪录片的审美特征。

（一）真实之美：纪录片的元伦理与时空档案学

1. 真实性作为本体论根基

纪录片的英文“Documentary”源自拉丁语“docere”（教导）与“documentum”（证据），其词源已昭示其双重使命：作为社会认知的教化工具与历史真相的物质凭证。智利导演顾兹曼所言“一个国家没有纪录片，如同家庭没有相册”，深刻揭示了纪录片作为“国家记忆器官”的档案学价值——它不仅是现实的镜像，更是未来的考古层。

从哲学视角审视，纪录片的真实性包含三重维度。

现象真实：摄影机对物质世界的机械复刻（巴赞的“木乃伊情结”）。

阐释真实：创作者通过剪辑建构的认知框架（格里尔逊的“创造性处理”）。

伦理真实：拍摄过程中主客体关系的道德校准（小川绅介的“共同生活”原则）。

这三重真实在《北方的纳努克》中达成微妙平衡：弗拉哈迪既重构因纽特人的传统捕猎场景（现象真实），又通过摆拍强化文化记忆（阐释真实），更以长达数年的共同生活建立拍摄伦理（伦理真实）。

2. 真实美学的双重实践路径

（1）题材选择的时空考古学。纪录片作为现实时空的切片载体，其题材选择构成了一种影像考古学实践。从《蓝色星球》对深海生态的基因解码，到《人类》的跨文明肖像采集；从《帝企鹅日记》的极地生存史诗，到《浮生一日》的全球人类学样本拼贴——这些作品共同构建了多维度的现实谱系。重庆“棒棒军”的影像记录尤具典范意义：

曾磊《棒棒》（1996—2004）：通过刘晓萧从挑夫到企业家的命运轨迹，微观映射市场经济转型期个体命运的熵变过程。

何苦《最后的棒棒》（2014—2018）：采用“肉身介入式拍摄”，导演亲身体验挑夫生活，在13集网络剧与电影版中完成对职业群体消亡的病理学解剖。

这种“大历史+小人物”的叙事策略，使纪录片既具备《大国崛起》的宏观史观，又保有《老头》中退休老人生命余晖的体温。

（2）记录方法的现象学还原。直接电影流派开创的“墙壁上的苍蝇”美学，在技术层面实现现象学悬置。

技术祛魅：禁用非自然光、回避解说词（怀斯曼《廉价公屋》）。

时间炼金术：通过长期跟拍让现实自我显影（周浩《棉花》历时8年）。

空间诗学：固定机位长镜头创造时空连续体（王兵《铁西区》9小时原始素材）。

日本导演小川绅介将此法推向极致：为拍摄《牧野村千年物语》，团队与村民同住13年，最终让摄影机成为村庄肌体的有机部分。这种“时间浸润式拍摄”使真实性从技术指标升华为伦理实践。

（二）艺术之美：非虚构影像的造型诗学

1. 纪实美学的形式革命

纪录片颠覆了“艺术即虚构”的传统认知，在限制中创造自由。

长镜头哲学：安东尼奥尼《中国》中长达7分钟的上海茶馆镜头，通过空间纵深调度实现现实的多义性解读。

蒙太奇考古：《浩劫》通过幸存者口述与集中营遗址的空镜头并置，建构记忆的拓扑空间。

声画对位法：《海豚湾》将血腥屠杀画面与海洋馆欢乐音效并置，制造认知裂痕。

2. 意境营造的东方美学实践

中国纪录片开创独特的意境美学范式。

水墨时空：《西南联大》用水墨动画重构战火中的文人风骨，实现历史场景的写意转译。

诗画同构：《大秦岭》开篇以王维诗句“白云回望合，青霭入看无”配秦岭云海，构建文人山水画的动态影像。

星空隐喻：《河西走廊》片尾用戈壁星空衔接古今，使霍去病西征与高铁穿行形成文明对话。

这种“诗性纪实”手法在《园林》中达到巅峰：通过八百年古莲复活与《园冶》古籍的特写对剪，让物质遗产与精神传统在镜头间完成基因重组。

（三）思辨之美：影像作为社会手术刀

1. 历史解谜与未来预警

考古式叙事：《甲骨密码》用显微摄影呈现甲骨裂纹，将占卜仪式解码为早期大数据模型。

推演式结构：《美国工厂》通过中美管理文化碰撞，预言全球化 4.0 时代的生产关系变革。

2. 社会病理学诊断

独立纪录片构成另类社会档案：

阶层解剖：《杀马特我爱你》通过七彩头发解码新生代农民工的身份焦虑——发型成为抵抗流水线异化的符号武器。

系统批判：《囚》在东北精神病院展开福柯式“规训与惩罚”观察，铁栅栏阴影成为制度暴力的拓扑图谱。

伦理实验：《世外桃源》记录传销组织的语言洗脑机制，镜头如显微镜般解构集体无意识的形成过程。

3. 科技伦理的镜像测试

《监视资本主义：智能陷阱》通过算法可视化，揭露社交媒体如何重塑人类神经回路；《数字人》用 CGI 技术复活已故歌手邓丽君，在“数字永生”议题上引发存在主义危机。

（四）情感之美：非虚构影像的共情机制

1. 情感拓扑学的建立

微观震颤：《四个春天》通过父母腌制香肠的日常仪式，让家庭记忆在盐与时间的催化中发酵。

宏观共鸣：《地球之盐》中萨尔加多的难民肖像，使个体苦难升华为人类命运的共情纽带。

2. 情感介入的伦理尺度

零度情感：弗雷德里克·怀斯曼坚持“情感真空”拍摄，让观众自主建构价值判断。

炽热凝视：范立欣《归途列车》中父女冲突的跟拍，将私人创伤转化为全球化产业链的情感显影剂。

3. 跨物种情感共同体

《我的章鱼老师》通过人与章鱼的 850 天互动，重构达尔文主义框架下的情感伦理学；《黑鲸》揭露海洋馆虎鲸的抑郁症状，推动动物权利立法进程。

在 VR 技术解构现实边界的后真相时代，纪录片的审美范式正经历基因突变：

交互纪录片：《叙利亚的云》让观众通过选择叙事路径，成为事实的共谋建构者。

算法纪实：《面孔》用 AI 分析 20 万张人脸，生成人类情绪的数字地形图。

元宇宙档案：区块链技术使每帧画面成为不可篡改的时空胶囊。

这些变革并未消解纪录片的美学本质，反而强化其作为“现实解毒剂”的功能——当 DeepSeek 技术模糊真假界限时，纪录片工作者如同数字时代的炼金术士，在虚拟与现实的裂隙中继续守护真实的火种。从卢米埃尔兄弟的《工厂大门》到詹姆斯·卡梅隆的《深海挑战》，纪录片始终是人类理解世界与自我的终极镜鉴。

第四节　古典之美

对中国传统文化古典美学的集中呈现，古装影视剧无疑是最具表现力的载体之一。这类作品通常以古代或远古为时代背景，在人物着装、行为礼仪等方面高度还原或艺术化呈现古典文化元素，其题材类型涵盖历史正剧、架空历史剧、神话仙侠剧等多元分支。东方美学基因深刻浸润着古装剧的创作肌理，从服饰妆容的形制纹样到建筑场景的空间布局，从礼仪规范的程式化表达到家国情怀的叙事建构，都体现着对传统文化的多维度诠释。

对古装剧的审美品鉴可从两个层面切入：一是对服饰、建筑、礼仪等显性文化符号的具象解读；二是对作品中蕴含的哲学思想、伦理观念等隐性文化内涵的深度解码。这种双重维度的鉴赏路径，既展现了视觉符号的直观美感，又揭示了文化基因的深层密码，使古装剧成为现代人触摸历史文脉、感知传统美学的重要媒介。

一、中国古典文化：古装剧创作的源泉活水

中华文明五千年的文明积淀，犹如一座取之不尽的文化富矿。从盘古开天辟地的创世神话到诸子百家的思想争鸣，从《周礼》的宗法礼制到《天工开物》的技艺传承，从敦煌壁画的飞天意象到《牡丹亭》的游园惊梦，传统文化以其时空维度的纵深性与内容体系的完整性，为影视创作提供了丰赡的素材库。对于古装剧这一艺术形态而言，古典文化不仅赋予其外在的美学形式，更铸就了内在的精神魂魄。

二、多维镜像：古装剧对传统文化的现代转译

（一）题材内容的文化解码

1. 礼制文明的戏剧呈现

孔颖达《春秋左传正义》所言“有服章之美谓之华，有礼仪之大故称夏”，在《琅琊榜》中得到具象化演绎。剧中对几种周礼拜礼的精准还原，将祭祀礼仪转化为推动政治博弈的关键情节：礼部尚书以祭礼规程为武器掀起党争，左都御史则借礼法条文论证嫡庶之分，朝堂论礼最终成为权力更迭的伦理突破口。这种将制度文明转化为戏剧冲突的叙事策略，展现了传统文化的动态生命力。

2. 姓氏符号的叙事功能

姓氏作为血缘政治的文化符号，在《周生如故》中被赋予多重叙事意义。清河崔氏的原型演绎、灌

时宜的改姓抉择、周生辰的过继更名，既遵循了“立嫡以长不以贤”的宗法原则，又通过人物命运折射出姓氏背后的权力逻辑与伦理困境。这种叙事策略使抽象的姓氏制度转化为可感知的戏剧语言。

3. 民俗仪轨的艺术重构

传统婚丧仪礼在古装剧中呈现为极具仪式感的视听符号：《周生如故》六礼束脩的拜师场景，《知否知否应是绿肥红瘦》纳征问名的婚嫁流程，都将《仪礼》记载转化为具象的视觉语言。值得注意的是，剧中将南北朝班剑黄钺的历史典章，创造性地转化为皇权象征物，实现了历史符号的现代转译。

（二）视听语言的美学建构

1. 空间营造的哲学表达

中式建筑美学在古装剧中展现为“天人合一”的空间诗学：《长安十二时辰》的坊市格局遵循《考工记》规制，《延禧攻略》的园林设计暗含“芥子纳须弥”的道家思想。这种空间叙事既还原了历史场景，又隐喻了人物的精神境界。

2. 服饰形制的文化隐喻

汉服体系在剧中不仅是审美载体，更是身份标识：帝王冕旒的十二章纹象征天命，武将甲胄的饕餮纹饰寓意威严，文人深衣的宽博形制彰显风骨。《清平乐》对宋代幞头、袆衣的精准复原，使服饰成为流动的文化图谱。

3. 生活美学的场景再现

弈棋品茗、抚琴作画等雅文化元素，在《梦华录》中被转化为生动的市井风情：赵盼儿的点茶技艺还原宋代“斗茶”民俗，茶汤表面的“水丹青”更成为人物心性的外化符号。这种生活美学的现代演绎，唤起观众对传统文化的情感共鸣。

（三）精神内核的当代诠释

1. 思想体系的多元融合

儒释道思想在古装剧中呈现为“三位一体”的精神架构：《琅琊榜》的家国情怀源自儒家修齐治平理念，《三生三世十里桃花》的轮回观融合佛教因果论与道家生死观，《青云志》“天地不仁”的命题则展现了老庄哲学的现代思考。这种思想交融构建了古装剧的精神谱系。

2. 价值体系的传承创新

责任伦理：周生辰“守节死义”的誓言与梅长苏“以病弱之躯雪冤”的担当，诠释了“士不可以不弘毅”的儒家精神。

集体主义：白玦“逆天改命”的牺牲与上古“以身赴劫”的抉择，将道家“功成弗居”升华为现代集体主义精神。

爱情范式：漼时宜“城楼一跃”的决绝与霓凰“来世之诺”的坚守，突破传统闺怨叙事，展现平等互助的新型爱情观。

3. 美学范式的东方特质

意象营造：《琅琊榜》片头“蝴蝶破茧”的水墨意象，隐喻人物涅槃重生；《千古玦尘》敦煌飞天的视觉符号，构建远古神话的审美意境。

留白艺术：周生辰与漼时宜“未言明的情愫”、白玦对上古“默默守护”的叙事策略，践行了“不著一字，尽得风流”的诗学传统。

悲情美学：梅长苏“战骨碎尽”的慷慨、精卫填海式的牺牲精神，将个体悲剧升华为文化英雄主义。

三、鉴赏路径：从符号感知到文化自觉

（一）表层符号的审美感知

人物造型的形神兼备：演员对角色仪态的精准把握（如《千古玦尘》中白玦的睥睨之姿、《琅琊榜》中梅长苏的病弱之态），构成最直观的审美符号。

国风场景的沉浸式体验：通过琴棋书画、诗词歌赋等文化元素的场景化呈现，构建传统文化的感知空间。

视听语言的形式之美：工整构图、古雅配乐与诗意运镜共同营造东方美学意境。

（二）深层文化的理性思辨

文化基因的现代解码：通过剧情解析儒释道思想的现代转化，如《周生如故》将“忠君”升华为“守护苍生”。

身份认同的建构机制：在历史叙事中追溯文化根脉，如通过姓氏制度理解宗法伦理，通过建筑美学感知天人关系。

批判性继承的文化自觉：以现代视角审视剧中呈现的等级制度、性别规范等，在审美愉悦中实现文化反思。

古装剧作为传统文化的现代转译者，既是历史记忆的载体，也是文化创新的试验田。当我们在《长安三万里》的光影中触摸唐诗风骨，在《鬓边不是海棠红》的唱腔里感受非遗魅力，实则是在完成一场跨越时空的文化对话。这种对话不仅需要浅层的审美感知，更需要深层的文化自觉——在传承中创新，在创新中守护，让古老的文明基因在现代社会绽放新的光彩。

美育实践

1. 请以李安的电影为例，谈谈其电影中的美学特征。
2. 请从表层视听符号和深层文化内涵两个方面，分析电视剧《琅琊榜》对中国传统文化的表达。

第十一章

品鉴音乐之美

学习目标

知识目标

- 理解音乐的内涵并能从中体会到艺术美、生活美。
- 具备运用一定美学知识进行音乐审美判断的能力。

思政目标

- 树立科学的世界观、人生观和价值观。
- 通过音乐品鉴，提高学生的人文素养及审美标准。

第一节　音乐鉴赏的兴起

音乐，这一人类独有的语言，以声音编织成符号，通过旋律、节奏、复调与和声的交织，展现其丰富多彩的基本形态，成为人类思想情感的重要载体。古希腊哲学家柏拉图在《理想国》中高度赞誉：“音乐欣赏的重要性远超其他教育形式。”德国哲学家尼采在《偶像的黄昏》里也发出感慨：“若无音乐，人生仿佛一场谬误。”可见，音乐之美，不仅在于其本身的魅力，更在于它对于人格完善、情感培育、艺术修养提升及身心健康促进等方面的独特价值。

音乐作为情感表达的杰出艺术，自古以来便是人类社会中不可或缺的元素。从原始狩猎时的朴素吼叫，到现代赛博朋克风格下的电子音乐，音乐伴随着人类文明的每一步进程，深深融入了我们的日常生活，无论是喧嚣的广场、繁华的商场、行驶的汽车，还是宁静的卧室，音乐都如影随形，无处不在。

音乐欣赏，是一种针对具体音乐作品或片段的审美活动，通过聆听及其他辅助手段，体验音乐的律动，领悟音乐的真谛，从而获得精神上的愉悦与感悟。与文学、建筑、美术等艺术形式不同，音乐是一种听觉与时间交织的艺术，具有主观性、抽象性和多解性等特点。它无法直接展示清晰明确的形象，而是通过“联觉”的方式触动人心。尽管人类天生对音乐有着敏感的听觉，但音乐的感知与理解却深受个体能力、知识与经验的影响，因此，音乐修养成为理解音乐作品的关键。提升全民音乐审美水平，方能孕育大批热爱音乐的听众，进而促进音乐文化的繁荣，催生音乐巨匠与传世之作。音乐赏析的深入发展，催生了音乐美学这一学科。

西方音乐美学思想的源头可追溯至古希腊时期。毕达哥拉斯作为早期重要的哲学家和数学家，不仅提出了著名的毕达哥拉斯定理，更开创性地将数学原理应用于音乐研究。他通过测量琴弦长度，精确计算出不同音程的数学关系，发现声音的高低与和谐取决于发音体数的比例，从而揭示了音高、音程与弦长的最佳比例。毕达哥拉斯学派认为，“数”是音乐的本质属性及音乐美的源泉。至 19 世纪，西方音乐步入浪漫主义时期，德国哲学家黑格尔在《美学》一书中为音乐作为声音艺术的观念提供了哲学与美学的理论支撑。

此外，不同学者从多角度提出了诸多观念，如德国音乐美学家汉斯立克在《论音乐的美》中阐述，音乐艺术的意义在于自我认识。当时，“音乐是一种声音艺术”已成为共识，人们崇尚情感，视其为音乐艺术的真实不朽表现。

中国古代音乐美学思想源远流长，理论成熟。旧石器时代，古人已制作石哨、骨笛等发声器，河南舞阳贾湖新石器早期文化遗址出土的骨笛，展示了基本的音阶结构，标志着人类先民具有审美意识的音乐创造活动。随着国家诞生与阶级划分，尤其是周朝“礼乐治国”思想的兴起，中国古代音乐美学思想已具社会性与工具性，以及服务于音乐之外的目的。几千年来，音乐思想呈现出重意轻技、重道轻器、重善轻美、重喜轻悲、重雅轻俗的审美倾向。近代社会，由于战火频仍、政治斗争不断，音乐美学思想带有浓厚的政治性与功利性，学术探讨亦受历史局限。直至改革开放后，各民族音乐融合，加之国外音乐美学思想的影响，我国音乐美学研究与教学才真正步入正轨。

在日常生活中，人们时刻与音乐相伴，无论是正式场合的欣赏，还是不经意间传入耳畔的旋律，只要用心聆听，都会引发生理与心理的反应，触动内心。欣赏与评价音乐作品，享受审美愉悦，需具备基本的音乐经验、文化知识与艺术修养。音乐欣赏活动亦不断丰富听众的音乐经验与提升文化艺术修养。因此，音乐欣赏是一种培养审美能力的活动，我们可从两个层面欣赏音乐之美：一是从自然性角度，欣赏音乐作品的结构形式，体会旋律与节奏之美；二是从社会性（功能性）角度，认识音乐作品所蕴含的内容情感，领悟音乐的深刻内涵。

第二节 音乐旋律之美

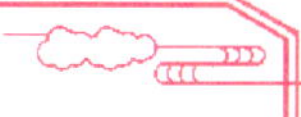

音乐，这门借由声音传播的独特艺术，其核心魅力深植于由声音构筑的旋律之中。旋律堪称音乐的主体，宛如建筑稳固的骨架，支撑起音乐的整体架构；又似绘画灵动的线条，勾勒出音乐的万千风貌。在日常生活里，人们的言语便蕴含着丰富的抑扬顿挫，声调随情绪起伏，激动时激昂上扬，愁苦时低沉下抑。这些情感的动态变化，在音乐旋律中得到精妙呈现，使旋律成为情感表达的天然载体。

旋律是由一系列富有意义的音符串联而成的和谐线条。在国际通用的五线谱上，那些小巧的音符仿若灵动的精灵，围绕着五条线与四个线间跳跃、舞动，它们有序组合，恰似潺潺流淌的河水，源源不断地汇聚成自然且优美的旋律，成为吸引听众的首要因素。不同位置的音符，或在相同的线上以各异形式排列，或在不同的线间穿梭变化，由此诞生千变万化的旋律。它们既能如汹涌澎湃的大海，以磅礴气势震撼灵魂；也能似涓涓细流，用温柔润泽心田。古人云“余音绕梁”，生动描绘出动听旋律的强大感染力。当人们聆听完一首乐曲，脑海中萦绕、嘴边哼唱的，往往是那承载着不同情感特质的旋律片段。例如，俄罗斯作曲家尼古拉·里姆斯基·科萨科夫的管弦乐曲《野蜂飞舞》，凭借极快的旋律节奏，栩栩如生地展现出野蜂高速飞行时的迅猛态势与蓬勃激情；奥地利作曲家舒伯特的《小夜曲》，以优美婉转、舒缓缠绵的旋律，细腻入微地勾勒出悱恻动人的爱情意境；广东音乐《步步高》，旋律在欢快轻盈中逐渐上扬，活灵活现地描绘出喜庆欢腾的热闹场景；河北民歌《小白菜》，旋律于悠长缓慢间缓缓低沉，深切真挚地传达出委婉凄怆的悲伤情绪。一首曲子，借助旋律的高低起伏、节奏的轻重缓急，在“联觉”的奇妙作用下，能够与人们内心复杂多变的情感产生强烈共鸣。美妙的音乐，常蕴含着与大自然相仿的和谐声响，引领人们仿若与自然相融，暂时忘却尘世烦忧，收获内心的宁静与平和。这般动人旋律，会长久留存于记忆深处，甚至伴随人们一生，成为情感与心灵的忠实伴侣。

一、旋律：音乐感知的核心要素

（一）旋律——音乐的直观印象

旋律，无疑是音乐的“骨架”，是听众感知音乐最为直观、深刻的符号。欣赏音乐作品时，我们或许难以清晰记住乐章的具体分段，对复杂的曲式结构也可能一知半解，但对独特的旋律却往往印象深刻，难以忘怀。即便乐曲配有歌词，有时我们未能听清歌词的具体含义，也能敏锐捕捉到歌曲的旋律，领略其独特的优美之处。正因如此，人们常说“音乐无国界”，这意味着只要具备基本听觉能力，任何人都能参与到对音乐旋律的欣赏之中。人类丰富多元的喜怒哀乐，以及内心深处那些难以言表的复杂情感，常借由音乐得以抒发，而最终这些情感的表达都能在旋律中找到归宿。所以，从本质上讲，旋律无疑是音乐的主体，是音乐得以触动人心的关键所在。

（二）旋律——情感牵引的主线

旋律，还是最易被欣赏者感知的音乐要素之一，在引领欣赏者情感变化方面发挥着举足轻重的作用。可以说，旋律是欣赏者梳理音乐脉络、理解音乐内涵的主线。只有紧紧抓住这一主线，欣赏者才能从整体上精准把握音乐作品的完整架构，深入理解音乐所传达的情感与思想。因此，旋律作为音乐整体表现力的基础，不仅是音乐的基本语言，更是将节奏、和声、音色等诸多音乐要素紧密相连的关键纽带。

如果将音乐旋律与文字语言相类比，文字的最小单位定义为“字（word）”，那么音乐旋律的最小单位便是“乐汇”。乐汇组合形成乐节，乐节进一步构成乐句，乐句连缀成乐段，多个乐段最终组成完整的乐章。以文字为例，单个字如“两”，表意往往较为有限，而当它与其他字组合成词，如“两人”“两边”“两不相欠”等，便被赋予了明确含义。同样地，在音乐中，两个及以上音符构成的乐汇也被赋予特定意义，比如“2、3”呈现为级进式的大二度上行，“4、2”则是跳进式的大三度下行。几个乐汇组成的乐句，如同文字中的语句，能够相对清晰地表达部分思想内容与情绪意境。由乐句组成的乐段，更可完整呈现特定的故事情境与主题思想。乐段是音乐作品结构中最为基础的单位形式，它既可以作为独立、完整的单乐段音乐作品存在，其长度也灵活多变，二句、三句、七句、八句等皆可构成乐段。比如，著名民歌《绣荷包》《在那遥远的地方》由两个乐句组成乐段；四川民歌《康定情歌》是由三个乐句组成的乐段；《送别》包含四个乐句；《乌苏里船歌》则由五个乐句组成乐段。单乐段恰似最小单位的音乐成品，它能与其他单乐段相互组合，构建起层次丰富、结构复杂的大型音乐作品，让音乐旋律更具多样性与表现力。

（三）旋律——创作风格的彰显

作曲家们常运用多种手段精心雕琢旋律，丰富旋律内容，拓展旋律表现范围，美化旋律主线。他们会设定一系列创作条件，如在乐句或乐段内维持各音间恰当的比例关系，以确保旋律和谐；通过清晰的结构分段塑造鲜明的音乐形象，增强旋律辨识度；在节奏把控上注重平衡与对比，提升旋律的动态感。然而，即便有人熟练掌握这些创作法则，也未必能创作出优美动人的旋律。这是因为相较于节奏、和声等其他音乐要素，旋律最能彰显作曲家的个人风格与独特魅力。所以，常听音乐之人，往往能凭借旋律辨认乐曲，甚至能从陌生旋律中大致推断出其所属时期与流派。这就如同文学家创作小说，小说的情节架构、行文风格都深深烙印着作家的现实经历与情感体悟，作家可借助对具体事物的细致描绘，引领读者走进故事，重温现实。而音乐所表达的内容本质上较为抽象，其“情节”主要依赖旋律加以呈现，从这个角度来看，旋律在音乐中的地位，类似于情节在小说中的地位。旋律是引领听众自始至终聆听完一首乐曲的关键线索，听众在欣赏音乐时，不仅要能清晰辨认旋律，还需全程追随其发展轨迹，这是对具备一定音乐理解能力的听众的基本要求。倘若在听音乐过程中，既无法辨认旋律，又难以追踪其走向，那就只能模糊感知音乐的存在，无法真正领略音乐的魅力。多数旋律会搭配精心设计的辅助素材，但我们切不可让旋律被这些素材掩盖，必须牢牢抓住主旋律线，这就如同深入了解一个人，需从其诸多言行表现中洞察其性格特征。

二、旋律的多元表现力

（一）旋律与其他要素的协同

严格来讲，旋律是基于调式关系与节奏节拍关系，将不同音高、不同时值的单音有序组合而成的连续进行。它将调式、音高、节奏、节拍、强弱等所有音乐基本要素有机融合，形成一个不可分割的、统一的整体。旋律无法脱离其他音乐要素单独存在，其强大的感染力正是通过各要素的协同作用得以实现。因此，一首完整的乐曲，除了主旋律，往往还伴有丰富多样的伴奏旋律。若仅有主旋律，音乐便会显得单调乏味，此时和声的加入可烘托主旋律，赋予乐曲更丰富的“厚度”，而节奏则能强化乐曲的风格特点。

通常情况下，主旋律一般由声乐旋律或旋律乐器演奏，如钢琴、电子琴、小提琴、二胡、笛子等各类乐器都能承担起演绎主旋律的重任。而伴奏乐器则需具备完成和声（或同时辅以节奏）部分的能力。当然，近年来网络上十分流行的“阿卡贝拉”（A Cappella），即“无伴奏合唱”，其主旋律和伴奏旋律都由人声清唱，不借助乐器，音乐风格清秀流畅，对合唱成员的技巧性与协调性要求极高，但其旋律也异常和谐优美。阿卡贝拉起源于中世纪欧洲教会音乐，当时教会音乐仅用人声清唱，后逐渐演变为唱诗班形式。在现代，阿卡贝拉融入了各种曲风，随着麦克风的出现，其音乐类型不再局限于古典音乐。音乐人用阿卡贝拉的方式演绎爵士、流行、摇滚等曲风的歌曲，而人们熟知的Beat-box，其实就是流行乐阿卡贝拉常用的技巧之一。典型的流行摇滚阿卡贝拉人声乐团，最少由一个主唱、一个和音、一个人声打击乐手以及一个声音贝斯成员组成。由于用人声的和声编排替代了电子配器，这样的歌曲往往听起来更具亲切感与感染力。20 世纪，“阿卡贝拉热”先在美国复燃，随后逐渐蔓延至欧洲乃至世界各地，从录音室走向舞台现场表演，在舞台上呈现出造型丰富、形态多样的表演方式，极具表演性与舞台观赏性。在声乐领域，作为一种无伴奏的合唱形式，阿卡贝拉能通过人声模仿出多声部的音响效果，甚至各种乐器、自然现象、喇叭、动物叫声等声音都能通过阿卡贝拉人声模仿出来，这种丰富的表现力为听众带来了全新的听觉体验。

（二）和声：旋律的丰富装点

旋律中的和声是丰富旋律式样的重要元素，和声有多种表现方法，如调式、调性、和弦等。在音乐中，由乐音按照一定关系组合而成的乐曲，以其中一个乐音为主音，其余乐音都趋向于它，这便是调式。所有的和弦，无论是三和弦还是七和弦、协和和弦还是不协和和弦，都依附于某一个调式。调性则是指一个调的主音和调式类别的称呼，比如以“C”为主音的大调称为“C 大调”。调性如同有形状走向的线条，就像一条单调的直线会适时转角，形成方、圆、三角形等多样形态，在音乐中我们常常能听到调性的转换，这种转换往往会给我们带来“柳暗花明又一村”的惊喜。和弦是指三个及以上不同音高的乐音按照一定规则组合在一起的叠置混合，它就像给衣裳镶嵌的花边，又如同麻花辫上的彩绳，为旋律增添丰富式样，也给欣赏者带来不同的音乐享受。例如，大三和弦给欣赏者带来清亮之感，而小三和弦则给人沉闷的感觉。各种不同的和声相互组合，将欣赏者带入一个五彩斑斓、充满层次感的音乐世界。

（三）音色：旋律的独特色彩

如果说主旋律是旋律的枝干，和声伴奏是旋律的叶片，那么音色则可以说是旋律之树的色彩。音色是指不同声音的频率表现在波形方面的特性。每一种乐器、不同人的声带以及其他所有能振动的物体，都能发出各具特色的声音，这些声音的声波可以通过仪器显示出波形。不同的发声体由于材料、结构不同，其振动发出声音的音色也不同。比如钢琴和人的声音不同，钢琴和小提琴的声音各异，每个人的声音也都独一无二。每一种声音除有一个“基音”外，还自然伴有许多不同“频率”（振动的物体 1 秒内振动的次数），这就决定了不同音色能让人辨别出不同声音。例如，我们能从不同的说话声中分辨出说话者，因为每个人声音的音色不同。如果我们常听一位歌手唱歌，熟悉其音色后，听到他唱歌的第一句就能认出他的声音。世界上每个人即便念相同的一个字“啊”，音色也不尽相同，这是由发声体的差异造成的。我们能够依据音色区别不同声音，还能协调不同声音。比如在音乐会上，男中音音调低、响度大，常作为主唱；女高音声音尖锐、响度相对较小，可作为伴唱；若要提高弦乐器的音调，需将琴弦调紧些，这些都是依据音色的不同来安排。对于作曲家而言，其创作过程中有一部分便是根据个人情感体验挑选各种音色。每个人的耳朵都能分辨不同音色，即便有时不清楚某种音色源自哪种乐器，但仍能清晰区分不同音色。当众多乐器一起合奏时，每个乐器的音色决定了它在曲子中所扮演的独特角色，比如用短笛表现童趣，用长号表现老翁，用小提琴表现女人的情绪，用大提琴表现男人的思维。一般来说，优秀的音乐作品在音色处理上往往别具匠心，其对音色的把握与处理相较于普通作品更胜一筹。出色的作曲家懂得将不同音色巧妙组合，让欣赏者产生连绵不绝的幻想，这正是优秀音乐作品的独特魅力所在。音色的种类无穷无尽，丰富的音色为音乐赋予了无穷的表现力，这也是音乐魅力的重要源泉。

现代有句俗语说：“好看的皮囊千篇一律，有趣的灵魂万里挑一。”旋律作为音乐的灵魂，体现着作曲家“有趣”而独特的风格。因此，作曲家在创作时，往往首先选择旋律这一音乐要素来展现音乐性格。

由于每位作曲家的性格、认知、情感各不相同，其音乐在不同年代、地域呈现出各异的旋律风格。欣赏者能察觉到隐藏在旋律背后的思想情感和精神力量，它既能从不同方向出发，以丰富多样的表现方式与人们的情感变化相通，又能超越个体情感，当各种旋律相互组合，便会产生丰富多彩的情感世界，让音乐的魅力在旋律的交织中不断绽放。

三、旋律之美在于和谐

“和谐”这一概念，最早可追溯至古希腊毕达哥拉斯学派。该学派秉持世界由数学关系构建而成的理念，坚信数学原则即为万物的本质，不同事物依据特定数学比例联合，便达成了和谐的状态。毕达哥拉斯学派巧妙地以数的概念为数学与音乐搭建起桥梁，并提出了著名的“毕达哥拉斯定理”。在他们眼中，美的本质在于和谐，而和谐的生成则依赖于理想的数量关系。在音乐领域，他们认为音乐作为一门美的艺术，是诸多对立因素和谐统一的产物。具体到音乐旋律，“和谐”的基本含义是不同音调依照一定比例搭配组合的关系。毕达哥拉斯甚至将视野拓展至整个宇宙，认为宇宙同样是依据数的和谐关系，有序且规整地构建起来的。这一数的和谐理念，不仅是古希腊美学辩证思想的重要源头，更是早期从音乐自身形式结构出发，探索音乐奥秘的开端。如今，全球音乐通用的十二平均律，堪称和谐数学关系在音乐领域最显著的体现。

十二平均律（图 11-1），又称“十二等程律”，它将一个八度的音域精准划分为十二个半音音程。在这一律制下，相邻两音之间的波长之比完全相等，每一个等份称作一个半音（小二度），两个等份构成一个大二度，也就是全音。将八度分成 12 等份，是因为这样划分出的纯五度音程，其两音的波长比极为接近。鉴于波长和弦长成正比关系，波长关系能够转化为弦长关系。因此，即便在 16 世纪西方物理学尚处萌芽，机械波还未被发现的时期，中国明朝皇族世子朱载堉已凭借其卓越的数学计算能力，敏锐地洞察了这一近似值规律。西方提出“十二平均律”的时间，相较朱载堉大约晚了 50 年。由于当时西方音乐界急切渴望解决转调难题，十二平均律迅速在西方传播开来，并进而风靡全球（图 11-2）。

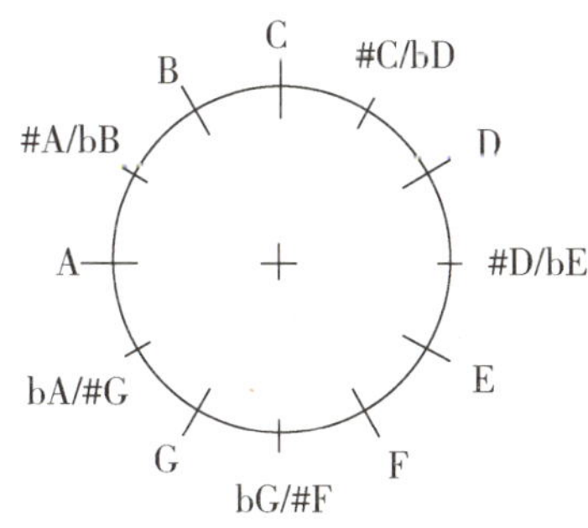

图 11-1　十二平均律图示

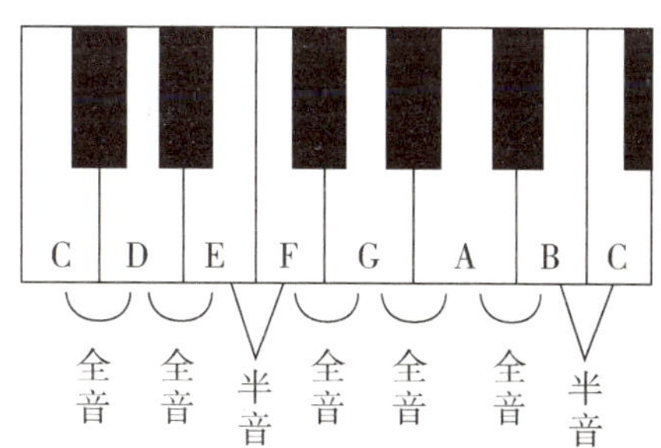

图 11-2　十二平均律在钢琴键上的图示

中国古代的音律思想，同样深植于对宇宙自然和谐的认知之中，体现了“天人合一”的哲学理念。中国乐律的制定历史久远，可追溯至黄帝轩辕氏时代。战国时期《吕氏春秋》记载：“昔黄帝令伶伦作为律。”传说黄帝的乐官伶伦用十二根竹子制成十二根管子，吹奏出的声音引得天上一对凤凰翩然而至。诸多中国音乐神话都表明，古代音乐起源于自然，其音乐理念以“天人合一”思想为主导，音乐的和谐之美，根源在于自然之美。周朝吕望的《太公六韬》提及古代最基本的五声调：“律管十二，其声有五：宫、商、角、徵、羽。”春秋战国时期的《管子·地员篇》对基本五声作出形象解释：“凡听徵，如负猪豕觉而骇；凡听羽，如鸣马在野；凡听宫，如牛鸣窌中；凡听商，如离群羊；凡听角，如雉登木以鸣。”以五音定律的方法被称作“三分损益法”，又称“五度相生法”。

五度相生律算法简便，在我国律学发展史上占据重要地位。然而，随着乐器的不断发展、音乐实践的日益丰富，以及国内南北方各民族交流越发频繁，律制也需与时俱进，以适应新的需求。起初，在原有的五个音之外，增添变徵和变宫两个半音，形成七声音阶；随后，为满足变调需求，又加入一些半音，最终使得一个八度内包含十二个音，即所谓的十二律。我国古代十二律的名称依次为“黄钟、大吕、太簇、夹钟、姑洗、中吕、蕤宾、林钟、夷则、南吕、无射和应钟”。

中国道家思想的代表人物老子与庄子，皆深谙音乐艺术的内在规律。老子提出“大音希声”，又说：“有无相生，难易相成，长短相形，高下相倾，音声相和，前后相随。”庄子主张“至乐无乐”，认为音乐的规律与宇宙自然规律相契合，自然界本身蕴含节奏、韵律、合规律性、和谐等音乐元素。因此，庄子认为贴近大自然、符合自然规律的音乐才是美的音乐，并将整个宇宙的自然运行视为最完美、最和谐的无声乐曲。在西方历史上，也有将音乐与数学关联，阐释音乐科学性的观点。这充分表明，美妙动听的音乐遵循一定规律，是声、调、律高度和谐的旋律。所以，当我们听到偏离和谐音律轨迹的声音，如跑调的歌声、杂乱的敲击声，会本能地将其归为噪声，而非音乐。我国著名音乐研究学者叶纯之先生曾指出：“音乐主要运用经过筛选、被视作‘美’的声音，即乐音。”噪声或不悦耳的声音仅作为辅助或陪衬存在。可以说，乐音与噪声的本质区别，就在于声音的组合与表现是否和谐。和谐的声音组合在一起，通过有规律的高低起伏变化，能给予人美的听觉享受，交响乐与合唱便是典型例证。尽管交响乐由众多乐器演奏，合唱由多人声参与，但在指挥者的精心调配下，通过把控速度、指示节拍、平衡乐器音量、控制音长等手段，这些声音和谐交织，非但不会杂乱无章，反而相互映衬，各自展现独特魅力，共同奏响宏大优美的乐章。

和谐的旋律，因其契合自然科学规律，同样符合人体发展规律，堪称人们身心健康的良方。我国古代便有“致乐以治心”的说法，音乐作为养生疗疾的妙药，在史书中早有记载。从汉字角度来看，“乐”与“药”的繁体异体皆为“藥”字。中医理论认为，五类乐音调式与五行、五脏相对应，即角调对应肝木，徵调对应心火，宫调对应脾土，商调对应肺金，羽调对应肾水，五音辅助诊断是传统望闻问切四诊中闻诊的重要部分。《论语》记载孔子弹琴时“神情庄重，四体通泰，目光远大，壮志凌云”。古人深信，音乐的频率与人体阴阳五行相互共振，和谐的音乐能够调理身体机能，实现养身保健的功效。

欧美国家早在 19 世纪中期就兴起了“音乐治疗学”，这门学科融合了音乐、心理、教育、医疗等多学科知识。通过设计特定音乐活动，在音乐治疗师引导下，借助音乐引发治疗对象在生理、心理、情绪、认知和行为等方面的积极变化，促进身心健康。现代医学研究表明，和谐动听的音乐能够改善神经、内分泌和消化系统功能，促使人体分泌有益健康的激素，辅助治疗忧郁、神经衰弱、消化不良等疾病。据德、意等国调查，经常听音乐的人相较不听音乐的人，寿命通常延长 5~10 年。近年来，音乐胎教从国外传入我国，备受准爸妈们青睐。这是因为和谐旋律产生的音频振动，对人体具有正向的生理心理调节作用，能让孕妇身心放松、情绪稳定愉悦，并将这种良好状态传递给腹中胎儿。

在现代胎教中，莫扎特的音乐备受推崇。文艺评论家傅雷在《傅雷家书》中盛赞莫扎特为独一无二的艺术家，其音乐宛如他的灵魂，自然、流畅、含蓄且完美。莫扎特的音乐堪称美的典范，虽无色彩与诗句，但其旋律舒展流畅，节奏平稳有序，速度恰到好处。聆听时，能让紧张情绪得以舒缓，引领人们沉浸于虚无缥缈的诗意世界，即使没有华丽和弦，也能给予心灵宁静的归属感。和谐旋律不仅有益于人类身心健康，对动植物也有积极影响。研究发现，给奶牛播放轻松明快的音乐，可增加其产奶量；给鸡听舒缓动听的音乐，有助于提高产蛋量；在种植番茄的大棚里经常播放优美音乐，番茄果实又多又大。

动植物疗愈的原理同样基于和谐动听的旋律，通过声波的规则振动，促使动植物体内细胞分子共振，加速新陈代谢，推动其生长发育。

第三节 音乐节奏之美

如果说旋律是音乐的灵魂，那么节奏无疑是音乐的骨架，作为音乐有机体的“动脉”，节奏在音乐中扮演着极为关键的角色，它不仅是主旋律与和声的精妙调节器，其自身丰富多变的形态，更是音乐魅力不可或缺的重要来源。

一、什么是音乐节奏

在中国古代音乐典籍《礼记·乐记》中，已有音乐节奏的记载：“节奏，谓或作或止，作则奏之，止则节之。”这一描述从音乐动作的角度出发，生动地诠释了节奏的概念。然而，节奏的内涵远不止于此，它与节拍虽有关联，却是两个截然不同的概念。从宏观视角来看，生命的律动、自然的循环往复等无一不蕴含着节奏的美妙；而从微观层面剖析，节奏则是在特定时间内，以规律、强弱交替、速度变化为特征的不断进行的运动形式。节奏如同一位巧手的组织者，精心编排着其他音乐元素，共同构筑出绚烂多彩的音乐作品。在音乐的世界里，节奏是时间流动的艺术体现，它关乎速度、节拍时值与单位时值之间的微妙关系。节奏如同一双无形的手，将原本杂乱无章的声音在特定的时间框架内整合得井然有序。在一定程度上，节奏塑造了音乐的表现力，引领着听众步入不同的情感境界。当我们沉浸于各式各样的音乐作品时，节奏以其独特的方式向我们传递着丰富的信息，激发着内心深处的共鸣。众多历史学家认为，音乐的起源或许可以追溯至敲击节奏的诞生。人类或许正是从大自然的节奏中汲取灵感，诸如雨水敲打地面的清脆声响、小鸟欢快的啼鸣、青蛙此起彼伏的叫声等，这些有节奏的声音激发了人类模仿的欲望。又或者，最初的人类与其他动物一样，天生具备用节奏性的发声来交流信息的能力。不同的节奏能够引发听众不同的心理反应，因此，人类很早就学会了利用节奏来表达情感、传递信息。例如，原始的吼叫声便是一种传递信息的手段，而这一传统在现代社会中得以延续，演变成了电台使用的摩斯密码。节奏作为乐音在时间轴上的串联纽带，无疑是音乐得以在时间维度上展开的关键所在。没有节奏，音乐便如同失去了生命力的躯壳，无法展现出其独特的魅力与深度。因此，节奏在音乐中的重要性不言而喻，它是音乐创作与欣赏中不可或缺的核心要素。

二、音乐节奏的基本构成要素

（一）律动

“律”蕴含规则与秩序，而“动”则象征着运动与活力。律动，即事物在遵循一定规则下的运动状态。音乐的律动，便是音符在有序的规则中流转，如同精密的钟表，秒针、分针、时针以恒定的节奏旋转。节奏之美，精髓在于其律动的“律”，即节奏是按照一定规则与秩序进行的，而非杂乱无章。若仅有

“动”而无“律”，那无序的声音便可能令人不悦，甚至被视为噪声。例如，黄莺或杜鹃的啼鸣，因其规律性的叫声而悦耳动听；相比之下，麻雀的嘈杂叫声则因缺乏规律而令人心烦意乱。因此，有音乐评论家指出，音乐便是作曲者将无序之声巧妙组织成有序之声的艺术，这种有序并非僵化，而是充满无限可能，将无序之声纳入有序框架，音乐便拥有了丰富多彩、变幻无穷的魅力。

（二）时值

时值，指的是每个音符在音乐中所占据的时间长度。在音乐中，时间被划分为均等的单位，每个单位称为一个“拍子”。拍子的时值是一个相对的时间概念，它随着乐曲的速度而变化。例如，当乐曲的速度为每分钟 60 拍时，每拍的时值即为 1 秒，半拍则为 0.5 秒；而当乐曲速度为每分钟 120 拍时，每拍的时值缩短为 0.5 秒，半拍则为 0.25 秒。拍子的时值通过音符的时值来表示，一拍可以是四分音符、二分音符或八分音符等。音符并非孤立存在，它们之间的长短关系构成了音乐的节奏。短时值的音符活泼跳跃，充满动力但力度较弱；而长时值的音符则稳定有力，为音乐增添厚重感。正是这些不同时值的音符交织在一起，才构成了丰富多彩的音乐作品。

（三）速度

速度，简而言之，是运动快慢的程度。在音乐中，节奏的速度指的是音乐运动所表现出的音速快慢。这里的速度并非绝对速度，而是相对速度，是为了表达音乐情感、塑造音乐形象而人为设定的。音乐节奏的速度主要体现为节拍的快慢，速度越快，节拍越快；反之，速度越慢，节拍越慢。例如，速度为 60 的乐曲以每分钟 60 拍的速度演奏；速度为 120 的乐曲则以每分钟 120 拍的速度演奏。速度在音乐节奏中具有丰富的表现力，通常慢速用于表达回忆、悲伤的情绪；中速用于表达抒情、叙述的情绪；而快速则用于表达激动、欢乐的情绪。创作者或演奏者会根据音乐的需要调整速度，以达到理想的艺术效果。同样的旋律在不同的节奏类型中展现出的音乐效果和风格截然不同，如旋律 1155665 在欢快的节奏中显得愉悦，而在悲伤的节奏中则显得忧郁。

（四）强弱

节奏中的强弱与节拍的表现密切相关。在音乐中，体现音乐力度大小与声音强弱的一种音被称为重音。重音的出现具有一定的规律性，其位置取决于节拍的类型。例如，在 2/4 拍中，重音位于第一拍，表现出强、弱的节奏形式；在 3/4 拍中，重音同样位于第一拍，但节奏形式为强、弱、弱；而在 4/4 拍中，重音分别位于第一拍和第三拍，节奏形式为强、弱、次强、弱（图 11-3）。节拍在音乐中的特征是音的强弱关系，而节奏则是将长短不同的音组织起来，形成有规律的强弱变化。这种强弱变化构成了音乐中段落的比例平衡，使音乐更加生动有力。

图 11-3　节拍中最基本的强弱规律图示

在早期声乐作品中，强弱的变化常被用来表现不同的音乐风格。强音通常用于展现内心的强烈渴望，而弱音则用于表现柔和的内心世界。例如，外国歌剧中的多幕结构，通过强弱的对比来展现角色的内心变化。各种拍子的出现也是为了让整个声乐作品遵循一定的强弱关系进行，从而达到预期的艺术效果。

三、节奏：音乐生命力的源泉

音乐的活力，很大程度上源自其内在的节奏。节奏的振动不仅与人体生理结构中的心脏跳动相呼应，更与人们的情绪紧密相连。实践表明，当音乐的节奏快于人的正常脉搏（每分钟 60~80 次）时，能够激发人们的紧张与兴奋情绪；而当节奏慢于正常脉搏时，则可能引发低落、消沉或松弛的情绪。

在放松状态下，人们的心跳平稳，肌肉松弛，此时的音乐往往采用绵长、缓慢的节奏，描绘宁静的田园风光，如柴可夫斯基的《如歌的行板》便是典型例证。相反，当人们面临危险或感到不安时，心跳加速，肌肉紧张，而紧急的音乐节奏，如莫扎特的《土耳其进行曲》，便能够唤起人们类似的体验。因此，在影视剧中，快速节奏的音乐常被用来渲染紧张危险的氛围。

众多音乐与美学领域的学者都强调了节奏的重要性及其对音乐活力的贡献。苏联戏剧家古里耶夫指出："任何一种运动为了完成它自己的使命，都必须有规则、有秩序，运动中的这种秩序和规则，也就是节奏。"奥地利作曲家恩斯特·托赫在《旋律学》一书中也提到："相继发出的音不是旋律，而只是音高线，只有当音高线被节奏组织起来之后，才成为旋律。"美国美学家阿瑞更是直言："节奏就是音乐的生命，赋予它生动的活力。"

节奏作为表现音乐内容的关键元素，其稳定的快慢、力度变化与人的血液循环、心脏跳动及呼吸起伏有着共通之处。音乐通过鲜明的节奏之美唤醒听众，使听众能够感受到由节奏所承载的旋律、和声、复调等其他音乐元素的流动。节奏如同音乐的骨骼，支撑着整个音乐结构。在单纯或多元的节奏支撑下，一段综合、整体、全面且丰满的音乐才得以呈现。

即使没有音高乐器和人声的加入，打击乐器如京韵大鼓、非洲鼓、苗族的竹竿舞所用的小钹等，也能通过滚奏、点奏、碰奏、擦奏等不同的演奏方式，给人以点、线、面等不同的节奏感受。甚至在音乐短暂停顿的无声状态下，由于声音的惯性，人们心中的节奏声音也不会立即停止。例如，近年来流行的西藏"颂钵"疗法中，颂钵的敲击节奏虽然非常缓慢，但在长达几十秒甚至一分多钟的停止状态中，颂钵悠长的声音仍会在人们脑海中回响。

因此，音乐节奏的快慢、强弱、疏密等变化，能够给人们带来不同的音乐感知度和动力感。通过这些强弱快慢的有机结合，音乐能够启动人的"联觉"，塑造出各种自然形态和艺术形象。例如，轻快短促的节奏适合塑造小鸟的形象，而沉重缓慢的节奏则更适合塑造大象的形象。这些生动的形象通过对人的音乐感知器官产生影响，进而引发人们对生活中具体事物和生活经历的联想，使音乐能够直抵人心，描绘出自然的生动形态和感人的艺术形象，从而实现音乐所要表现的审美目标。

四、节奏：赋予音乐无限魅力的灵魂

简单的七个音符，在巧妙的排列组合下，便能编织成一段完整而动人的旋律。这些音符所组成的音节，遵循着一定的规律和顺序，通过节奏的组合与变化，相互交织，形成了一种和谐统一的美感，给予听者无尽的愉悦与享受。正如我国当代著名诗人艾青在《诗论》中所言："音乐性必须与感情结合在一起。因此，各种不同的情绪应该由各种不同的声调来表现。只有和情绪相结合的韵律，才是活的韵律。"音乐的魅力在于其神奇与多变，它能让听者仿佛置身于山川起伏、海浪拍打的大自然之中，也能让人感受到欢声大笑与低声呜咽的人间情感。如果说连续的音符如同一位沉默的思考者，那么节奏的加入，则为音乐注入了永恒的生命与活力。

在音乐作品中，我们不仅能从不同作曲家的作品中领略到各具特色的节奏风格，也能在同一作曲家的同一作品中，欣赏到多变的节奏形态。以法国作曲家丹第所作的《山歌交响曲》为例，该作品以1-2-3这个简单的音调素材为基础，通过巧妙的节奏设计，编织出各具特色的旋律，贯穿全曲的各个乐章之中，使得主题旋律之间形成了鲜明的对比与层次感。

在中国乐曲中，《梁山伯与祝英台》小提琴协奏曲更是节奏运用的典范。全曲分为三个部分，分别描绘了春意盎然的相识相爱、抗婚与哭灵的无奈反抗，以及化蝶的惋惜与沉思。每一部分都运用了不同的节奏来展现故事情节与情感变化。第一部分的节奏舒缓而悠扬，如同春日里温暖的阳光；第二部分则节奏加快，充满了紧张与抗争的气息；第三部分再次回归舒缓，给人以深深的思考与感慨。正是这些丰富的节奏变化，使这首乐曲能够生动而细腻地展现整个故事，赢得了广泛的赞誉与喜爱，成为家喻户晓的经典之作。

第四节　音乐内容之美

马克思辩证唯物主义深刻揭示：“事物的内容，乃是其构成要素的集合，这些要素包括事物内部的各种矛盾，以及由这些矛盾所塑造的特性、成分、运动历程、发展趋势等全面总和。”将此理论应用于音乐领域，音乐的内容即指构成音乐作品的所有基本要素，这是一个高度抽象的概念。与建筑之实体、书画之具象、文学之文字不同，音乐作为一种声音的艺术，一种时间的艺术，其存在形式更为独特。它虽可通过音符记录，却需借助乐器或人声方能演绎其韵味。

古罗马神学家奥古斯丁曾对时间的概念发出过类似的感慨：“时间为何物？若无人相询，我自明了；然欲向人阐释，我却茫然。”音乐亦是如此，每个人在聆听音乐后都会有所触动，但要准确言说所听之内容，却往往难以言表。即便是作曲家或演唱者，面对自己的作品，也可能难以用言语精确描绘其全貌，而是更倾向于引导听者亲自聆听、感受，而非单纯描述。

因此，关于音乐内容的具体界定，学界至今尚未形成统一结论。有人视音乐内容为音乐形式本身，诸如音符、段落、旋律、和声、节奏及其载体乐谱等；有人则认为音乐内容是音乐的运动过程，即声音与音响的流动；还有人主张音乐内容蕴含于情感因素之中。音乐作为时间的艺术，其抽象性与感性特质使对其内容的界定尤为复杂。

从审美的角度出发，我们或许可以从音乐中承载着情感且易于感知的要素入手，如音乐的体裁、标题、歌词以及独特的音乐特色等方面，欣赏音乐作品之美。这些要素不仅能够帮助我们更好地理解音乐作品的情感内涵，还能引导我们深入领略音乐艺术的独特魅力。

一、音乐的体裁之美

（一）依音乐发声条件划分的音乐体裁类别

从音乐的发声条件出发，音乐体裁可划分为声乐、器乐、戏剧音乐三大类。这三种类型各具独特魅力，为我们呈现出丰富多彩的音乐世界。

1. 声乐——原始人声之美

声乐作为最古老而又最具生命力的音乐表现形式，其艺术魅力历经千年而不衰。与其他音乐形式相比，声乐艺术具有以下几个显著特征：

（1）人声的独特性。人声作为唯一由生命体直接产生的“乐器”，具有不可替代的特质。不同于机械制造的乐器，人声能够即时反映演唱者的情感变化，实现真正意义上的“声情并茂”。不同民族的歌唱技法，如意大利的美声唱法、中国的戏曲唱腔、蒙古的呼麦等，都展现了人声表现的无限可能。

（2）语言与音乐的结合。声乐艺术实现了语言表意与音乐表情的完美统一。歌词通过语义传达具体内容，旋律则强化情感表达。在艺术歌曲中，音乐与诗歌相得益彰；在歌剧中，唱段推动剧情发展；在民间歌谣中，口语化的演唱更显生活气息。这种结合使得声乐具有更直接的情感传达力。

（3）表现形式的多样性。从古典到现代，声乐艺术发展出丰富的形式：美声唱法，强调科学的发声方法，追求纯净圆润的音色；民族唱法，保留地域特色，体现文化传统；流行唱法，注重个性表达，形式更为自由。

2. 器乐——音色多变之美

器乐最显著的艺术特征在于其丰富多变的音色表现。不同乐器家族通过独特的发声原理，构建出各具特色的音色光谱。弦乐器以弓弦摩擦或拨弦振动产生声音，其音色温暖而富有歌唱性；管乐器依靠空气柱振动发声，音色清亮或浑厚；打击乐器则通过敲击产生节奏鲜明、富有冲击力的音色效果。

音色的多样性首先体现在乐器的材质构造上。以提琴家族为例，面板采用云杉木，背板使用枫木，这种材质组合造就了其独特的共鸣特性。中国民族乐器中，竹制笛箫的清越、铜制镲钹的铿锵、丝弦古琴的幽远，都展现出材质对音色的决定性影响。现代合成器更是通过电子技术模拟和创造了前所未有的音色可能。

演奏技法的变化进一步丰富了音色的表现维度。弦乐器的揉弦、滑音、泛音等技法，管乐器的吐音、颤音、超吹等技巧，都能产生截然不同的音色效果。琵琶的“扫拂轮指”、古筝的“按滑颤吟”等民族乐器演奏技法，更形成了独特的音色韵味。这些技法使单一乐器也能呈现丰富的音色层次。

音色的艺术处理在音乐表现中具有关键作用。作曲家通过巧妙的配器手法，将不同音色进行组合对比，创造出千变万化的音响画面。从古典时期的管弦乐配器，到现代电子音乐的音色合成，音色的创新运用始终是音乐发展的重要推动力。正是这种音色的无限可能性，使器乐艺术永葆生机与魅力。

3. 戏剧音乐——情感渲染之美

戏剧音乐，作为音乐艺术领域中不可或缺的关键部分，以营造情景氛围、生动展现故事内容、有力推动情节发展为核心功能，具有浓郁醇厚的民族特色以及清晰醒目的艺术特征。当音乐巧妙融入戏剧之中，便顺理成章地成为戏剧这一综合性艺术的有机构成元素，蜕变成为一种别具一格的音乐体裁。它在凸显人物情感、增强故事戏剧性、渲染舞台氛围等诸多方面，都发挥着无可替代的特殊作用。

在戏剧表演里，戏剧音乐的主要职责是担当伴奏。虽说它处于辅助地位，但如果缺失了戏剧音乐的烘托与推动，舞台表演定会魅力大减，黯然失色。一旦音乐与戏剧角色或者戏剧情景相互融合，对于观众而言，收获的就不单单是对角色外在动作与语言的感知，更能在音乐的引领下，深入走进戏剧人物的内心世界，洞悉其内在的思想与情感状态。

戏剧音乐在表达戏剧主题思想方面，往往能起到画龙点睛的奇妙作用。特定的主题音乐会在某些关键的画面场景反复奏响，尤其在戏剧结尾处频繁出现，以此来烘托主题，强化渲染效果。如小提琴协奏曲《梁山伯与祝英台》经典场景“化蝶”一幕中，长笛吹奏出优美动人的华彩乐章，与竖笛的灵动滑奏彼此映衬，好似将观众带入飞升的缥缈仙境。此时，独奏小提琴那缓慢且缠绵悱恻的旋律，深情奏响爱情主题，淋漓尽致地展现出梁山伯与祝英台幻化成一对蝴蝶于花丛间自由自在飞舞的模样。

戏剧音乐在刻画人物情感方面，具备深刻入微的表现力。从本质上讲，音乐是以声音为媒介，高度凝练地展现人类内在心理体验与情感状态的艺术形式。而借助音乐抒发人物的内心情感，更是戏剧音乐诞生的初衷。最为大众所熟知的典型范例当属《红楼梦》。在《红楼梦》里，不同的曲子与不同人物性格的展现极为契合，这深刻反映出作曲者（演奏者）对人物内心世界的精准洞察与深刻把握。比如黛玉葬花时，那如泣如诉的《葬花吟》悠悠响起；宝黛之间情感纠葛不断时，《题帕三绝》的旋律适时烘托；晴雯病重回忆往昔时，《晴雯歌》的音符带着哀伤飘出；王熙凤凄惨死去被拖走掩埋时，《聪明累》的曲调满是感慨。又如，法国作曲家比才的最后一部歌剧《卡门》，堪称当今世界上演率极高的经典之作。其中，最为广泛传唱的音乐选段《哈巴涅拉》（又名《爱情是一只难以驯服的小鸟》），在第一幕卡门惊艳出场时奏响。凭借这首歌曲，卡门大胆地向众人袒露他别具一格的爱情观："你不爱我，我也要爱你，你可要当心！"其主题旋律中洒脱不羁的节奏，搭配带有三连音的半音下行音调，极具诱惑魅力，旋律华丽飘逸，风格活泼轻佻，仿佛让观众眼前真切浮现出一位红衣红唇、内心似火般热情燃烧的女子形象。

戏剧音乐在戏剧章节、段落的转换环节，能够巧妙适时地通过音乐的变化，牵引视觉镜头实现转场，实现前后内容的自然衔接，生动展现场景与情节的切换。这种借助音乐渲染达成的蒙太奇效果，使舞台演绎更为生动、自然且流畅。以当代话剧编导赖声川的作品《暗恋桃花源》为例，1986 年这部作品在中国台湾首次公演，随后进入大陆演出，引发了热烈轰动。在剧中，"暗恋"剧组和"桃花源"剧组共用一个舞台，舞台上场景不断切换，音乐随着剧情在抒情温柔与诙谐欢快之间巧妙切换，不仅强化了场景转换效果，更通过音乐对比凸显了戏剧冲突，让这部话剧产生了独一无二的视听体验。

戏剧音乐演奏通过与角色动作、唱白的紧密配合、相互协调，携手共同揭示戏剧情节。在现代社会，戏剧音乐不仅能辅助戏剧表演，还可作为独立的作品被呈现与欣赏，单独成为广为传唱的谱本。反之，对于一些声名远扬的音乐而言，戏剧中的动作、对白、舞蹈等元素，反倒是为了更好地诠释音乐内涵而精心编排。比如世界名曲《天鹅湖》，1875 年莫斯科国家大剧院邀请柴可夫斯基创作一部舞剧音乐，彼时柴可夫斯基联想到早已在欧洲广泛流传的神话故事《天鹅湖》。他耗时近一年完成全曲后，依据音乐旋律才着手进行编舞和舞美设计，最终成功将著名的芭蕾舞剧《天鹅湖》搬上舞台。

在近年的戏剧舞台上，多媒体沉浸式戏剧《只此青绿》巧妙运用戏剧音乐，大放异彩。这部剧以北宋名画《千里江山图》为创作蓝本，为了契合画作所呈现的悠远意境与独特的东方美学，音乐团队精心打造了一套融合了传统民族乐器与现代电子音效的配乐。在开场描绘江山远景的场景中，编钟那古朴厚重的声音从舞台深处传来，伴随着空灵的电子音效，仿佛将观众瞬间带入千年前的大宋山水之间，辽阔且静谧的氛围油然而生。当舞者们以灵动的舞姿模拟山峦起伏、江水流动时，竹笛吹奏出的婉转旋律，与舞者的动作相得益彰，进一步凸显出山水的灵动与鲜活。在展现工匠制作画卷艰辛过程的章节，急促的鼓点配合紧张的弦乐，营造出一种充满干劲与使命感的氛围，让观众深切感受到古代匠人们的执着与专注。而在全剧高潮——"青绿"群舞段落，音乐气势磅礴，多种乐器齐奏，将画作中那震撼人心的青绿山水以音乐的形式立体呈现，强化了舞台视觉效果，让观众沉浸于这跨越千年的艺术魅力之中，充分彰显了戏剧音乐在营造情境、深化主题、增强感染力等方面的强大作用。

（二）依音乐内容与现实生活关联的体裁分类

依照音乐内容与现实生活的紧密联系对音乐体裁加以分类，主要依据这些音乐的诞生源头、传播活动范围、展现的行为方式，以及与历史演进、生活风俗之间千丝万缕的联系来划分。这一分类体系涵盖了舞曲、牧歌、民歌、号子、颂歌、祷歌、圣咏、灵歌、丧曲、船歌、情歌、革命歌曲、催眠曲等丰富多样的类别。

1. 生产音乐：劳动中奏响的旋律

生产音乐是人类在辛勤的劳动生产进程中孕育而生的音乐，或是生动反映人们生产劳动状态的艺术结晶。它包含了牧歌、号子、船歌等多种形式。

牧歌，常常在游牧民族聚居区域或以畜牧业为主导的地方传唱，无论在中国还是外国，都有着深厚的文化根基。欧洲的牧歌多为多声部乐曲，起源于意大利。追溯至 14 世纪，彼时的牧歌大多选用爱情诗或田园诗作为歌词，以优美的旋律抒发情感。而在中国，牧歌广泛流行于畜牧业发达地区，其内容主要围绕放牧生活展开，或是深情赞美家乡，或是热情歌唱牛、羊等牲畜。其中，抒情风格的牧歌，节奏舒缓、气息悠长，节拍灵动自由，像哈萨克族的《褐色的鹅》以及蒙古族的长调牧歌，仿佛将人带入广袤无垠的草原，感受那份宁静与悠远；诙谐风格的牧歌，节奏规整紧凑，和儿歌风格相近，主要描绘牧童的劳动日常、传播农事知识，或是展现牧童间相互逗趣的欢乐场景，例如湖北的《打个哑谜甩过去》和安徽铜陵的《中歌》，充满生活趣味；实用性的牧歌，其音调在日常呼喝牲畜的声音基础上发展而来，旋律多为即兴创作，自然质朴，类似广东的《江门牛歌》和山东的《吆牛号》，洋溢着浓郁的乡土气息。

号子又称劳动号子，是劳动者在集体进行体力劳动时，为了统一行动步调、相互加油鼓劲、缓解身体疲劳而齐声高唱的歌曲。它是劳动者在漫长的物质生产实践中集体智慧的结晶，是一种与劳动过程紧密交织、不可分割的歌曲形式。号子通常由一人领唱，众人应和。作为人类历史文化长河中诞生最早、最为古老的音乐艺术品种之一，早在《吕氏春秋》中就有相关记载：远古时期，人们合力抬木头，走在前面的人或许为了释放劳作压力、减轻身体疲惫，高声发出吆喝，后面的人则默契地随声附和，应和着节奏，就这样，人类社会最早的劳动号子应运而生，这极有可能是人类最早的民歌雏形。号子以其简洁明了、直抒胸臆的音乐表现形式，以及粗犷豪迈、充满力量感的音乐性格特征，真实而质朴地反映出劳动者的思想情感与工作场景。

船歌起源于意大利威尼斯，与我国的号子有着相似之处，它诞生于威尼斯船工们撑船劳作时哼唱的当地民歌。其节拍通常为 6/8 拍，生动地模拟着水流的节奏，曲调平缓悠扬，仿佛带着人们在水波荡漾中悠然前行。随着音乐的不断发展与船歌的广泛传播，这一音乐体裁逐渐突破了单纯服务于劳动的日常功能，摇身一变，成为作曲家们寄托内心情感的精神载体，演化为一种纯粹的艺术形式，在世界各地落地生根、开枝散叶。比如柴可夫斯基的《六月船歌》、肖邦的《#F 大调船歌》等，都是船歌这一体裁中的经典之作，以美妙的旋律展现出船歌独特的艺术魅力。

2. 生活音乐：生活百态的音符映照

生活音乐，主要是人们在日常生活点滴中自然生发，是精准反映日常生活风貌的音乐类型。它囊括了舞曲、丧曲、情歌、革命歌曲、催眠曲等丰富多样的形式。

舞曲，顾名思义，是专为舞蹈量身打造的音乐，其最显著的特点便是节奏感异常突出。在原始社会，舞蹈、音乐与诗歌紧密融合，浑然一体。受制于当时有限的物质生产条件和相对较低的艺术发展水平，原始音乐形式极为简单，大多只是人们的歌声吟唱，或是利用简单的打击物进行有节奏的敲打。古典舞曲多为纯器乐曲，而在现代，舞曲成为电子音乐的一种重要载体，专指电子舞曲和 dance-pop。在 1970 年之前，舞曲主要涵盖 swing music、摇滚、灵魂乐和 R&B 等类型，但彼时舞曲更多只是作为舞厅音乐存在，尚未形成独特的音乐风格体系。直至 1970 年 disco 开始走向大众，一种全新形式的音乐才崭露头角，从这时起，舞曲才逐渐发展并形成了具有鲜明特色的音乐风格。在近现代社会，HipHop 文化从欧美地区迅速风靡全球，各类摇滚、rap 音乐深受青少年群体的喜爱。在美国，诞生了如迈克尔·杰克逊这样举世闻名的歌手；在中国，像蔡依林的《舞娘》、CoCo 李玟的《so crazy》等舞曲也曾在一段时间内广泛流行，成为街头巷尾传唱的热门曲目。

革命歌曲，堪称极具中国特色的音乐瑰宝，主要诞生于中国波澜壮阔的革命战争时期，包括艰苦卓绝的抗日战争时期和解放战争时期。这些歌曲大多生动反映了人民群众在战争岁月中的真实生活状态，或是被用于鼓舞民众和战士们的战斗热情，极大地激发了人们的爱国情怀和革命斗志。其中，最为人熟知的当属郭兰英演唱的《我的祖国》，作为电影《上甘岭》的主题歌，这首歌深深烙印在每一个中国人的心中，有人说，它的前奏一响，每一位中国人都能下意识地跟着哼唱起来。此外，还有众多我们耳熟能详的经典之作，诸如《红旗飘飘》《红军不怕远征难》《弹起我心爱的土琵琶》《地道战》《游击队歌》《娘子军连歌》《保卫黄河》《中国人民解放军军歌》《工农兵联合起来》《洪湖水浪打浪》《红星歌》《我们走在大路上》《五月的鲜花》等，这些歌曲宛如一部部音乐史诗，记录着那段激情燃烧的岁月。

在世界各地人们的日常生活里，婚丧嫁娶、聚会庆祝，甚至日常睡眠等场景，都有与之对应的音乐相伴，它们如同情感的催化剂，为不同的生活情境增添独特氛围。例如，在婚礼上，著名的《婚礼进行曲》常常奏响，为新人送上最美好的祝福；而在办理丧事时，我国不少地方会使用由罗浪根据北方一首民间吹打乐曲调改编而成的《哀乐》，庄严肃穆的旋律寄托着人们对逝者的深切哀思。在农村的一些地区，婚丧嫁娶等活动常常会邀请唢呐演奏者，他们吹奏的唢呐曲，为这些场合渲染出别样的氛围。

催眠曲，是专门为帮助被催眠者顺利进入睡眠状态而创作的音乐。早在我国春秋战国时期，就有通过音乐来调节情绪的相关记载，这在某种程度上类似于催眠中的心理暗示。《左传·昭公元年》中提到："烦于淫声，堙心耳，及忘和平，君子勿听也。至于烦，乃舍也易，天以生疾。君子近琴瑟，以仪节也，非以心也。"用于催眠的音乐通常旋律舒缓，让人放松身心。还有一些专门为催眠而创作的经典作品，比如弗朗茨·舒伯特创作的《摇篮曲》，早已成为世界闻名、家喻户晓的曲子。近百年来，为了让人们拥有更高质量的睡眠体验，众多科学家在催眠音乐的研究上投入了大量精力。他们花费大量时间深入研究阿尔法脑波，并据此创造出阿尔法脑波音乐（表 11-1）。这种音乐的频率为 8～14 赫兹，每分钟60～70 节拍，与脑电波节奏高度契合。科学家们认为，阿尔法脑波音乐能够引导人们进入阿尔法脑波状态，对于开发大脑潜能、协调身心平衡有着积极作用。

表 11-1　四种常见脑波

脑波类型	频率	音乐表现	举例
阿尔法波（α 波）	8～14Hz	节奏：60～70 拍/分钟，平稳 旋律：流畅、起伏小，音程适中 和声：简单和谐，基础和弦	巴赫《哥德堡变奏曲》部分慢板乐章、班得瑞《安妮的仙境》、久石让《天空之城》钢琴版
贝塔波（β 波）	14～30Hz	节奏：100～160 拍/分钟，明快活泼 旋律：动感跳跃，音程跨度大 和声：丰富多变，和弦转换复杂	泰勒·斯威夫特 *Shake It Off*、维瓦尔第《四季》之《春》快板乐章、皇后乐队 *Bohemian Rhapsody*
塞塔波（θ 波）	4～7Hz	节奏：40～60 拍/分钟，缓慢规律 旋律：优美重复，音高变化平稳 和声：轻柔空灵，柔和和弦色彩	恩雅 *May It Be*、神秘园乐队 *Song From A Secret Garden*、雅尼《夜莺》
德尔塔波（δ 波）	低于 4Hz	节奏：20～40 拍/分钟，极缓慢，难察觉 旋律：简单模糊，音符片段或单音持续 和声：长音、持续音，强调低音厚重	Deep Sleep with Sounds of Nature 专辑内音乐、部分以大自然声音结合简单单音的助眠音乐、大型管风琴演奏的部分宗教音乐片段

与催眠音乐类似，近几年，“冥想音乐”在白领阶层悄然走红。这种音乐常常与瑜伽训练相伴，或是出现在中国传统的禅茶活动中。它的旋律舒缓轻柔，有的甚至直接取自大自然的声音，如风声、雨声、流水声等。冥想作为当下最流行的压力管理策略之一，越来越多的人通过冥想来探寻内心的平静，进而触及自己最深处的思想与情感。

3. 宗教音乐：神圣殿堂的天籁之音

宗教音乐，是在特定的宗教生活情境中孕育出的音乐，包含颂歌、祷歌、圣咏、灵歌等形式。

颂歌起源于古希腊，公元前 9 世纪，古希腊城邦斯巴达遭遇瘟疫侵袭，统治者特意请来克里特岛的音乐家萨米塔斯，委托他组织一场太阳神颂歌合唱，期望以此驱除瘟疫。此后，希腊本土的多利亚人学会了这种合唱形式，合唱也逐渐成为古希腊音乐的显著特征之一。人们通过合唱来赞美神话人物中的各路神明，这是西方常见的一种宗教活动形式。比如著名的《圣诞颂歌》，就是为纪念圣诞节而创作的传统歌曲，在节日期间，人们唱响这首歌，传递着节日的喜悦与对神灵的敬意。

祷歌同样源自希腊神话，是古代人们用于祈祷的歌曲。最初，它是人们向防灾之神派安求救时所唱，随着时间的推移，逐渐演变成向所有神明祈求庇佑的祈祷文。圣咏则是基督教教会在礼拜活动中唱诵经文的音乐形式，其庄重肃穆的旋律，为宗教仪式增添了神圣的氛围。灵歌是北美黑人在宗教礼拜活动中演唱的歌曲，内容大多反映了黑人在遭受痛苦奴役时的悲惨境遇，他们无奈之下将希望寄托于宗教。灵歌通常用英语演唱，旋律质朴简单，像《溜回去》《没有人知道我的痛苦》《下来，可爱的马车》《去吧，摩西》等作品，都富有独特的切分节奏。在结束一天的繁重劳动后，美国黑人常常即兴演唱灵歌，以此抒发劳作的辛苦。北美南北战争爆发后，黑人获得解放回到家乡，灵歌也随之被广泛传唱，并逐渐演变发展成为后来的爵士乐。

此外，不同民族由于早期受到地域环境等因素的限制，在本民族内部逐步孕育出契合民族性格、展现独特风土人情的音乐特色。藏族音乐风格高亢热烈，经典的藏族歌曲《青藏高原》以超高的音调，淋漓尽致地展现出如雄鹰翱翔于广袤高原般的激昂情感；新疆音乐明亮欢快，宛如灵动的百灵鸟，《云雀之歌》《玛依拉》《帕米尔的春天》等歌曲便是典型代表；蒙古族音乐辽阔粗犷，《牧歌》《万丽》《金杯》《森吉德玛》以及著名歌手腾格尔演唱的《鸿雁》《天堂》等，如同草原上奔腾的马群、蓝天上翻涌的白云，舒展而辽阔；东北音乐轻快俏皮、幽默风趣，二人转便是其中的典型；山东音乐纯正优美，像《沂蒙山小调》《绣荷包》等尽显其独特魅力；闽南歌通俗流畅，曾经广为流传的《爱拼才会赢》唱遍大江南北；西北地区黄土高原的音乐风格高亢苍凉、荡气回肠，《走西口》《信天游》《我家住在黄土高坡》等歌曲，唱出了黄土地上人们的坚韧与豪迈。

二、音乐的标题之美

为音乐作品拟定一个富有吸引力的标题，堪称与观众建立心灵共振的关键桥梁。在现代流行音乐领域，这一点尤为明显，一首歌曲的核心魅力便在于能否引发听众的共鸣，将这种共鸣点以标题形式呈现，能极大地触动观众内心，进而增强作品的传播力。莎士比亚曾说，“一千个读者眼中有一千个哈姆雷特”，这生动地表明了人们对文学作品的理解与欣赏存在着显著的个体差异。音乐作为一门艺术，亦是如此。当人们聆听一段乐曲后，由于内心感触各不相同，自然会产生形形色色甚至超乎想象的想法。倘若创作者能够洞察大部分听众对某首歌曲的感受，并将其精准记录下来，用恰当的语言凝练为标题，使听众看到标题时便能产生与创作者相似的感受，共鸣便由此而生。若这个标题还能吸引欣赏者带着不同情绪投入欣赏，从同一段音乐中收获多元视角的感悟，或许就能为这段音乐欣赏之旅带来意想不到的惊喜。以2022年周杰伦发布的新歌《最伟大的作品》为例，初看标题，容易让人误解为这是音乐作者对自身作品的过度夸赞。然而，当听众带着疑问去欣赏时，却惊喜地发现，歌曲讲述的是一段历史中的艺术作品以及背后的艺术家故事。在恍然大悟间，听众跟随着轻快、悠闲的旋律，尽情领略音乐的独特魅力。

（一）音乐标题体现音乐主题

音乐是一个庞大且多元的艺术体系，涵盖音乐理论、音乐评论、音乐创作、音乐演奏、音乐演唱、音乐指挥、音乐欣赏等众多专业分支。尽管各分支各有侧重，但它们都紧密围绕“音乐作品”展开，并通过作品相互关联。音乐理论以经典作品为范例进行剖析讲解；音乐创作致力于产出新颖的作品；音乐演唱和演奏是对作品的生动演绎；音乐指挥则把控着作品呈现的节奏与整体效果；音乐欣赏更是以聆听作品为核心。可以说，音乐的各个专业领域都无法脱离音乐作品而独立存在。而在音乐作品中，音乐主题无疑是最为关键、核心乃至灵魂的要素。音乐主题通常借助音乐旋律与歌词得以展现，并且常常高度凝练于音乐作品的标题之中。因此，如何为音乐作品构思一个既贴合主题，又能瞬间抓住欣赏者内心的标题，实则是一门高深的艺术。

艺术源于生活，是创作者对社会、历史生活事件或现象进行选择、集中、提炼与加工的成果。作者选取何种题材，如何拟定标题，往往取决于其创作意图以及想要表达的主题。音乐作为一种听觉艺术，其内容选材同样源自创作者对自然、社会生活的深刻体悟与再现。虽然音乐作品的内容不像实物那般具有直观可见的形状，但我们能够从许多乐曲的名字或标题中一窥究竟。例如，贝多芬的《命运交响曲》，单从标题便能知晓它描绘的是人对命运的顽强抗争；《月光奏鸣曲》传递出月光下作曲家细腻且多变的情感；《梦中的婚礼》展现了对一段美好浪漫爱情的憧憬；《致爱丽丝》倾诉着对少女的爱慕之情；《梁山伯与祝英台》讲述了一对恋人的感情故事；《春江花月夜》则勾勒出春日江上的迷人夜景……一般而言，绝大多数音乐作品都会有标题，即便是无歌词的哼唱作品，也拥有标题，像《我在那一角落患过伤风》。没有标题的音乐作品极为罕见，因为这不利于作品的辨识与传播。所以，即便创作者未给作品取名，听众或传播者通常也会为其赋予一个名称，哪怕只是简单的《无题》，这也算是一个标题。

（二）“标题音乐”专指器乐作品，声乐作品不包括在内

在现代流行音乐中，几乎每一部作品都拥有自己的标题，特别是有歌词的声乐作品。然而，在古典音乐领域，存在许多器乐音乐，也就是仅由乐器演奏的“纯音乐”，它们之中有不少并没有作品标题，我们可将这类作品称为“无标题音乐”。在器乐音乐范畴内，“标题音乐”通常与“纯音乐”“无标题音乐”相对应。那些带有文字标题的器乐音乐，被称作“标题音乐”。它是古典浪漫主义时期作曲家将音乐与文学、戏剧、绘画等其他艺术形式巧妙融合的产物，是一种借助文字标题来阐明作曲家创作意图与作品思想内容的音乐类型。

标题音乐的标题一般由作者亲自拟定，标题与音乐之间存在紧密的内在联系，是作品思想内容的高度概括，也是作者创作意图的直观展现。不过，并非所有有标题的器乐作品都是标题音乐。例如，我们熟知的海顿的交响曲《时钟》《惊愕》，贝多芬的钢琴奏鸣曲《月光》《热情》等，虽然它们都有标题，但这些标题并非作曲家在作品诞生之初所取，而是音乐出版商、评论家等后续添加的。这些标题的作用在于引导听众的思路，激发听众的想象力，对作品的主旨内容起到揭示作用。

判断一部音乐作品是否属于标题音乐，首要标准是看作品是否展现出描绘性、文学性的内容。具体

而言，包含两种情况：其一，作品内容直接取材于文学或绘画，像穆索尔斯基的钢琴组曲《图画展览会》、里姆斯基·柯萨科夫的交响乐《天方夜谭》、斯美塔那的交响诗《我的祖国》；其二，音乐表现了作者对生活或风景的独特感受与描绘，比如贝多芬的第六交响曲《田园》。

（三）音乐标题的文学美

音乐的标题，如同诗歌、小说、剧本及散文的标题一样，追求凝练精悍，且必须符合作品的思想情感。多数情况下，音乐标题仅有寥寥数字，除少数音乐作品设有段落性的小标题外，大多数标题音乐在曲谱上并无其他多余的文字说明。优秀的乐曲能给予人们丰富多样的美感体验，令人沉醉其中、深入沉思。而恰到好处且富有诗情画意的标题，启迪演奏者更深刻地理解与诠释作品，引发欣赏者展开丰富的联想和想象，进而激起强烈的情感共鸣，都具有至关重要的作用。尤其是在中国这样诗词文学源远流长的国度，民族音乐的标题大多蕴含着令人浮想联翩的诗意美。

1. 音乐标题的自然之美

音乐的灵感源泉常常来自大自然，大自然宛如一座无尽的宝库，为古今中外无数音乐家提供了源源不断的创作素材。在西方音乐发展历程中，早在巴洛克时期，亨德尔便创作了《水上音乐》《田园交响曲》。约翰·施特劳斯的《蓝色多瑙河》，其标题宛如一幅生动的画卷，直接为听众呈现出美丽的多瑙河那平静如诗的迷人意境。柴可夫斯基的钢琴套曲《四季》，则通过标题引领听众领略从初春时节的生机盎然，一路过渡到冬日里一望无际的大雪原的不同场景；他的《花的圆舞曲》，更是让人仿佛置身于春意盎然的花园，感受花朵在微风中盛开与舞动的动态美感。

在中国，秉持着天人合一、山水融合之道，古典乐曲与民间乐曲大多与自然紧密相连。从《高山流水》到《潇湘水云》，从《二泉映月》到《春江花月夜》，从《兰花花》到《月光下的凤尾竹》，诸多曲牌的取名也与自然万物息息相关，例如《鹧鸪飞》《一枝花》《沁园春》等。自然界中的湖光山色、潺潺流水、花草树木，乃至空中的飞鸟、林中的走兽、水中的游鱼，都成为众多音乐标题的重要元素。最为人所熟知的当数法国作曲家圣-桑的《动物狂欢节》，此外，海顿的《青蛙四重奏》《云雀四重奏》，里姆斯基·柯萨科夫的《野蜂飞舞》，鲁塞尔的《蜘蛛的盛宴》，以及中国的二胡曲《空山鸟语》、唢呐曲《百鸟朝凤》等。仅仅看到这些标题，人们便能率先在脑海中勾勒出音乐中所描绘的灵动自然画面。这些标题简洁明了，含义清晰，源于人们在大自然中捕捉到的音响或画面，通过对自然山水、生灵的生动刻画，传递出作者对生活的热爱之情，给予人们情绪上的感染与审美的愉悦享受。

2. 音乐标题的叙事之美

交响诗《嘎达梅林》以及世界著名的小提琴协奏曲《梁山伯与祝英台》等乐曲，具有鲜明的叙事特征。它们的音乐标题本身便蕴含着丰富的叙事性，通常以某个传说、故事，甚至是历史上的真人真事为情节蓝本，场景丰富多样，主题饱满充实，内容深刻广泛，且包含着强烈的戏剧冲突。尽管叙事性的音乐标题在古典音乐中相对较少，但一旦拥有这样的标题，乐曲便能给人带来更为生动直观的第一印象。例如，相较于《贝多芬第九交响曲》《柴可夫斯基第六交响曲》等较为抽象的标题，《锡兵进行曲》《西班牙斗牛曲》《致爱丽丝》《我的祖国》等标题显然更能引发人们的兴趣，也更容易让人印象深刻。叙事性标题在现代流行音乐，尤其是民谣中极为常见。一首优秀的民谣，其叙事性往往是关键所在。比如李志的《热河》《米店》，赵雷的《成都》《未给姐姐寄出的信》，王梵瑞的《青春》《时光谣》，许巍的《难忘的一天》，李志的《关于郑州的记忆》等；此外，还有一些民乐，如《战马奔腾》《光明行》《病中吟》《饿马摇铃》《马儿啊你慢些走》等。这类标题如同小说题目一般，自身便充满故事性，贴近人们的生活，吸引着读者（听众）走进小说故事（音乐内容）之中。

（四）音乐标题的意蕴之美

音乐标题的意蕴之美，既体现在其朗朗上口的音韵美感上，也体现在浓郁的古典诗意之中，这在中国音乐标题上表现得尤为突出。有些歌曲会直接引用诗词歌赋中的词语或短句作为标题，如《又见雨夜花》《烟花三月》《春歌》《桃花谣》《两两相望》《人生如此》《梦忆江南》《追梦人》《青青河边草》《蝶儿蝶儿满天飞》《风中有朵雨做的云》《你看你看月亮的脸》《冬季到台北来看雨》《相思》《新水调歌头》《月满西楼》《雨打芭蕉》等。仅仅品读这些标题，便能让人回味无穷，沉浸在无尽的遐想之中。

大多数音乐标题直接从歌词内容中选取，或者直接表达歌曲的主题。例如，《小芳》这个标题，选用了一个极具美感的女性名字，同时巧妙地暗示了歌曲中对女孩恋恋不舍的缘由：如同花朵般美丽芬芳的女孩，谁能忍心割舍呢？还有一些标题高度提炼了音乐内容的情绪，仅用一个字便将整部音乐作品的灵魂精准提炼出来，甚至高度概括了演唱者的演唱特色，令人过目难忘。比如黄龄的《痒》，既淋漓尽致地展现出黄龄那酥麻独特的嗓音，又精准传递了音乐作品中所表达的躁动内心。另外，有些音乐作品则反其道而行之，不选取直接反映歌词内容或作品主题的标题，而是以标题反衬音乐内容的情感。例如周杰伦的歌曲《晴天》，歌词中描述的是“雨渐渐大到我看你不见”，还运用大提琴低沉的音色渲染悲伤氛围，然而歌名却定为《晴天》。这种歌名与歌词之间的矛盾，营造出一种别具一格的伤感氛围。这些音乐标题兼具“声”与“色”，蕴含着情绪的抒发与渲染，仿佛为音乐赋予了更为醇厚浓郁的诗意情调。

三、音乐的歌词之美

扣人心弦的音乐往往蕴含着美的内核，除音乐自身旋律所传递的情绪外，众多音乐还搭配有歌词，歌词之美如同锦上添花，让旋律越发打动人心。在流行音乐领域，不少歌曲创作甚至是先完成歌词创作，而后依据歌词的内容与情感表达特性来谱写旋律。回溯至中国古代，人们创造出了“词”这一文学形式，不合乐的歌词被称作诗，合乐的则称为歌，后世将二者统称为诗歌。在现代社会，尽管许多流行歌曲带有商业目的，但其歌词依然具备强烈的艺术审美价值。

中国古诗歌以悠长的意韵、深厚的文化内涵以及精妙绝伦的意境，历经岁月洗礼流传至今，无疑是中华文化的璀璨瑰宝。在当代中国流行音乐中，大量流行歌词饱含诗意之美。被尊称为“中国风教主”的流行音乐填词人方文山，凭借其深厚的民族情怀与扎实的历史文化素养，创作出众多令人拍案叫绝的歌词。方文山搭配鬼才歌手周杰伦谱写的旋律，打造出一系列经典的中国风歌曲。以《东风破》为例，其歌词大量取材于古诗词。“酒暖回忆思念瘦”源自中国古诗词中常见的“相思令人瘦”这一相思题材；“水向东流，时间怎么偷”与李白诗句“请君试问东流水，别意与之谁短长”有着异曲同工之妙，均借流水抒发对时光流逝、情感绵延的感慨；“篱笆外的古道我牵着你走过”则巧妙化用了“长亭外，古道边，芳草碧连天”所营造的场景。这些近乎诗词的词句，为整首曲子赋予了浓郁的画面感与强烈的感染力。又如同样擅长创作“中国风”作品的歌手许嵩，其《半城烟沙》中“一将功成万骨枯”一句，直接引自晚唐曹松的《己亥岁二首》。歌词中的“归田卸甲”“金戈铁马”等词汇，与演唱者低沉婉转的吟唱形成鲜明对比，歌曲中蕴含的含蓄内敛情感给听众留下了极为深刻的印象。李宇春演唱的《蜀绣》同样别具一格，歌词中不断提及“三月雨纷纷”，“五月花叶深”，“六月杏花村”，“明月照不尽离别人”，春雨、杏花、明月等典型传统文化意象跃然纸上。同时，这些歌词依照传统音韵规律排列，每句歌词尾字押韵，尽显传统诗词的语言特色。

此外，一些纯音乐虽无原生歌词，但因其旋律优美、节奏规整，吸引了众多填词爱好者进行二次填词创作。近年来，这一现象在古风音乐圈尤为盛行。这些被填词的乐曲，部分源自国外动漫纯音乐，还有一些出自国内古风原创音乐人之手。比如古风作词人小楼，曾为古风音乐原创人河图的作品填词，像《倾尽天下》《宝塔镇河妖》《不见长安》《灯花佐酒》《永定四十年》等，其创作的歌词惊艳动人，令人过耳难忘。一句“血染江山的画，怎敌你眉间一点朱砂”，气势恢宏又不失柔情，仿若穿越千年，尽显爱恨情仇。陆菱纱的词作情感饱满，代表作《我的一个道姑朋友》广为人知，“惊鸿一瞥翩然落花似雪，落她眉梢半只蝶”出自其《谢却荼蘼》，用词精巧，画面感十足。而商连创作的《棠梨煎雪》，一句“岁岁花藻檐下，共赏棠梨煎雪”，宛如一幅清新淡雅的水墨画，营造出超然脱俗的意境，堪称古风歌词中的上乘之作。在这些古风歌词里，常能见到充满诗意的词语，诸如长亭、尘缘、流萤、流光、熹微、雨雾、婉娩、望月、绮罗、未央、团荷、胭脂、尺素等，满是传统人文意象，承载着深厚的文化底蕴。

值得一提的是，当下音乐市场中还涌现出一批融合多元文化元素的歌词佳作。例如，歌手萨顶顶的《左手指月》，歌词既蕴含了东方佛教文化中对慈悲、超脱意境的追求，如“左手拈着花，右手舞着剑”描绘出一种空灵且兼具力量感的修行意象，又在旋律配合下展现出大气磅礴的音乐风格。其独特的咬字发音与歌词意境相辅相成，拓宽了流行音乐歌词的表达边界。再如，周深演唱的《光亮》作为纪录片《紫禁城》的主题曲，歌词从历史与文化的维度出发，“一生太短，一瞬好长，我们哭着醒来，又哭着遗忘”，以诗意笔触回溯紫禁城所承载的数百年风云变幻，既有对历史沧桑的感慨，又传递出对当下与未来的思考，让听众在音乐中感受岁月的厚重与生命的坚韧。

《诗经》作为中国古代诗歌的发端，在内容上分为《风》《雅》《颂》三个部分。《诗经》大量运用双声叠词作为修饰语，极大地增强了诗歌的韵律美感。借助双声叠词，既能生动描绘出清新秀丽的自然风光，如“蒹葭苍苍，白露为霜”中“苍苍”传神地刻画出芦苇丛生的景象；又能细腻传达复杂微妙的内心感受，如“悠哉悠哉，辗转反侧”里“悠哉”将思念之情的绵长展现得淋漓尽致。受此启发，现代音乐作词家也常常大量运用双声、叠韵、叠字词汇来提升歌词的音韵美感。如“蒹葭”便是双声，“窈窕”属于叠韵，《有女同车》里的“将将”，以叠字生动地模拟出佩玉随车颠簸碰撞发出的清脆声响，使歌词在听觉上更具节奏感与表现力。

第五节　音乐内涵之美

音乐之美，不仅体现在旋律节奏的悦耳动听，也不仅在于词曲内容的动人表达，其本质在于深厚的人文内涵能够直抵心灵深处。音乐的内涵价值体现在三个层面：其一，如心灵的良药，能够温柔抚慰情感创伤；其二，似品格的阶梯，引导人们追求更高精神境界；其三，具社会教化功能，润物无声地塑造社会风尚。作为声音艺术，音乐蕴含着艺术领域中真善美的本质特征。只有当音乐真实表达人类情感，彰显高尚道德追求，其审美价值才能得到完整实现。因此，在音乐创作与鉴赏的全过程中，真、善、美三者必须保持高度统一。特别是在以育人为宗旨的音乐教育领域，更应当恪守这一艺术准则，始终坚持思想深度与艺术表现力的有机融合。

一、音乐内涵之“真”

人类天生具备感知音乐的能力。当声波通过听觉系统传入大脑，人们能立即辨别悦耳与否，并产生相应的情绪反应。这种与生俱来的感知力，不仅构成了音乐欣赏的基础层面，更为我们理解音乐“真”的特质提供了生理与心理的前提。

音乐艺术的精髓在于对情感的真实捕捉与坦诚表达。作为最直接的情感载体，它能跨越地域、种族、性别和年龄的界限，引发普遍共鸣。“音乐无国界”的本质，便源于人类情感的共通性。优秀的音乐作品，无论表现庄严、欢快、缠绵还是悲愤的情感，都能触动听者的心弦。不论是管乐还是弦乐，不论使用何种语言演唱，音乐都具有穿透人心的力量。

由此可见，音乐内涵之“真”，是其审美价值的基石。这种“真”并非对现实的机械复刻，而是艺术创作中情感的本真呈现——它剥离虚伪的修饰，拒绝刻意的迎合，以最直接的声音语言传递生命体验的原始温度。

从发生学角度看，音乐的起源便与“真”密不可分。先民在狩猎、劳作、祭祀等活动中发出的呼号、节奏与吟唱，皆是对生存状态的即时情感回应：丰收时的欢歌、困境中的悲鸣、对自然的敬畏……这些朴素的声音承载着未经雕琢的真实。即便在艺术形式高度成熟的后世，“真情”依然是音乐打动人心的核心密码。音乐家通过音符、节奏、和声等元素，将内心的喜怒哀乐转化为可感知的音乐语言。例如，贝多芬《第五交响曲》（《命运交响曲》）中，以“命运敲门”的动机，激昂抒发对抗争精神的坚守；柴可夫斯基《第六交响曲》（《悲怆》）以阴郁的旋律与突然的休止，袒露对生命虚无的深沉慨叹；中国传统民乐《二泉映月》中，阿炳用二胡泣诉般的音色，将人生的苦难与不屈融入每一个音符。这些作品之所以能跨越时空与文化，正因其真实的情感表达，使音乐能突破语言、地域与时代的界限，让不同时代、不同地域的人们产生共鸣。

音乐对生活的真实反映也是其内涵之真的重要体现。音乐作品常常以社会生活为素材，描绘人们的日常生活场景、社会现象和历史事件。例如，中国的民间音乐，如陕北民歌、江南小调等，它们生动地反映了当地人民的生活习俗、劳动场景和爱情故事。陕北民歌《信天游》，以自由奔放的旋律和质朴的歌词，展现了陕北人民在黄土高原上的生活状态和对美好生活的向往。这些音乐作品就像一幅幅生动的社会画卷，让听众能够了解到不同地区、不同民族的生活风貌，感受到生活的丰富多彩。

音乐之“真”还体现在对个体与时代精神的真诚观照。作曲家以音符为笔，通过音符捕捉时代的精神气质，将个体命运与群体记忆融入旋律：冼星海《黄河大合唱》以汹涌澎湃的节奏与旋律，再现抗日战争时期民族危亡的呐喊；鲍勃·迪伦的民谣以质朴的歌词与旋律，传递对社会正义的追问。这种对现实的真诚回应，使音乐不仅是情感的载体，更成为时代精神的镜像，让“真”的内涵从个体情感升华为群体共鸣。

音乐本身追求“真”，对音乐的演绎与再创作同样需要领悟其本真，如此才能精准传递音乐原本的内容与情感。我国著名历史学家、文学家缪钺在《诗词散论》中提到：“作者不必有此意，而读者未尝不可作如是想。”聆听同一首乐曲，不同的人会有不同的感受，有的人从中领略到山清水秀的自然之美，有的人联想到母慈子孝的温馨画面，还有人觉得是在倾诉谈情说爱的浪漫情愫……听众的认知、心理和情感差异，决定了音乐作品在不同欣赏者心中呈现出不同的形象。同理，不同的音乐演奏者（演唱者），由于自身表演条件、认知水平以及情感体验的不同，对同一部音乐作品的理解与演绎也会存在差异。从音乐创作到演绎表达，实则是一个创造与再创造的过程。文学、美术、雕塑等艺术创作，大多由作者独立完成。而音乐作品却有所不同，创作者只能完成一半，另一半则要依靠唱奏者（演唱者或演奏者）来实现。这对于音乐创作者而言，既是不幸，也是幸事。不幸之处在于，可能会遭遇无法理解作品内涵、未能体会音乐情感的唱奏者，导致作品被错误演绎；幸运之处在于，一旦遇到与自己心灵契合的唱奏者，就如同觅得知音，能够将作品的精髓完美展现。在当代流行音乐领域，作词、作曲和演唱者往往并非同一人，这种创作模式更为常见。

对于一部音乐作品而言，如果说作曲家赋予作品骨架，作词家为其增添血肉，那么唱奏家的演绎则赋予作品生命与情感。因此，一部完整的音乐作品，不仅涵盖音乐的标题、词、曲、谱等内容，更融入了唱奏者自身对音乐的认知、理解和独特的演绎风格。英国指挥家 H. 伍德在《指挥论》中指出："乐谱上的死音符没有多大意义，要使它复活，就需要好的演奏者。"

音乐与其他艺术形式有所不同，在现代录音技术发展之前，音乐作品流传下来的并非实际的音响效果，而是记录音乐的乐谱。大众所听到的音乐，是表演者借助对乐谱的认知理解，以及对音乐作品的深刻感悟所进行的再创造。只有表演者领悟了音乐的意蕴美，演绎出音乐的形式美，才能真正实现音乐的审美价值。所以，唱奏者必须与音乐作品达成和谐相通的状态，通过对音乐的再创造，将音乐形象生动丰满地塑造出来，使音乐强有力地触动听众的心灵深处。以肖邦的《革命练习曲》为例，这首曲子创作于 1831 年的华沙革命时期，当时肖邦的祖国波兰被沙俄军队血腥镇压，他听闻此消息后，将满腔的爱国情感倾注于音乐之中，创作出了这首经典之作。若演奏者无法体会肖邦炽热的爱国之情，在演奏过程中就难以将肖邦的悲愤充分宣泄出来，自然也无法向听众展现出音乐本身所蕴含的深厚情感。又如由乔羽作词、刘炽作曲的歌曲《我的祖国》，作为中国电影《上甘岭》的插曲，这首歌风靡大江南北，引发了无数海内外中华儿女的强烈共鸣。除歌曲本身旋律优美、风格细腻、词曲贴合等因素外，原唱者郭兰英功不可没。郭兰英嗓音细腻甜美，在演唱时充分体悟主人公的内心世界，深入理解歌曲的创作背景，尽情抒发战士们的豪情壮志，将志愿军战士对祖国、家乡的无限热爱之情以及英雄主义气概展现得淋漓尽致，让这首歌的内涵得以完美呈现。如今，在音乐综艺的舞台上，这样的例子屡见不鲜。比如在某档热门音乐节目中，一位年轻歌手重新演绎经典老歌《故乡的云》。原曲饱含着海外游子对祖国故土的眷恋。这位歌手虽成长于不同时代，但他深入了解歌曲创作背景，去采访老一辈海外归侨，感受那份乡愁。在舞台上，他用充满故事感的嗓音，将歌曲中的思念与期盼诠释得丝丝入扣，赋予了经典新的生命力，让现场观众和屏幕前的听众都为之动容，深刻感受到歌曲中真挚情感的力量。

理解一部音乐作品是一场从内心深处开启的音乐实践活动，我们应当从内心的本真出发，去理解、领悟作品。不同的欣赏者在欣赏音乐时会产生不同的心理活动，不同的音乐作品对同一位欣赏者也会产生各异的表达效果，因此，每个人对音乐作品的感悟必然存在差异。一部优秀的音乐作品拥有独特的音乐语言，每一部佳作都蕴含着作者的真实个性、所处的历史环境以及生活背景。音乐虽然抽象，但音乐创作者的情感是真挚的。欣赏者需要认真把握和理解乐曲的创作背景与音乐内容含义，从内心情感层面深入挖掘，真正体会作品想要表达的内涵，如此才能陶冶情操，从音乐中不断汲取宝贵的情感精神财富。

二、音乐内涵之"善"

当我们初步具备音乐欣赏能力，能够从音乐中感知悦耳之音，并由此引发内心波动后，便能依据音乐呈现的整体效果，进一步体会到其所表达的内容、情绪与情感，甚至在脑海中勾勒出相应画面，进而收获精神的愉悦与心灵的净化。

我国古代音乐理论著作《乐记》记载：“凡音之起，由人心生也。人心之动，物使之然也，感于物而动，故形于声，声相应，故生变，变成方，谓之音。”这句话的意思为，音乐源自人对事物的内心感触并通过声音表现出来，声音经有规则的变化，最终形成音乐。魏晋时期的名士嵇康，早已洞察音乐艺术的独特性。他在《声无哀乐论》中提到：“夫哀心藏于内，遇和声而后发，和声无象，而哀心有主；夫以有主之哀心，因乎无象之和声，其所觉悟，惟哀而已，岂复知吹万不同，而使其自己哉?”这段话表明，音乐本身并无情感，无所谓哀乐，哀乐之情先存于内心，因聆听音乐而被激发并表露出来。

作为人类精神世界的结晶，音乐是一种无形无质的非实体存在，它通过审美主体在精神层面的体验得以彰显。在嵇康看来，音乐如同激发欣赏者内在情感的催化剂，而音乐价值的实现依赖于人的主观体验。这在一定程度上凸显了人在音乐审美中的主体性与主动性，同时强调了人的情感、精神在音乐审美过程中的重要地位。也就是说，人的情感处于动态变化之中，音乐源于人心，又反过来影响、改变人心。

音乐美学奠基人亚里士多德曾言：“音乐在本质上是令人愉快的”，他充分肯定了快感（情感）在音乐艺术中的独特重要性。在古希腊将道德教化视为艺术本质的时代背景下，亚里士多德公开为音乐的快感作用辩护，提出音乐能带来“精神享受”“无害的快感”等美学范畴，这在音乐美学领域具有极大的开拓意义。从中可看出，他在倾向唯物主义的基础上，赋予了音乐在现实社会中的审美价值。亚里士多德在认可这一审美意义的同时，并未否定前人的音乐美学观念，他依然坚信音乐“美善合一”的信条。从他所说的“美之所以能够引起快感是因为它是一种善”中，能看出他认为音乐具备净化作用。这里的“净化”包含两层含义：其一，音乐不仅能让宗教狂热者恢复平静，也能安抚受恐惧、哀伤等负面情绪困扰的人，可净化人内心的消极情感，且影响范围广泛；其二，各种情绪经音乐净化后，人的内心会产生一种无害的快感。

除净化作用外，亚里士多德认为，人们在聆听音乐的过程中，性格也会悄然发生改变。他明确指出音乐对人的性格有着显著影响，“当我们在倾听音乐，倾听它的节奏和乐调时，我们的心情就随着它变化。看到模仿的形象我们就产生快感或痛感，这种习惯可以导致我们在看到现实蓝本时也产生同样的快感或痛感，例如我们看到一个人的雕像，单是为着那形状而感到快感，等到我们看到那个人本身，也就必然感到快感……”音乐是富有生命力的艺术，它能映射出快乐与悲伤、急躁与温和、勇敢与胆怯、奔放与克制等一系列相互对立的品质和性情。当人们沉浸于音乐之中，音乐的流动与心灵的变化相互契合，心情随之起伏，性情得到磨砺，借助“联觉”养成情绪判断的习惯。如此一来，在面对现实中类似事物时，便能恰当地表达爱憎，做出正确判断，进而塑造高尚的品质与行为。所以，当我们欣赏一首乐曲时，心情会随其节奏和旋律跌宕，体会其中蕴含的情绪，并在现实生活中借这些情绪抒发爱憎，在此过程中，我们能真切感受到“善”的存在。

音乐艺术之“善”，在于能培育高雅的审美情趣，让生命绽放光彩。优美的旋律、充满活力的节奏、丰满的和声、多彩的音色……无一不洋溢着生命的激情。小提琴演奏家盛中国曾说：“喜爱音乐的人，一定是感情丰富、极富同情心的人，也是一个具有审美格调和审美情趣的人，他一定会本能地拒绝暴力和丑陋。”如今，越来越多的教育家意识到音乐的重要性。我国《义务教育音乐课程标准（2022 年版）解读》一书中提到：“音乐欣赏旨在让学生体验音乐的情绪与情感，感受音乐的表现要素、表现形式，丰富音乐审美体验，深化音乐情感体验，提升审美感知素养与文化理解素养。”古今中外，诸多拥有钻研精神与无私奉献精神的科学家、艺术家都钟情于音乐。比如爱因斯坦，他热爱古典音乐，钢琴演奏技艺精湛，他曾坦言，如果早年未接受音乐教育，无论在何种事业上都将一事无成。我国著名的两弹专家钱学森擅长弹钢琴，农学家袁隆平能拉小提琴，中国首位获得诺贝尔医学奖的药学家屠呦呦也是音乐爱好者，面对记者拍照，她未站在奖杯证书前，而是优雅地坐在一架古朴钢琴前。音乐艺术的熏陶，让这些科学家在科学事业上成就斐然，人生也更加丰富多彩。正如思想家所言："用体育锻炼身体，用音乐陶冶灵魂"，音乐欣赏的过程实则是情感体悟的过程。当个人情感与音乐同频共振，忧乐与共，就如同乘舟遨游于湖水之上，引领我们领悟人生，完善人格，此时的音乐欣赏便达到了至高境界。当下，音乐治疗领域不断发展，许多心理康复机构引入音乐疗法帮助患者。比如在针对孤独症儿童的康复训练中，音乐成为打开他们内心世界的钥匙。通过聆听舒缓的古典音乐，如莫扎特的《小夜曲》，配合简单的乐器演奏活动，孤独症儿童开始逐渐与外界产生互动，原本封闭的情感世界出现了一丝光亮，情绪也越发稳定。在一些社区老年活动中心，组织合唱活动让退休老人重新找到生活的乐趣。老人们在合唱经典老歌的过程中，彼此交流情感，排解孤独，性格变得更加开朗乐观，社区氛围也更加和谐友善，充分体现了音乐对人精神状态和社会关系的积极影响。

三、音乐内涵之"教"

亚里士多德虽认可音乐的"净化"功效，但其对"净化"概念的理解与柏拉图等人存在差异。他认为，音乐对心灵的"净化"不应仅仅局限于对情感施加影响、带来"快感"享受，而应是"寓教于乐"、相互作用的过程。他指出，音乐艺术具有社会性，既能满足人们闲暇时的娱乐需求，又能在道德层面给予教育。这种理念早在我国西周时期便已初见端倪，当时中国的统治阶级将礼、乐视为国家要事，深刻认识到音乐具备为政治服务的功能，且其中融入了宗教观念。据《周礼·春官》记载，音乐具有"以礼乐合天地之化，百物之产，以事鬼神，以谐万民，以致百物"等多种功能。随后在诸子百家思想中，以孔子为代表的儒家主张音乐必须蕴含"仁爱"精神，倡导将"仁"的道德内涵注入音乐。孔子提出"尽善尽美"说，将音乐的审美标准提升到美与善相统一的高度。《论语》中提到"兴于诗，立于礼，成于乐"，在孔子构建的教育体系里，"礼、乐、射、御、书、数"这六种士人必备技能中，音乐占据着突出的教化地位。

中国美学着重强调旷性怡情，琴、棋、书、画、乐、舞等各类艺术形式均极为注重美与德、情与理的融合统一。中国古代第一部诗歌总集《诗经》，融合了"诗"与"乐"两个美学概念，多处体现了"乐以歌德""乐以安德"的哲学思想。

人们常言"音乐无国界"，这通常是指对音乐形式的欣赏以及对音乐中"真善美"内涵的感知与理解在全球范围内具有共通性。然而，部分肩负教化使命的音乐，带有鲜明的地域性与国别性，加之表达特殊群体情感的歌词，使其呈现出"国界"特征。例如，每当雄壮的国歌奏响，无论人们身处何时何地，都会因自己的民族与国家而深感自豪，甚至激动落泪。在诸如奥运会颁奖仪式等国际性赛事场合，获奖运动员站在领奖台上，凝视本国国旗，聆听国歌，无论其肤色、国籍如何，神情皆极为专注且饱含深情。在国歌的渲染下，民族精神与国家意识在他们心中越发强烈。在世界著名影片《音乐之声》中，插曲《雪绒花》（Edelweiss）堪称经典。影片讲述了1938年的奥地利，活泼开朗、热爱音乐的修女玛丽亚前往奥地利海军上校家担任家庭教师。孩子们自幼失去母亲，在父亲军事化的教育下调皮叛逆，抗拒玛丽亚。但玛丽亚通过游戏教孩子们唱歌，逐渐用音乐融入这个家庭，唤醒了孩子们热情善良的天性。当时德国纳粹占领奥地利，上校一家决定离开祖国前往瑞士。在参加为德国军官举办的音乐会当晚，上校弹起吉他，一家人唱起这首奥地利民歌，对家国的深情令人动容。又如，各民族中不乏英雄赞歌式的音乐。汉族的《精忠报国》以岳飞的事迹激励人心；《离骚》纪念屈原的爱国情怀。藏族歌手曲姆措的《格萨尔》歌颂藏族英雄的故事，与蒙古族的《江格尔》、柯尔克孜族史歌《玛纳斯》并称为中国少数民族“三大英雄史诗”。这些英雄史诗般的赞歌，在民族内部乃至众多民族间世代传唱，凭借其中蕴含的英勇神武、为国为民、不屈不挠的民族精神，鼓舞着人们创造美好生活，积极迈向未来。

在世界各地，众多音乐被应用于幼儿启蒙与青少年教育领域。在中国古代，一些儿歌、童谣朗朗上口，寓教于“乐”，如《明日歌》：“明日复明日，明日何其多。我生待明日，万事成蹉跎。”在现代社会，儿歌的教育教化功能越发显著，如《一分钱》《上学歌》《我是好宝宝》《自己跌倒自己爬》《我爱我的家》等。2006 年春节联欢晚会舞台上，一家三口身着蒙古服饰，用汉语和蒙古语各演唱一遍的蒙古小曲《吉祥三宝》广受欢迎，小朋友们在欢乐祥和的旋律中感受到浓浓的亲情，领悟到守护家庭幸福的重要性。音乐的社会功能体现在诸多方面，在军队中，音乐更是一种柔中带刚的战斗力量。古代军队阵前擂鼓催阵、呐喊助威，旨在鼓舞士气。如今，革命歌曲作为一种文化软实力，已成为军队战斗力的重要组成部分。我国设有专门的文艺工作机构——中国人民解放军文工团，它于 2018 年由中央军委政治工作部原歌舞团、话剧团及歌剧团合并组建，由此可见，我国军队对音乐艺术在宣传、教化工作中重要性的深刻认知。无论是革命战争时期的话剧、样板戏，还是如今在军旅中传唱的红色歌曲，都饱含战斗激情，蕴藏巨大精神能量。广为流传的军歌《团结就是力量》，解放军战士出战前、消防员进入火场前，常常会齐声高唱，这首歌如同进军战鼓、冲锋号角，催人奋进，赋予人们强大力量。豪迈激昂的革命歌曲，如擂响的鼓点在军人耳畔回荡，铿锵节奏淋漓尽致地展现出军人的阳刚之气与战斗精神，彰显着军人的豪迈、威武、责任与使命。我国高校大一新生入学军训时，往往会接受军歌训练。学唱军旅歌曲，有助于学生领悟歌曲内在的美，促进其智力与体力、情感与意志等方面的和谐发展，进而起到凝聚人心、激发热血、提升爱国情怀的独特作用。在一些新兴的爱国主义教育活动中，音乐同样发挥着重要作用。比如，在一些城市举办的“红色音乐快闪”活动中，《我和我的祖国》等经典爱国歌曲在街头奏响，瞬间吸引众多市民自发加入合唱。不同年龄、职业的人们在音乐的感召下，共同抒发对祖国的热爱，这种形式不仅传播了爱国精神，还增强了城市的凝聚力和向心力。

近年来，音乐在社会教化领域的创新实践不断涌现。在一些城市，社区组织以“邻里和谐”为主题的音乐活动，通过创作并传唱相关歌曲，来促进居民间的交流与互助。例如，歌曲《同一屋檐下》旋律轻快，歌词描绘了邻里间相互帮助、温馨和谐的生活场景。在社区举办的音乐会上，居民们一同合唱这首歌，原本陌生的邻居们在音乐的感染下，逐渐熟络起来，社区凝聚力显著增强。还有一些学校将音乐与心理健康教育相结合，针对青少年常见的焦虑、抑郁等情绪问题，开发了系列音乐课程。通过引导学生聆听舒缓、治愈系的音乐，如久石让的《天空之城》等，鼓励他们进行音乐创作表达内心感受，帮助学生缓解心理压力，培养积极乐观的心态。在一次校园心理健康月活动中，学生们集体演唱《向阳而生》，抒发了大家面对困难时勇敢前行、积极向上的心声。

高尔基曾说：“按照天性来说，人人都是艺术家。”爱美之心人皆有之，追求美是人的天性，这既是丰富精神生活的体现，也是人类社会发展的必然结果。缺乏美感是一件憾事，对于一个民族、一个国家而言更是如此。美无处不在，人类与美相互依存，无论是欣赏美还是创造美，都是人类在特定社会历史条件下通过实践活动形成的。而音乐是与人类心理、生理最为贴近的艺术，欣赏音乐美是最为大众、直接且深刻的审美活动。提升音乐修养需要我们在积累音乐审美经验的基础上，多听多感受。古人云“操千曲而后晓声”，对于普通人而言，通过不断练习，亦能达到“听曲千遍其意自见”的境界。只有深入了解音乐作品所处时代的特点，才能真正领悟音乐作品中的真、善、美。音乐唤醒人本性中的善良，是人与人之间沟通的无障碍桥梁。让我们在音乐的海洋中遨游，真切品味不同的音乐之美。

美育实践

音乐治疗作为一种系统的干预手段，是指治疗师通过音乐体验的各种形式，帮助患者恢复健康的专业治疗过程。随着疗愈音乐的兴起，专注于纯音乐创作的音乐人群体逐渐受到社会关注。这个群体构成多元，既有隐居乡野的自然系音乐人，也有专业院校培养的高材生；既有前知名乐队成员转型，也有在网络平台广受欢迎的独立音乐人。他们通过纯净的音乐语言，创作具有安抚情绪、愉悦心灵功效的音乐作品。

现代音乐治疗是一个融合多流派理论的应用科学体系，其治疗方式涵盖聆听、演唱、器乐演奏、音乐创作、歌词创作、即兴表演及音乐律动等多种音乐活动形式。这些方法通过系统化应用，能有效改善特定症状并促进身心健康。自 2019 年起，市场对疗愈音乐的需求呈现持续增长态势。为此，喜马拉雅平台推出了“喜乐计划”，旨在发掘和培养疗愈音乐人才。

上海科技大学科研团队于 2024 年 8 月 9 日在“*Cell Reports*”发表的重要研究成果，通过脑电波监测和神经成像技术，首次系统揭示了西方古典音乐通过特定神经通路产生抗抑郁作用的机制。这一发现为音乐治疗的生理基础提供了科学依据。

请根据上述材料，结合具体音乐作品案例，从旋律、节奏等音乐要素的角度，分析其与音乐治疗效果之间的关联性。

第十二章

品鉴舞蹈之美

学习目标

知识目标

❖ 掌握品鉴舞蹈艺术的四个层次。

❖ 提升品鉴舞蹈艺术的分析能力。

思政目标

❖ 体悟舞蹈中的爱国、爱人、爱自然的情感魅力。

舞蹈作为一种以肢体语言为核心、经过艺术提炼与美学升华的表演形式，始终贯穿着人类文明进程的审美追求。以中华舞蹈文明为例，其发展脉络呈现出鲜明的文化特质：从原始社会用于祭祀崇拜与劳动模拟的图腾之舞，到周代将乐舞纳入礼乐制度形成等级分明的雅乐体系；从汉代乐府机构推动民间歌舞与百戏杂技交融的《盘鼓舞》，到魏晋南北朝时期民族大融合背景下的清商乐舞与龟兹乐舞的深度互鉴；从隋唐时期吸收西域乐舞精华形成的十部伎歌舞大曲，到宋元时期宫廷队舞程式化与民间舞队市井化的双轨并行，直至明清戏曲舞蹈对传统身段技巧的系统性整合，中华舞蹈始终保持着“形神兼备、文质并重”的美学品格。

西方舞蹈艺术同样展现出独特的发展轨迹：文艺复兴时期诞生的芭蕾舞，通过“开绷直立”的形体美学构建起严谨的技术体系；20 世纪现代舞突破古典范式，以玛莎·格莱姆“收缩—伸展”技术开创情感表达新维度；拉丁舞与爵士舞则在非洲节奏与欧洲宫廷舞步的碰撞中形成炽烈奔放的律动特征。值得关注的是，中西方舞蹈在当代呈现出深度对话态势——中国古典舞身韵体系对戏曲“提沉冲靠”等动律元素的提炼，与西方芭蕾“外开性”动作原理形成美学对照；敦煌舞派通过壁画复现的“S”形三道弯体态，又与西方现代舞对自然重力法则的探索产生跨时空共鸣。

在艺术鉴赏层面，舞蹈的审美维度可概括为：动作语汇的技艺性、意境营造的象征性、节奏律动的音乐性以及文化内涵的承载性。这种多维度的审美架构，使得舞蹈既能展现《踏歌》中汉代少女“若轻云之蔽月”的东方写意，也可诠释《天鹅湖》里足尖艺术“向空间放射”的西方唯美，共同构成人类身体文化的璀璨图谱。

第一节　舞蹈动作之美

动作，作为舞蹈艺术的灵魂与核心，是构成完整舞蹈不可或缺的关键要素。舞蹈动作经由艺术家们的精心提炼与艺术编排，转化为富有节奏与韵律的肢体语汇，这些肢体语汇不仅是塑造舞蹈形象、传达舞蹈情感、构建舞蹈语言的关键手段，更是舞蹈艺术魅力与表现力的源泉所在。在浩瀚的舞蹈世界中，舞蹈种类繁多，各具特色，无论是中国古代的干戚舞、巴渝舞、白纻舞、胡旋舞、霓裳羽衣舞、观音舞、佾舞，还是民间流传的龙舞、秧歌、花鼓、花灯、踏歌、鼓舞，以及少数民族宗教祭祀之舞，无不以动作作为表演程式，展现着舞蹈的独特韵味与深刻内涵。即便某些舞蹈因年代久远而难以亲眼目睹，我们仍可通过岩画、石窟图像、舞俑、壁画、舞谱等珍贵文献，穿越时空的阻隔，领略其艺术魅力。

一、舞蹈动作的类型

（一）手部动作

在中国舞蹈发展的早期阶段，动作是舞蹈呈现的主要方式。以舜时期的干戚舞为例，“干”指盾牌，“戚”指斧头，干戚舞是以挥舞盾斧为主要动作的武舞。相传舜执政时，禹请求攻打不服统治的有苗族，舜主张以德行感化，而非武力镇压，于是“修教三年，执干戚舞”。看过此舞后，有苗族心悦诚服地归顺了。此典故揭示了干戚舞蕴含军事与政治寓意。《荀子·乐论》如此描述干戚舞的特点：“执其干戚，习其俯仰屈伸，容貌得庄焉。行其缀兆，要其节奏，行列得正焉，进退得齐焉。”该舞借助干与戚两种兵器完成动作，节奏明快，行列整齐，进退有序，舞者姿态干练、庄严整肃，实现了“不战而屈人之兵”的舞蹈效果，充分彰显了舞蹈动作的强大威慑力。

随着礼制社会的形成，舞蹈持续发展，舞蹈动作的仪式感得以延续。周代乐舞中的傩祭，便是仪式舞蹈的典型代表之一。傩祭，简称傩，是源自古代巫文化、以乐舞驱鬼祭典的艺术形式。它起源于原始社会对神雀的图腾崇拜，旨在驱鬼逐疫，至殷商时期形成固定仪式。据《后汉书·礼乐志》记载，傩祭通常在腊月前一日举行，由“方相氏”（即领队主将）率领“十二兽”及众多“侲子”（由少年儿童扮演）进行。主将身披熊皮，头戴面具，一手持戈，一手扬盾，高声唱着驱傩歌，以此驱逐“疫鬼”，这便是“傩舞”。“方相氏”执戈扬盾的舞态与干戚舞极为相似，都是借助武器完成舞蹈动作，并赋予其文化或宗教内涵，深刻体现了舞蹈动作作为舞蹈语言背后的深层意蕴。

与干戚舞和傩舞借助兵器展现刚硬舞蹈动作不同，晋代、六朝时期盛行的白纻舞，则以柔美舞态著称。白纻是一种质地轻盈的制衣面料，白纻舞尤为注重舞动白纻制成的长袖，堪称我国古典舞中长袖舞的开山之作。长袖舞动时，轻柔且具玻璃般的半透视感，极易引发观众的无限遐想。白纻舞的独特之处在于，舞者凭借手和臂的巧妙用力舞动长袖，恰似飞翔的鸾凤，优美且意境深远。再加上舞者眉眼间的柔情与轻盈体态，更营造出放松、旖旎的美妙氛围。唐朝杨衡在《白纻辞》中写道：“芳姿艳态妖且妍，回眸转袖暗催弦。”李白的《白纻辞》也提及：“且吟白纻停绿水，长袖拂面为君起。”这些诗句都是对白纻舞之美的由衷赞叹。白纻舞在宋、齐、梁、陈时期达到巅峰，直至隋唐仍盛行不衰。

（二）足部动作

唐代盛行的胡旋舞，是以其独特的足部动作闻名的经典舞种。此舞因大量急剧旋转动作而得名，是唐代风靡一时的西域乐舞。唐开元、天宝（713—756）年间，康、末、史、俱、密等国多次向朝廷进献胡旋舞女，胡旋舞由此传入中原地区。起初，胡旋舞在宫廷中流行，上至唐玄宗，下至文武百官，都对其喜爱有加。据唐段安节《乐府杂录·舞工》记载，胡旋舞和骨鹿舞皆在一个小圆毯上表演，舞者既要不断腾跃，又要保证双足始终不离开毯子，这正是胡旋舞的精妙之处。唐白居易在《胡旋女》一诗中描述道："胡旋女，胡旋女，心应弦，手应鼓。弦鼓一声双袖举，回雪飘飖转蓬舞。左旋右转不知疲，千匝万周无已时。"《新唐书》（卷二百二十五上）的《逆臣传上·安禄山传》也记载，安禄山晚年身体发福，腹部大到下垂与膝盖齐平，需人搀扶才能行走，然而他依旧能跳胡旋舞，且旋转起来如同疾风般自如。

上述三段文献共同揭示了胡旋舞的一个关键特点——旋转。旋转动作在舞蹈中较为常见，但胡旋舞的旋转方式别具一格。它要求舞者两脚不间断、不离地持续旋转，且速度极快，动作干净利落。与胡旋舞同时期盛行的胡腾舞，以跳跃上腾的矫健舞步为特色，动作迅猛，节奏鲜明，舞时也常作圆转，与胡旋舞有诸多相似之处。这种对舞蹈旋转动作的极高要求，不仅展现了当时西域舞蹈的独特艺术魅力，也在一定程度上反映出唐代士人对舞蹈动作的审美偏好。

（三）身部动作

舞蹈动作不仅能展现人体形态之美，还具有表演性质的艺术特征。踏谣娘是唐代盛行的民间歌舞戏，又称"谈容娘""踏摇娘"等。相传北齐时期，有一位苏姓男子嗜酒如命，每次醉酒后都会殴打妻子。妻子无辜受辱后，常以歌舞向邻居诉苦：她一边移步，一边吟唱悲戚的曲调，邻居们则齐声应和"踏谣，和来！踏谣娘苦，和来！"因含冤而歌，唱词中便以"苦"字直抒悲切。表演至高潮时，丈夫登场（有时会身着女装故作滑稽），踏谣娘便模拟与丈夫争执斗殴的模样，引得观者哄堂大笑。这种源于民间的歌舞形式，后来逐渐发展为成熟的歌舞戏。唐代《教坊记》详细记载了踏谣娘的舞蹈表演过程：由男子身着妇人衣饰扮演踏谣娘，缓缓入场，伴随着旁人唱和的"踏谣"之歌，丈夫登场，并做出殴打动作。在这里，"打"这一舞蹈动作已超越肢体形态审美范畴，具备了演艺功能，向观众传递故事内容信息。因此，王国维认为踏谣娘是用歌舞表演故事的先例，已然成为后世戏曲艺术的雏形。

宋代的百戏之一——舞判，延续了唐代踏谣娘的表演特性，是宋代颇具名气的戏剧型舞蹈。舞判又称"跳钟馗""跳判官"，宋代"舞判"是舞蹈中最早出现钟馗形象的记载之一。据宋孟元老《东京梦华录》记载，表演"舞判"时，由一位专业舞者扮演钟馗捉鬼，另有一人敲锣配合。宋徽宗时期，每年三月一日，宋徽宗都会在首都汴京金明池、琼林苑设宴，并在楼上观赏诸军表演的"百戏"，舞判便是其中必不可少的节目。舞判在民间也得到广泛传播与发展，尤其在江苏一带，成为迎神赛会上民众自娱自乐的舞蹈形式。这类演艺性质的舞蹈，以身部动作的表演性为主，与戏剧颇为相似。

清代的扬烈舞进一步发挥了舞蹈动作的表演功能。扬烈舞又称"庆隆舞"，是清代满族人的武舞，象征着军事力量。《钦定大清会典图》对扬烈舞的形制作出规定，通常主跳有八人，舞者从八旗护军等人员中选拔。其中，十六名舞者身着黑羊皮，十六名舞者身着黄画衣，分别扮演马、羊、虎、豹等兽类；另有八人骑着竹马，踩着高跷，象征八旗兵。在扬烈舞表演过程中，骑者从两边包围扮演兽类的舞者，做出射杀动作，最终群兽投降。从舞蹈动作来看，舞者展示扬烈舞时的骑马、拉弓、射箭等姿态，充分展现了满族人民的英勇精神；而扮兽跳跃的动作，使二元分立的舞蹈动作设计在表演中得以完美呈现，成功彰显出满族骁勇善战的民族特色。

舞蹈动作丰富多元，除手部、足部、身部动作外，还有首部、指部、腿部等动作。例如，维吾尔族舞蹈中的移颈动作，孔雀舞中通过灵活手指展现孔雀形态，藏族舞蹈中的半蹲姿态等。优秀的舞蹈作品往往会将恰当的舞蹈动作与音乐、技巧、灯光、服饰、造型等元素紧密结合，从而精准传达舞蹈作品的主题与思想。

二、舞蹈动作的功能

舞蹈是一门极具直观感染力的艺术。舞蹈动作作为舞蹈作品独有的“语言”，在表达方式上与普通语言存在本质差异。从功能维度划分，舞蹈动作可分为表现性、说明性和装饰性三大类别。

（一）表现性

表现性动作，旨在展现人物内心情感、塑造鲜明人物艺术形象、传达作品深层思想，其艺术特性体现为类型性与概括性。

以新疆维吾尔族民间歌舞夏地亚纳为例，“夏地亚纳”为维吾尔语音译，意为“欢乐的舞”。此舞对参与人数和队形并无严格限制，其基本舞步为双脚轻快交替起跳，两臂向上摆动，手掌迅速翻抖，律动节奏欢快且轻松，深受民众喜爱。这种快步跳跃的动作具备显著的表现性功能，通过快速舞步，淋漓尽致地传递出维吾尔族人民的幸福快乐与愉悦心情，生动展现出维吾尔族人民热情好客、平易近人的性格特质，以及其热烈奔放的舞蹈风格。

再看现代芭蕾舞剧《白毛女》，剧中爹爹给喜儿扎红头绳的情节，喜儿接连使用十五个挥鞭转，精准地表达出内心的喜悦；后来喜儿一家遭黄世仁迫害，喜儿变为白毛女，最终被八路军解救，此时喜儿又凭借连续的吸腿平转动作，层层递进地展现人物从悲愤到新生的复杂心理。由此可见，表现性动作在刻画人物形象、展现人物心理活动方面，具有强大的艺术功能。

（二）说明性

说明性动作，用于指征事物准确特征、展示人物具体行为、叙述故事发展内容，其艺术特点表现为虚拟性与再现性。

2011 年入选国家非物质文化遗产名录的瑶族长鼓舞，其舞蹈动作便有着鲜明的说明性功能。瑶族长鼓舞是中国瑶族极具代表性的民间舞蹈，分为大长鼓舞和小长鼓舞，多在瑶族传统节日、喜庆丰收、婚礼庆典或祭祖等场合表演，主要流行于广东、广西、湖南等省的瑶族聚居区。其中，小长鼓舞擅长模拟瑶族人民搭屋建房以及制作长鼓的一整套具体动作。建房的舞蹈动作从“转天转地、寻屋地、挖屋地、平屋地、垫石脚”开始，接着是“砍木、锯木、凿木”，最后到“立柱、上梁、安门、安神位、盖房”，由 24 个动作组合而成；制作长鼓的动作则从“寻鼓木、砍鼓木、斗鼓木”开始，继而“修鼓、封鼓、听鼓”，直至“鼓松腰、拼桌、收鼓”，共 16 个动作组合。这些舞蹈动作以虚拟化方式重现了劳动场景，既具有明确的指向性，同时也在娓娓叙述瑶族人民的劳动故事。

又如中国戏剧表演中的步法——云步，动作要求上身保持平稳，不晃动，双脚并拢，不腆腹，不撅臀部。先脚跟分开，脚尖相对，再将脚尖分开，脚跟相对，两脚并齐，脚跟移动横行，连续反复，使身体向左或向右横向移动。在中国戏剧里，云步常用于表现行船或人物心绪兴奋的情境。这便是典型的说明性动作，用于模拟具体行为。

（三）装饰性

装饰性动作，本身不承载表意功能，在舞蹈中主要发挥衬托和装饰作用。装饰性动作有时能够将表现性动作和说明性动作自然衔接，或者在两者过渡时起到桥梁作用。例如，中国古典舞中的碎步、芭蕾舞中的滑步、群舞中的陪衬姿态造型等，都属于装饰性动作范畴。

泰国舞蹈中装饰性动作颇为丰富。泰国舞蹈分为宫廷舞和民族舞，还有一种戴面具表演的舞剧，这是泰国舞剧的独特表现形式之一，俗称“哑剧”。泰国舞剧最大的特点在于舞者手势极为程式化，面部表情丰富多样，其程式化的舞蹈动作多达68式。在泰国舞蹈中，这些程式化动作和姿势虽不具备具体含义，但极具欣赏美感，属于典型的装饰性动作。再如栗承廉编导的独舞《春江花月夜》，大量运用古典舞中的“卧鱼”“探海”“点翻”“射雁”等装饰性动作，生动展现出水光山色空澄的美感，将春日晚景中的江、月、花与人类对宇宙的思索巧妙融合，营造出空灵的意境。

一场精彩绝伦的舞蹈演出，需要巧妙融合各类动作，方能完美展现舞蹈内涵与精神。比如，1998年中国首届“荷花奖”舞蹈比赛上，北京舞蹈学院表演的古典舞《踏歌》惊艳全场。舞者的动作赏心悦目，空间气韵空灵缥缈，伴奏曲调优美动人，令现场观众赞叹不已。

《踏歌》主要包含敛肩、含颌、掩臂、摆背、松膝、拧腰、倾胯等基本舞蹈动作。舞者通过双肩的左右摆动、拧腰以及倾胯，形成优美的“三道弯”体态，这三个动作相互配合，尽显少女的婀娜多姿。松膝和倾胯动作使舞者重心下降，身体放松，呈现出坠落之势。然而，从视觉美感角度审视，《踏歌》却毫无“坠”感，秘诀在于巧妙运用了舞蹈道具——水袖。水袖在舞蹈中起到缓急相容的效果，让《踏歌》呈现出律动节奏鲜明、典雅活泼的舞蹈风格。由此可见，舞蹈动作的编排，既要各类动作巧妙交织，又要善于借助道具凸显舞蹈动作。舞蹈动作绝非孤立的肢体展示，其丰富性与融合性有力地呈现出舞蹈的风格特征。

又如蒋华轩编导的独舞《昭君出塞》，以和亲途中的大漠风沙为背景，通过圆场步、舒展的手臂姿势，配合甩袖、抛袖、拽袖等动作以及旋转，深刻表达出昭君不忍离乡却又不得不前往边塞的矛盾心情，揭示出其牺牲小我、成就大我的精神品质。再如赵明编导的群舞《走、跑、跳》，作为军旅舞蹈，其中的舞蹈动作是对战士日常训练动作的提炼与加工，从正步到小跑，再到大跳，充分展现出战士作战训练时的飒爽英姿与严明纪律。

在分析舞蹈动作赋予舞蹈的艺术魅力时，我们应从多角度剖析其动作的多元性、风格性以及民族性，既要追溯动作的纵向源流，又要进行横向比较，这有助于提升我们的舞蹈鉴赏能力。

第二节　舞蹈意境之美

舞蹈意境，是舞蹈动作所蕴含的思想情感与所指向的生活图景相互交融而形成的艺术境界。其中，“意”是舞蹈作品的灵魂，体现为创作者赋予舞蹈的情思、情志与情意；“境”则是作品的血肉，展现为舞者通过肢体语言描绘的生活图景与客观环境。二者相辅相成，共同构建起舞蹈艺术的审美空间。

一、舞蹈意境的层次架构

（一）景——意境的物质载体

景，是舞蹈作品的外部环境，也是情感触发的媒介。舞蹈之景可分为两类：其一为具象的实物布景，如舞台道具、灯光设计等；其二为虚拟的意象空间，是指通过舞者的肢体语言、动作韵律及表演过程来构建的非实物景象。唯有当实物布景与舞者情感高度契合时，方能为意境的生成奠定基础。

（二）情——意境的内在驱动

情，是舞蹈作品的生命力源泉，表现为舞者在表演中传递的感染力与共情力。舞蹈情感类型丰富多样，涵盖悲伤、幽怨、欢喜、羞怯、娇媚、雄伟、壮怀等。不同作品往往以特定情感为主导，亦有作品呈现情感交融之态。在鉴赏时，需细致辨析情感的层次与变化。

（三）形——意境的外化表达

形，是舞者的外部形态，是连接情与景的桥梁。舞者形态分为两种：自然形态与审美形态。自然形态是未经雕琢的本真表达，而审美形态则是经过艺术提炼、承载思想情感且具有审美价值的肢体语言。形态与情、景相互依存，情与景需通过形态展现，而情与景的内涵又促使舞者探索与之契合的形态表达。不同舞蹈类型与思想主题，要求相应的形态设计，唯有各要素精妙融合，方能成就具有艺术价值的作品。

（四）象——意境的形象升华

象，是形的凝练与超越，是舞者外部形态与运动过程结合所塑造的动态形象。它包含审美形象与审美想象双重维度：舞者通过身体语言塑造人物形象，传递作品内在思想，此为审美形象；而观众通过舞台形象引发联想与思考，实现从具象感知到抽象思维的跨越，则为审美想象。

（五）境——意境的终极超越

境，是“象外之象”，是基于像又超越像的艺术空间。它涵盖舞台内外的虚实领域，包括可见的舞台空间、舞者表演、布景设计，以及由此延伸出的无形意境。清代方士庶在《天慵庵笔记》中云：“山川草木，造化自然，此实境也。因心造境，以手运心，此虚境也。”① 舞蹈之境可分为实境与虚境：实境是舞者通过肢体动作与实体布景呈现的客观部分（外境），虚境则是创作者意欲传达的主观情感与内心世界（内境）。内境以外境为依托，外境以内境为升华，二者虚实相生，共同构建起舞蹈的深层意境。

因此，意境的营造是舞蹈创作的核心追求。优秀的舞蹈作品往往通过景、情、形、象、境的层层递进与相互交融，实现“以形写神，以神造境”的艺术效果。从《白毛女》的悲愤控诉到《踏歌》的灵动飘逸，从《昭君出塞》的孤寂悲壮到《丝路花雨》的盛唐气象，舞蹈意境始终是连接创作者与观众的精神纽带，引领人们在虚实交织的艺术世界中感受生命的律动与文化的灵魂。

① 周积寅. 中国画论辑要［M］. 南京：江苏凤凰美术出版社，2019.

二、舞蹈意境的特征

舞蹈意境的鉴赏需把握其核心特征。作为中国传统艺术理论的重要范畴，舞蹈意境与诗画艺术一脉相承，具有情景交融、虚实相生、韵味悠长的美学特质。

（一）情景交融：艺术构思的双向流动

情景交融是中国艺术创作的核心法则。舞蹈通过肢体语言将内在情感与外在物象相融合，形成“物我同一”的审美境界。从创作机制来看，情景交融包含三重递进关系：首先是触景生情，编舞者受客观物象触发产生创作冲动；其次是移情于景，将主观情感投射于舞台物象；最后达成情景相生的艺术境界。在舞蹈实践中，抒情性舞蹈最能体现这一特征。如《丝路花雨》通过反弹琵琶的优美造型，将敦煌壁画的静态美转化为动态的情感表达，使历史意象与当代审美完美融合。叙事性舞蹈则通过“以景结情”的手法，如《梁山伯与祝英台》中化蝶的双人舞，将叙事高潮升华为情感象征。

（二）虚实相生：空间建构的美学张力

虚实相生是中国艺术特有的空间处理方式。舞蹈通过实体与虚境的辩证关系，构建出多层次的意境空间。其中，实境由舞者形体、舞台布景、音乐节奏等具象元素构成；虚境则通过象征、隐喻等手法创造心理空间。典型虚实转换手法包括道具象征（水袖翻飞暗示行云流水）、动作暗示（圆场步表现时空流转）和空间留白（静止造型引发审美想象）。这种虚实互动在《水月》中得到极致体现：舞者通过肢体的刚柔并济，在灯光营造的水波光影中，实现“水无形而舞有形，舞有限而意无穷”的意境建构。

（三）韵味悠长：审美体验的深层延伸

韵味作为艺术意境的终极追求，体现为“象外之旨”的审美延伸。舞蹈韵味的生成机制包含动作韵律、情感余韵和文化底蕴三个维度。从艺术史维度来看，韵味理论经历了从“气韵生动”（谢赫）到“滋味说”（钟嵘），最终形成“韵外之致”（司空图）的完整体系。在舞蹈鉴赏中，需超越表层的肢体技巧，关注动作编排中的文化符号（如戏曲程式化动作）、空间调度中的哲学意味（如《云门舞集》的禅意表达）和情感传递中的生命意识（如《黄土黄》对土地的深情礼赞）。

舞蹈意境的三重特征构成有机整体。情景交融是基础，虚实相生是手段，韵味悠长是归宿。从《黄河》的磅礴气势到《雀之灵》的灵动婉约，优秀舞蹈作品总是在这三个维度上实现突破，将有限的舞台空间升华为无限的艺术境界。这种意境创造既需要编舞者“外师造化，中得心源”的创作功力，也依赖观众“澄怀味象”的审美能力，最终达成艺术创作与接受的双向对话。

三、舞蹈意境的生成

舞蹈意境的生成是编创者与表演者共同构建的审美工程。除了景、情、形、象、境的层次架构以外，还需通过离情、幻觉、神似等创作手法，实现技巧与情感的深度融合，最终实现艺术超越。

（一）离情：审美距离的建构艺术

“离情”要求舞者在情感表现中保持适度的审美距离，通过疏离感的营造实现艺术升华。这种创作手法在《只此青绿》中体现得尤为精妙：编导周莉亚、韩真通过现代展卷人与古代画中人的时空对话，构建起虚实交织的叙事结构。舞者在演绎“伤心”场景时，刻意与音乐情绪形成反差——当音乐“抻着”不直接表露情感时，演员通过肢体的控制与留白，反而产生更强烈的情感张力。这种反常规的“陌生化”处理，使作品摆脱了直白的情感宣泄，达到“语淡而味终不薄”的艺术效果。

又如，《天鹅湖》的创作嬗变印证了离情的重要性。早期版本因过度追求天鹅外形的真实感，反而导致艺术想象的窒息。伊凡诺夫通过虚拟外形的重构，赋予天鹅意象化特征；彼季帕更进一步，仅保留羽毛象征，使天鹅形象升华为“有意味的形式”。这种从具象到抽象的转化，正是离情手法在舞蹈创作中的典型运用。

（二）幻觉：虚实空间的感知重构

舞蹈本质上是制造幻觉的艺术。舞者通过肢体语言与舞台技术的协同作用，构建出区别于现实的审美空间。例如，在《雀之恋》中，3D 森林背景与葫芦丝音乐的结合，创造出充满原始生命力的虚拟生态。这种幻觉的生成机制包含三个维度：

身体幻觉：舞者通过肌肉控制与呼吸调节，使肢体运动呈现非现实的轻盈感。

空间幻觉：灯光设计（如脚光、彩色聚光灯）与布景的动态组合。

通感幻觉：听觉（音乐节奏）与动觉（观众想象）的交互作用。

原始部落的篝火舞蹈与现代剧场的灯光艺术，本质上都是通过特定光源营造神秘氛围。区别在于现代技术能更精准地控制光影变化，如《朱鹮》中蓝光营造的湿地环境，《牡丹亭》中追光灯塑造的梦境空间，这些技术手段共同构建起“可见的虚幻力”。

（三）神似：形神关系的美学超越

神似是中国艺术“以形写神”传统在舞蹈领域的具体体现，它不拘泥于外在形体的酷似，而追求捕捉对象的内在精神气质与生命意蕴，实现“形神兼备”乃至“得意忘形”的至高境界。南狮表演的写意性堪称典范：演员借助狮头道具与长布，配合迅捷机敏的肢体语言，将狮子的威猛与灵动表现得淋漓尽致。这种大写意手法在《牛背摇篮》中得到进一步发展：男舞者以半蹲驼背的造型模拟牦牛形态，女舞者通过长袖抡臂的动作表现骑牛姿态，二者共同构建起人与自然和谐共生的意象。

杨丽萍的孔雀系列作品也完整呈现了从形似到神似的创作轨迹。《雀之灵》通过精准的肢体模仿奠定形似基础，《雀之恋》则通过双人舞的情感互动，将孔雀的生物特性升华为生命爱恋的象征。这种艺术升华需要舞者经历“外师造化，中得心源”的修炼过程：从观察自然形态（形似），到提炼艺术特征（逼肖），最终实现精神超越（神似）。

可见，舞蹈意境的生成是编创者与表演者共同完成的审美创造。离情手法构建审美距离，幻觉机制重构感知空间，神似追求实现艺术超越。三者相互作用，共同将舞蹈从单纯的肢体展示升华为具有哲学深度的艺术形式。从《丝路花雨》的历史意象到《春之祭》的现代隐喻，优秀舞蹈作品始终在这三重维度上探索创新，为观众创造出“言有尽而意无穷”的审美体验。这种意境生成机制，既需要编舞者对传统文化的深刻理解，也依赖于现代技术的创新应用，最终在传统与现代的碰撞中绽放艺术光芒。

四、舞蹈意境的接受

舞蹈意境的完整生成依赖于创作者与观众的审美互动。这种双向交流通过“物与意一体”的符号解码和“舞与诗汇通”的跨媒介联想，实现从舞台呈现到心灵共鸣的审美跨越。

（一）物与意一体：符号解码的审美共鸣

观众对舞蹈意境的接受始于对舞台物象的符号解读。道具作为舞蹈表意的重要载体，在历史演进中形成独特的象征体系：远古狩猎道具（干戚、羽旄）兼具实用与权力象征，汉唐舞具（盘鼓、长袖）构建虚实空间意象，当代创新则通过多媒体拓展表意维度。以 2023 年现象级作品《朱鹮》2.0 版为例，其创新性地将 3D 全息投影与实体羽毛道具结合，舞者通过“振翅—滑翔—坠落”的肢体语言，将朱鹮这一濒危物种的生存困境转化为“羽毛飘落”的视觉隐喻。这种“数字物态”与“实体道具”的互文，使观众在虚实交织中完成对生态主题的深度思考。

在《黄河母亲》中，水袖既具象为黄河水浪，又抽象为乳汁与泪水的情感符号；2024 年新创作品《敦煌飞天》则采用纳米荧光材料制作飘带，通过智能灯光控制实现“壁画动起来”的视觉奇观。舞者在重力与反重力的肢体对抗中，将飞天壁画的静态美转化为“流动的信仰”。这种“科技赋能的物态创新”，使传统道具焕发新生，拓展了观众的审美想象空间。

无形道具的运用更显抽象表现力。《小溪·江河·大海》通过队形变化与服饰鳞片构建水流隐喻；2025 年新作《都市森林》则以可变形 LED 屏为“城市森林”，舞者通过机械舞与现代舞的融合，将钢筋丛林中的生存状态转化为“光与影的对话”。这种动态意象的生成，需要观众在“物我同一”的体验中完成意境重构。

（二）舞与诗汇通：跨媒介的意境生成

舞蹈与诗歌的交融构成意境接受的深层机制。舞蹈能联想诗歌，诗歌亦能触发舞蹈，两者浑融，使诗与舞之间产生意境。在上古时期，就有诗、乐、舞一体的说法，这在《诗经》的记载中可以验证，比如《诗经·陈风·东门之枌》中的描述：“东门之枌，宛丘之栩。子仲之子，婆娑其下。”其中的婆娑表示舞姿优美的样子。到了汉代，人们在通过诗歌记录和形容舞蹈的动态美方面，已具备相当的意境，如傅毅的《舞赋》中对《盘鼓舞》做了生动的描述：“其始兴也，若俯若仰，若来若往。雍容惆怅，不可为象。其少进也，若翔若行，若竦若倾，兀动赴度，指顾应声，罗衣从风，长袖交横。”[①] 这是当时极为盛行的盘鼓舞，可谓精美绝伦。再如范东凯编导的群舞《霓裳羽衣舞》，此舞根据唐代舞谱改编而成，古曲《霓裳羽衣曲》中蕴含的唐明皇故事和仙子绰约的舞姿，不禁让人联想白居易的名篇《长恨歌》。再如应志琪编导的群舞《小城雨巷》展现江南水乡中撑着油纸伞的女性柔美，这与戴望舒的诗歌《雨巷》中凸显的雅致情调相符。

这种艺术通感在近年创作中呈现新形态：2024 年舞剧《红楼梦》将黛玉葬花场景转化为“落花—水袖—叹息”的三重意象，舞者通过“黛玉式”的弱柳扶风体态，与曹雪芹“质本洁来还洁去”的诗句形成互文。剧中“葬花吟”的肢体语言与多媒体投影的诗词弹幕交相辉映，创造出“舞中有诗，诗外有舞”的沉浸式体验。

在《李白》舞剧中，编导将“举杯邀明月”的诗句转化为“酒壶—月光—影子”的动态符号系统。舞者通过旋转、托举等技巧，将李白的浪漫主义情怀具象化为“酒入豪肠，七分酿成了月光”的意境空间。这种“以舞释诗”的创作手法，使观众在身体叙事中完成对古典诗词的现代诠释。

---

① ［汉］傅毅《舞赋》，［清］姚鼐纂集《古文辞类纂》［M］. 上海：上海古籍出版社，2016.

当代，短视频时代的传播特性催生出新型审美接受模式。2025 年现象级作品《洛神赋》通过“AR 水袖”技术，使观众可通过手机扫描屏幕生成虚拟洛神形象。当舞者甩动水袖时，AR 技术同步生成曹植《洛神赋》诗句的光影特效，实现“舞蹈—诗歌—科技”的三位一体。这种“参与式接受”打破传统观演边界，使舞蹈意境的生成成为观众共同创作的过程。

可以说，当代舞蹈意境的接受机制正经历从“被动解码”到“主动共创”的范式转变。从《朱鹮》的生态隐喻到《红楼梦》的文学重构，从《李白》的诗意诠释到《洛神赋》的科技赋能，舞蹈正以前所未有的开放性，在传统与现代、实体与虚拟的碰撞中拓展意境边界。这种动态的审美演进，不仅需要创作者在传统美学基因中寻找灵感，更要求其以科技思维重构艺术语言，最终在古今对话、虚实交融中，实现舞蹈意境的当代跃迁。

第三节　舞蹈律动之美

舞蹈律动，简言之，即舞蹈伴随特定节奏，呈现有规律且具独特特点的运动形态。作为一门以“动”为核心的艺术形式，相较于诗词、书画等文艺类别，舞蹈律动无疑是其最为本质的特征。舞蹈律动在很大程度上反映出舞蹈作品的主题、所塑造的形象、蕴含的情绪以及展现的风格等关键要素。深入剖析舞蹈律动的构成、形态与审美，乃是探究各民族、各个国家舞蹈特色的有效途径。

一、舞蹈律动的构成要素

舞蹈律动深受舞蹈主题、音乐以及动作三大要素的影响，它们共同构成了舞蹈律动的基石。

（一）主题

主题决定了舞蹈律动的呈现形式。不同类型的舞蹈，各自拥有独特的主题内容。以鄂伦春族的“萨满哈嫩”舞蹈为例，这是一种具有浓厚宗教主题的舞蹈。从内容表现形式来看，鄂伦春萨满舞蹈涵盖治病、祭祀、传授新萨满等类别，其中，每年五月举行的春祭最为隆重。在鄂伦春族进行萨满祭祀时，会用到萨满的抓鼓，当地语言称之为“乌图文”或“文图文”，这是一种圆形或椭圆形的平单面鼓，与满族萨满的抓鼓颇为相似。在祭祀所跳的“萨满哈嫩”舞蹈中，舞者左手持鼓，右手持鼓槌，一边有节奏地击鼓，一边吟唱神歌。祭祀这一庄重主题，使击鼓与舞蹈的节奏充满庄严感。伴随着舞蹈所唱的歌曲，旨在传达神灵的旨意，鄂伦春族人会围坐一旁，随着神歌齐声附和。正是萨满的宗教主题，赋予了“萨满哈嫩”舞蹈一种仿佛神灵附体般的强烈仪式感。再看阿依吐拉表演的维吾尔族独舞《摘葡萄》，这支舞蹈生动展现了维吾尔族人民丰收时的喜悦之情。舞者通过演绎维吾尔族姑娘走进葡萄园采摘葡萄、品尝葡萄等一系列舞蹈动作，并巧妙运用膝部微颤、移颈、弹指、翻腕等舞蹈技巧，再搭配上手鼓声欢快跳跃的节奏，最后以飞速旋转后戛然而止作为收尾，淋漓尽致地展现出维吾尔族人民热情质朴、活泼开朗的民族性格特色。《摘葡萄》的舞蹈律动感极为强烈，与维吾尔族舞蹈所表达的丰收主题相得益彰，完美契合。

（二）音乐

舞蹈音乐对舞蹈律动的塑造起着至关重要的影响作用。通常情况下，舞蹈都有音乐作为伴奏，但舞蹈音乐与普通音乐存在明显差异。舞蹈音乐必须紧密贴合舞蹈的主题、动作等元素，倘若舞蹈音乐与舞蹈主题和动作脱节，便无法有效服务于舞蹈主题。舞蹈音乐作为舞蹈律动的基础支撑，在舞蹈作品中占据着举足轻重的地位。因此，舞蹈的编舞与编曲具有同等重要的意义。

舞蹈与音乐相结合的天然基础便是节奏。以曹平等人表演的秧歌群舞《黄土黄》为例，其中以震耳欲聋的鼓声作为舞蹈音乐，律动感十足。舞者们通过重复性的秧歌动作，并不断加大动作的幅度与力度，以此抒发对黄土地的深深眷恋与热爱之情。在此舞蹈中，舞蹈动作的律动与鼓声的律动高度一致，从而营造出气势磅礴的氛围，进一步深化了舞蹈的主题。又如邰丽华等表演的群舞《千手观音》，这支舞蹈闻名遐迩，不仅是因为一群聋哑舞者的精彩演绎，更在于它巧妙借鉴了印度舞、敦煌舞的节奏律动，尤其是舞者们借助律动，不停摆动双手，最终形成千手观音的经典造型。《千手观音》之所以能被聋哑舞者演绎得如此令人惊叹，除舞者们付出的艰辛努力与刻苦训练外，更为关键的是这支舞蹈具有强烈的律动感。舞蹈的律动强化了音乐的律动，让舞者们能够更迅速、更精准地把握舞蹈的形态与动作。由此可见，舞蹈动作与舞蹈音乐在一定程度上相互依存、相互促进。在中国民族民间舞蹈中，不同类型的舞蹈风格能够通过各异的节奏和节奏型得以体现。在各个不同民族的舞蹈里，具有代表性的节奏型基本能够反映出该舞蹈的民族特性。

在舞蹈艺术领域，音乐承担着极为重要的功能，主要体现在以下三个方面：其一，音乐为舞蹈提供了原始的节奏，音乐的节奏与舞蹈的节奏存在内在的一致性，音乐的节拍、速度、律动等要素能够提示、限定或影响舞蹈的速度、呼吸及情绪变化。其二，舞蹈音乐能够呈现和塑造舞蹈自身难以展现的内容，诸如自然环境、时代风貌和人文意境等。在表现这些内容时，舞蹈的律动也需要依据音乐的变化而做出相应调整。其三，由于音乐具备直接触动人心的特性，而这恰恰是舞蹈相对欠缺的。优秀的舞蹈作品离不开与之适配的伴奏音乐，音乐律动促使舞蹈律动蕴含独特的情感体验，并依据其律动进一步强化舞蹈的表情与动作。

（三）动作

舞蹈动作促使舞蹈律动的风格得以定型。不同国家、不同民族的舞蹈动作，呈现出不同程度的律动特性。以阿根廷的舞蹈探戈为例，在探戈起始之前，需要进行一个舞步定位，即“探戈定位”，要求男女双方不得直视对方，且重心有所偏移。探戈最为显著的动作当属“蟹行猫步”，这种极具民族特色的舞蹈动作，为舞蹈律动赋予了鲜明独特的风格。探戈的舞步极具规律性，要么整齐划一地向左，要么协调一致地向右，伴随着鲜明欢快的节奏，舞蹈动作的律动特征清晰可见。尽管国标探戈已高度规范化，但阿根廷本土的探戈依然保留着更为活泼、欢快的特质，且花样层出不穷。这充分表明，舞蹈动作的律动特征赋予了舞蹈独特的风格内涵。再看中央民族大学舞蹈系表演的群舞《奔腾》，在舞台上呈现万马奔腾的热闹壮观场景。在舞蹈过程中，常常运用如“马步”“抖肩”“踢步”等律动化的舞蹈动作来加以表现。《奔腾》不仅展现了蒙古族男儿的热血豪情与英勇无畏，还在舞蹈中融入“慢镜头”，用以反映人类与马儿之间深厚的情感联系，通过与马儿的灵魂碰撞，深刻展现出对生命和自然的深刻感悟。

二、舞蹈是一种“动”的艺术

吴晓邦在《新舞蹈艺术概论》中提到：“舞蹈是人体造型上‘动的艺术’，它借助人体‘动的形象’，依据自然或社会生活的‘动的规律’，剖析各类自然或社会的‘动的现象’，进而呈现出各种‘形态化’

的运动。这种运动，无论展现的是个人还是群体的思想与情感，皆可称作舞蹈。”① 舞蹈最为本质的特性便是“动”，其律动所反映出的正是动的形象、动的规律及动的形态化。

（一）动的形象

舞蹈律动最先呈现的是动的形象，而这些动的形象的灵感常常来源于对大自然的深刻观察和提炼。以流传于吉林延边地区的朝鲜族著名民间舞蹈——鹤舞为例，通常由两名舞者身着以细竹、布、纸等材料精心绘制而成的鹤形道具进行表演。鹤舞着重模拟鹤的动作与神态，构建起舞蹈律动的形象。中国知名舞蹈家杨丽萍的独舞《雀之灵》，运用手腕和手指的灵动动作，精准模拟出孔雀跳跃、旋转、吸水等姿态，又通过手臂与手指的巧妙律动配合，淋漓尽致地展现出孔雀灵动的神韵之美。徐杰等人表演的群舞《荷花舞》，脱胎于民间舞蹈“荷花灯”。舞者们频繁运用戏曲圆场步，同时拖曳裙摆以象征荷花与荷叶，生动展现出荷花的优美姿态与高洁品质。邢时苗编导的群舞《飞天》，创作灵感源自人造卫星“嫦娥一号”的成功发射。七名舞者单腿固定，借助飘长的袖带，展现出对抗地心引力的飞天技艺，其迷人形象不禁让人联想起中国古代传说中七仙女的故事，与“嫦娥一号”的舞蹈主题高度契合。

近年来，出圈的舞蹈作品不断为我们带来新颖的动的形象。比如在2023年春节联欢晚会舞台上大放异彩的《碇步桥》，舞者们通过灵动的步伐和身姿，模仿江南水乡中人们走过碇步桥时的情景。她们脚步的错落、身体的摇曳，宛如潺潺流水，生动展现出江南女子温婉柔美的形象，将江南水乡的灵韵展现得淋漓尽致。还有舞剧《咏春》，舞者们以刚劲有力又不失灵动的动作，模拟咏春拳的招式，每一个出拳、踢腿、转身，都仿佛将观众带入热血沸腾的武术世界，塑造出坚毅果敢的武者形象。因此，舞蹈律动给予观众的直观感受首先便是赏心悦目的形象，也正是舞蹈律动，让舞蹈形象更加生动、富有意趣。

（二）动的规律

舞蹈律动彰显动的规律，律动的规律性是舞种的显著标识。拥有6000年历史的非洲舞蹈，作为非洲独特文化的珍贵瑰宝，是非洲各民族最为普遍、古老且极具特色的艺术表现形式。非洲舞蹈大多以“胯部的晃动、抖动、摇动和摆动，剧烈地甩动头部、起伏胸部、屈伸腰部、扭动臂部、晃动手脚、转动眼珠等各种激烈的动作方式作为主要运动方法，并形成其重要的艺术特色”。经过长期的历史实践与艺术打磨，非洲舞蹈逐渐形成了节奏强烈、情感丰富、活力四溢、气势磅礴等律动特点。当我们观赏非洲舞蹈时，往往会为其热烈奔放、粗犷不羁的风格所吸引，也正因这种独特风格，不仅使我们能够轻易识别出非洲舞蹈，其也凭借极为繁复且典型的节奏，向全球展示着自身充沛的活力与深厚的文化底蕴。总的来说，非洲舞蹈是具有动的规律性的舞蹈典范，无论是扭摆、甩头还是晃动，都具有鲜明的规律性，这种规律性也奠定了非洲舞蹈独一无二的艺术地位。

在现代舞蹈创作中，许多作品也注重对动的规律的创新探索。例如一些先锋舞蹈团体创作的作品，通过设定独特的动作序列和节奏模式，构建出全新的舞蹈规律。舞者们的动作在特定的节奏下，时而整齐划一，时而错落有致，形成一种充满秩序感又不失变化的动态景观。如德国的皮娜·鲍什舞蹈团的部分作品，以独特的身体动作逻辑和节奏安排，打破传统舞蹈的律动模式，为观众带来全新的视觉冲击，在舞蹈界引发广泛讨论，推动了舞蹈艺术在运动规律方面的创新发展。

---

① 吴晓邦. 新舞蹈艺术概论［M］. 北京：生活·读书·新知三联书店，1982.

（三）动的形态化

富有画面感的姿势和动作形态是舞蹈的动态特性，这与日常生活中随意杂乱的动作形态截然不同。这种“形态化”的运动“不仅契合自然和社会生活规律，也符合舞蹈艺术规律的形态化要求，即运用艺术手段对舞蹈动作进行加工。舞蹈中的技巧、造型、姿态等都是形态化、美化后的运动，提升了日常生活动作的艺术性”。

舞蹈律动能够产生形态化，来源于其作为一种感官审美。舞蹈形态离不开画面感，而画面感具有强大的情绪感染力，能够直接影响观赏者的情绪变化。舞蹈形态化所塑造的艺术画面与绘画艺术有相似之处，因此舞蹈家也十分注重舞蹈中色彩的运用。

舞蹈家依据舞蹈主题和情绪的不同需求，巧妙运用色彩来烘托主题、强化情绪，加深观众对舞蹈作品的印象。佟睿睿编导的群舞《扇舞丹青》，这一充满中国水墨韵味的舞蹈，将书法、扇、剑相融合，展现出内心的风骨与骄傲，营造出浓郁的中国古典艺术意境，其中主要运用水墨色调，强调清雅逸远之感。黄素嘉编导的群舞《丰收歌》运用黄色绸缎表现麦浪的起伏，凸显丰收的喜悦。刘婷婷编导的芭蕾群舞《茉莉花》巧妙利用折扇组成茉莉花的形状，以白色色调为主，衬托出茉莉的洁白芬芳。根据彝族撒尼人民间同名叙事长诗改编的民族舞剧《阿诗玛》，将舞剧划分为黑、绿、灰、红、金、白、蓝七个不同色彩的舞段来调控色彩，其中黑色代表阿诗玛降生，绿色代表成长，金色代表忧伤，蓝色代表困难，白色代表回归自然，与故事的情节发展和绚丽多姿的民族风情完美契合。在这些舞蹈中，在灯光、服饰、布景的综合映衬下，舞者们以优美的舞姿和造型呈现，更易形成强烈的画面感。相较于绘画艺术的静止性，舞蹈的形态化并非静止不动，而是以流动的形式展现艺术之美，在舞蹈进程中持续进行美的升华。

在当下的舞蹈创作中，也有不少作品在动的形态化方面有出色表现。比如舞剧《只此青绿》，舞者们通过服饰、妆容及肢体动作的设计，打造出宛如北宋名画《千里江山图》中走出的青绿山水形态。她们高髻青衣，通过身体的曲线和姿态变化，模拟山峦的起伏、江河的蜿蜒，配合舞台上的光影效果，形成一幅幅美轮美奂的动态画卷，让观众仿佛置身于青绿山水之间，将舞蹈的动的形态化之美展现得淋漓尽致。还有一些沉浸式舞蹈演出，利用多媒体技术与舞蹈相结合，舞者的动作与投影在地面、墙壁上的动态画面相互呼应，共同构成一个不断变化的艺术场景，进一步拓展了舞蹈动的形态化的边界，为观众带来前所未有的感官体验。

三、舞蹈律动的审美效果

舞蹈律动绝非单纯的视觉艺术展示，它蕴含着能够深深触动人心的情感审美，以及风格鲜明、辨识度高的艺术审美。

（一）感染性

感染性是观众对舞蹈律动的直观情感反馈。以傣族舞蹈《孔雀舞》为例，傣族素有“孔雀之乡”的美誉，当地人民对模拟孔雀的神态动作尤为擅长，著名舞蹈家杨丽萍的《云南映象》《雀之灵》《雀之恋》等作品便是经典代表。如今的《孔雀舞》已从最初的男子独舞演变为女子群舞，创作风格也从质朴的模拟转向浪漫主义表达。在舞蹈过程中，采用写意手法将孔雀拟人化，生动呈现出一群孔雀下山寻水、饮水嬉戏、洗澡抖翅、晒翅展翅，乃至与万物比美的全过程。舞者们通过柔软的手腕推拉、轻盈的脚步跳跃，以及双臂和上身的反向延展，展现出柔中带刚、内蕴韧性的特质，给观众带来恬静、和谐、娇俏的审美体验。特别是经典的“三道弯”造型，胯部突出、膝部起伏，搭配肩部转动与拱胸动作，再加上轻盈柔缓的音乐鼓点，给观众留下极为深刻的视觉印象。《孔雀舞》强大的感染力源于其规整有序的律动形式，对孔雀形态动作的模拟遵循特定规律，从而产生强烈的感召力。

现代舞《也许是要飞翔》同样凭借独特律动触动人心。该舞蹈以细腻且富有张力的肢体语言，深刻展现了个体在追寻梦想过程中的挣扎与渴望。舞者们的动作时而舒缓轻柔，似羽毛在空中悠然飘荡；时而充满力量，身体大幅度伸展、扭曲，模拟冲破束缚的姿态。舞蹈律动在舒缓与强烈之间不断切换，仿佛在倾诉内心的情感起伏。观众在欣赏时，极易被舞者传达的情感感染，不由自主地引发对自身梦想与困境的思考，沉浸在舞蹈营造的情绪氛围之中。

蒙古族舞蹈《白马》亦是感染力十足的典范。舞者们通过精准模拟骏马奔腾、嘶鸣、漫步等姿态，淋漓尽致地展现出马背上民族的豪迈与奔放。他们的动作大开大合，肩部有力抖动、手臂舒展挥舞、腿部步伐刚劲，配合激昂的马头琴音乐，形成极具气势的律动。观众仿佛身临其境，看到广袤草原上骏马纵横驰骋的壮观景象，被蒙古族人民的热情与坚毅深深打动，深刻感受到舞蹈所传递的对草原、对生活的炽热热爱，心灵受到强烈震撼与感染。

同样凭借律动感化人心的，还有庞志阳编导的《金山战鼓》三人舞。该作品取材于宋代梁红玉擂鼓战金山的巾帼英雄事迹，舞蹈中强烈的鼓声律动如雷霆般直击人心，其中“拔箭”情节采用慢动作处理，更具感人至深的艺术效果。西班牙的弗拉明戈舞，以跺脚和击掌作为主要律动方式，带来极具冲击力的节奏感。舞者们的舞步夸张有力、强烈明快，尽情展示出自由奔放、热情洋溢的气质，代表着一种豪迈、热情、慷慨且无拘无束的生活态度。无论是傣族的孔雀舞，古典舞《金山战鼓》，还是欧洲的弗拉明戈舞，都具有能够深深感召人心的律动特征。

（二）风格性

舞蹈律动天然带有清晰可辨的风格印记。印度舞的显著特点之一是节奏明快，能在短时间内展现出丰富多样的动作，涵盖手势、眼神、面部表情等多个维度。这些舞蹈姿势和风格不仅能够表达印度人民的情感，还能象征天地万物等自然景物，甚至呈现宗教仪式与情感。印度舞蹈开场前，舞者腿部常保持弯曲，双手合十行开启礼。舞蹈过程中，动作快速活泼，手部舞姿变化多端，眼睛的灵动转动更是精髓所在。印度广为人知的宝莱坞舞蹈，作为极具印度特色的电影舞蹈，常在印度电影中出现。通常男女主角在同性群舞环绕下共同表演，其欢快的律动效果成为宝莱坞舞蹈的标志性风格。而男女主角的双人舞多在雄伟建筑或自然风光背景下进行，极具印度风情特色。

我国朝鲜族传统舞蹈《长鼓舞》同样因律动而展现出鲜明的风格特色。在表演时，舞者身系长鼓，手部动作与肩臂姿态皆随舞步和鼓点的韵律自然舞动，一招一式尽显律动之美。该舞将舞蹈律动巧妙融入舞者身体进行表演，以达到和谐平衡的状态，鲜明地体现出朝鲜族舞蹈的独特魅力。

现代舞《也许是要飞翔》在风格性上也独树一帜。它突破传统舞蹈的动作范式，以独特的肢体语言构建起充满现代感与哲思的风格。舞者们的动作轨迹、节奏把控及身体的张力运用，都带有强烈的实验性与创新性，展现出对自由、对未知探索的现代精神，从而区别于其他传统舞种。

蒙古族舞蹈《白马》在风格性方面，凭借对骏马姿态的生动模仿与蒙古族特色动作的融合，形成了极具草原文化特色的风格。舞蹈中的肩部抖动、马步等动作，是蒙古族舞蹈风格的典型体现，配合对白马形象的塑造，展现出蒙古族人民与草原、与马之间深厚的情感纽带，彰显出独特的民族风格。

舞剧《永不消逝的电波》以其独特的舞蹈律动，生动再现了革命年代的紧张与热血。舞者们通过利落且富有张力的动作，如快速的转身、敏捷的跳跃及坚定有力的步伐，配合节奏紧凑的音乐，构建出充满紧张感与使命感的舞蹈风格。在表现情报传递等关键情节时，舞者们的手部动作细腻而精准，眼神专注，将革命工作的谨慎与危险展现得淋漓尽致，体现出那个特殊时代下，革命者们坚定无畏的精神风貌，形成极具时代特色的舞蹈律动风格。

舞剧《沙湾往事》则以岭南文化为底蕴，展现出别具一格的舞蹈律动风格。舞者们通过柔中带刚的肢体动作，如轻盈的水袖舞动、婀娜的身姿摆动，配合具有浓郁岭南特色的音乐旋律，营造出如诗如画的意境。舞蹈动作中融入了许多岭南民间艺术元素，如广东音乐演奏时的姿态、岭南建筑线条的灵动体现等，展现出岭南人民的温婉与坚韧，形成独特的地域文化风格，让观众深切感受到岭南文化的独特魅力。

总而言之，舞蹈律动以主题、音乐和动作为基本构成要素，而舞蹈作为一门“动”的艺术，则借助律动产生生动的审美形象，其规律性的律动又呈现出独特的舞蹈画面感。欣赏者在接触舞蹈艺术时，正是因为舞蹈律动所具有的强烈感染力和鲜明风格特征，得以充分领略舞蹈之美，沉浸在舞蹈所营造的独特艺术世界之中。

第四节　舞蹈技巧之美

舞蹈技巧，通常指舞蹈中运用的具有一定难度的动作，涵盖旋转、翻身、跳跃等徒手动作技巧，以及道具类使用技巧。像民间舞中风格独特的“扭腰”“抖肩”等动作，也可归为舞蹈技巧范畴。依据舞蹈内容的呈现和情感的抒发需求，合理设计安排舞蹈技巧至关重要。不过，一个优秀的舞蹈作品绝非单纯追求技巧，技巧的设计需与舞蹈演员的技术能力和素质相契合。成功运用高难度舞蹈技巧，不仅能提升舞蹈作品的品质，还能极大地满足欣赏者的艺术审美需求。

一、舞蹈技巧的分类

舞蹈技巧主要分为徒手动作技巧和道具使用技巧两大类别。徒手动作技巧由舞者身体各部位的不同运动组合而成，而道具使用技巧则借助绸缎、水袖、剑戟、扇子等工具，增强舞蹈的艺术表现力。

（一）徒手动作技巧

重要的舞蹈徒手动作技巧主要包含旋转、翻身、跳跃三大类。

1. 旋转技巧

旋转技巧细分之下，种类繁多，如平转、跳平转、平步转、碎步转、点步转、上步跳转、跪转、掖转、反掖转、大掖步转、旁腿转、绞腿蹦子、拧身前吸腿转、仰身后腿转等。在各类舞蹈中，旋转技巧颇为常见。以俄罗斯民族舞蹈为例，常出现快速旋转、快跑、跳跃等激烈动作，旋转不仅是其舞蹈特色，更融入了竞技精神，展现出俄罗斯民族的热情与活力。又如庞志阳编导的三人舞《金山战鼓》，舞者通过“跨步”“大踏步”等技巧，生动展现梁红玉战斗时的英勇身姿，尤其是“掖腿转”这一旋转技巧，将其面对敌人时惊人的作战能力刻画得活灵活现。

我国维吾尔族舞蹈同样擅长运用旋转技巧，其显著特点是在快速舞蹈过程中加速旋转，而后戛然而止。

阿依吐拉的维吾尔族独舞《摘葡萄》便是典型，舞者借助旋转技巧，完美呈现出摘葡萄时的喜悦心情。伴随着手鼓的节奏，旋转更具规律，维吾尔族的服饰与造型，如大裙摆和小辫子，在飞速旋转中充分展现出维吾尔族人民热情活泼的性格特征，最后以翘首弯腰的动作收尾，俏皮可爱。维吾尔族舞蹈旋转的独特之处在于旋转闪腰，旋转时，舞者的辫子常被胸腰或后腰甩动起来，在旋转结束前，身体需向上挑胸闪腰，形成独特的回旋动感，这种旋转技巧鲜明地凸显了维吾尔族舞蹈的特点，深受广大群众喜爱。

在芭蕾舞剧《天鹅湖》中，女主角的“挥鞭转”堪称旋转技巧的经典呈现。舞者以单脚为轴，身体快速旋转，双臂如同天鹅翅膀般轻盈挥动，一圈又一圈，展现出高超的平衡能力与身体控制技巧，将天鹅的优雅与灵动刻画得入木三分，为整个舞剧增添了梦幻般的艺术魅力。

2. 翻身技巧

“翻身”这一术语源自武术技巧，指从前俯身状态旋转360°后，仍保持前俯身的动作。后来，“翻身”也成为中国古典舞的技术术语，众多舞蹈纷纷开创出“翻身”技巧，使其成为中国古典舞最具特色的技巧之一。舞蹈中的“翻身”要求舞者上身在倾斜状态下完成360°转体，脚下同步做出旋转动作，通常以腰为轴线，整个动作在转体中连贯进行。

舞蹈中的翻身技巧可细分为串翻身、刺翻身、射雁翻身、点步翻身、踏步翻身、跳踏步翻身、吸腿翻身、绞腿翻身、端腿翻身、穿手翻身等。例如，被誉为“中国第一部革命历史题材的芭蕾舞剧”的《红色娘子军》，在舞蹈设计与编排上，大量汲取了中国古典舞和民间舞的动作元素，并融合了芭蕾舞的风格。在第一场琼花独舞中，舞者巧妙运用“点步翻身”“小蹦子”等中国古典舞技巧，生动凸显了琼花坚韧不屈的人物性格；在第三场和第五场的对打及战斗场景中，借鉴了传统戏曲中诸多翻滚、扑跌等舞蹈技巧，增强了舞蹈的紧张感与战斗氛围。再如李仲林编导的民族舞剧《宝莲灯》，取材于中国神话“沉香救母”的故事，舞蹈融合了花灯舞、大头舞、彩球舞、龙灯舞等中国传统舞蹈的精髓，同时吸收了印度舞、芭蕾舞等国外舞蹈特色，精彩再现三圣母与刘彦昌的爱情故事以及沉香与二郎神斗智斗勇的情节。其中，沉香与二郎神、哮天犬打斗时，舞者频繁运用翻身技巧，展现出激烈的战斗场面。又如蒙古族歌舞《出水芙蓉》，高潮部分由一位女性舞者在舞台中央以串翻身、平转的舞蹈技巧，带动其他演员进行平转、翻身、下叉、小跳等动作，通过手臂和腿部的伸缩律动，极大地增强了舞蹈的表现力。

在现代舞《独白》中，舞者运用了创新的翻身技巧，结合身体的扭曲与伸展，突破传统翻身的动作范式，以独特的肢体语言表达内心复杂的情感与挣扎，为翻身技巧赋予了新的艺术内涵。

3. 跳跃技巧

从舞蹈专业术语角度划分，跳跃技巧包括剪式变身跳、凌空跃、紫金冠、凌空跃紫金冠、撩腿跃、撩腿跃紫金冠、拧身撩腿跃、摆腿跳、摆腿拧身大射雁、大射雁跳、燕式跳、端腿跳、盘腿跳等；从基本跳跃形式分类，则有原地跳、移动跳、空中跳转、换脚跳、单起单落、单起双落、双起单落、双起双落等。维吾尔族的手鼓舞极具特色，对跳跃技巧的训练也极为严苛：首先，上步和吸腿需同步发力，完成侧抱鼓上步吸腿转的动作，以此提高旋转速度，确保旋转干净利落；其次，要保持准备位舞姿，进行正举鼓跳转，从右向左转，双脚推地小跳，小跳四次完成一圈旋转；最后，在空中晃鼓吸腿跳时，双手需快速举鼓，双腿同步推地向上跳起，在身体上升过程中，下右旁腰转换为挑左肋，双腿紧紧吸住，当到达最高点时，优美的舞姿才算完美呈现，吸紧的双腿是舞姿动作到位的关键标志。只有完成一轮完整的跳跃技巧，手鼓舞的独特魅力才能充分展现。相传维吾尔族的手鼓舞原本是一种巫师活动，当时人们通过跳长鼓舞驱邪治病，边舞边念咒。再如赵明编导的军旅群舞《走、跑、跳》，其中的跳跃技巧有力地凸显了舞蹈主题，展现出训练有素的战士面对敌军时勇往直前、顽强拼搏、肃杀敌军的精神风貌。

在街舞表演中，Breaking 舞者常常展现出高难度的跳跃技巧，如“托马斯全旋接跳转”，舞者在空中快速旋转身体，双腿像风车一样转动，随后迅速接一个高难度的跳转，展现出强大的爆发力与身体协调性，将街舞的动感与活力推向高潮。

除上述旋转、翻身、跳跃三大类舞蹈技巧外，还有擦地、撇脚、踢腿、滚地、压肩、挑胸、甩腰、下腰等技巧。一个优秀的舞蹈作品会依据内容和情感需求，精心设计并融合多种技巧。徒手类舞蹈技巧对舞蹈演员的功底要求颇高，在鉴赏舞蹈时，了解这些技巧十分必要。

（二）道具使用技巧

舞蹈道具一般可分为两类：一类是日常化道具，即按照日常形态直接使用的道具；另一类是陌生化道具，指对日常道具进行提炼、加工和艺术化处理后，在舞蹈中有承担特定功能的道具。舞蹈道具具有扩展舞蹈空间、渲染舞台气氛、增强和丰富舞蹈作品表现力等重要作用，恰当运用道具能够显著增强舞蹈作品的艺术魅力。因此，在选择舞蹈道具时，务必使其符合舞蹈作品的主题和风格，确保道具在作品中发挥恰如其分的作用。

分析不同舞蹈道具技巧的使用规律，是突破舞蹈表现技巧的重要途径之一。例如，羌族的肩铃与朝鲜族的象帽都以划“圆”为技巧，但使用方式有所不同：肩铃的律动包括绕铃撑地转、八字圆绕铃、立圆绕铃等；而象帽的使用技巧则有单手撑地行进平圆动律、八字圆动律、立圆动律技巧等。再如戴爱莲编导的双人舞《飞天》和邢时苗编导的群舞《飞天》，虽都以长绸作为舞蹈道具，艺术表达却各有侧重：前者通过长绸的舒展飘逸，展现敦煌壁画般的佛教空灵意境；后者则以长绸的灵动变幻，凸显七仙女般的中国传统古典舞之美。舞蹈道具不仅是舞蹈表现力的展示载体，对于了解各民族丰富的文化底蕴也具有重要意义。以朝鲜族的象帽舞为例，舞者通过头部摆动使帽尖左右摇曳，其最初功能是驱赶野兽，因此这一道具不仅是舞蹈中的表演媒介，更承载着朝鲜族人民的生活智慧与民族文化记忆。又如黄素嘉编导的群舞《丰收歌》，以镰刀为舞蹈道具，镰刀在此不仅是农作工具，更象征着工农阶级勤劳坚韧的力量。

舞蹈道具的巧妙运用，能够丰富舞蹈的舞姿，增添舞蹈的色彩与魅力。吉林省民族民间舞蹈拥有多元的舞蹈绝技，仅在运用手绢的秧歌中，就创造出片花、掏花、挽花、抖花、抛花、甩花、绕花、缠花等数十种各不相同的花样。在晋北秧歌的舞蹈表演中，舞者需熟练掌握各种手绳花的动作做法。此外，舞者还可将道具视为自身整体的一部分，或自身肢体的延伸，从而更好地驾驭道具，实现人与物的融合。例如在藏族舞蹈中，较长的袖子可看作舞者胳膊的延伸，敖登格日勒的蒙古独舞《蒙古人》，以蒙古袍的宽大袖摆为道具，通过长袖的抛、抽、转等技巧，生动展现草原的辽阔壮美和蒙古人的开阔心胸，极大地增强了舞蹈的表现力。再如蒋华轩编导的独舞《昭君出塞》，昭君运用甩袖、抛袖、拽袖等道具技巧，细腻地表达出内心的矛盾心情。

在舞剧《沙湾往事》中，舞者巧妙运用具有岭南特色的雨笠作为道具，通过雨笠的旋转、摆动，配合身体的灵动舞姿，营造出岭南水乡的独特氛围，展现出岭南人民在风雨中坚韧前行的精神风貌，使道具与舞蹈主题完美融合。

当然，舞蹈技巧的最佳表达方式并非单纯“炫技”。舞蹈并非必须依赖技术来展现，通过力度、速度、幅度的变化，与舞者的动作、姿态、造型等巧妙配合运用，同时使舞蹈技巧与舞蹈的节奏、动律紧密结合，即便技巧运用看似不着痕迹，也能让观众拍案叫绝。正所谓将技巧化于无形之中，才是真正高超的舞蹈技巧展现方式。

二、舞蹈技巧的作用

舞蹈技巧在舞蹈作品中若能得到恰如其分的运用，对舞蹈的内容呈现、情感抒发乃至精神追求均有着举足轻重的意义。舞蹈技巧虽属于高难度动作范畴，超越一般动作水平，但这并不意味着舞蹈作品要全然依靠技巧来支撑。唯有当技巧与作品的主题、情感深度融合，技巧方能展现出造化天工的神奇魅力。所以，舞蹈技巧必须服从于舞蹈内容的需求，助力舞蹈形象的塑造，以及渲染舞蹈作品的情调与氛围。舞蹈技巧的运用及其作用，大致可归纳为以下三大类。

（一）渲染作品气氛

舞蹈技巧的恰当运用，既能在一定程度上渲染舞蹈所处的环境气氛，又能烘托所塑造的艺术形象与情感氛围。当舞者将多种精妙的舞蹈技巧融合运用，能够有力地营造出舞蹈作品所期望描绘的环境气氛，使之成为典型场景。例如佟睿睿编导的《扇舞丹青》，其精妙之处在于舞者舞动扇面，构建出行云流水般的画面感，同时配合舞者的高难度跳跃、轻盈落地动作，将丹青绘画与书法运笔的流畅性展现得淋漓尽致。再搭配背景的水墨色调与舞者飘逸的衣袂，巧妙地将中国传统文化特有的精髓通过扇子的舞动呈现出来，极为高明地渲染了舞蹈的意境，调和出传统文化特有的雅致韵味。又如台湾编舞家林怀民编导的现代群舞《水月》，以“镜花水月”“水光潋滟”“对影三人”等为主题，融入太极这一传统文化元素。舞者运用旋转技巧与圆场步的结合，将水的灵动、月的澄静所蕴含的空灵之感展露无遗，让整个作品浸透着东方哲学的静谧之美。再如中国芭蕾舞剧《红色娘子军》，为展现红军主力部队排山倒海的气势，舞者采用连续的劈叉大跳技巧，营造出红军飞速前进、势不可挡的战斗场景。在“就义”一场中，通过飞脚、踹腿、空转、平转以及侧身、亮相等舞蹈技巧的组合运用，既充分表现出对阶级敌人的仇恨与鄙视，又生动彰显了共产党人英勇无畏的英雄气概，让悲壮激昂的氛围极具感染力。

在河南卫视春晚的舞蹈节目《唐宫夜宴》中，舞者们通过俏皮灵动的动作技巧，配合色彩鲜艳的唐装与古雅的妆容，再加上舞台上模拟的宫廷场景和灯光效果，生动地渲染出大唐宫廷夜宴的热闹与繁华氛围，仿佛将观众带回到那个辉煌璀璨的时代，让历史场景的氛围感扑面而来。

（二）推动情节发展

舞蹈不仅具备抒情功能，还拥有叙事能力，在叙事过程中往往需要借助舞蹈技巧推动情节发展。此外，舞蹈技巧在舞蹈作品的情节突变或发展进程中，能够起到情绪突转的衔接作用，助力舞蹈叙事达到高潮。以赵惠和编导的民族舞剧《阿诗玛》为例，其中以蓝色代表的洪水对阿诗玛的生命构成威胁，舞者借鉴芭蕾舞表演中的托举、转、跳等技巧动作，生动展现阿诗玛的抗争精神。在芭蕾舞剧《红色娘子军》的第二场，吴清华遭遇南霸天时，通过迎风展翅、踹腿转、倒踢紫金冠、掀身探海等舞蹈技巧的组合，淋漓尽致地表达出满腔怒火，使环境气氛与人物情感瞬间发生变化。又如民族舞剧《宝莲灯》，借助三圣母的长纱和长绸技巧，塑造出神仙之态；运用沉香的剑舞技巧，体现其救母的坚定决心；还有霹雳大仙的拂尘技巧运用等，都对《宝莲灯》的故事推动起到了关键作用。再如舞蹈《飞夺泸定桥》炸桥头堡一段，舞者先施展枪舞、刀舞，接着快速进行串翻身、跳跃式踹腿转，再连续进行扎头旋子的双刀舞，随后是小翻，最后腾空大翻，速度不断加快，难度逐步提升，气氛越发紧张，力度持续增强。舞蹈技巧的运用环环相扣，使故事情节的发展一气呵成，直至推向高潮。

舞剧《尘埃落定》在情节推进上对舞蹈技巧的运用堪称精妙。当剧情推进到麦其家族内部权力斗争越发激烈的场景时，舞者们通过急促且富有张力的肢体动作，如快速的转身、大幅度的身体前倾与后仰，配合极具压迫感的脚步移动，将紧张的权力角逐氛围烘托得淋漓尽致。在展现主角二少爷与各方势力周旋的情节中，舞者运用高难度的托举与旋转技巧，展现出二少爷在复杂局势中看似被动却又巧妙掌控全局的状态，推动着情节一步步走向高潮，让观众深刻感受到封建家族权力斗争的残酷与复杂。

（三）起到“画龙点睛”之妙

若能将舞蹈技巧运用在舞蹈作品的关键节点，它便能成为舞蹈细节的点睛之笔。比如杨丽萍、陆亚的双人舞《两棵树》，在展现树木接受恩泽雨露的场景时，舞者巧妙利用手指技巧，灵活生动地呈现出树根、树枝、树叶吸水的画面。在此处，这一表演不仅展现了日常天气中的雨露，更寓意着海峡两岸同胞同顶一片天、本是同根生的骨肉深情，手指吸水的表演技巧堪称画龙点睛之笔。再如《白毛女》舞剧在奶奶庙仇人相见一场中，从供桌上一跃而下的喜儿通过大跳动作，将内心的怒火外化，强烈的仇恨之情在此刻得以瞬间宣泄，借助高难度动作技巧深刻展现出艺术人物的内心世界。这些在关键节点运用的舞蹈技巧，无疑为舞蹈作品的魅力增色不少。

在舞剧《朱鹮》中，当表现朱鹮濒临灭绝的危急时刻，舞者通过缓慢而沉重的肢体动作，配合细腻的手部颤抖技巧，生动地展现出朱鹮的脆弱与无助，这一技巧的运用成为整个舞段的点睛之笔，让观众深刻感受到保护珍稀物种的紧迫性。

总而言之，舞蹈技巧对于舞蹈作品在深化主题、完善结构、创造角色、表现情绪、形成高潮等方面，都具有重要作用。舞蹈技巧作为一种关键的舞蹈艺术表现手段，不仅能提升舞蹈作品的质量，烘托舞蹈内容的气氛，还能揭示舞蹈作品的内涵，增强舞蹈作品的艺术感染力，丰富舞蹈的艺术表现力。当然，舞蹈技巧在舞蹈作品中应适度发挥，紧密贴合舞蹈内容，实现内容与技巧的高度统一，否则便会沦为单纯卖弄技巧的杂耍。

美育实践

《只此青绿》是一部以北宋画家王希孟的传世名作《千里江山图》为灵感创作的舞蹈诗剧，由中国东方演艺集团有限公司出品，自2021年首演以来广受好评，成为现象级舞台作品。作品以舞蹈诗剧的形式，将《千里江山图》的创作过程与背后的历史故事搬上舞台，通过“展卷、问篆、唱丝、寻石、习笔、淬墨、入画”七个篇章，展现了北宋画家王希孟与无数工匠共同完成这一传世之作的艰辛历程。剧中融入了篆刻、织绢、采石、制笔、制墨等传统工艺，不仅彰显了中华优秀传统文化的深厚底蕴，更体现了其在当代语境下的创造性转化与创新性发展。《只此青绿》以舞蹈语言重构宋代美学意境，通过精湛的舞台艺术表现，呈现了中国传统绘画的青绿设色、矿物颜料制作工艺、宋代服饰文化等丰富内容。作品以“青绿山水”为视觉核心，诠释了东方艺术的独特韵味，同时传递了对中华文明守护与传承的深刻思考。

请从“情、景、形、象、境”五个维度，对舞蹈诗剧《只此青绿》进行深入分析。结合具体舞段，探讨作品如何通过舞蹈语言构建宋代美学意境，并论述其在当代舞蹈创作中的创新意义。

第十三章

品鉴建筑之美

学习目标

知识目标

❖ 懂得品鉴建筑美的标准，了解建筑和环境的关系。

思政目标

❖ 通过欣赏我国古代建筑，感受传统艺术的魅力，培养家国情怀，树立文化自信。

❖ 通过欣赏我国近代建筑，激发对建筑新材料、新技术的探索热情。

第一节　建筑结构形式之美

建筑结构形式作为建筑艺术的物质载体，不仅是承重体系的技术表达，更是文化基因的可视化呈现。中国传统建筑以木构体系为核心，辅以砖石土坯等地方性材料，通过抬梁式、穿斗式等结构方式构建起独特的大屋顶形制，形成“墙倒屋不塌”的抗震智慧。与之相对，西方古典建筑以石材为主要承重材料，通过券拱技术与穹顶结构创造出宏大的空间尺度，帕特农神庙的柱式体系与万神殿的穹顶构造共同诠释着石材的永恒之美。这两种不同的建筑结构形式，不仅体现了中西建筑材料选择的差异，更深层次地展示了两种文化对于美的不同理解与追求，各自绽放出独特而迷人的建筑艺术光彩。

一、传统结构形式与工艺

（一）木结构：多元体系，源远流长

中国传统房屋建筑无论单间还是组群，多以木构架作为核心的骨架结构体系。木构架仿若人体骨骼，

肩负起支撑整座房屋的重任，而墙面装修如同附着于骨骼之上的皮肉，主要发挥抵御风寒、划分内外空间的防护功能。这独特的结构特性决定了古代建筑的施工流程，先搭建木构架，而后遵循从上至下的顺序，先完成屋顶建造，再着手墙身施工。这种房屋结构早在3000多年前的奴隶社会便已初步形成，历经各朝代不断改良优化，逐渐发展成为一套完备且成熟的体系，沿用至今。

中国历史上的木结构形式丰富多样，大致可划分为抬梁式、穿斗式、井干式和干栏式四种主要类型，其中抬梁式构架地位最为重要，应用也最为广泛。

抬梁式构架堪称我国数千年来骨架结构的基本准则，最晚在春秋时期已投入运用。采用抬梁式构架的建筑，建造流程大致如下：先在地面筑起土台，台上安置石础，竖立木柱，接着在柱上安置梁柱。梁柱之间借助“枋”相互连接，构成一“间”。梁上设置短柱，短柱再承接上层梁，梁的两端则承接檩条。如此层层叠叠，在最上层梁的中央安置短柱，用以承载屋顶的荷载，进而形成稳固的“骨架”，也就是现代意义上的框架结构。由于墙体仅起到填充空间的作用，并不承担重量，因此才有“墙倒屋不塌”的说法。目前发现的抬梁式构架最早图像，源自四川成都出土的东汉庭院画像砖。到了唐代，抬梁式构架走向成熟，衍生出以山西五台山佛光寺大殿为代表的殿堂型和以山西平顺天台庵正殿为代表的厅堂型两种类型。殿堂型建筑内、外柱高度一致，柱头之上是一层水平铺作层，再往上是贯通整个房屋进深方向、依据屋面坡度叠架的梁。厅堂型构架则是内柱升高，不存在贯穿房屋进深方向的大梁，而是在柱间使用较短的梁进行叠架。这两种类型在宋代建筑专著李诫的《营造法式》中均有详细记载。例如北京故宫太和殿，作为中国现存最大的木结构大殿，便是典型的抬梁式殿堂型建筑。其高达8.4米的金柱林立，通过复杂的斗拱和梁枋结构层层叠加，支撑起宏伟的殿顶。殿内空间开阔，彰显皇家威严，充分展现了抬梁式构架在营造大型建筑空间方面的卓越能力。

穿斗式构架则以柱子直接承接檩条，没有独立的承重梁。与抬梁式相比，由于缺少大梁，穿斗式柱径相对较细，柱距更为紧密，导致内部空间不够开阔。不过，穿斗式构架用料节省，可先在地面将屋架拼装完成后再竖立起来，具备省工省料的显著优势；而且，密集排列的立柱便于安装壁板和建造夹泥墙。直至今日，长江中下游各省仍留存着大量明清时期采用穿斗式构架的民居。在婺源李坑村，大量民居依水而建，房屋采用穿斗式结构，柱子细且排列紧密。这种结构使房屋建造用料少，成本低，同时，密柱之间便于安装木板壁，既能防风又能保证室内空间的相对独立性，与当地的自然环境和生活方式完美契合。

井干式构架是一种不依赖立柱和大梁的房屋结构形式。它直接将圆木或矩形、六角形木料平行向上层层堆叠，在木料端部的转角处交叉咬合，以此构成房屋的四壁，其外形与古代井上的木围栏颇为相似。待四壁建成后，在左右两侧壁上竖立矮柱以承接脊檩，从而构成完整的房屋。中国殷商时期的墓椁中就已应用井干式结构，汉墓中也有相关实例。从文献资料和出土文物来看，目前已知最早的井干式房屋出现于汉代，在云南晋宁石寨山出土的铜器中，就有双坡顶的井干式房屋形象。然而，井干式结构需要消耗大量木材，并且在房屋的绝对尺度以及开设门窗方面受到极大限制，所以其普及程度远不及抬梁式构架和穿斗式构架。在东北林区，部分传统木屋仍采用井干式结构。例如黑龙江漠河的一些民宅，由于当地木材资源丰富，可就地取材搭建井干式房屋。但这种房屋空间相对狭小，窗户开口也较小，主要原因是大量木材堆叠后，在保证结构稳定的前提下，难以进行大规模的空间拓展和大尺寸门窗的开设。

干栏式构架主要应用于潮湿地区。其显著特征是利用较短的柱子将房屋底层架空，柱端铺设木板形成室内地面，在地板之上搭建类似穿斗式结构的木构架，然后在木构架上铺设椽子并挂瓦。在云贵少数民族地区，还存在草葺屋顶的形式。干栏式结构的历史与中国古代木结构的历史同样悠久，早在距今

7000年前的河姆渡遗址中，就已出现采用带榫卯联结的干栏式建筑。直至今日，云南傣族用柱子搭建底层架空的竹楼，其结构原理与干栏式构架极为相似。以云南西双版纳的傣族竹楼为例，底层架空2~3米，用于饲养家畜和存放杂物，上层住人。竹楼采用木构架，屋顶坡度较大，有利于排水。底层架空的设计有效避免了潮湿地面带来的困扰，同时通风良好，适应了当地炎热潮湿的气候条件，充分体现了干栏式构架在应对特殊地理环境方面的优势。

中国传统建筑钟情于木结构，一方面源于木材取材于大自然，完美契合我国先民所追求的“天人合一”理念；另一方面，木结构具备较强的抗震性能，且在修缮与搬迁方面更为便捷，这些优势是主要以石材为材料的建筑所无法企及的。

（二）榫卯联结工艺：匠心独运，精巧绝伦

中国木构架的组成元素通常涵盖柱、梁、枋、垫板、衔檩、斗拱、椽子、望板等基本构件。这些构件相互独立，需要通过特定的联结方式组合在一起，才能构建成完整的房屋。在中国传统建筑中，原则上优先采用榫卯联结，仅在必要时才使用铁钉。

榫卯是在两个木构件上采用的一种凹凸结合的连接方式，其中凸出的部分称为“榫”或“榫头”，凹进的部分称为“卯”（或“榫眼”“榫槽”）。榫卯联结是我国传统建筑、家具以及其他木制器械的主要结构方式。倘若榫卯运用得当，两块木结构之间能够实现紧密扣合，达到近乎“天衣无缝”的程度。尽管榫卯属于建筑内部的结构技术，一般不易被人们察觉，但它却是传统建筑工匠必须熟练掌握的基本技能。工匠技艺的高低，通过榫卯结构便能清晰展现。传说天坛祈年殿的木质结构完全采用榫卯联结，通体不见一颗铁钉，将榫卯工艺的精妙发挥到了极致，其工匠的高超建筑水平令人赞叹不已。

山西应县佛宫寺的释迦塔建于辽清宁二年（1056年）。据史料记载，释迦塔建成后的500多年间，历经七次大地震，塔体结构依旧稳固如初，这充分证明采用榫卯联结的传统木结构体系具备卓越的防震性能。又如建于公元984年的天津蓟县独乐寺观音阁，在1976年唐山大地震中毫发无损，这得益于其合理的结构设计和精准的榫卯联结工艺，而在此次地震中，方圆数十千米内无数的钢筋混凝土和砖结构房屋惨遭毁坏。

榫卯联结工艺的牢固性并非一蹴而就，而是在长期发展过程中逐步演变而来。榫卯工艺最早可追溯至距今7000年以前的河姆渡文化时期。通过对出土文物的研究发现，当时带有榫卯的木构件多达上百件，不过都是垂直相交的榫卯，对于复杂节点仍采用捆扎的方式。在垂直相交节点处采用的榫卯工艺，堪称我国木结构发展历程中的奇迹，对我国传统建筑产生了极为深远的影响。经过后世漫长的实践与改进，榫卯联结日益合理，逐步发展成为如今我们所看到的精湛复杂的工艺。我国传统建筑木结构能够发展成为完备的体系，榫卯工艺功不可没。

我国古代工匠传承技艺多靠口传心授，代代相传。相传民间工匠为了将自己的榫卯工艺传承下去，常常直接从建筑结构中截取一块构造，让弟子进行学习，这种建筑构造逐渐演变成了一种玩具——鲁班锁（图13-1）。鲁班锁由六根中间带有缺口的短木组成，短木之间若搭配合理，便能形成一个紧密稳固的整体。清人所著的中国魔术奇书《鹅幻汇编》对鲁班锁赞誉有加，甚至称其为“益智之具”。除了鲁班锁以外，在传统家具制作中，榫卯工艺也展现得淋漓尽致。比如明式家具中的圈椅，其椅背与扶手的连接、腿部与座面的结合等部位，均采用复杂

图13-1　鲁班锁

而精巧的榫卯结构。以燕尾榫为例，它用于连接椅子的框架部件，其形状如同燕子尾巴，能够承受较大的拉力和剪力，使家具结构更加稳固。同时，榫卯的运用使家具在外观上看不到钉子等连接件，整体造型简洁流畅，充分体现了中国传统工艺的精致与优雅。

（三）砖石拱券结构：刚柔并济，别具一格

我国传统建筑以木结构为主体，梁柱式结构广泛应用，但也不乏砖石建筑体系的拱券结构。

拱券是一种利用石、砖或土坯等块状建筑材料构建而成的承重结构。其外形一般呈圆弧状，承重性能依靠块料之间产生的侧压力得以实现。拱券结构不仅在承受竖向荷重时具备出色的承重特性，还具有装饰美化建筑的作用。在西方建筑领域，应用拱券技术的杰出建筑不胜枚举，古罗马时代的万神庙堪称其中的旷世杰作，其巨大的穹顶直径达 43.3 米，这一纪录一直保持至今。

中国的拱券技术早期主要应用于建造墓室，西汉前期采用筒拱或拱壳穹隆建造墓室，并使用券来建造墓门。随后，拱券技术逐渐应用于建造拱桥、城墙、水门和佛塔等建筑。举世闻名的隋朝赵州桥便是我国石拱技术的经典之作。赵州桥的桥身是一道雄伟的单孔弧券，由 28 道并列的单券组成，跨度达 37.37 米；整座桥采用单跨肩式结构形式，两边桥肩各开两个小拱券，用于泄洪。这种设计极为科学合理，既减轻了桥梁自身重量，节省了建筑材料，又增大了过水流量，在当时的桥梁建筑领域是一项重大创新。除了赵州桥以外，北京颐和园的十七孔桥也是砖石拱券结构的典型代表。十七孔桥横跨在昆明湖之上，连接着南湖岛和东堤。桥身由 17 个券洞组成，中间的券洞最大，向两侧逐渐变小，形成优美的曲线。桥的建筑工艺精湛，券洞的砌筑规整，石栏板上雕刻着精美的图案。在建筑力学上，这种多拱券结构能够有效分散桥身所承受的压力，确保桥梁在长期使用过程中的稳定性。同时，十七孔桥的造型与周围的湖光山色相互映衬，成为颐和园中一道亮丽的风景线，充分体现了砖石拱券结构在建筑艺术和实用功能方面的完美结合。

二、中国传统建筑结构要素

在中国传统木构架建筑体系里，单体建筑的平面布局以“间”作为基础单元，其立面构成则被称作“三分”或者“三停”。北宋建筑师喻皓在《木经》中记载：“凡屋有三分，自梁以上为上分，地以上为中分，阶为下分。”这里的“三分”，对应到现代建筑术语，即台基、屋身与屋顶，这三大元素共同构建起单体建筑立面的基本框架。

（一）台基：建筑的根基与礼序象征

台基，作为房屋的地面基础，其诞生之初纯粹是出于防水防潮的实际需求。追溯至穴居时代，人类便已开始与潮湿环境进行艰苦抗争，潮湿不仅威胁居住者的健康，对于木结构建筑而言更是极大隐患。夯土筑造高出地面的房屋基座，既能有效防潮，也契合了木结构建筑对稳定、干燥基础的需求。《墨子·辞过》在探讨原始住房时，提到“下润湿伤民”“室高，足以辟润湿”，这有力地证实了早期台基在防潮方面的关键作用。

随着时间的推移，台基不断向高大化发展，原本单纯具备实用功能的台基逐渐衍生出庄严的外观。在这一过程中，“高台建筑”应运而生，并在奴隶社会至封建社会早期盛行一时。据文献考证，殷商时期，奴隶主的居所便已建造在高台之上。春秋战国时期，高台建筑达到发展的鼎盛阶段，当时甚至流传

着“高台榭，美宫室”的说法，足见其受推崇程度。例如，春秋侯马晋国遗址留存至今的土台，高度仍达 7 米有余，台上柱洞痕迹清晰可辨；齐国都城临淄西南角，现存一座高达 14 米的夯土台，据推测同样是宫殿的台基。

秦朝时期，秦始皇举全国之力营建阿房宫，虽未完工便毁于战火，但其遗址规模依然震撼世人。整座宫殿建于东西长约 1000 米、南北宽约 500 米的巨型夯土台基上，夯层致密坚固，即便历经岁月侵蚀，至今仍保留 8 米多的高度。从汉至唐，建筑技术不断革新，宫殿建筑自身已能展现出恢宏气势，高台之风因此逐渐式微。尤其在唐代，低平台基成为建筑风尚的主流。保存完好的山西五台山佛光寺大殿，建于唐大中十一年（857 年），是我国唐朝中晚期建筑的杰出代表。其低矮的石砌台基，给人以亲切、朴实之感，彰显出唐代建筑独特的审美意趣。

六朝之后，伴随佛教文化大量传入中国，台基中一种重要形式——须弥座出现了。须弥座平面多呈方形，造型特点为上下宽、中间窄，中间收束部分被称为“束腰”，周围通常装饰以仰莲或伏莲。须弥座起源于印度佛教文化，象征着佛教世界中心的须弥山，蕴含独尊与稳固之意，因而其上常雕刻佛像造型与佛教故事。由于须弥座在美化台基方面具有显著优势，能够很好地与中国传统台基相结合，故而被广泛吸收应用于非宗教类建筑，诸如宫殿、寺庙、华表、石碑等建筑之上，都频繁出现须弥座的造型。

明代永乐年间，北京相继建成紫禁城奉天殿、天坛祈年殿和长陵祾恩殿，这三座大殿均以三重白石须弥座搭配钩栏作为基座。这种设计极大地衬托出建筑物的宏伟壮阔与造型庄严，成为建筑造型美学的经典范例。在采用三重基座的设计过程中，工匠们依据建筑自身的造型、布局以及功能需求，巧妙运用圆形（祈年殿）、矩形（祾恩殿）和工字形（奉天殿）三种不同的平面处理方式，避免了建筑之间的雷同，使这三座建筑共同成为台基建筑领域的典范之作。

除了基身主体，台基还包含台阶和栏杆这两种不可或缺的附属元素。台阶与栏杆不仅具备实用功能，方便人们上下台基以及保障安全，还在美化台基外形方面发挥着关键作用。栏杆线条复杂多变，极大地丰富了台基的外形轮廓；雕刻精美的吉祥图案，使每一根望柱都成为一件精美的艺术品。层层叠叠的台基与栏杆，构成了形态各异的组合，令人目不暇接。角度和方向各不相同的台阶，以纵向线条打破了台基横线条的单调感，使台基以上部分与大地自然贯通，形成一个浑然一体的整体。以北京故宫太和殿的台基为例，三重须弥座配以汉白玉栏杆，栏杆上雕刻着龙凤云纹等吉祥图案。台阶分为御路和踏跺，御路雕刻着精美的龙纹，踏跺供人行走。整个台基的设计，从基身到台阶、栏杆，无论是在建筑实用性还是艺术审美性上，都达到了极高的水准，充分彰显了皇家建筑的威严与庄重。

（二）屋身的关键：柱子——支撑与美学的融合

传统建筑的中分部分为屋身。我国古代建筑以“墙倒屋不塌”的独特结构体系著称，其原理在于先通过立柱和横梁构建起建筑骨架，随后再进行屋顶与墙身的施工。在这一体系中，承担主要承重功能的是柱子，而墙壁仅起到空间隔断的作用。

闻名遐迩的“希腊柱式”被古罗马继承并发展，然而，随着拱券技术的广泛应用，柱子在古罗马建筑中的承重功能逐渐弱化。到了古罗马斗兽场时期，精美的柱子甚至半嵌入墙内，沦为纯粹的装饰性构件。与之形成鲜明对比的是，在中国传统建筑中，柱子的作用极为复杂且多元。除了肩负支撑整个屋顶的重任外，柱子的长短、粗细以及装饰风格，都直接关乎整座建筑物的美观程度。

考古资料显示，早在商代宫室建筑中，就已出现排列规整的柱网，彼时的柱子多为经过简单加工的圆木。秦代，方柱开始出现，并一直沿用到唐宋时期，随后逐渐被加工精细的圆柱取代。依据柱子在建筑中的不同作用，它们被赋予了不同的名称，例如，屋檐下的一排柱子称为“檐柱”，紧贴檐柱内侧的一排柱子叫作“金柱”。此外，一座建筑中还有中柱、山柱、童柱等不同称谓，各自承担着独特的功能。

中国传统建筑中的柱子通常由柱础、柱身和柱头三部分构成。柱础一般采用石材制作，其主要作用是防止柱身下沉以及木柱腐朽。柱身部分与古希腊石柱类似，向上略微收缩，呈现出一种“弹性”，有的柱子甚至如同帕特农神庙的石柱那般向内微倾，以此纠正视觉上的偏差。柱头最初是在柱与梁的接合处起过渡作用的构造，早期呈斗形，后来逐渐由单层发展为多层，从单向承力演变为多向受力，成为一种极为复杂且精巧的构造形式。也正是在柱头这一部位，中国人突破了简单的梁柱式承托方式，创造出了独具东方特色的建筑构件——斗拱。

随着斗拱在建筑结构中功能性的不断强化，柱头部分逐渐被斗拱遮蔽。与此同时，一种新的构件——雀替应运而生。相较于其他建筑构件，雀替的发展成熟相对较晚。起初，雀替主要发挥力学作用，随着时间的推移，人们为其融入了装饰性元素。于是，雀替如同翅膀一般，附着在柱子上端的两侧，其图案和形状丰富多样，变化无穷。在柱子的上端，还有一种兼具联络与承重功能的构件——额枋。额枋是建筑装饰的重要部位，人们常常在其上绘制色彩鲜艳的彩画，起到极佳的美化效果。例如在山西平遥古城的古建筑中，许多房屋的额枋上绘制着精美的苏式彩画，图案有花鸟鱼虫、人物故事等，不仅为建筑增添了艺术美感，还反映了当地的文化特色和民俗风情。

然而，房屋柱子在承担承重功能的同时，也存在一些弊端，如木材消耗量大，室内外林立的柱子会对空间布局造成一定影响。宋元时期，工匠们针对这些问题进行了大胆的改革与创新，创造出“减柱法”和“移柱法”。“减柱法”是指选用粗大的树木作为梁材，架设在立柱之上，从而减少中间部分立柱的数量；“移柱法”则是将部分柱子的位置进行移动。不过，由于大梁的长度和粗细存在一定限制，这两种方法在实际应用中受到诸多制约，未能得到大规模推广。明清时期，出于建筑安全方面的考量，基本摒弃了这两种方法。

在中国建筑史上，还有一座极为特殊的悬柱建筑——广西容县的真武阁。真武阁外形似塔，是一座风格独特的木构建筑。整座楼阁使用了近3000条大小不一、质地坚硬如石的铁黎木构件，通过榫卯方式相互联结，合理且协调地构建成一个优美、稳固的统一整体。令人称奇的是，楼阁中的部分柱子柱脚悬空不落地。其实现方式为：在悬空柱上，分上下两层设置十八根枋子（拱板），枋子穿过檐柱，组成两组严密的“杠杆式”斗拱。拱头用以托承外部宽阔的瓦檐，拱尾则托起室内的悬空柱本身，以檐柱作为支点将悬空柱挑起，如此一来，两层楼上的四根内柱便实现了悬空。据说，这种设计旨在实现沉重屋顶与屋檐之间的相对平衡，充分展现了古代工匠卓越的智慧和高超的技艺。

（三）屋顶：建筑的冠冕与艺术华章

屋顶堪称中国传统建筑的核心要素，重叠错落的屋顶轮廓，勾勒出古代中国城市独特而优美的天际线，成为塑造中国建筑形象的标志性语言。

中国传统建筑的屋顶极具特色，普遍呈现出体量庞大且沉重的特点，素有“大屋顶”之称。采用大屋顶形式，最初主要基于功能需求。由于房屋采用粗壮木料搭建屋架，为了消除屋架顶端水平推力的影响，确保房屋结构的安全与稳固，需要在屋架顶端施加一定重量。

殷商时期，即便最为隆重的宗庙或宫室建筑，也多采用茅草盖顶、夯土筑基的方式。安阳殷墟出土的宗庙和宫室遗址证实，商代建筑尚处于“茅茨土阶”阶段。所谓“茅茨”，即茅草覆盖的屋顶。茅草屋顶质地轻盈，具备一定的保温和隔热性能，若将檐部修剪整齐，也颇具美感。但其缺点在于排水性能欠佳，且需要每年进行维修。随着生产力的发展，奴隶主阶层对建筑质量和审美享受的要求日益提高，茅草屋顶显然已无法满足需求，变革势在必行。西周初期，陶制屋瓦被发明出来，周王朝的宫室屋顶开始普遍采用瓦来替代茅草顶，这无疑是古代建筑发展史上的一大进步。与此同时，周代还出现了斗拱，并且斗拱的形制和功能在随后的岁月中不断完善。斗拱的出现，使梁与柱之间的连接更具“弹性”，为屋顶向更大、更华丽的方向发展创造了条件。

中国传统建筑的大屋顶坡度逐渐变陡，且发展出多个坡面。与世界其他地区屋顶多为直线形态不同，中国屋顶呈现出优美、舒缓的曲线。《周礼·考工记》中记载：“轮人为盖……上欲尊而宇欲卑，上尊而宇卑，则吐水疾而溜远。”这里的“盖”指屋顶，“上尊而宇卑”描述的是将屋顶设计成带曲面的坡面，“吐水疾而雷远”表明这种坡面最初的设计目的是使屋顶排水迅速且排水距离远，避免雨水对房屋造成损害。此后，工匠们逐渐发现，屋顶除具备遮风挡雨的实用功能外，还具有极高的艺术装饰价值。为了打破框架结构带来的压抑感和单一感，工匠们将屋顶设计成具有举折与起翘的形态，使其如同鸟翅般舒展，呈现出轻盈灵动之美，给人以飞动轻快的视觉感受。这种对屋顶的艺术化处理手法最迟在春秋时期便已出现。《诗经·小雅》中对当时屋顶的描写为“如鸟斯革，如翚斯飞”。“革”形容鸟翅膀展开的形态，“翚”描绘鸟振翅高飞的姿态，形象地从美学角度将屋顶檐角的轮廓比作鸟在空中展翅翱翔。在蓝天的映衬下，轻快舒展的屋角宛如一顶华美的冠冕，覆盖在建筑之上，构成一幅美妙绝伦的画面。

除了在屋顶造型上大量运用曲线，工匠们在屋顶色彩明度的搭配方面也独具匠心。以北京景山俯瞰故宫的场景为例，那大片金色的屋顶令人印象深刻。清朝时期，官方正式规定，黄色琉璃瓦仅用于帝王的宫殿、门、庑、陵墓和宗庙，王公府邸则使用绿色琉璃瓦。皇宫选用黄色琉璃瓦，一方面是为了彰显皇家的威严与尊贵，另一方面，从建筑美学角度来看，紫禁城建筑多采用重檐式屋顶，庞大的屋顶容易给人一种压迫感，而黄色琉璃瓦的使用，使其在视觉上显得更为轻盈，从而使整座宫殿在庄重威严之中又不失稳重大气。

中国传统建筑的屋顶形式丰富多样，归纳起来主要有庑殿顶、歇山顶、悬山顶、硬山顶、攒尖顶、卷棚顶等几种基本形式。

侯幼彬教授将这几种屋顶形式的美学特征分别概括为雄壮之美、壮丽之美、大方平和之美、质朴憨厚之美。中国古代屋顶有单檐和重檐之分，在所有单檐屋顶形式中，庑殿顶出现时间最早，后来逐渐发展成为最为尊贵的屋顶形式。

庑殿顶的屋面由前后左右四个坡面构成，因此又称为“四阿顶”。由于庑殿顶的四坡屋面共有五个接缝，为防止雨水渗漏，在接缝处设置了“脊”，整个屋顶共有五条脊，故庑殿顶也被称作“五脊式屋顶”。五条脊中，位于正中的称为“正脊”，四角的为“垂脊”；正脊两端与垂脊的交接处通常装饰以龙形，因其龙口含正脊，所以又称“正吻”，也称鸱尾。庑殿顶分为单檐和双檐两种形式，单檐庑殿顶多用于礼仪盛典以及宗教建筑的偏殿或门堂等场所，以体现庄严肃穆的氛围，如北京天坛的皇乾殿及斋宫等建筑均采用的是单檐庑殿顶。重檐庑殿顶为皇家最高规格，如故宫太和殿采用的就是重檐庑殿顶形式。

歇山顶实际上是庑殿顶的一种变体。其主要特点是在左右屋顶的坡面上增加了一部分山墙，相较于庑殿顶，多出四条戗脊，连同原来的五条屋脊，歇山顶共有九条屋脊，因此又被称为“九脊式屋顶”。与单檐庑殿顶类似，单檐歇山顶也应用于较高等级的建筑，但应用范围比庑殿顶更为广泛，除宫殿中的部分建筑外，祠庙坛社、寺观衙署等官家或公共殿堂也常采用歇山顶，如天安门城楼。《营造法式》中分别将庑殿顶和歇山顶赋予别名“吴殿”和“曹殿”，这一称谓源于唐代著名画家吴道子和北齐大画家曹仲达。二人绘画技艺高超，在绘画史上有“曹衣出水，吴带当风”的美誉，且都擅长绘制宫殿寺庙。其中吴道子尤其擅长描绘“五脊殿”（庑殿顶），曹仲达则精于绘制“九脊殿”（歇山顶），后世便据此将这两种殿分别称作“吴殿”与“曹殿”。

在歇山顶之下，还有悬山顶和硬山顶。悬山顶属于两面坡顶的一种，其显著特点是屋檐悬挑出山墙之外（又称挑山或出山）。悬山顶一般仅应用于民间建筑，很少应用于重要建筑，山墙的山尖部分还可进行不同形式的装饰。硬山顶同样属于两面坡类型，与悬山顶的区别在于，悬山顶的屋檐向外悬挑出山墙，而硬山顶的屋檐与山墙齐平，并不悬挑出山墙之外。

庑殿顶、歇山顶、悬山顶和硬山顶这四种屋顶形式都有一条正脊，而攒尖顶和卷棚顶则没有正脊。攒尖顶的屋面呈锥体状，屋面交会于一点，该点即为顶。根据建筑物平面形状的差异，攒尖顶又可分为圆攒尖、四角攒尖、八角攒尖等样式。攒尖顶最早出现于北魏石窟的雕刻中，较早的建筑实物有北魏的嵩岳寺塔、隋代的神通寺四门塔等。在一些次要建筑物中，常将前后两坡的筒瓦在相交处做成圆形，而不设置正脊，由此形成了卷棚顶。卷棚顶出现时间相对较晚，明清时期开始广泛应用。这种屋顶线条流畅，风格较为平缓，多应用于园林建筑，能营造出柔和、雅致的氛围。例如苏州拙政园中的一些亭榭建筑，采用卷棚顶，与园内的山水、花草等景观相得益彰，展现出江南园林的婉约之美。

除了注重屋顶的样式设计，皇家建筑还常常通过奢华的屋顶装修来彰显其崇高的地位。等级较高的建筑，其屋顶的正脊、垂脊、戗脊、出檐等部位都是装饰的重点区域。相应的脊饰有鸱吻（亦称龙吻、正吻）、脊刹、垂兽、戗兽、套兽等，这些脊饰形态各异，栩栩如生，或威严庄重，或祥和安宁，或华丽精美，或质朴简洁。例如，故宫太和殿重檐庑殿顶上排列整齐且气势威严的九大脊兽，与仙人引路和戗兽共同构成了脊饰的最高形制，充分展现了皇家建筑的尊贵与奢华；北京天坛祈年殿华丽精美的藻井，将中国传统建筑的装饰艺术发挥到了极致；河北正定隆兴寺摩尼殿的瓦垄和如意斗拱富有节奏感和韵律美，展现出独特的建筑韵味；扬州四望亭“如翼斯飞”的三重檐，造型灵动，给人以强烈的视觉冲击；山西平遥文庙层层叠叠的斗拱，展示出精湛的工艺水准；广州陈家祠题材丰富、形态逼真的陶瓷脊饰，蕴含着深厚的岭南文化内涵。以上建筑都具有极高的审美价值与文化底蕴。

中国传统建筑的结构美感，很大程度上通过屋顶形象得以展现。但大屋顶并非孤立存在，它与屋身、台基紧密相连，共同构成丰富多样的建筑造型。因不同的时空背景，三者的组合呈现出各异的风格特色。王振复教授曾对屋顶与屋身、台基的匹配魅力作出评价：“中国古代建筑美，是以台基平面和立柱墙体一般呈现的直线对称，与大屋顶一般呈现的弧线反翘形象的完美结合。是由平面的‘中轴’、立面的直线所传达的逻辑，与形象颇为丰富生动的曲线所蕴含的欢愉情调的‘共振和鸣’，是直与曲、静与动、刚与柔、庄严与活泼、壮美与优美的和谐统一。”① 著名美学家李泽厚先生在《美的历程》中，也谈及三者在中国建筑中的关系美：“中国木结构建筑的屋顶形状和装饰占有重要地位，屋顶的曲线，向上微翘的飞檐（汉以后），使这个本应异常沉重往下压的大帽，反而随着线的曲折显出向上挺举的飞动轻快。配以宽厚的正身和阔大的台基，使整个建筑安定踏实而毫无头重脚轻之感，体现出一种情理协调、舒适实用、有鲜明节奏感的效果，而不同于欧洲或伊斯兰以及印度建筑。”② 中国传统建筑正是凭借屋顶、屋身与台基的精妙组合，形成了独特的建筑美学体系，承载着深厚的历史文化内涵，成为世界建筑史上的璀璨明珠。

事实上，中国传统建筑屋顶的形制与装饰，处处彰显着建筑形式与结构逻辑的统一，交织着理性与浪漫的创新精神。从屋面瓦垄形成的线性肌理，到勾头、滴水组合而成的优美檐口；从屋面交接构成的丰美屋脊，到脊端节点衍化出的吻兽脊饰，无一不是在满足功能与技术需求的基础上进行的艺术美化。

① 王振复. 中华建筑美学［M］. 上海：上海古籍出版社，2022.
② 李泽厚. 美学三书·美的历程［M］. 合肥：安徽文艺出版社，1999.

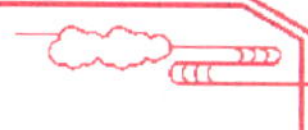

第二节　建筑环境协调之美

建筑，作为人类主观能动创造的产物，其建设根基深植于土地，无论是构筑于土地之上，还是融入土地之中，都与地理环境存在着千丝万缕的紧密联系。从广义建筑学的视角来看，建筑的核心要义在于创造优良的人居环境，其本质内涵聚焦于人为营造且为人服务的居住空间。在中国传统建筑的城乡聚落建设及各类建筑活动里，强烈地展现出对尊崇自然、顺应自然的理念，以及与自然和谐共生的价值取向。秉持因地制宜的原则，力求实现建筑与自然环境的深度融合、协调统一，这种环境意识贯穿始终。

一、人与环境的关系是传统建筑的核心

人与环境、人与自然的关系问题，始终是中国传统建筑环境观的核心要点。这一现象的形成，一方面深受中国古人“天人合一”哲学观念的深远影响，另一方面也由中国古代社会的类型特征所决定。

中国哲学家冯友兰先生指出，世界文化大致可划分为三种类型：游牧文化、农耕文化及商业文化。中国古代社会长期处于自给自足的农耕经济模式，其物质文化、制度文化和观念文化皆深深扎根于农耕经济基础。在农耕类型的社会中，经济的富足程度在很大程度上受制于自然因素。风调雨顺、适宜的土地与气候条件等，均能对经济收入和国民生活产生重要影响。显然，人类社会不仅依存于环境，从外界环境获取维持生存与生活的物质资料，还钟情于祖国的壮丽山川，从外界环境中感悟美感，增添生活情趣，追求情感的愉悦与审美的享受。也就是说，在农耕文化背景下，人类社会生存的物质基础以及精神层面的审美情趣皆源自自然环境。

人兼具自然属性与社会属性，其居住环境的构建往往受到自然物质条件与社会规约的双重制约，并由此将建筑在空间界面上划分为内部环境与外部环境。内部环境更多地受到社会制度、文化观念和审美情趣的影响，体现出建筑的人文适应性与社会适应性；而外部环境则受制于所处的土壤类型、气候条件等，主要展现了建筑的自然适应性。从建筑环境的层次结构来看，无论是传统村落环境，还是现代社区环境，都需结合所处位置的特点，融入山水地形的特色，使建筑与周围自然环境相互融合，达成和谐统一的宏观景致。同时，要以建筑功能设计的合理性为基础，注重建筑的墙面、屋顶、色彩等元素的多样统一与整体协调性，以及建筑组合、立面造型的丰富性，营造宜人的中观环境。此外，还需针对人们丰富多样的情感需求和人性的全面发展，从细部处理、室内空间组织及其与室外空间的连接，以及门、窗等建筑要素的尺度、比例、韵味、风格等方面进行精心设计，打造具有高文化品位和审美意蕴的微观环境。例如，在江南水乡的传统村落中，建筑依水而建，粉墙黛瓦与绿水、青山相互映衬，构成了优美的宏观景致。建筑内部空间布局合理，注重采光与通风，室内装饰精致，体现了人文适应性。而建筑的屋顶形式、墙体材料等则根据当地的气候和地理条件进行选择，展现了自然适应性。

二、建筑环境协调之美

中国古代农业生产集中在黄河中下游地区，早在原始时代，便在欧亚大陆东部这片肥沃的土地上耕

耘劳作，这种农耕生活贯穿整个中国古代社会。悠久且深厚的农耕文化对中国传统建筑产生了长期而深刻的影响，逐渐形成了内涵丰富、体系完备的建筑环境观，主要包括追求“天人合一”的环境宗旨、追求“五位四灵”的环境理想，以及主张因地制宜的环境意向。

（一）追求“天人合一”的环境宗旨

“天人合一”是中国传统文化追求的根本基调和核心准则，古代中国人的宇宙观、环境观、艺术观、审美观都与之存在着不同程度的内在关联。儒道两家的“天人合一”学说堪称中国古代哲学中天人关系理论的典型代表。儒家尊崇“人道”，提出“在天为命，在人为性”，认为天道与人性（道）是相统一的。因此，儒家“天人合一”的落脚点体现在人的主体性与道德性方面。孔子曾说“智者乐水，仁者乐山；知者动，仁者静；智者乐，仁者寿”（《论语·雍也》），在他眼中，秀美的自然景色成为“天地之德”和“仁”的理性精神的象征，对自然山水的观赏乐趣与仁智悦心的感受相互契合，构成了一种审美的人生境界。体现在建筑环境观上，儒家尤为强调建筑与环境的整一和合，注重建筑平面布局和空间组织结构的群体性、集中性、秩序性、教化性，以及突出建筑环境中蕴含的人伦道德审美文化内涵。

《周礼·考工记》中记载：“匠人营国，方九里，旁三里，国中九经、九纬，经涂九轨，左祖右社，面朝后市，市朝一夫”，这种对古代都城条文式的规划布局，深受儒家“天人合一”观的伦理色彩和礼制思想的影响。故宫建筑堪称封建伦理的典范，其左右对称的布局，各组建筑串联于同一轴线上，形成统一且主次分明的整体。空间布局层层推进，给人以庄严肃穆之感，其威严崇高的集中性、井然有序的秩序性，无疑是封建皇权的隐喻与象征。它不仅展示了封建统治者仿天造都、仿天为室，借助天道巩固人治的思想观念和内心期望，而且生动地展现了儒家“天人合一”的环境理想和审美追求。

与儒家不同，道家崇尚“天道”，其追求的“天人合一”环境理想表现为崇尚自然、借助环境、随形就势的建筑布局和环境处理。一方面表现为对自然的模仿，另一方面表现为对自然的直接借用，从而实现与自然山水的契合与融通。古代楚国都城郢，建造于纪山、八岭山、雨台山和长江之间，借助三山一水的天然环境，形成了水萦山绕的建筑气势；云南的丽江古城，顺应山形水势，道路街巷依水渠的曲直而构建，房屋建筑沿地势的高低错落组合，独具匠心，给人以自然质朴、舒旷幽远的美感。苏州园林内通过巧妙堆叠假山、开凿池塘、种植花草树木等方式，模仿自然山水的形态，将自然景观引入园林之中。同时，园林中的亭台楼阁等建筑与自然景观相互融合，游客身处其中，仿佛置身于自然山水之间，充分体现了道家“天人合一”的环境理想。

（二）奉行“五位四灵”的环境理想

“五位四灵”的环境理想以及建筑选址的堪舆观念，在思想背景和文化渊源上以“天人合一”观念为根基。

“五位四灵”的环境模式，实际上就是中国传统建筑一直重视的风水学说。五位，即东、西、南、北、中五个方位的简称；四灵，是道教信奉的四方神灵，分别为东方青龙、西方白虎、北方玄武、南方朱雀。“五位四灵”既形象地诠释了中国传统文化的“天人合一”理想和系统综合思维，又直观地体现了传统建筑文化的环境审美追求和环境审美标准，对传统建筑，尤其是汉民族的聚落选址产生了广泛而深刻的影响。

“五位四灵”的环境模式可归纳为简洁的口诀：“前有照，后有靠，青龙白虎层层绕。金水多情来环抱，朝案对景生巧妙。明堂宏敞宜营造，点穴正位天心道。水口收气连环套，南北主轴定大要。”英国著名科学技术史专家李约瑟对这一模式给予了“宇宙图案”的高度评价与赞誉。

留存至今的许多寺庙、陵墓、民居等古建筑，大多依据“五位四灵”的环境模式选址建造。明十三陵从选址到规划设计，深受中国传统风水学说的影响，极为注重陵寝建筑与大自然的山川、水流和植被的和谐统一。世界遗产委员会在将其列入《世界遗产名录》时评价道：十三陵依照风水理论，精心选址，将众多建筑物巧妙地安置于地下；体现了传统的建筑和装饰思想，阐释了封建中国持续五千余年的世界观与权力观。

此外，许多历史文化名城和村镇聚落，也是“五位四灵”模式的杰出营建范例，其建筑布局与自然环境精妙融合，人文环境自然化、自然环境人文化的巧妙构思，至今仍令人陶醉、深受感动。在现今广东梅州梅县白宫镇棣华居、广东三水大旗头村、安徽的呈坎古村落等地，“五位四灵”的环境模式清晰可见。广东梅县棣华居是一座典型的传统客家围龙屋，属三堂四横一围垅式。棣华居的环境特征显著，环境意象极具感染力。其外部环境突出体现了“五位四灵”的环境模式，既有讲求秩序性和集中性的“五位”，又融入了道家“四灵”的神仙观念。棣华居前筑有污池，后靠山丘，符合《阳宅十书》中“前有污池谓之朱雀，后有丘陵谓之玄武”的要求。其建筑平面布局和空间组织生动地展现了儒家“天人合一”的环境理想，中轴线上依次布置着威严高贵的前堂、中堂、后堂，直至龙厅。横屋厅、横屋间均以中心对称布局，整一和合，主次分明，秩序井然，彰显了棣华居内部空间环境意象的礼制性、宗法性、秩序性、教化性特征。广东三水乐平镇的大旗头村，整个村落呈现出坐南朝北、前塘后村的总体布局，蕴含着“塘之蓄水，足以荫地脉、养真气”的堪舆义理。而被宋代著名儒学家朱熹誉为“呈坎双贤里，江南第一村”的徽州古村落呈坎，其选址布局不仅契合“绿水村边合，青山郭外斜”的环境意向以及“负阴抱阳，背山面水，前有朝山溪水流，后有丘陵龙脉来”的堪舆观念，还以其八卦式样的独特布局和左祖右社的典型模式，传达出深厚的传统文化意蕴。

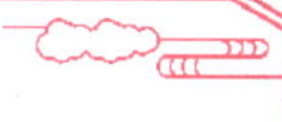

第三节 建筑意境讲究之美

在建筑审美活动里，别具一格的建筑造型率先激发起人们的审美欲望与期待。然而，更深层次的审美进阶以及情感体验，实则在对建筑意境的理解与解读过程中徐徐铺陈开来。其中，重点与核心在于对建筑的外观造型、平面布局、空间组合、细部装饰以及环境景观所传递的价值取向和文化精神展开体会、认知与观照，即聚焦于对“建筑意境”的审美感悟。

一、“建筑意境”的内涵

意境，作为中国艺术与美学领域独树一帜的审美范畴，同时也是中国艺术与美学矢志追求的至高境界。中国古代的艺术家与思想家，从艺术审美实践中凝练出“意境”这一独特概念，它与崇尚“虚”“和”的中国文化传统、追求“神”“韵”的艺术理念、重生的民族心理以及重体悟的审美思维模式紧密相连。换言之，意境堪称彰显中国文化艺术精神的美学范畴。

建筑意境，即“建筑意”，最早由梁思成和林徽因先生于 1932 年在《平郊建筑杂录》中提出并阐释。他们曾言：“这些美的存在，在建筑审美者的眼里，都能引起特异的感觉，在‘诗意’和‘画意’之外，还使他感到一种‘建筑意’的愉快。这也许是个狂妄的说法——但是，什么叫作‘建筑意’？我们可以找出一个比较近理的含义或解释来……天然的材料经人的聪明建造，再受时间的洗礼，成美术与地理之和，使它不能不引起赏鉴者一种特殊的性灵的融会，神志的感触，这话或者可以算是说得通。无论哪一种巍峨的古城楼，或一角倾颓的殿基的灵魂里，无形中都在诉说，乃至于歌唱，时间上漫不可信的变迁；由温雅的儿女佳话，到流血成渠的杀戮。他们所给的‘意’的确是‘诗’与‘画’的。但是建筑师要郑重的声明，那里面还有超出这‘诗’‘画’以外的‘意’存在。”

梁思成与林徽因两位先生从中国艺术精神的视角，提出“建筑意”这一概念，并将其与“诗意”“画意”相比较以作体悟和阐释。“建筑意”与“诗意”“画意”的共通之处，在于皆能给予人精神上的愉悦与自由，即“性灵的结合，神志的感统”；而它们的差异在于，“建筑意”是借由建筑的特殊形式，诸如形式结构、空间轮廓、色彩、雕纹等的变化来传达意蕴。

古往今来，诸多关于建筑意境的审美感性记述，有力地确证了建筑意境的重要地位与意义。例如，王羲之在《兰亭集序》中感慨：“仰观宇宙之大，俯察品类之盛。所以游目骋怀，足以极视听之娱，信可乐也。”王勃于《滕王阁序》里，由“落霞与孤鹜齐飞，秋水共长天一色”的意象起兴，引发出“天高地迥，觉宇宙之无穷；兴尽悲来，识盈虚之有数”的哲思感悟。计成在《园冶》中所述“轩楹高爽，窗户虚邻，纳千顷之汪洋，收四时之烂漫”，便是对园林意境的着重强调与追求。再如苏州沧浪亭，其未入园便能感受到一股清幽古朴之气。园内以水为中心，亭台楼阁错落有致地分布于水畔林间。漫步其中，能深切体会到古代文人雅士寄情山水、远离尘嚣的心境，这便是建筑意境在沧浪亭中的生动体现，让人仿若穿越时空，与古人进行一场心灵对话。

二、建筑意境的呈现

建筑意境通常借助建筑空间组合营造的环境氛围、规划布局形成的时空流线，以及细部处理运用的象征手法得以展现，并且时常辅以赋诗题对、悬书挂画等方式加以点化。

以北京天坛为例，天坛圜丘主体由三重同心圆的汉白玉台基构成，在建筑处理上遵循少而小的原则，数量精简、体量小巧，以此渲染并强化庄重肃穆的空间氛围。在总体空间布局方面，主轴线上依次布置圜丘和祈年殿两组主体建筑，二者相距甚远，由宽阔漫长的丹陛桥相连，以此凸显对天的崇敬之情以及苍茫无垠的时空意识。在建筑形象塑造上，广泛运用象征手法，涵盖图形象征、方位象征、色彩象征和数字象征等，构建起天坛多层面的象征符号体系，巧妙点化出天坛的深远意境。

传统民居的建筑意境审美亦如此。福建永定湖坑镇洪坑村振成楼，其空间组合独具匠心，题联题对韵味深长；浙江永嘉苍坡村古村落，整体规划巧妙融合自然与人文元素；民居建筑装饰中广泛运用的比喻和象征手法，均为创设民居建筑意境的典范。例如，在广东开平的碉楼建筑中，碉楼融合了中西方建筑风格，其坚固的墙体、独特的造型以及精美的雕花装饰，既体现了当地民众抵御外敌、保护家园的实用需求，又蕴含着对美好生活的向往和对文化融合的包容态度。碉楼周边绿树环绕、田野广袤，与周边自然环境相互映衬，共同营造出独特的建筑意境，让人感受到历史与现代、本土与外来文化碰撞交融的魅力。

建筑意境的审美特性还体现在对建筑空间，特别是园林线性空间系列的体验之中。人们对约翰·波特曼设计的旅馆中庭赞誉有加，对苏州园林空间称赞不已，对白天鹅宾馆“故乡水”中庭空间处理推崇备至，其实质是对这些空间意境审美特性的高度认可。就苏州园林而言，拙政园“径缘池转，廊引人随”，留园“曲径通幽，庭深小院”，网师园“小中见大，园中有园”，它们景观布局动静相宜、虚实相生，叠山理水、远近借景，以曲折的径廊加以引导，以亭台楼阁的诗意名对加以点化，充满意趣。人步入园中，移步换景，仿佛置身空灵之境，得以顿悟宇宙和人生的真谛，沉醉其中、怡然自得。

英国后现代建筑理论家查尔斯·詹克斯在《中国园林之意义》中这样评价中国园林的空间意境：“中国园林是作为一种线性序列而被体验的，使人仿佛进入幻境的画卷，趣味无穷……内部的边界做成不确定和模糊，使时间凝固，而空间变成无限。显而易见，它远非是复杂性和矛盾性的美学花招，而是取代仕宦生活，有其独特意义的令人喜爱的天地——它是一个神秘自在、隐匿绝俗的场所。”① 扬州个园“四季假山”景观空间流线及其意境营造便是绝佳例证。扬州个园分别选用笋石、湖石、黄石、宣石叠石为山，打造出“门景为春山、湖石为夏山、黄石为秋山、宣石为冬山”的四个景观空间层次，通过池水、楼、廊、亭、桥等相互连接，形成有峰有谷、起伏变化的观景时空流线。这不仅是计成“轩楹高爽，窗户虚邻；纳千顷之汪洋，收四时之烂漫”的时空意境呈现，也是对“‘春山淡冶而如笑，夏山苍翠而如滴，秋山明净而如妆，冬山惨淡而如睡’（见郭熙《林泉高致》）以及‘春山宜游，夏山宜看，秋山宜登，冬山宜居’（见戴熙《习苦斋题画》）的画理”② 的巧妙运用与诗情画意的意境表达。

建筑意境的生成与强化，往往还借助建筑或园林的题名、题对加以点化。这在中国传统建筑意境，尤其是园林意境的创造中应用极为广泛。中国古典园林自建造之初便蕴含人伦寓意，一花一草、一石一树皆有特定内涵，但其营造的意境含蓄朦胧，象征意味与深层寓意常令观赏者难以精准领会。为将造园家精巧的艺术构思与风景蕴含的思想意蕴顺畅传达给观赏者，便需借助某种艺术手法对风景意境加以规定与引导，楹联便是最常见的形式。除叙述建筑缘起外，题名、题对也起到了抒发主人情怀、寄托美好愿望、提升建筑意境、丰富空间意蕴的作用。

北京故宫前三殿，以太和、中和、保和命名，隐喻邦安民和、天下太平；后三宫命名为乾清、交泰、坤宁，象征天清地宁、帝后和睦。颐和园的三大殿命名为“仁寿殿”“乐寿殿”“颐乐殿”以及“寿协仁符”“万寿无疆”的内檐匾额，皆表达祝瑞志喜之意。承德避暑山庄“乾隆三十六景”中的第三景“松鹤清樾”寓意“松鹤延年”，因“松鹤斋”是乾隆皇帝的母亲孝圣宪皇后的寝宫。乾隆在《松鹤清樾诗序》中写道：“进榛子峪，香草遍地，异花缀崖。夹岭虬松苍蔚，鸣鹤飞翔。登蓬瀛，临昆圃，神怡心旷。洵仙人所都不老之庭也。”在苏州园林中，“拙政”“沧浪”“网师”等题名，渗透着浓郁的隐逸意识，不仅反映了园主人（分别是王献臣、苏舜钦、宋宗元）的内心情感与审美趣味，对全园的意蕴和景观品格也起到标示主题、揭示情感基调的作用。拙政园的“与谁同坐轩”，取意于苏轼的“与谁同坐？明月清风我”，为这一扇面增添诗词意境，深化审美意蕴；网师园的“集虚斋”取自《庄子·人间世》“唯道集虚，虚者，心斋也”句意，意为修身养性、排除尘俗，追求虚静空明之境；曲园“乐知堂”隐喻“乐天而知命”之意，并在庭院中种植金桂、玉兰，与砖刻“金玉玉桢”相呼应，寓意子孙兴旺发达、安享颐年。再如岭南园林东莞可园的“草草堂堂”“听秋居”“双清室”等，让人联想到园主人张敬修对“居幽”“览远”的审美追求。

至于风景景观的景点题名，同样极为考究，常将建筑、山川等静景与春晓、秋月、晨霞、晚钟、悬虹、落日等动态景象相联系。如西湖十景“苏堤春晓、曲院风荷、柳浪闻莺、花港观鱼、平湖秋月、三潭印月、断桥残雪、雷峰夕照、双峰插云、南屏晚钟”，便是景观题名的典范，赋予人绵延不绝的时空感，营造出虚实相生、诗意盎然的境界。又如南京玄武湖的“樱洲花海”景点，每逢春季樱花盛开，大

① 查尔斯·詹克斯. 中国园林之意义［J］. 赵冰等，译. 建筑师，10：75.
② 陈从周. 扬州园林与住宅［J］. 社会科学战线，1978（3）：207-233.

片粉色樱花与周边的湖水、绿树相互映衬，“樱洲花海”这一题名生动地描绘出此地的美景，让人仿佛置身于浪漫的花之海洋，极大地丰富了景观的意境。

又如古典园林中的水景，常与“观鱼”“知鱼”紧密相连。从上海豫园的“鱼乐榭”、北京颐和园的“知鱼桥”、香山静明园的“知鱼壕”，到避暑山庄的“濠濮间想”、苏州留园的“濠濮亭”，再到杭州玉泉观鱼处的“鱼乐园”，无不表达“鱼乐人亦乐，泉清心共清”的思想情怀。置身其间，人们不禁联想到庄子与惠子游于濠梁之上的典故，与庄子与鱼为乐的自在无为思想产生共鸣，进而引发对自然与人生的深层次哲学思考。更为精妙的是，苏州狮子林“燕誉堂”庭前有一湖石假山，旁植牡丹和玉桂，构成玉桂花开、香气四溢的景观意象。其前廊东面洞门砖额匾题“听香”二字，与西面的“读画”遥相呼应。俗话说，香气靠嗅觉感知，无法用耳听闻，此处却用“听香”点景，实则暗指景庭前观的“象外之意”：牡丹代表富贵，玉桂的“桂”与“贵”谐音，有“玉堂富贵”之吉祥寓意。“‘读画’即提示观者要静心观看，读懂景中之画意。‘听香’则要求观者关闭一切耳目感官，返归心灵的观照，以感悟那有形声色背后的生命节奏和韵律。由‘读画’到‘听香’，实际上代表了中国艺术一个由表及里的认知深化过程，从而增加了这一景观内涵的深刻性，颇具哲理意蕴。”①

运用题对（联）手法烘托建筑、园林空间的诗情画意，点化其审美意境，在中国传统建筑中屡见不鲜。如沧浪亭的亭联：“清风明月本无价，近水远山皆有情”，取自欧阳修、苏舜钦两文人的诗句，上联咏景，暗示园主人不惜巨资购园之事；下联运用拟人手法，使山水人情化，表达寄情山水的人生理想，深化了沧浪亭的文化积淀与审美意境。个园清漪亭的题词：“何处箫声，醉依春风弄明月；几痕波影，斜撑老树护幽亭”，将清漪亭的自然景观环境描绘得细致入微，寄托园主人以自然为乐的审美理想。网师园殿春簃书斋小屋楹联：“巢安翡翠春云暖，窗护芭蕉夜雨凉”，虽同为写景抒情，却以“翠竹、芭蕉、春云、花窗、鸟巢、夜雨”入画，描绘出虚实相间、动静结合的恬静安逸书斋生活图景。而拙政园得真亭的隶书楹联：“松柏有本性，金石见盟心”，借松柏品性抒发园主人坚贞不屈、挺拔高洁的志趣情操；雪香云蔚亭对联：“蝉噪林逾静，鸟鸣山更幽”不仅描绘了自然之景，更传达出一种内心的宁静与超脱。可园的鹤顶格题联：“可有草堂传佳句，园留景色话春晖”，概括了全园丰富景观和感情基调；又如惠州西湖六如亭的题对，上联重复六个如字：“如梦、如幻、如泡、如影、如露、如电”，下联六个不字对应：“不增、不减、不生、不灭、不垢、不净”，点出了惠州西湖“真”“幽”“幻”的景观特色。再如湖南凤凰古城的万名塔，其楹联“塔静梧高凌空引凤，河清岸曲流水藏蛟”，既描绘出万名塔周边宁静优美的自然环境，又蕴含着对当地人文昌盛的美好期许，与古城的整体氛围相得益彰，极大地提升了建筑的意境美。

题名、题点在建筑及园林的意境创造和审美体验中意义重大，王毅在《翳然林水：栖心中国园林之境》中指出：“题额对园林景观的升华，藻绘点染，赋形摘彩之外，寓情寄兴，托物言志，一联一对可将园林美学、人生哲学与周围景观融为一体。”《红楼梦》中贾政亦言：“偌大景致，若干亭榭，无字标题，也觉寥落无趣，任有花柳山水，也断不能生色。”诚然，若缺少题名、题点，园林景观将黯然失色，更遑论“意境”二字。

此外，建筑的文化内涵和审美意境的丰富、深化，与建筑装饰息息相关。木雕、砖雕、石雕、泥雕、灰雕、陶雕、嵌瓷、门画、藻饰、壁画、阴刻等装饰手法丰富多样。建筑装饰图案多以福禄喜庆、长寿安康、戏文故事、花草纹样等为题材，通过自然现象的比喻关联、寓意双关、谐音取意、传说附会等形

① 袁晓梅，吴硕贤．中国古典园林声景观的三重境界［J］．古建园林技术，2009（1）：25-28.

式，寄托求取吉祥、消灾弭患的愿望，表达人们对美好生活的追求与平安吉祥的向往。比如，鸳鸯戏水比喻夫妻恩爱，莲花浮萍比喻高洁淡泊，牡丹芙蓉比喻荣华富贵，兰桂齐芳比喻仕途昌达；谐音取意方面，鹿—禄，蝙蝠—福，花瓶—平安，鱼—余，狮—师，柿—事，猫、蝶—耄耋；民谚传说中，鲤鱼跃龙门隐喻登科及第等，这些都有助于强化和提升传统建筑的文化内涵与审美意境。在徽州古民居中，大量精美的木雕装饰于门窗、梁枋之上。其中一幅木雕作品以“郭子仪拜寿”为题材，人物形象栩栩如生，生动地展现了热闹喜庆的场景，不仅具有极高的艺术价值，还蕴含着对家族繁荣昌盛、福寿绵延的美好祈愿，使建筑的文化内涵与审美意境得到极大提升。

第四节　建筑布局对称均衡之美

对称与均衡，堪称人类建筑活动中广泛遵循的基本法则，也是历经岁月沉淀积累下的重要审美经验。对称这一概念，与比例、构图，以及均衡、秩序、统一、和谐等美学原则紧密交织，有着千丝万缕的内在联系。古罗马建筑师维特鲁威曾指出，建筑之美仰赖于秩序、对称、韵律、适宜性、构图和经济等诸多元素的协同作用。文艺复兴时期的建筑师兼思想家阿尔伯蒂，则尝试将美定义为基于具体数目、比例和秩序所达成的各部分之间的统一与整合，他认为这种对称和比例，实则源自对人体完美比例关系的精妙模仿。而在东方的中国，建筑中强调对称与均衡，更是传统美学中“中和之美”审美理想的生动传达与鲜明显现。

一、建筑群的对称与均衡

对称与均衡，作为中西方传统建筑空间形态的显著特征，在古代城市规划以及传统聚落的空间布局中，淋漓尽致地展现出这一美学法则的深刻影响。

“作为中国建筑基础的有关神圣空间的观念，被同心、南北轴心、东西对称这三条原则所统制，这些反映了中国人对宇宙秩序的理解。”① 在中国古代建筑群的总体构成里，水平方向上以中轴线为核心的对称形式，逐渐发展成为一种极为典型的布局形态，并在漫长的历史进程中得以传承。

官式建筑中的坛庙、陵寝、宫殿，佛教的寺观，以及民居中的四合院和各地特色民居等，大多采用以轴线串联单体建筑的规划布局方式。在中国古代，人们很早就形成了以“中”为贵的观念。《吕氏春秋》中记载“择天下之中而立国，择国之中立宫”。在“天圆地方”这一原始认知逐渐固化为观念的时代，最为尊贵之人往往选择居于中心位置，“中央”成为最显尊崇、最为显赫的方位，“天子中而处”也成为“礼”的重要规范准则。

中轴对称堪称中国传统建筑组群极具特色的布局手法。重要建筑坐落于中轴线上，其他建筑则对称分布于两侧，使整座建筑群形成中心突出、主次分明且和谐统一的有机整体。以明清时期的北京城为例，这座占地 72 万平方米、近乎完全对称的方形结构城市中，宫殿数量 9000 余间。这些宫殿沿着中轴线依次排列，左右对称展开，呈现出南北取直的布局形态。主轴线上依次分布着“五门三朝”“前朝后寝”，气

---

① ［美］克里斯蒂·乔基姆. 中国的宗教精神［M］. 上海：上海人民出版社，1990.

势庄严宏大；“左祖右社”“文左武右”等布局设置，无不彰显着“王者居中”的模式。中轴线上层层递进的门、朝、寝、室，以其高规格形制，向天下臣民昭示“皇权”与“神权”的无上威严。

中轴线的强化，成为构建有序空间便捷且行之有效的方式。无论是宫廷中的尊卑等级，还是家族内部的长幼秩序，在中轴线“择中”定位之后，礼制秩序得以清晰呈现。建筑平面呈现对称之态，立面同样遵循对称原则，围合要素亦是如此。这种对称不仅契合了木结构单体建筑相对简单的功能需求，在技术层面符合力的均衡传递原理，更与人们对于形式美的审美理想高度契合。

据史料记载，早在西周时期，其都城便采用规整的方格网系统，拥有极为严格的中轴线。王宫位居中央，左右对称分布，以此彰显奴隶主作为“天子”位居天下中心的权威地位。此后，历朝历代基本都延续了中轴对称这一传统布局方式，房屋环绕四周排列，中心位置留出庭院空间。规模较大的建筑群更是尤为注重轴线关系，组合形式大多依据中轴线进行拓展延伸。例如曲阜孔庙，以中轴线为核心，棂星门、圣时门、弘道门、大中门、同文门沿中轴线依次排列，左右对称分布着奎文阁、十三碑亭等建筑。中轴线上的主体建筑大成殿，气势恢宏，彰显出孔子的崇高地位以及儒家文化的核心价值。整个建筑群通过中轴对称布局，完美地体现了传统礼制秩序与建筑美学的融合。

与中国传统建筑类似，西方城市建筑同样将对称、均衡、规整设定为核心主题。如果说古埃及的底比斯城、两河流域的巴比伦城，仅仅初步显露西方均衡对称思想的萌芽，主要体现为从宫殿、神庙等建筑的轴线延伸出局部片段的对称布局；那么古罗马的军事营寨，则深刻体现了对称均衡思想。其军事营寨大多呈正方形或矩形，形态方正整齐。中央有十字交叉道路，分别通向东西南北四个城门，在道路交叉口处建造神庙，广场则位于正交中轴线的交点附近。轴线将城市划分为多个区域，内部的道路和建筑呈现正交分布状态。这种严明、规整的城市格局，充分展现出典型的军事管理特点。

恺撒时期的建筑师维特鲁威在其著作《建筑十书》中提出了理想城市的构想。他设想城市呈规则的八边形，被放射性路网分割成八个均质部分。位于城市中心位置的是广场和神庙，八个均质部分又进一步划分出小广场用地，并通过环绕城墙的路径将各个部分紧密联系为一个整体。这种对称形式对文艺复兴时期向心性、集中式的城市格局产生了极为深远的影响。文艺复兴时期，欧洲城市建筑已彰显出严格、理性的轴线对称法则。比如意大利的佛罗伦萨，在文艺复兴时期的城市规划中，以市政广场为中心，多条道路呈放射状向四周延伸，众多重要建筑如乌菲兹美术馆、圣母百花大教堂等，沿着这些道路对称分布，整个城市布局严谨有序，体现了对称与均衡的美学追求，成为当时城市建设的典范之作。

二、单体建筑的对称与均衡

中国传统建筑单体在遵循对称总原则基础上，也兼顾多样性和灵活性。传统单体木制建筑常以厅堂为中心，呈左右对称。建筑单体平面样式多种多样，除主要的矩形、方形外，还有圆形、十字形、三角形、六角形、八角形、扇形等形式，但无论哪一种，其平面均呈对称形式。

中国传统建筑单体的对称与均衡原则，在牌楼、影壁、华表、碑碣、石狮等小品建筑的形式和布置上也得到了充分体现。无论是木牌楼、石牌楼还是琉璃牌楼，一般都由单排柱子组成，根据立柱和开间数，可分为两柱一间、四柱三间、六柱五间等形制，其屋顶设有屋脊，有硬山、歇山、悬山和庑殿等多种样式。例如，颐和园谐趣园“知鱼桥”“画中游”均为单开间石牌楼；安徽棠樾村七牌楼、山东曲阜孔庙棂星门、广东佛山祖庙牌楼、五台山龙泉寺石牌楼、辽宁沈阳故宫前木牌楼，以及颐和园东宫门牌楼、北宫门慈福牌楼等均为四柱三开间牌楼；六柱五间牌楼则以北京原正阳门牌楼和清西陵石牌楼为代表。从开间数来看，一、三、五的开间数正好使牌楼在立面上形成左右对称的格局，同时，以中央开间的中轴线为界，两侧柱子、屋顶的高度、开间的宽度或尺度均保持一致，给人稳定、庄重的视觉感受。华表和石狮总是成双成对对称排列，如北京天安门前的一对龙柱华表，基座四角的石狮圆雕、柱身的盘龙浮雕、柱头的瑞兽均两两对应，遥相呼应，这对华表与天安门前的石狮群以及两侧的金水桥融为一体，烘托出紫禁城的威严气势。

西方建筑往往以建筑单体为主要特征，对称与均衡的构图原则在单体中体现得尤为突出。

从平面形制来看，西方教堂主要有巴西利卡式、希腊十字式和拉丁十字式三种类型。无论采用哪一种，通常都有一条或两条对称轴，通过对称、均衡、向心的平面形制创造出震撼人心的空间效果。早期基督教堂多采用巴西利卡式形制，建筑平面为长方形，以支撑屋顶的柱子为界，分为中厅和两侧廊道，中厅的一端或两端是半圆形的空间。希腊十字式是集中式的教堂形制，中央穹顶和四面筒形拱构成等臂的十字，形成有两条对称轴的向心性构图。随着宗教的发展壮大和信徒增多，在原巴西利卡式教堂的基础上，大厅向两边伸出侧廊，形成拉丁十字式。其横竖两臂主次分明，相交形成教堂的中心空间，突出了举行仪式的圣坛。这种平面形制在哥特式天主教堂中得到广泛应用，巴黎圣母院便是其典型例子（图13-2）。

神庙建筑也具备对称与均衡特点，其倾向于使用轴线、柱式，采取均衡对称的平面布局。古埃及神庙沿着一条轴线展开空间序列，中轴线上依次排列塔门、露天庭院、列柱大厅和神殿，宛如一部交响乐缓缓展开，神庙的塔门是序曲，柱厅是高潮，神殿是尾声。古希腊神庙更注重比例与和谐，受毕达哥拉斯学派的影响，其各部分的比例关系经过精细推敲，以展现建筑的端庄、均衡和理性。帕特农神庙作为古希腊神庙建筑的典范，整体呈中轴对称布局，堪称对称美学的极致体现（图13-3）。

图13-2　巴黎圣母院

图13-3　帕特农神庙正立面图

作为新的建筑类型，府邸与别墅建筑同样追求对称与均衡的艺术美感。如佛罗伦萨的鲁切拉府邸是阿尔伯蒂的作品，其整个建筑立面对称规整，整齐划一，带有较强的理性主义色彩。最著名的圆厅别墅是意大利文艺复兴大师帕拉迪奥的代表作。整个建筑造型洗练简洁，由基本的体块组成：立方的主体，环绕四周的长方体外廊，半球形的穹隆，三角形的山花，各部分相互独立又联系紧密。由于建造于高地之上，四面都有廊，别墅非常适合观景。建筑有两条轴线，形象鲜明，有主宰四方之感（图 13-4）。

（a）圆厅别墅外立面图

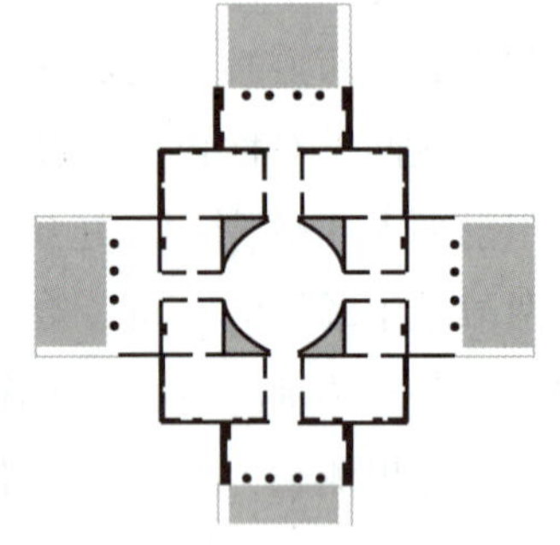

（b）圆厅别墅平面图

图 13-4　帕拉迪奥的圆厅别墅

三、建筑装饰的对称均衡美

无论是古代还是现代，也无论东方还是西方，在建筑布局中，对称与均衡始终是备受青睐的重要法则。这种对秩序与和谐的追求，不仅体现在建筑的整体架构上，更在建筑装饰的细节之处得以淋漓尽致地展现。

（一）中国传统建筑装饰的对称美

在传统建筑装饰的丰富世界里，对称原则被巧妙地融入各个细微之处。屋脊、斗拱、屋檐、门楣、廊柱等部位，常常装饰着大量对称性纹饰。匠人们运用相同或相近的元素，通过精心构思，将其在左右、上下或四周进行组合排列，构建出极具对称与均衡感的构图。无论画面中心轴两侧的布局，还是画面上下结构的设计，都展现出强大的稳定性与均衡感，为建筑增添了独特的美感与庄重氛围。

龙纹作为中华民族历经岁月沉淀的文化标志与精神图腾，从古至今一直是广泛应用的吉祥纹样。在封建时代，它象征着不可触犯的神圣皇权；步入现代社会，其寓意演变为“尊贵吉祥”“祈福纳吉”，承载着人们对美好生活的向往。从某种意义上说，龙纹饰所呈现出的对称性与均衡性，正是中国传统建筑装饰对称与均衡之美的典型代表。

龙纹的表现形式丰富多样，其中“双龙戏珠”堪称最为典型的对称性龙纹饰。所谓双龙戏珠，描绘的是两条龙戏耍或争夺一颗火珠的生动场景。这一图案的起源与天文学中的星球运行有关，传说火珠由月球演化而来。自汉代起，双龙戏珠便作为一种常见的装饰纹样，频繁出现在建筑的梁柱浮雕、屋脊装饰、藻井彩画等重要部位。双龙的具体形制会依据装饰面积的大小而灵活变化：若是长条形的装饰区域，两条龙便会对称分布在左右两边，呈行龙姿态，仿佛在云端穿梭游走；若是正方形或圆形的空间，两条龙则会上下对角排列，上方为降龙，下方为升龙，一俯一仰，极具动感。无论采用哪种排列方式，火珠始终位于构图的中心位置，使整个画面呈现出活泼生动又不失平衡稳定的艺术效果。更为关键的是，龙珠常常作为视觉焦点居于构图中心，两条龙围绕其上下、左右或四周分布，同时在龙的周围搭配云纹、卷草纹等其他装饰纹样，进一步强化了画面的对称感与丰富度。

以北京故宫及雍和宫匾额上的木雕双龙戏珠纹饰为例，这件浮雕作品堪称对称美的典范。创作者严格遵循对称原则，将双龙、云纹、火珠巧妙地组合在一起，通过点、线、面构成了丰富多样的图式，赋予整件作品强大的情感表现力。从造型角度深入剖析，该作品风格趋近写实，造型极为严谨、规范，每一处线条、每一个细节都精雕细琢，一丝不苟。龙身粗壮有力的线条，不仅展现出龙的雄浑气势，更衬托出线条本身的遒劲灵动，同时，创作者刻意减少了线型的变化，以确保画面秩序井然，从而更好地烘托出双龙跃动却不失威严的磅礴气势。这充分彰显了创作者对主次关系的精准把握以及对整体感的从容掌控水平。在色彩运用上，整件浮雕被精心涂抹朱漆，这种鲜明热烈的色彩极大地强化了作品的视觉冲击力，使其呈现出宏伟壮观、极具张力的艺术效果，生动地体现出龙纹与皇权之间紧密的联系，深刻暗示了皇权的至高无上。

作为皇权的鲜明象征，龙纹饰过去主要出现在宫殿、陵墓、寺庙等官式建筑的装饰中。随着社会的不断发展变迁，龙纹与皇权的关联不再是文化的主流，它开始广泛融入民间生活的各个角落，并被人们赋予全新的含义。如今，龙除象征皇权的威严外，更多地被视为一种瑞兽，人们相信它能够消除灾难、辟邪除祟，为生活带来吉祥如意。因此，在民间建筑装饰中，屋脊、墙体砖雕、斗拱等醒目位置常常能看到龙纹饰的身影。例如，在山西平遥古城的一些民居建筑中，屋脊上的砖雕龙纹饰造型质朴却充满灵动之气，虽不及官式建筑中的龙纹那般华丽庄重，但同样寄托了百姓对美好生活的祈愿。又如在江西婺源的古村落，许多民居的门楣上雕刻着小巧精致的龙纹，与周围的木雕、石雕装饰相互映衬，共同营造出独特的乡村建筑装饰风格。

与官式建筑中规整严谨的双龙戏珠纹饰相比，贵州从江县多座鼓楼檐柱上的双龙戏珠纹饰则展现出别样的魅力。它同样运用了对称图式，但在细节处理上更加自由随性，不拘泥于形式，尽管细节变化繁多，却依然保持着良好的秩序感。画面综合运用了对比、变化、调和、统一等审美规则，整体韵律感强烈，再加上色彩的大胆跳跃运用，使龙的造型充满生机与活力，洋溢着浓郁的生活气息。走进从江鼓楼，人们仿佛能感受到当地居民对生活的热爱与对传统文化的独特理解，这些木雕双龙戏珠纹饰成为民族文化传承与地域特色展现的生动载体。

龙和凤作为皇帝和皇后地位的象征，长期以来一直是中国传统建筑装饰中等级最高的题材。除经典的“双龙戏珠”图式外，“龙凤呈祥”也是极为重要且常见的纹饰，并且这一图式通常也以对称的形式呈现。浙江东阳横店清宫苑龙凤御路的龙凤石雕便是典型代表。在这件石雕作品中，上下、左右各精心设计了一只凤凰，它们以顺时针方向围绕着中心翩翩起舞，而画面中心则是一个八卦造型，一条巨龙盘踞其中。龙的造型刚猛有力，充满力量感，与四周的凤凰形成了鲜明的强与弱、刚与柔的对比。这种对比不仅丰富了画面的层次，更凸显了龙凤呈祥的主题。另一件来自宫廷的“龙凤呈祥”纹饰——北京故宫及雍和宫木牌坊上的龙凤浮雕，呈现出另一番独特景象。龙凤形象饱满圆润，围绕着一颗火珠腾云驾雾，仿佛在翩翩起舞，动感十足。整件作品的设计色彩艳丽，与民间的“龙凤呈祥”纹饰相比，多了几分雍容华贵的气质，充分展现出皇家建筑装饰的奢华与庄重。此外，在山东曲阜孔庙的一些建筑装饰中，也能看到龙凤呈祥纹饰的身影。这些纹饰在遵循对称法则的基础上，融入了儒家文化元素，使其更具文化内涵。例如，在孔庙的棂星门附近的建筑装饰上，龙凤的造型更加古朴典雅，与周围的环境相得益彰，体现了儒家文化对传统建筑装饰艺术的深刻影响。

（二）西方建筑装饰的对称美

西方建筑装饰纹样的源头，可追溯至古希腊和古罗马时期对建筑柱式的探索与追求。古希腊哲学家认为，在宇宙万物中，唯有人体具有最完美的比例、最和谐的形态、最庄重的气度与最优美的线条。作为古希腊和古罗马最具代表性的纪念性建筑，神庙的设计自然成为这种美学理念的最佳载体。建筑师们将人体的比例之美与形态之韵，通过精妙的几何关系融入柱式设计之中，奠定了西方建筑装饰艺术的基础。

古希腊时期的多立克、爱奥尼克、科林斯三种柱式（图 13-5），均源于对均衡、对称的人体美的模仿以及比例的精确量化。维特鲁威在《建筑十书》中通过传说讲述了这三种柱式的起源。据说，有一个城市计划修建阿波罗庙，为了使柱子既能承受重量又美观大方，人们测量了一个男子的脚印与身高，发现身高恰好是脚印长度的 6 倍，于是便将柱子高度与底部直径之比确定为 6∶1，由此诞生了多立克柱式。这种柱式展现出男子躯体的比例特征，彰显出力量与健美。随后，这个城市又为狄安娜建造神庙，他们将柱子设计成具有苗条躯体的妇女形象，高度设定为 8 个底径，并在柱子底部加上一个柱础，如同女子的鞋子，在柱头两侧设计了一对涡卷，宛如盘在鬓边的发辫，前面还有一绺刘海儿，刻划在柱身上的垂直凹槽则模拟了妇女长袍的褶皱。这种秀丽且装饰丰富的柱子充分展现了妇女的柔美，被称为爱奥尼克柱式。相较于爱奥尼克柱式，科林斯柱式更加注重柱身的纤细，以细腻地描摹少女轻盈的体态。关于科林斯柱式的传说更为生动感人：相传在科林斯市，住着一位年轻貌美的少女，不幸因病突然离世。她的乳母将她生前喜爱的食物放入花篮，放置在坟头墓碑上。随着时间的推移，冬去春来，一种名为忍冬草的植物蔓延至花篮，并从顶板下伸出，其叶片逐渐构成涡卷状。一位心灵手巧的石匠路过此地，被眼前的景象启发，精心雕刻出忍冬草叶饰，最终形成了独具特色的科林斯柱头。

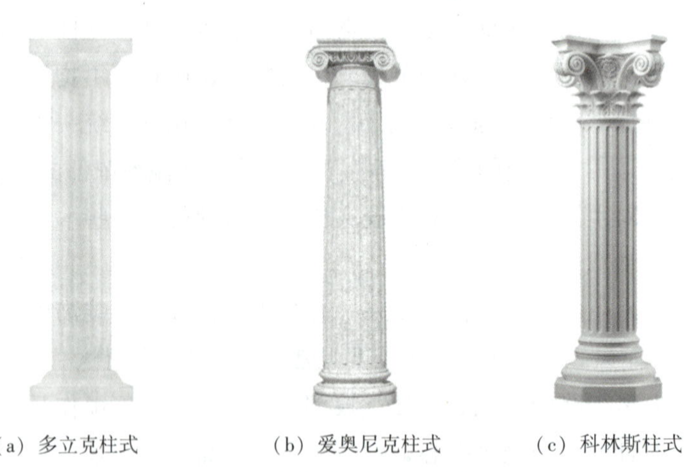

（a）多立克柱式　（b）爱奥尼克柱式　（c）科林斯柱式

图 13-5　古希腊建筑的三种柱式

多立克柱式的柱子粗壮结实，柱身简洁大方，犹如男子刚健的体魄，充满力量感；爱奥尼克与科林斯柱式的柱身修长优雅，柱头装饰丰富华丽，恰似女子的柔婉妩媚，尽显柔美气质。这种以人体为主要比例参照，深刻体现人体特征的柱式，充分彰显了人体和谐、对称的内在关系，以及古希腊人对均衡之美的不懈追求。例如，在古希腊的帕特农神庙中，多立克柱式被大量运用。其柱子排列整齐，间距均匀，从正面看，柱式的对称布局使整个神庙显得庄重而威严，展现出一种简洁而纯粹的美感，让人不禁联想到古希腊勇士的坚毅与力量。

古罗马在继承古希腊三种柱式的基础上，进一步发展创新，加入了罗马本土原有的塔斯干式，创造出由爱奥尼克和科林斯混合而成的混合柱式，合称为古罗马五柱式。随着古罗马凭借武力成为横跨欧、亚、非三大洲的庞大帝国，贵族们的审美趣味逐渐转向豪华浮艳。这一时期，柱式的发展呈现出新的特点，柱子趋向于细长的比例，线脚更加复合多样，雕刻也越发华丽。此时的柱子更多地承担起墙面装饰的功能，不再具备结构骨架和传递力的作用，而是在立面构图中展现出不可替代的重要价值。古罗马人通过对柱式及柱式组合的创新发展，极大地丰富了建筑立面的构图手法。古罗马柱式的规范程度极高，是古典建筑构图的基本元素，也是西方古典建筑最鲜明的特征之一。以罗马万神殿为例，其巨大的穹顶由高大的柱子支撑，这些柱子采用了古罗马的柱式风格，不仅在视觉上给人以强烈的震撼，更通过对称的布局和精美的装饰，展现出古罗马建筑的宏伟与奢华。

古罗马斗兽场（图 13-6）堪称古罗马应用拱券与柱式构图的杰出典范。斗兽场整体呈椭圆形，远远望去，浑然一体，仿佛一个巨大的笼子。大角斗场的立面高达 48.5 米，共分为四层，地下三层各有 80 间券柱式，开间约 6.8 米，柱间净空为 6 个底径，券洞显得开阔而宽敞。从下往上看，底层采用多立克柱式，彰显出力量感；第二层为爱奥尼克柱式，展现出优雅气质；第三层为科林斯柱式，尽显华丽精致；第四层为科林斯壁柱。在第二、第三层的每个券洞都放置着一尊白大理石雕像，共计 160 尊。这些栩栩如生的雕像在券洞的衬托下，轮廓更加生动鲜明，为角斗场增添了无限生机与活力。第四层墙面上的铜制盾牌在阳光的照耀下闪闪发光，阳光洒在椭圆走向的立面上，形成了明暗对比有序的渐变光影韵律，给人带来无尽的艺术享受。例如在阳光明媚的午后，阳光透过券洞，在地面上投射出斑驳的光影，与柱子、雕像相互交织，构成了一幅美妙绝伦的画面，让人深刻感受到古罗马建筑艺术的魅力。古罗马人创造性地将古希腊的经典三柱式与自己发明的拱券相结合，在大角斗场中以叠柱式的形式呈现，完美地展示了古希腊柱式的刚健、柔美与华丽，没有丝毫的牵强与堆砌之感，充分体现了古罗马人对建筑艺术的吸收与创新精神。

图 13-6　古罗马斗兽场

经历了中世纪的沉寂之后，古典柱式在文艺复兴时期迎来了再度兴起。这一时期，无论是宗教建筑还是世俗建筑，都大量运用古典柱式的构图要素。西方古典主义建筑造型严谨规整，以中轴线为基准严格对称，以古典柱式作为构图的基础，并要求遵循明确清晰的规则和规范。例如，法国的凡尔赛宫便是西方古典主义建筑的杰出代表。其宫殿建筑的立面严格对称，中央主体建筑与两侧的配楼在布局和形式上相互呼应，形成了宏大而庄重的气势。宫殿前的花园同样采用对称式设计，整齐排列的花坛、雕塑以及规整的道路，共同营造出一种华丽、庄重且和谐的氛围。在凡尔赛宫的镜厅中，17 面镜子与 17 扇拱形落地大窗严格对称分布，镜面反射的影像与窗外花园的对称布局相互映衬，创造出虚实交融的奇妙景观，充分展现了西方古典主义建筑对对称美学的极致追求。

古典柱式不仅记录了西方建筑风格的演变历程，更深刻反映了西方人的宇宙观、世界观和美学观。西方人将他们对于人体的均衡、宇宙的圆满的理解与阐释寄托在柱式之上，对柱式各个部分的精心雕琢又极大地影响了室内设计和装饰风格。柱间距的不同布置方式催生出新的建筑空间形式，例如古希腊神庙出现了前廊端柱式、前廊列柱式等规范布置形式。对整个柱式比例的精准控制决定了建筑的基本风格特征和比例关系，同时又衍生出各种组合方式，增强了建筑对不同功能和环境的适应性。柱式所呈现出的对称、均衡的构图以及蕴含其中的人文精神，深刻地影响了建筑的整体风貌，赋予了建筑严谨、理性、不朽的美学价值。在德国科隆大教堂中，高耸的哥特式尖塔与对称排列的柱子相互呼应，通过严谨的对称构图和精致的装饰细节，展现出西方建筑对宗教庄严感的追求，同时也体现了古典柱式在不同时期的演变与发展。

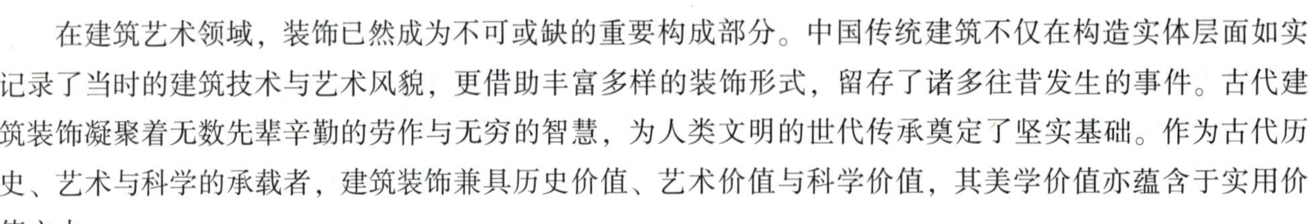

第五节　建筑装饰色彩内蕴之美

在建筑艺术领域，装饰已然成为不可或缺的重要构成部分。中国传统建筑不仅在构造实体层面如实记录了当时的建筑技术与艺术风貌，更借助丰富多样的装饰形式，留存了诸多往昔发生的事件。古代建筑装饰凝聚着无数先辈辛勤的劳作与无穷的智慧，为人类文明的世代传承奠定了坚实基础。作为古代历史、艺术与科学的承载者，建筑装饰兼具历史价值、艺术价值与科学价值，其美学价值亦蕴含于实用价值之中。

一、装饰手法

中国传统建筑装饰手法丰富多样，彩绘、匾额楹联以及雕刻在其中占据重要地位，它们以各自独特的方式为建筑增添魅力，共同构建起传统建筑独特的美学体系。

（一）彩绘

中国传统建筑多以木构架为主体结构，木材易受潮、遭腐蚀和虫蛀，因此需在其表面涂抹油漆加以防护。彩绘最初的功能便是保护建筑物，随着时间的推移，其装饰性逐渐凸显。

早在商周时期，宫殿建筑中就有使用彩色编织物进行装饰的记载，之后逐渐发展为直接在建筑木构件上绘制彩画。宋代以后，彩画已成为宫殿建筑不可或缺的装饰艺术形式。故宫主体建筑上的“和玺”彩画，以及次要建筑物上的“旋子”彩画，大多创作于清代晚期，象征着皇族用色的最高等级。而最能展现彩画精湛技艺的“苏式”彩画，以北京颐和园中的长廊彩画为典型代表。长廊全长 728 米，枋梁上绘有 8000 多幅彩画，内容涵盖山水风景、花鸟鱼虫、人物典故等，无一重复，色彩绚丽，美轮美奂，让人目不暇接，充分体现了“苏式”彩画细腻、生动、题材丰富的特点。

红、黄、绿是古代传统建筑的主要色彩。依照中国传统审美观，红色象征欢乐喜庆，常用于烘托热闹氛围；绿色代表旺盛的生命力，能使人精神愉悦、充满生机；黄色则寓意尊贵庄重，是帝王专用之色，彰显着皇权的威严。例如北京故宫，大量运用红墙黄瓦，红墙庄重厚实，黄瓦金碧辉煌，二者相互映衬，既展现出皇家的威严与庄重，又营造出华丽、喜庆的氛围。

（二）匾额楹联

雕梁画栋、彩绘壁画将古建筑装点得富丽堂皇、光彩夺目，而匾额楹联、名人书画则赋予其高贵典雅、诗意盎然的气质。

在殿堂、庙宇、楼阁的门柱上，常能看到左右两边字数相等、对仗工整的诗句，这便是楹联。楹联至今已有上千年的历史。它不仅在形式上与建筑相得益彰，更在内容上丰富了建筑的文化内涵。如岳阳楼的楹联“四面湖山归眼底，万家忧乐到心头”，短短十四字，既描绘出岳阳楼周边壮丽的湖光山色，又巧妙地将范仲淹“先天下之忧而忧，后天下之乐而乐”的忧国忧民情怀融入其中，使岳阳楼的文化底蕴得以升华。

彩绘壁画、匾额楹联、文物古玩等装饰元素，使建筑艺术与绘画艺术、书法艺术和文学艺术有机融合，极大地拓展了古建筑的意境，丰富了其内涵。

相对于传统装饰，现代建筑装饰手法突破传统框架，以材料创新、结构艺术化与科技融合为核心。材料方面，玻璃幕墙通过渐变色彩与高透光性实现光影流动（如上海中心大厦），金属与复合材料组合营造工业质感（如悉尼歌剧院的风帆造型）。结构装饰化将建筑力学构件转化为视觉焦点，如蓬皮杜中心的外露管道与桁架，或扎哈·哈迪德建筑的参数化曲面。光影艺术借助 LED 动态投影（如迪拜相框灯光秀）与自然采光设计（如金贝尔艺术博物馆），创造沉浸式体验。可持续技术则通过绿植幕墙（如新加坡 Oasia Hotel）与光伏玻璃（如米兰垂直森林），将生态理念融入装饰语言，实现功能与美学的统一。

（三）雕刻

中国传统建筑的雕刻主要分为木雕和砖雕。雕刻手法多样，包括高浮雕、浅浮雕、阴线刻、凹面刻、减地平面阴刻等。

砖雕与木雕在民间建筑装饰中应用尤为广泛。砖雕常用于装饰民居住宅、园林、官邸、祠堂、祠庙的大门与墙面。木雕则多应用于梁柱、额枋、门窗之上，常以神话传说、戏曲故事、历史人物、动物、花鸟等为题材，采用圆雕、浮雕、透雕等手法，雕琢出层次分明、细腻严谨的画面，堪称独具特色的工艺品。比如徽州古民居中的木雕，在梁枋、斗拱、雀替等部位，常常雕刻着精美的图案。黟县西递村的敬爱堂，木雕遍布梁枋、斗拱、雀替等构件，题材丰富，有神话传说中的八仙过海、刘海戏金蟾，有历史故事如郭子仪拜寿，还有寓意吉祥的花鸟鱼虫等。这些木雕工艺精湛，线条流畅，人物形象栩栩如生，花鸟灵动活泼，展现了徽州木雕高超的艺术水准。

此外，汉代出现的瓦与瓦当，不仅具有防水功能，还能装饰屋顶。瓦当的装饰题材丰富多样，有云纹、四神纹、文字纹等，变化多端。南北朝后期琉璃的应用，不仅能够体现建筑的等级与功能，还为建筑增添了丰富的色彩与独特的氛围。例如山西大同的九龙壁，采用琉璃材质制作，九条巨龙形态各异，色彩斑斓，在阳光的照耀下熠熠生辉。琉璃的使用不仅让九龙壁的色彩更加绚丽夺目，还通过浮雕纹样突出了龙的立体感与生动性，充分展现了琉璃工艺在建筑装饰中的独特魅力。

二、装饰的内容

中国传统建筑采用木构架体系，极易遭受雷击引发火灾。据文献记载，历史上众多重要宫殿都因火灾付之一炬。在古代，人们对雷击这一自然现象缺乏科学认知，也无法提出有效的防雷措施，只能求助于巫术迷信。于是出现了“柏梁殿灾后，越巫言，海中有鱼虬，尾似鸱，激浪即降雨，遂作其象于屋，以压火祥”的情况。时至今日，在一些画像石和明器上仍能看到早期鸱尾的形象，其头在下，尾朝上，嘴衔着屋脊，仿佛正在吐水激浪。这种装饰最初源于人们对防火的祈愿，逐渐演变成一种具有特定文化内涵的建筑装饰符号。

中国古代建筑，尤其是宫殿大门上成排的门钉，最初只是用于加固城门，后来逐渐演变为门上的装饰，并被赋予了与封建礼制相关的社会意义。门钉的数量、间距、半径都有着严格要求。直至清朝，门钉数量才有了明确的等级规定。只有皇城的宫门才能使用最多的“九行九列”门钉，九路门钉代表着门钉排列的最高等级。亲王府为“九纵七横”门钉，世子府是“七纵五横”门钉，公爵府是“七纵七横”门钉，从侯爵到男爵的门钉为“五纵五横”。百姓民居严禁使用门钉，否则即属犯法。

除门钉数量外，大门的颜色、门环的材料也严格区分等级。从皇帝的宫殿大门到九品官的府门，依次为红漆金铜环、绿漆锡环、黑漆锡环、黑漆铁环，色彩上分为红、绿、黑，材料上分为铜、锡、铁，等级由高到低，清晰分明。这无疑是封建社会等级制度在建筑装饰中的真实写照。传统建筑上常见的装饰纹样还有龙、虎、凤、龟四神兽以及狮子、麒麟、鹿、鹤、鸳鸯等动物。龙在古代被视为神兽，是皇帝的象征，代表着帝王的权威；狮子性情凶猛，为兽中之王，象征着威武与力量。古代早期的阴阳五行说认为，天上的天宫星象与地上的五方地象相互匹配，使龙、虎、凤、龟不仅成为神兽，还分别代表地上东、西、南、北四方，成为古建筑中常见的装饰主题。在曲阜孔庙的棂星门、弘道门等建筑上，就有龙、凤等装饰纹样。这些纹样雕刻精美，不仅体现了对孔子的尊崇，也反映了传统的文化观念。龙纹象征着至高无上的地位，凤纹寓意着吉祥美好，它们与孔庙的建筑风格相融合，营造出庄严肃穆又富有文化气息的氛围。

除传统内容外，现代建筑装饰内容聚焦抽象表达、文化叙事与生态隐喻，抽象几何与极简主义以简洁线条重构空间，如密斯所建的柏林新国家美术馆诠释“少即是多”设计理念。地域文化符号通过传统纹样转译（苏州博物馆菱形窗格）或本土材料创新（福建土楼夯土肌理），延续文化记忆。互动体验式装饰则通过可变形结构（如伦敦 The Slide）与数字艺术装置（TeamLab 投影），强化人与建筑的动态对话。生态隐喻方面，仿生设计（卡拉特拉瓦的鸟类造型）与材料循环（如荷兰 Circular Pavilion 塑料砖），将自然形态与环保理念融入建筑表皮，如毕尔巴鄂古根海姆博物馆的钛金属幕墙随光线变化，呼应自然律动。这些内容既延续了传统装饰的象征意义，又以科技与人文视角重构了建筑的叙事逻辑。

三、建筑装饰色彩内蕴之美

在“茅茨土阶”的远古时期，建筑色彩主要源于建筑材料的天然色泽。随着生产力的逐步提升及历史的持续演进，人类审美意识不断增强，天然涂料的色彩局限逐渐被突破，各地区开始形成独具特色的建筑色彩体系，传统建筑色彩由此应运而生。放眼全球，不同宗教建筑在色彩选择上各有偏好，传递出独特的情感与精神内涵。基督教建筑多倾向于深灰色，营造出庄严、肃穆、圣洁的氛围，让人内心涌起敬畏之感；伊斯兰教建筑钟情于绿色，暗示着向上、活跃、充满激情的情调，象征着生命的蓬勃与希望；佛教庙宇则常用红色和黄色，红色隐含着积极进取的精神，黄色寓意神圣超脱、安详和谐，展现出超凡的宗教境界；道教建筑多采用青灰色，象征着清静、磨砺与刚韧的精神追求，体现出道家顺应自然、淡泊宁静的哲学思想。

（一）中国传统建筑色彩内蕴美

在中国传统建筑的广阔天地中，色彩宛如一种独特的符号，精准地表达着建筑的内涵与寓意，且与社群的宗法伦理观念、阴阳五行思想、风俗习惯、宗教信仰以及审美理想紧密交织，在不同建筑类型中呈现出丰富多元的内蕴。

早在先秦时期，华夏先民在服饰与建筑营造的实践过程中，就已初步形成了特定的色彩观念。《礼记·檀弓》中记载“夏后氏尚黑”“殷人尚白”“周人尚赤”，还提及“夏后氏尚黑，大事敛用昏，戎事乘骊，牲用玄”，表明夏王朝从服饰、房屋到器物，皆以黑色为尊贵之色。到了周代，不同色彩逐渐被赋予深厚的文化与哲学内涵。《周礼·考工记》首次明确了“五色”，即青、白、赤、黑和黄，并将其与五行方位思想相关联。历经秦、汉、魏、晋、隋、唐、宋、元及明清各朝代的发展，色彩观念逐渐走向成熟。

中国传统建筑色彩具有极为鲜明的政治文化特色，被赋予的内涵带有浓重的伦理等级意味，彰显出理性精神与现实主义思想。出于维护政治制度的现实需求，统治者将色彩当作区分社会等级地位的有效手段，使其具备了代表贵贱尊卑的文化内涵。《春秋谷梁传》记载：“楹，天子丹（朱红色），诸侯黝（黑白色），大夫苍（青色），士黈。”这充分说明在春秋战国时期，建筑色彩就已与等级制度紧密相连，成为“明贵贱，辨等级”的显著标志与象征。

发展至明清时期，建筑的色彩装饰，尤其是琉璃瓦颜色的使用，有着更为严格的封建等级规定。黄色成为封建王权的专属象征。中国古代长期以农耕经济为主，土地对于万物生长至关重要，人们对土地高度重视。“天玄地黄”，黄色被视为中央正色，金黄色更是成为皇家宫殿、陵寝的专用色彩。红墙黄瓦构成了当时皇家建筑的主色调，象征着“权力”“崇高”“尊贵”“荣耀”与“宏伟”。绿色主要用于王府、佛寺等建筑；黑色专用于普通祭祀建筑；蓝色用于祭天场所的建筑；园林则多采用杂色，但严禁使用黄色。

以明清故宫建筑群为例，太和殿在湛蓝天空的映衬下，以琉璃瓦的金黄色为主色调，檐下冷色的青绿彩画与暖色的琉璃瓦、红色柱身、墙面和门窗形成鲜明对比，使建筑色彩更加夺目。洁白的玉石栏杆与富丽的柱、梁相互映衬，既凸显了建筑物的辉煌气派，又不失淡雅之感。中和殿、保和殿同样是红墙、黄琉璃瓦四角攒尖顶。众多以黄、红两色为基调的建筑相互辉映，呈现出高雅艳丽、赏心悦目的色彩特征，折射出雍容华贵、庄严肃穆、兴旺繁华的皇家气派。天坛祈年殿最初上檐覆盖蓝色琉璃瓦，中层为黄色，下层为绿色，分别象征天、天子和地，突出了祭祀的象征意义。清乾隆十七年（1752 年），祈年殿的三层檐全部改为蓝色琉璃瓦，强化青绿色调，祈求五谷丰登，突出象征植物生命与丰年的主题。

而民居、书院、园林等建筑的色彩多以黑、白、灰为主，间或搭配一些低纯度色彩，如棕色、土黄色、青灰色等。特别是江南一带的民居，从自然环境角度来看，其建筑色彩与当地山水田园风光完美融合，生动体现了“天人合一”的环境观。从人文条件方面考量，古代江南地区多为平民百姓与文人士大夫，他们既无资格也无意选用代表官品的建筑色彩。因此，江南地区建筑色彩多以黑、白、灰为主，间有棕色等，造就了江南水乡白墙灰瓦的独特风貌，宛如中国山水画中的墨色，隐喻和象征着中国古代哲学中淡泊、出世、崇尚随性与自由的价值取向。例如乌镇、西塘等古镇，青砖黛瓦与潺潺流水、青青垂柳相互映衬，共同营造出宁静、悠远的氛围，让人仿佛置身于诗意的画卷之中。

中国传统建筑的色彩运用与阴阳五行学说有着深刻的内在联系。根据阴阳五行学说，世间万物皆由金、木、水、火、土五种基本元素构成，并衍生出季节更替、方位变化和色彩分类的对应关系。《周礼·考工记》记载：“画缋之事，杂五色；东方谓之青，南方谓之赤，西方谓之白，北方谓之黑。天谓之玄，地谓之黄；青与白相次也，赤与黑相次也，玄与黄相次也。”这段记载明确了传统建筑中色彩与五行、方位、季节之间的隐喻与象征关系，即红色象征火，对应南方；黄色象征土，对应中央方位；青绿色象征木，对应东方；黑色象征水，对应北方；白色象征金，对应西方。同时，色彩还与五行相生相克之说相关联，常蕴含“驱邪祈福，趋利避害”的象征意义。例如，屋顶采用黑色，便是运用黑色象征水，蕴含“水克火”“水生财”等含义。以专为收藏《四库全书》而建的文渊阁为例，其屋顶采用黑琉璃瓦，绿色剪边，墙体采用灰色磨砖对缝砌筑。这种特殊色彩组合，主要基于以下考量：黑色象征水，取“水克火”之意，暗合藏书建筑防火需求；黑色对应冬季，冬季是万物敛藏的季节，与文渊阁的藏书功能相呼应；绿色属木，黑色属水，形成“水生木”的相生关系。

黑色“水克火”“水生财”的象征意义也广泛应用在民居建筑中，崇尚黑色的广府民居（图 13-7）便是典型代表。广府民居以大胆用色闻名，既注重色彩构成方式，也关注材料本身的色彩和肌理构成，在凸显建筑色彩形式美感的同时，象征寓意的表达也十分重要。岭南地区重商主义盛行，人们坚信水能生财，因而对黑色情有独钟，在建筑上常常大量选用黑色。例如广州的陈家祠，虽色彩丰富，但黑色在其中起到了稳定、调和的作用，其木雕、砖雕、石雕等装饰部分也不乏黑色元素，与其他色彩相互搭配，既展现出建筑的华丽，又蕴含着对财富和平安的祈愿。

图 13-7　广式镬耳屋

从民族心理角度来看，不同民族建筑色彩的选择体现了其独特的民俗文化。以西藏后藏地区为例，白色、红色和黑色是主要用色，这三种颜色均产于西藏本地，在当地具有特殊含义：白色代表对天上的神“白年神”的崇拜，红色代表对地上的神“红年神”的崇拜，黑色代表对地下的神“黑年神”的崇拜。后藏地区建筑以白色为主，宫殿和寺庙建筑的女儿墙常采用土红色，有的整个墙面都是土红色，以彰显威严。在高高的土红色女儿墙上，镶嵌着鎏金佛八宝，屋顶也是鎏金的。民居建筑也会在女儿墙腰部涂上两道约5厘米宽的红、黑色带交圈。此外，民居、宫殿、寺庙建筑都有一个共同特点，即门、窗边上涂有黑色牛角形边框，门窗檐下绘有艳丽彩画，门窗上悬挂香布帘，这些元素不仅统一了整个城市的建筑风格，而且充分体现了独特的神灵崇拜的象征内涵。像拉萨的布达拉宫，红白相间的墙体色彩鲜明，白色部分象征着纯洁与慈悲，红色部分则象征着威严与权力，在蓝天的映衬下，显得格外庄严肃穆，成为藏族建筑色彩文化的杰出代表。

（二）西方建筑色彩内蕴美

西方建筑色彩的内涵随着时代的变迁不断演变。

古希腊时期，人们运用色彩来强调建筑的比例与形式，使建筑在视觉上更加和谐美观。中世纪，宗教势力占据主导地位，建筑色彩整体较为暗淡。在基督教文化中，色彩被赋予了特定的象征意义：黑色代表死亡、疾病与邪恶；蓝色象征天空，寓意神圣；金色象征光，代表上帝与神权；绿色代表植物，寓意生命；红色代表血液，象征爱；白色象征纯洁。北欧的路德教作为新教，建筑风格简约干净，路德教教堂没有其他基督教流派那般繁复华美。教堂室内空间通常选用色泽纯净的材料，使整个教堂空间显得宁静谦和。北欧地处北极圈附近，每年有很长时间被白雪覆盖，当地各民族对纯净的向往越发强烈。而法国的教堂普遍结构错综复杂，色彩丰富，如巴黎圣母院，其彩色玻璃在阳光的照射下，投射出斑斓的光影，营造出神秘而庄严的宗教氛围。

现代建筑大师勒·柯布西耶在其作品中大量运用红、黄、蓝三原色。以马赛公寓为例，作为野性主义的经典之作，马赛公寓借鉴了文艺复兴时期人文主义思想，运用人体模数来确定建筑物的尺寸，体现“住宅是居住的机器”的理论。红、黄、蓝三色组成的层层建筑，给人带来强烈的视觉冲击，同时又呈现出强烈的秩序感。红色充满强烈刺激，象征热情；黄色醒目却不刺眼，象征单纯与童趣；蓝色神秘幽静，象征严肃与安全。三种颜色相互搭配，透露出设计师对人与自然和谐关系的追求。近年来，一些现代建筑在色彩运用上借鉴了勒·柯布西耶的手法。例如位于美国纽约的新当代艺术博物馆，其建筑外观采用了多种鲜明色彩的组合，其中红、黄、蓝等原色的运用，与周边建筑形成鲜明对比，充满活力与创意，吸引了众多目光，同时也展现出对建筑创新和多元文化融合的追求。

理查德·迈耶则以善用白色而闻名。在如今墙体色彩多样、管线繁杂的建筑环境中，迈耶的建筑宛如一股清流，给人超凡脱俗之感。他的建筑从结构到装饰，几乎全采用白色，给人带来清新纯净的视觉体验。以亚特兰大的高级艺术博物馆为例，迈耶将整个艺术馆仅赋予白色这一种颜色，通体洁白，阳光与洁白如纸的墙体相互交错，产生神奇的光影效果。迈耶认为，白色是最能体现建筑美的色彩，白色建筑能让人们回归自然，回归自由。在当代建筑中，类似的白色建筑案例不断涌现。如日本直岛的地中美术馆，其大部分建筑体隐藏于地下，地面部分以白色为主色调，与周围的自然景观完美融合，白色的建筑在蓝天、绿树、碧海的映衬下，显得格外宁静优雅，为参观者带来独特的艺术体验，也诠释了建筑与自然和谐共生的理念。

色彩的隐喻与象征意义在城乡规划中也有所体现。以德国小镇 Kirchsteigfeld 色彩计划为例，该计划使用由红色系、黄色系、蛋白色系、白色系、灰色系和蓝色系组成的色系作为基础色彩，建筑师的色彩选择范围达 60 种颜色①。不同颜色象征不同功能，带给人不同感受，同时建筑色彩从中心往外逐渐变浅，丰富的色彩象征着开放、热情、隐蔽、多元等情感。在我国的一些特色小镇规划中，也开始注重色彩的运用与象征意义。比如浙江的乌镇，在古镇保护与开发过程中，整体色彩以黑、白、灰为主调，体现了江南水乡的古朴与宁静。而在一些新建的旅游配套区域，则适当加入了一些暖色调的装饰元素，如红色的灯笼、黄色的花卉等，既与古镇整体风格相协调，又增添了活力与热情的氛围，吸引游客驻足停留。

美育实践

2025 年 5 月 10 日至 11 月 23 日，第 19 届威尼斯国际建筑双年展在威尼斯举行，此次展会的主题是探索建筑如何利用自然、人工和集体智慧来应对气候变化等全球挑战。本届中国馆展览以“容·智慧（CO-EXIST）”为主题，由 MAD 建筑事务所创始合伙人马岩松策划，12 位（组）建筑师通过展出以良渚文明、敦煌石窟、苍穹、北京中轴线、立交城市、更新城市、未来城市为主题的 10 件（套）展品，探讨在工业文明向智能时代转型的今天，中国建筑师从中华传统文化中“天人合一”的世界观汲取智慧，并将这种“容”的智慧应用于当下的材料更新、城市建设与景观再造，为当前人类社会发展所面临的问题提供中国方案。

请根据作品阐述建筑师如何通过建筑语言体现“天人合一”的哲学思想。

① 苟爱萍. 建筑色彩的空间逻辑：Werner Spillmann 和德国小镇 Kirchsteigfeld 色彩计划［J］. 建筑学报，2007（1）：77-80.

参考文献

[1] 李然. 大学美育［M］. 北京：高等教育出版社，2024.
[2] 杨洋，张翠，杨晖. 大学美育［M］. 北京：中国传媒大学出版社，2021.
[3] 乌斯哈拉，徐颖，赵越英. 大学美育［M］. 长春：吉林大学出版社，2023.
[4] 陈晗晟，李毅，纪月宁. 大学美育［M］. 天津：天津人民美术出版社，2023.
[5] 李敏艳，莫运晓，李斌. 大学美育［M］. 北京：中国纺织出版社有限公司，2021.
[6] 王一川. 大学美育［M］. 北京：北京师范大学出版社，2021.
[7] 曾繁仁. 美育十五讲［M］. 北京：北京大学出版社，2012.
[8] 唐孝祥. 建筑美学十五讲［M］. 北京：中国建筑工业出版社，2017.
[9] 沙家强. 大学美育十六讲［M］. 北京：高等教育出版社，2019.